U0057699

濤石文化

濤石文化

學校輔導與諮商

Counseling in Schools

Essential Services and Comprehensive Programs

John J. Schmidt 著 / 王以仁、吳芝儀、林明傑、
黃財尉、陳慧女 譯
王以仁、吳芝儀 校閱

濤石文化事業有限公司
WaterStone Publishers

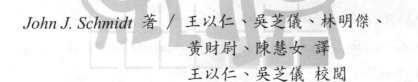

國家圖書館出版品預行編目資料

學校輔導與諮商／*John J. Schmidt* 原著/王以仁、吳芝儀、林明傑、黃財尉、陳慧女 譯/王以仁、吳芝儀校閱.
－－ 初版 －－ 嘉義市：濤石文化， 2004【民93】
面； 公分
ISBN 957-29085-4-5 （平裝）
1.小學教育—管理及輔導 2.中等教育—管理及輔導
3.輔導（教育）
523.7 93002966

Copyright © 2003, Authorized translation from the English language edition, entitled COUNSELING IN SCHOOLS: ESSENTIAL SERVICES AND COMPERHENSIVE PROGRAMS, 4th Edition, ISBN: 0205340563 by SCHMIDT, JOHN J., published by Pearson Education, Inc, publishing as Allyn & Bacon.

All rights reserved. No part of this book may be reproduced or transmitted in any form or by any means, recording or by any information storage retrieval system, without permission from Pearson Education, Inc.

CHINESE TRADITIONAL language edition published by WATERSTONE PUBLISHERS, Copyright ©2004

譯者簡介

王以仁

現職：國立嘉義大學輔導學系教授兼學務長

學歷：國立政治大學教育研究所博士

美國密西西比州立大學諮商教育所研究

經歷：國立嘉義師範學院實習輔導室主任

國立嘉義師範學院學生輔導中心主任

國立嘉義大學輔導學系系主任

吳芝儀

現職：國立嘉義大學輔導學系副教授

學歷：英國雷汀大學社區研究博士

國立國立臺灣師範大學教育心理與輔導研究所碩士

經歷：國立中正大學犯罪防治研究所助理教授、副教授

國立高雄師範大學輔導研究所兼任助理教授

台北市立成功高中專任輔導老師

林明傑

現職：國立中正大學犯罪防治學系暨研究所助理教授

學歷：美國密西根州立大學刑事司法犯罪學博士及諮詢碩士

美國*William Glasser Institute*現實治療師及督導訓練認證

諮商心理師高等考試及格

經歷：高雄縣家扶中心兒童保護社工員

國軍高雄總醫院精神科社工師

黃財尉

現職：國立嘉義大學輔導學系助理教授

學歷：美國俄亥俄州立大學教育博士

彰化師範大學教育研究所碩士

經歷：國立彰化師範大學教育研究所兼任助理教授

陳慧女

現職：高雄市兒童青少年與家庭諮商中心諮商師

高雄醫學大學醫社與社工系及南華大學應社系兼任講師

學歷：高雄師範大學輔導與諮商研究所博士班研究生

東吳大學社會工作研究所碩士

經歷：高雄榮民總醫院社工室社工員

勵馨基金會高雄站主任

譯者序

我們五位都在大學輔導相關系所擔任教職，經常會開設輔導原理、學校輔導工作、輔導原理與技術(實務)等課程。然而，在現有的相關大學教課書中，很難找到一本合適者。譯者中有人接觸到這本第四版*Counseling in Schools－Essential Services and Comprehensive Programs*，瀏覽內容後發現正是學校輔導這類課程的經典之作。

既然找著如此好書立刻展開邀約行動，由我們分別任教於嘉義大學輔導系及中正大學犯罪防治系所的五位老師，來共同完成本書的翻譯工作！大家平日除了教學、研究之外，還負擔不同的行政或推廣工作，實在得咬緊牙關擠出時間，才能在一年內完成此項譯書任務。

五人共同翻譯一本書，中間難免會有些專有名詞統一及校稿等瑣碎工作，則由王以仁、吳芝儀兩位共同完成本書的校閱。在本書將出版之際，要感謝的人雖多到無法在此一一列名，然而我等實在係銘感五內；當然，濤石出版社有關同仁的催促與協助，亦是應該特別致謝者！匆忙翻譯之間難免有所疏漏，還望各位先進不吝指正！

王以仁、吳芝儀、林明傑、黃財尉、陳慧女

共序於二〇〇四年二月

原書序

當美國學校進入二十一世紀之時，他們也持續地為學生、家長和其他與兒童及青少年福利有關的人，提供廣泛的服務。雖然學校仍以班級教師的教學工作為主，協助學生達成學業上的成功，其他的學校專業人員則提供額外的服務。這些服務主要是由學校諮商師(*school counselors*)所實施的諮商(*counseling*)、諮詢(*consultation*)、整合(*coordination*)等。《學校輔導與諮商》(*Counseling in Schools*)的第四版延續本書之宗旨，為學校諮商專業的發展及諮商師在學校中的重要角色，提供有用的資訊。此一新版本也致力於倡導綜合性方案(*comprehensive programs*)，包含一些必要服務(*essential services*)，以協助所有學生促進其在學業(*academic*)、生涯(*career*)、社會/個人(*social/ personal*)的發展，並藉此界定諮商師在學校中的角色。

當前的研究發現、新出版的教科書、最近發表的論文以及網路資源等，對更新本書第四版的內容也有相當大的助益。此外，審查者、同事和研究生們也給予本書相當有價值的建議和評論，使我能對學校諮商專業進行歷史性的回顧，並描繪其當代的圖像。此一歷史性的觀視角度與當前的挑戰相互平衡，賦予本書專業的基礎，使新任的學校諮商師在倡導為所有學生提供適當教育方案和服務時，得以扮演領導性的角色。

學校諮商所所遭遇的一項持續性的挑戰，是釐清其角色，並設計適當的服務方案。雖然諮商專業的進展已能使諮商師勇於接受此一挑戰，然而仍有太多的學校諮商師發現自己並沒有能力為學生和家長提供直接的服務。在學校中其他被指派的、與專業諮商師的準備無關的任務，也經常使得諮商師無法爲學生、家長和教師們提供重要的教育、生涯、和個人上的協助。

本書第四版依循著學校諮商師的發展、鋪陳當前學校諮商的角色與功能，並探索此一專業的未來發展。此書是爲準備將來進入學校諮商專業工作的學生，及想更加了解學校諮商服務之性質的專業人員所撰寫的。「學校諮商」包含諮商、諮詢、整合等必要服務，以切合小學、初中和高中層級的學生、家長、教師的需求。

本書十二章，即分別闡述三個教育層級之學校諮商實務的共同目標和不同功能。可以區分爲三部分，第一部份包括前三章，描述學校諮商的歷史發展，說明小學、初中、高中諮商師的角色，呈現綜合性學校諮商方案的內涵。第二章在描述有關不同教育層級之學校諮商師的角色時，也說明專業諮商師所必須具備的訓練、美國各州的資格認證方式。也包含一個段落探討新的科技，及未來諮商師如何運用這些創新的科技以提供更好的服務。

本書的第二的部分包括第四章至第九章，聚焦於學校諮商師的主要功能，並爲發展服務方案提供實務上的想法。第四章介紹這些作爲諮商專業之必要服務的功能，第五章簡介規劃、組織、執行和評鑑諮商方案之實務策略，接下來的第六章到第九章則闡述每一項主要功能如何整合於學校諮商專業中。第九章總攬教育計劃和生涯發展，這是諮商師在學校中工作的兩項主要目的。學校諮商師的重要責任是協助學生做成教育和生涯的決定。此一歷程開始於小學低年級階段，並延伸至中學階段，家長、教師和諮商師一同引導學生朝向職業生涯、更高層級的教育機會及成人期邁進。這一章也提供了小學與中學的兩個個案研究，以闡述綜合性方案中的核心服務如何透過協同合作的努力，來促進學生的發展。

本書的最後一部分包括第十、十一和十二章，探討與學校諮商專業實務有關的專業議題。第十章強調方案評鑑的重要性，並探討評量諮商方案的方法，以及與學校諮商師之工作表現和督導有關的議題。第十一章總結與學校諮商師有關的法律和倫理議題，探討學校諮商專業的倫理標準和特定的法律議題。

本書最後一章則考量學校諮商的未來發展。檢討學校諮商方案和服務如何對未來的學校和未來的學生有助益。探討科技的進步以及未來數年內可預期的社會變遷，將對學習和諮商產生的影響和衝擊。

在每一章之末，我們也提供了延伸閱讀的材料和練習活動，包括學校諮商師可能會感興趣的網路資源。學生可以透過演練、課後閱讀、搜尋其他資訊來源，學到更多有關此一專業的傳承、功能和責任，並運用這些經驗來促進其專業發展。

二十一世紀的學校諮商師是一項包含多樣化實務的專業。諮商師在學校中如何發揮其功能，經常受到各州和地方的教育、政治、和行政決定所支配，而非學校諮商專業所秉持的宗旨。結果，沒有任何一本單一的教科書能充分涵蓋這些資訊。本書的第四版對學校諮商師提出了實用的描述，簡要地說明綜合性方案的內涵和服務，但並未企圖對這些層面做出詳盡的描摹。在諮商師準備訓練的其他課程及其他教材會針對各項層面提供更為詳細的說明，而學校諮商實習（*school counseling internship*）則應結集所有學校諮商師的準備，將這些知識帶進實際的工作場域中。

此處所倡導的綜合性學校諮商方案的內涵，是專業學校諮商師所應實施的理想實務。但在許多學校中，學校諮商師運作的方式經常與此一角色和實務有明顯的距離；學校諮商師被指派的任務也經常不能真正切合學生、家長和教師的需求，更無法釐清學校諮商師的專業定位。甚且，學校諮商的傳統功能，也可能不再適合未來學生、家長和教師的需求。本書對於今日的學校諮商專業應該是什麼，及明日可能演變成什麼，提供一未來導向的、正向積極的觀點。

此一修正版是許多人共同努力的成果。我衷心感謝本書編輯*Virginia Lanigan*的指導。我也非常感謝第四版初稿的審查者：*University of Arkansas*的*Roger D. Herring*，以及*Eastern Kentucky University*的*Little Rock and Muriel Stockberger*等學者所給予本書的評論意見。他們的回應和建議都非常有用。我也感謝我的研究助理*Anna Aldredge*、*Brian Wortham*和*Nicole Carter*等人，他們對本書修正貢獻良多。最後，我的太太*pat*始終是給予我鼓勵、信心和支持的來源。

Contents

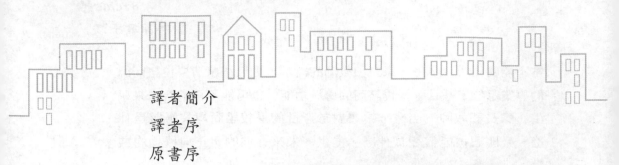

Contents

Contents

Contents

Contents

Contents

Contents

Contents

Contents

第一章 學校諮商專業

王以仁譯

在美國隨處可見專業的諮商師分別在學校、工廠、醫院、心理健康中心及家庭服務中心等地工作。雖然他們肩負著不同的任務且在不同的地點從事專業服務，諮商師們卻以相近的基本溝通與助人技巧，而彼此緊密的結合在一起；這其中包括擁有在心理學、社會學及人類發展理論等方面的共同知識，以及大家相類同的目標，而在諮商專業（*counseling profession*）中能彼此認同爲親密的夥伴關係。換句話說，諮商師們工作的場所雖然有異，但在專業服務的過程中，卻係共同植基於眾人關心的諮商與人類發展等理論上。所以，學校諮商可以說是在被稱爲助人專業的諮商中，非常特別的一塊領域（*Gladding, 2000; Nugent, 2000; Vacc & Loesch, 2000*）。

在每一個新的學年度開始之初，全美有無數的學童及青少年進入學校教室，去學習各種知識與新的技巧，俾便能運用到其人格、社會及生涯等方面之發展上。而從小學到大學，在學生自己教育目標之擬定與完成過程中，確實也需要在某些諮商專業者的協助下，方能圓滿地達成。學校諮商師們，必須去協助那些家長及老師，要懂得如何去面對今日社會中兒童和青少年所提出的無數需求。爲此，諮商師們要能提供學生、家長及老師們相關的服務，如此一來所有的學生才有均等機會（*equal opportunity*）去達成其教育目標，並選擇適合的生涯規劃方向，同時發展成爲民主社會中具有完整功能之一員。

在本書中，將會學到有關學校諮商的專業內涵。當我們將學校諮商與其他較有名的醫學、法律、教育等類門相比時，學校諮商可以算是一個相當年輕的專業領域，然在二十一世紀的美國，必有其相當驚人的成長。接下來，就要分別介紹諮商專業（*counseling profession*）到底爲何？以及何謂諮商師（*counselor*）？

諮商是一項專業

透過歷史可知道有許多人會在他人需要尋求協助時，扮演助人者的角色。不同的文獻也記載有些人藉由他們獨特或神奇的方式，在進行助人的活動，譬如：哲學家、巫師、算命師、醫療人員等。同樣地，專業諮商師的祖先應是古時該族的長老，專門告誡年輕的族人，並輔導他們如何能做出負責任的決定及其有關之行爲。古時候，族人之間協助的行爲多半在於學習一些生存的基本技巧；然而隨著文明不斷地進步，這些助人的關係也逐漸發展成爲如何鼓勵和教導年輕人，去獲得一些有關個人與社會互動方面的精熟技巧。

歷史告訴我們，各種不同的助人關係在多元文化與種族之間形成，人們藉由坦誠的互動關係下，去得到他人智慧的勸導，包括他們的朋友與獲得尊重的專業人士。一般在這種情形下，都必須考慮到人際的接納、社會的歸屬、未來的目標等；通常助人者要能創造一種關懷的氣氛，以便能探索與達成前述之目標。在此助人的過程中，包含了蒐集資訊、產生對自我的覺察、探究有關的選項和目標、選定一個正確方向，以及諮商實際的經過等。

諮商專業即是建立一種特別關係的過程，藉此去確認個人的需求，安排相關的策略與服務去滿足這些需求，並協助其做決定去解決問題，及發展其自我覺察能力，以引導其過更健康的生活。在這過程中，也須幫助當事人去避開一些負面的事件，以免有害於其個人的成長與發展；同時要能協助當事人有效評估其進步情形，以確保其繼續不斷地朝正向發展。

早期人們非常重視預防的工作，藉此來保護他們的營地及村莊，以免遭到大自然災害、人類或其他動物的侵害。就如同這些預防和保護措施的擬定，在學校或其他機構專業的諮商師，也須協助人們去避免損失、躲避危機、去除個人在教育及人生進步中的各種障礙。

學校及其他相關機構諮商師提供的服務，可鼓勵人們去發揮其所有的潛能。在學校中，這些內容包括有各種的介入、教學與資訊的服務，並加上學校中學生的各項需求整合成一個綜合性學校諮商方案（*comprehensive school counseling programs*）。透過此一綜合性方案將使學生經歷許多發展性活動，並將其成為廣義課程的一部份，且提供學生直接的諮商服務。

諮商中預防與發展性的服務，具有提升受輔者日常生活的潛力，當然也包含了學校中之學生。然而，許多時候兒童、青少年、成人遇到一些棘手的問題時，就需要直接的諮商服務；譬如今天的學生受到一連串的挑戰，立即影響到其在教育上的進步，包括有：虐待兒童、失功能家庭、成癮行為、社會暴力，以及其他會影響學童日常生活的因素等。在學校專業的諮商師藉由個別或團體諮商來協助學生解決問題，與家長或老師進行相關的諮詢，甚至將其轉介到其他適當的社區或私人專業機構；而這些整體的作法，也屬於綜合性學校諮商方案（*comprehensive school counseling programs*）中的一部份。

在古希臘時期，即非常重視生活哲學與人類發展的本質。在柏拉圖及亞里斯多德的著作中，就已提出今日諮商師專業中的三大基礎領域：教育、心理與人類發展。在此之後，後羅馬時期的猶太人和基督教徒，特別強調自由意志（*free will*）、自我決定、人類價值等；至此，已點出了當代社會最重視的自由民主之觀點。也就是說，人們有權力去追求自由，去做對其發展最有利的選擇，在團體中能被平等接納爲一成員、能學習成爲社會中負責任的一份子。

隨著西方文明不斷的發展，進入中古世紀後因著基督教會的迅速擴展，人們受教育的機會也隨之增加，也產生了彼此間更多的互動。例如：羅馬天主教會，在其聖餐儀式中(過去稱爲認罪懺悔)建立了一種典型的助人關係，在這種認罪懺悔過程中，神職人員成爲上帝的代理人，並協助有罪的個人經由這種認罪過程，來重新建立其信心與生命。其中，神職人員對於認罪者所說的內容有保密的誓約，就如同今日的諮商師與受輔者之間，能彼此信任與遵守保密原則相類似。

在中古世紀，神職人員係當時少數有閱讀能力者；因此，他們不但講解聖經及教會事務給一般信徒聽，同時也會論及生涯選擇等的發展議題。由歷史的角度來看早期職業的相關文獻，*Zytowski*（*1972*）曾提及在中古世紀著作中可以看出，神職人員往往扮演著諮商師的角色。有趣的是，今日的教友與牧師等神職人員之間的心靈關係，卻也同時包含著部分諮商的成分，這可由今日的美國突然冒出許多教牧諮商的新領域，即可加以證明。

在十七、十八世紀中，關於職業發展與選擇的書籍，有以下幾本劃時代的著作，略述於後。

1. 義大利人*Tomasco Garzoni*出版一本詳細介紹當時各種職業和專業

的專書，不但由二十多個義大利出版商發行，同時還被翻譯成許多別國文字。英文書名爲《世界各行專業的全球廣場》（*The Universal Plaza of All the Professions of the World*）。

2.一六三一年*Powell*出版了《湯姆的生意－選擇最愛的平坦之途》（*Tom of All Trades; Or the Plain Pathways to Preferment*），這是一本以圖畫書呈現的方式，來介紹如何進入各項職業的相關資訊。這也是第一本以英文來出版，有關於生涯方面的書。

3.十八世紀中，*Campbell*出版了《倫敦生意人》（*London Trademan*），此書在一七四七年被介紹爲「一本以扼要的觀點來談論所有的工作及職業，提供了許多有用的資訊給父母和年輕人來作生涯抉擇，更適合在倫敦這種大都市找工作者來參考」（*Zytowski, 1972, p.446*）。

藉由前述這一類的書，從提供職業與生涯的訊息開始，逐漸步入到生涯的輔導與諮商領域。同時，還有一些其他的作家、哲學家、精英學者等，也對諮商專業做出不同程度的貢獻；譬如：*Rene Descartes*探討人類思想領域的著作「哲學原理」（*Principles of Philosophy*），*Jean-Jacques Rousseau* 所強調自然發展上的自由，*Immanuel Kant*提出人的理性，以及其後*Paul Tillich*和*Martin Heidegger*所提出存在觀點的教導與努力等，都爲今日諮商、心理及人類發展上，奠定了良好的基礎。

十九世紀末葉，科學心理學的誕生後開始針對人類行爲與發展，進行一系列系統化之探究。就如*Gibson*和*Mitchell*（*1999*，頁*6*）所提到的，*Wilheim Wundt*於一八七九年在萊比錫大學設立第一個科學心理學的實驗室，就此引發了日後心理學一連串精細的科學實驗及訓練。另一個可與科學心理學興起與發展相比擬的重大事件，就是一九O八年*Clifford Beers*，出版了一本巨著《一個找到自我的心靈》(*A Mind That Found Itself*),*Beers*以他親身曾係一名憂鬱的精神分裂病患,進出當時的精神病院治療後,出版這本書來揭發當時嚴重精神病患的處境與醫院不人道等問題;受到這本書的刺激不但引起社會大眾對心理疾病的重視,也激起一些臨床心理學家對研究此一問題之投入,而在當時的全美造成非常轟動之心理健康運動!藉此運動也鼓勵在各地區普設心理與精神病院,這也成為日後社區心理健康及心理健康諮商專業的濫觴。

另有一項有關諮商專業的發展,就是於一九O九年由*William*和*Mary Healy*在芝加哥設立兒童輔導診療室(*child guidance clinics*),繼而成立青少年心理治療中心,專門針對行為偏差青少年提供服務(*Nugent, 2000*)。

此一趨勢係首度將兒童身體與心理的問題,統合起來一塊兒處理;起初*Healy*所設的青少年心理治療中心僅能容納一百位病患,後來由伊利諾州政府接收並擴大為「青少年研究中心」。

經由上述這些早期事件的統合,在幫助個人的社會、人格與職業等方面,也進一步地予以整合;這亦帶來了往後的社工師、心理學家、諮商師等,在心理健康中心、復健中心與學校等方面的彼此合作。同時,在諮商的專業發展上,也須廣植於人類發展、心理學、社會學及教育學的基礎上。然而,在這些不同的助人專業人員之間有何區別呢?將在以下來陸續探究之。

事實上,諮商師在其養成教育過程中,就廣泛地接受心理學、教育及人類發展方面的訓練,而其將來在實務工作環境中的專業頭銜,也與這些相互吻合。例如:吾人發現心理健康諮商師不但在心理治療病房和心理健康中心服務,有時也會針對工商企業界員工的需求做諮商工作;而他們在大學中所接受的訓練,則是屬於諮商教育的方案。相對而言，學校諮商師在小學、初中或高中服務，他們在大學所接受的訓練，也是屬於諮商教育方案，只不過較重視於人類發展、學習與學校環境等方面。有此可見，心理健康諮商師和學校諮商師，具有某些人類發展與助人技巧的相同背景知識，這也使得他們之間能在諮商專業上加以相互連結。

在不同的諮商機構所發揮的諮商專業功能難免會有所差異，但都同樣地扮演著助人者的角色。就如同：臨床社工師、心理治療護士與諮商心理師，在他們所做的諮商及諮詢服務，不也與諮商師在醫院、心理健康中心、監獄、工商企業與學校中的服務相類同，也都屬於相同專業的一份子。譬如：某些屬於「美國諮商協會」（*American Counseling Association*，簡稱*ACA*）的成員，也都同時屬於「美國心理協會」（*American Psychological Association*）；而他們也自認為自己兼具諮商師與心理師二種身份，而在養成教育時也都接受了諮商和心理學的訓練。且在美國心理協會當中，也設有一個諮商與發展領域的分會。

如前所述在美國助人專業方面有相當多的重疊，這可能係這個國家經歷了十八、十九世紀工業革命後進入二十世紀，在人力、社會、生涯與教育方面的議題相當多，再加上美國是一個多元文化的結合體，在此情況下想要擁有適應良好的生活就更不容易。同時，美國又常以其所強調的自由民主、機會均等及人權服務為榮，也因此造就了美國有如此多助人專業的存在；同理，亦可見諮商師在學校的重要地位。學校諮商師同樣在無形的自由民主、機會均等及重視學生權力的原則下，來服務學生。以下就將在這些背景脈絡之下，來檢驗學校諮商專業的發展情形。

學校諮商的發展

學校諮商進入美國校園，是在二十世紀的初期。那時，班級教師提供一切學生在社會與生涯等方面之協助；會促使助人專業延緩進入美國校園的主因，在於學校僅允許家境富裕的孩子入學，同時在專業人才的培養方面，也僅侷限於少數的專業人才，如：法律、醫學及某些宗教神職人員。當美國逐漸擴大與進步之後，在學生入學方面趨向於教育機會均等，至少對白人的男孩及女孩而言確實如此！當公立的學校對社會上每一階層的人，無論男女都敞開校門歡迎其入學後，單憑一般的教師已無法滿足全體學生的多樣需求。

在二十世紀初期，學校諮商專業在工業革命的影響下，以職業輔導運動方式開始運作。在此時期，巨大的工業成長背後亦帶來了許多負面影響，諸如：都市的貧民窟、種族的區隔與個人基本權利的被忽視等。隨之產生的進步主義運動即為其中的一項反應，在此運動中職業輔導亦為明顯的改革之一。例如，一八九五年*George Merrill*在舊金山的加州理工學院，開始進行其一連串職業輔導的實驗（*Miller, 1968*），*Merrill*之方案係提供該校學生一系列的職業輔導內容，包括有：諮商、工作安排與追蹤服務等。

一般而言，在這段期間輔導運動在於教導學校學童、青少年們，有關道德發展、人際關係與工作世界等。而*Jesse B. Davis*則被認為是第一位，在公立學校中有系統的實施輔導活動者（*Gladding, 2000; Wittmer, 2000b*）。他從一八九八年到一九O七年，在密西根州底特律的中央高中擔任一名班級諮商師，負責對高二的男女生進行教育與職業諮商；其後於一九O七年他擔任密西根州*Grand Rapids*地區一所高中的校長，那時他開始推展全校性的輔導方案，他同時鼓勵英文老師在作文課中將諮商內容一併納入，以幫助學生發展個性、避免問題行爲、探索職業興趣等。

而一九一一年*Frank Goodwin*，爲俄亥俄州辛辛那提的學校組織並推行有系統的全面輔導方案；而一九O八年Eli Weaver在紐約布魯克林的男子高中，推動整體輔導工作之成效更是全國皆知（*Miller, 1968*）。在此同時，*Anna Y. Reed*於西雅圖的學校系統發展輔導方案，其聚焦於學生將來受雇於自由企業體系時的能力與其倫理方面之相互結合（*Gibson & Mitchell, 1999*）。這些都是學校諮商專業，在美國的初期發展過程。

*Frank Parsons*被多數歷史學者認定爲在美國最早開始輔導運動之先驅，而被稱爲「輔導之父」（*Father of Guidance*）。一九O八年*Parsons*建立了波士頓職業局，以提供年輕人這方面的服務；這個單位是由當時一位慈善家*Mrs. Quincy Agassiz Shaw*出資，並依照*Parsons*職業輔導理念與計畫所設立者，由此帶動出一個生涯抉擇的科學取向（*Gysbers & Henderson, 2000*）。就如同*Parsons*（*1909, p.3*）曾說過的一句名言「在生命中沒有任何一步會比職業選擇來得更重要，除非是去選擇丈夫或妻子！」

*Parsons*對職業發展的重視，係奠基於當時社會忽略了對個人成長及發展方面的服務；當時，他特別關心於如何幫助年輕人由學校學習遷移到工作世界。在他的著作《職業選擇》中，提出三項選擇適當職業之要點（*Parsons, 1909*）：一、對個人的性向、能力、條件、興趣與限制等方面，清楚地自我認知；二、認識不同工作機會的受雇條件、優點與缺點；三、並深入了解前述二者之間的關係爲何。這些概念直到今日仍是生涯發展成功的重要信條。

在*Parsons*的整體計畫中，也包括訓練諮商師去協助年輕學生的職業發展。在成立了波士頓職業局的九個月後，他開始另一個新方案，去訓練年輕人擔任職業諮商師（*vocational counselors*），以及為大學院校與全國各大企業訓練職業部門的管理者（*Miller, 1968*）。數年之後，波士頓學校委員會設置了第一個諮商師認證方案（*counselor certification program*），其對學校諮商師認證的條件包括：修習教育類科領域並同時具有在職業學校任教，或從事職業服務的相關實務經驗者。此一認證方案後來甚至被哈佛大學所採納，作為該校大學基礎的諮商師教育訓練之方案。

*Parsons*的相關工作對當時的職業輔導運動，產生了相當巨大之影響。波士頓的教育主管當局，甚至要求超過一百名的小學與中學教師，去接受訓練後成為職業諮商師（*Nugent, 2000*）。當時，輔導運動很快地向各大城市擴散，包括有：辛辛那提與紐約市等；數年之後更推向全國各城市學校系統，都普遍設有輔導方案。

早期輔導運動之發展，多靠一九一三年成立的「全國職業輔導協會」（*National Vocational Guidance Association, NVGA*）大力推動。此一機構並於一九二一年起，固定按時出版《全國職業輔導期刊》（*National Vocational Guidance Bulletin*）；往後的數十年間這份刊物數度更名，甚至改名為《生涯發展季刊》（*Career Development Quarterly*）；一九五二年，當「全國職業輔導協會」合併加入「美國人事與輔導協會」（*American Personnel and Guidance Association, APGA*），所出版的《人事與輔導期刊》（*Personnel and Guidance Journal*）成為全國諮商師團體的重要出版品，後來這份刊物又被更名為《諮商與發展期刊》（*Journal of Counseling and Development*），屬於「美國諮商與發展協會」（*American Association for Counseling and Development, AACD*）。由此可見，「全國職業輔導協會」(*NVGA*)成立之重要性，帶動了今日諮商專業的證照制度，特別對於學校諮商專業更顯得重要。

學校輔導與諮商的出現

經由*Jesse Davis, Anna Reed, Eli Weaver, Frank Parsons*等先軀的努力，創造出學校諮商專業發展的良好契機。從一九二O到一九四O年之間，許多事件的發生正好刺激了輔導與諮商專業的出現；更巧的是，這些的發展往往都聚焦於職業輔導及其發展方面，也正因為這樣引起一些諮商運動的帶領者，呼籲大家應將焦點擴大到對人格及人類發展等方面之探究。這也造就了在二次大戰前後，出現了許多不同的諮商理論與發展方向。

第二次世界大戰之前

經過了二十世紀初期職業輔導運動之後，第一次世界大戰是另一項影響諮商專業發展的重大事件。在第一次世界大戰期間，美國軍中開始利用團體方式來過濾徵召入伍之新人並加以分類，智力測驗在此期間蓬勃地發展；這是由法國的心理學家*Alfred Binet*首創，而後應美國軍隊要求而由*Lewis Terman*和 *Authur Otis*加以擴展與修正。其中*Authur Otis*發展了一份可由非專業的主試者施測的團體智力測驗，以後這份測驗被修正為紙筆型式的「陸軍阿爾發測驗」(*Army Alpha Examination*)，以及另行發展及修正為操作型式的「陸軍貝塔測驗」(*Army Beta Examination*)(*Baker, 2000*)。

在第一次世界大戰及其後的十年間，各種測驗大量而快速地發展著，然而其內容未必適當且過程亦不夠標準化；大戰結束後，將這些測驗相關技術轉移到美國各級學校，並進行標準化測驗之研究，以便針對學生作更有效之評量。

一九二O年代期間，*John Dewey*在美國發起進步教育運動，並強調學校的角色在於輔導學生個人之人格、社會及道德的發展（*Nugent, 2000*）。這也造成了學校為培養學生的生活技能，而將輔導活動納入到一般課程中；然而，此一運動為期甚短並遭到家長和教師等人的嚴厲批評，指責其過度縱容學生而產生反教育的現象。這些批評也提出呼籲應將重點放在教育本身的基礎上，至於道德發展應屬於家庭和教會的教導範疇；在此批評的同時又遭逢美國經濟大衰退，各級政府對學校的補助款也大大減低。最後，祇剩下對學校輔導與諮商活動的大力支持。

在軍中大量運用團體測驗進行資料蒐集之際，對於諮商理論取向之發展亦有頗大之助益。在三O年代後期，出現的第一個輔導諮商理論－特質因素理論（*Trait and Factor Theory*），係由*Minnesota*大學的*E. G. Williamson*所提出，他利用*Parsons*的職業輔導方案作為基礎，和其同僚們共同成為「直接指導」或「諮商師中心」（*counselor-centered*）的學校諮商新取向。在其著作《如何諮商學生」（*How to Counsel Students*）中，*Williamson*（*1939*）曾建議諮商師應表明其「企圖經由闡述說明來教導學生的觀點」（*p.136*）。在這種直接指導取向中，諮商師被期望能蒐集相關資料，以影響及激勵學生。

後來，*Williamson*曾對其直接指導取向的輔導諮商方式，作出某種程度的修正與軟化。在一九五八年他曾寫到諮商師的職責在於幫助「學生能認清在他所面對的價值選擇中，能變得更加世故與成熟去選擇其所愛；這是很重要的教育經驗－不去控制個人行為，而是提供學生足夠的裝備去有所選擇，即使是在諮商師也有其個人的偏好之下」(*Dugan, 1958, p.3*)。在此同時，直接指導取向也能維持諮商師不會給予學生完全的自由去選擇，因他們還未具備為自己作最佳選擇的能力。也因為這種觀點，使得諮商師不得不對學校及學生，作其最大利益的維護。*Williamson*相信學生個別發展的部分，應與其自我破壞及反社會行為相互平衡才是；他同時呼籲，必須要透過有效的團體互動、彼此依靠及遵從高社會理想之下，才能眞正達到其個別的自由。

在他的諮商取向中，*Williamson*（*1950*）發展出協助學生的六步驟：

1. 分析－蒐集學生個人及其所處環境的資料。
2. 綜合－選擇有關的資料，並將其加以整理後摘出學生的優、缺點。
3. 診斷－對學生問題的引發原因，發展出理性地全面了解。
4. 預測－依據學生的選擇方案，預測其結果為何。
5. 處遇－根據諮商關係選擇適當的輔導取向及技術。
6. 追蹤－依諮商關係的效果作一評鑑，並訂出學生的下一步行動計畫。

當*Williamson*和他的同僚正在發展其直接指導取向諮商理論的同時，有一些學者仍在批判職業輔導運動的過於狹隘。多數的諮商師與心理師也作出回應，認為職業選擇的輔導只是諸多協助學生個人發展議題中的一項；為此也擴大了輔導與諮商的目標，同時亦再次引發對學校諮商的重視。

第二次世界大戰到太空時代

在四O年代可以看到許多諮商專業的重大改變，這些發展對於學校諮商的實務面產生莫大之衝擊。在這期間，三項事件的發生具有決定性的影響，分別是：一、*Carl Rogers*所提出來的「受輔者中心取向」（*Client-centered approach*）諮商理論；二、第二次世界大戰的發生及其對美國社會的影響；三、戰後政府投入諮商與教育的專業。再者，專業組織的變遷及各種新諮商學派理論與模式的提出，亦產生頗大的影響。

Rogers學派的影響

*Carl Rogers*比起其他的諮商大師，在諮商專業發展方面具有更大的影響。他的二本名著《諮商與心理治療：實務上的新概念》（*Counseling and Psychotherapy: New Concepts in Practice, 1942*）以及《受輔者中心治療：其當代實務、應用與理論》（*Client-Centered Therapy: Its Current Practice, Implications, and Theory, 1951*），其論點對於學校與非學校之諮商均有深遠的影響。更重要的是，*Rogers*給了諮商專業一個新方向，強調要重視諮商師與受輔者之間的助人關係，並由此關係中去體認個體的成長與發展；也就是從早期諮商師中心的導向，轉變爲以受輔者爲中心，同時以重視個體成長關係的諮商來取代過去的問題解決及獲取資訊。

*Rogers*這種新的專業觀點挑戰了當時的二大門派，其一是第一次世界大戰之後從職業輔導及測驗運動中產生的特質因素理論，其二是由早期佛洛伊德心理分析論中產生的治療師中心觀點。*Rogers*所提出的自我概念之接納，被視爲是有效治療關係的基礎，這些在其後心理運動的發展中難免有所爭議；而他著作中之某些論點，直到

今日仍是諮商與心理學中所爭論不休者。然而諷刺的是，諮商及心理學雙方都認定*Rogers*對其專業領域均有極重大之貢獻。更重要的是*Rogers*鼓勵諮商師在輔導的過程中去注意個人的表現，而在七O到八O年代間他的門生，逐漸將受輔者中心取向轉變成「個人中心」（*person-centered*）取向。

*Rogers*不但發展了一項諮商理論，同時窮其一生也不斷在研究、測試與修正，同時鼓勵其他學者與研究者也這麼去做。某些古典的研究著作，如：*Carkhuff*和*Berenson*（*1967*），*Truax*和*Carkhuff*（*1967*）等，都證明了*Rogers*與其門生強調在所有治療關係中，所重視的同理心、尊重、眞誠等變項，確實有其效力。同時，早期的一些研究也證明受輔者諮商，可帶來心理自我調適、容忍力增加及學習進步等效益（*Axline, 1947; Grummon & John, 1954; Thetford, 1952*）。

第二次世界大戰與政府的影響

在此期間，另外二件影響諮商專業的事件，就是第二次世界大戰及政府對諮商與心理專業投入的不斷增加。當美國捲入第二次世界大戰時，政府就需要諮商師與心理師的協助，以便去過濾、篩選及訓練軍隊，和一些工業上的特別人才。這也帶動了諮商專業的另一個領域－企業與工業人力資源的培養。戰後，「退伍軍人中心」（*Veterans Administration, VA*）以提供研究生獎學金方式，將其訓練爲諮商師與心理師；在此時期，「諮商心理師」（*counseling psychologist*）的專有名詞，也經常出現在退伍軍人中心的特殊需求中。也進一步地，將心理學從職業輔導中區分出來（*Gladding, 2000*）。

另一個政府影響諮商專業的例子，就是一九四六年通過的「*George-Barden*」法案（*George-Barden Act of 1946*）。此一法案通過後，可提供資金去發展與支持學校中的輔導和諮商之相關活動。這也是歷史上第一次，學校諮商師、州和地方的督學，可從政府那兒獲得相關資源及財務方面的支持。

政府在五O年代時期的一項重大改變，就是重組了美國教育部「輔導和人事部門」（*Guidance and Personnel Branch of the U.S. Office of Education*）（*Gysbers & Henderson, 2000*）。這其中最大的改變，就在於輔導和人事部門原本屬於職業輔導之下至此方可獨立出來，這也使得學校輔導專業的發展更爲寬廣。

一九五七年蘇聯成功地發射了人類的第一枚人造衛星*Sputnik I*進入太空，此一事件對美國造成相當巨大的震撼。這也代表原本美國在太空科技、工業技術及軍事能力等多方領先蘇聯的情況，也發生了頗大之轉變。*Gibson*和*Mitchell*（*1999*）曾寫到「非直接但很明顯地可以看出，蘇聯發射*Sputnik I*號人造衛星 也同時將美國的諮商輔導運動推上了檯面」（*p.12*）。爲此曾引發美國民眾普遍的不滿與對相關教育機構的強烈批評，最終導致於一九五八年美國公共法*85-864*號的通過，並將其命名成「全國國防教育法案」（*National Defense Education Act of 1958, NDEA*）。

這個全國國防教育法案係分別由教育部與國家科學基金會等單位，所贊助的幾個全國性大型研究來配合進行。這些研究的主要重點包括以下三項：

一、學校須改進對於學生性向的評量方式，並設計以系統化方式在學生教育生涯發展的早期，就能確認其個人潛能。

二、學校需聘用諮商師來鼓勵學生穩定地在學校中求學，集中精神在學術課程方面，並輔導其進入大學。

三、設置大筆獎學金來幫助財務上有困難的資優生，高中畢業後可進入大學深造。

在蘇聯搶先發射*Sputnik I*號人造衛星後，引起全美震驚及隨後通過「全國國防教育法案」，所帶來的具體結果有以下數項（*Miller, 1968*）：

1. 對大學院校學生，提供大量的助學貸款。
2. 對高中提出經費補助的誘因，促其提升數學、自然科學與外國語文等科目的教學。
3. 創設全國國防獎學金，頒給將來有興趣留在大學教書的研究生。
4. 支持中等學校輔導與諮商方案之改進工作。
5. 設立語言機構與研究中心，以改進對外國語言的教學。
6. 鼓勵對電視等媒體運用方面之研究，藉以提升教學成效。
7. 普遍設立職業教育方案。
8. 創設一個科學資訊服務中心，並成立科學資訊協會。
9. 改進各州教育機構的統計分析能力。

在全國國防教育法案中的第五部分，特別提到針對學校諮商與輔導的相關服務方面，有二大重要途徑：一、提供基金來協助各州，設立並維持學校諮商、測驗及其他輔導相關之服務；二、在大學中設立諮商訓練機構，來加強訓練在中學從事學生工作，或有興趣受訓後擔任學校諮商師等人的專業技能。此一特別的諮商訓練機構開始於一九五九年的夏季，在全美五十個大學展開，計有超過二千二百位的諮商師接受訓練（*Miller, 1968*）。另外，在全國國防教育法案第五部分第一節中，特別規定每年提供一千五百萬美金，來協助地方學校發展並強化其輔導與諮商服務；同時在第五部分第二節中，也規定每年提供七百萬美金，給大學設立訓練機構來培訓學校諮商師（*Shertzer & Stone, 1966*）。

因著全國國防教育法案第五部分的特別規定，使得全美各級學校於五O年代末期及六O年代初期，都在積極地擴展其學校諮商服務。同時，緊隨著全國國防教育法案通過後的五年（*1958-1963*），發生了以下幾點的改變：

1. 全時間諮商師的人數增加了百分之一百二十六，由一萬二千人成長到二萬七千一百八十人；而諮商師對學生的比例，也由*1：960*降到*1：530*。
2. 各州輔導諮詢師的人數，由原先的九十九人增加到二百五十七人。
3. 超過四百個諮商機構接受政府補助，培訓了超過一萬三千名的諮商師。
4. 地方學區對於輔導和諮商服務的支出，也由五百六十萬美金大量成長到一億二千七百萬美金。(*Miller, 1968, p.37*)

組織改變與專業的影響

五O年代之後，就可發現美國學校諮商專業在不斷的提升當中，這種情形與不少全國性諮商專業團體的帶頭衝鋒之間，有著相當密切的關係。第一個是在一九五二年成立的「美國人事與輔導協會」（*American Personnel and Guidance Association, APGA*），它是由原本於一九三五年設立的「美國輔導與人事行政協會」（*American Council of Guidance and Personnel Associations, ACGPA*）為主，並結合其他單位轉變而成；其轄下包括四大分會，分別是：「美國大學人事協會」、「輔導督導全國協會」、「全國職業輔導協會」、「師範生教育人事協會」。隨後，「美國學校諮商師協會」(*American School Counselor Association, ASCA*)，成爲其第五個分會。

另外一個影響當時諮商專業發展的是許多新諮商理論的提出。如同在前面所談過，*Carl Rogers*於四O年代所開啓的指導與非指導學派間之辯論；而於五O年代之後，又陸續有：行爲取向的內爆治療法（*implosive therapy*）（*Stampfl, 1961*）及系統減敏感法（*systematic desensitization*）（*Wolpe, 1958*），認知取向中的理性情緒治療法（*rational emotive therapy*）（*Ellis, 1962*），自我心理學（*ego-psychology*）（*Stefflre & Grant, 1972*）；並且隨之而產生的人本與存在運動中相關的著作，如：*Combs*（*1962*），*Jourard*（*1964*），*May*（*1966*），*Maslow*（*1957*）；再加上團體諮商的興起等，都在在影響了諮商專業之發展。他們彼此之間不免會有所重疊，然而也必然在專業術語及哲理上會加以區隔成不同的模式和方法。在一九七六年*Parloff*分析整理出計有一百三十個諮商理論和取向，其後還不斷地在增加中。一般而言，各種的諮商理論應可歸納分爲五大類，分別是：心理分析學派（含心理動力）、個體中心學派、認知學派、行爲學派、情意學派（*Vacc & Loesch, 2000*）。其中一些諮商理論，如：現實治療（*Glasser, 1965*）、多元模式諮商（*Gerler, 1990*）、阿德勒諮商理論（*Sweeney, 1998*）等，都是些較受歡迎且適合運用於學校諮商的方案。

學校諮商的擴展

從六O年代就可看出諮商專業的不斷發展與擴張，這一方面係一系列的立法使得相關之服務日益增加，同時對於現有的方案與學校諮商師的角色也加以確認及更新。諮商專業的擴展與諮商師角色發展的轉變之間彼此頗爲一致，就如同一九六二年*Ggilbert Wrenn*出版的《變遷世界中的諮商師》(*The Counselor in a Changing World*)一書中描寫的相類同。

六O年代後期到二十世紀之末

美國與其他已開發國家，都正從二十世紀早期工業化社會步入科技快速變遷的二十一世紀。這一連串科技的改變，都會造成社會、經濟、教育及生涯等多方面的調整；也促使人們去尋求諮商師的協助來解決困難，或是蒐集更多資訊以便作正確的生涯抉擇。工業自動化影響了許多成年人與學校畢業生的職場及生涯諮商，女性角色的改變影響到家庭之結構，社會快速的步調使得許多人的生活壓力上升；再加上一些其他方面的發展與變遷，包括：性別角色與性的偏好之轉變、高低社會階級之間的經濟落差、對核戰恐懼的不斷增加、醫學上延長壽命的驚人發現。這些情況在在都是人們的大挑戰，亦都是需要諮商師來協助處理者。

在此期間聯邦政府的相關立法，也都會對諮商專業及諮商師(特別是學校諮商師)角色造成頗大的衝擊。例如：一九六五年通過的*89-10*公共法，定名爲「小學和中學教育法案」(*Elementary and Secondary Education Act, ESEA*)，其中提供基金以特別方案的方式，協助低收入家庭之學生來增進其受教育的機會。

在六O年代也可以看到學校諮商師一種新的角色之擴張，這可由當時一些諮商相關文獻中，特別強調學校諮商師的角色與功能方面去察覺。某些專書如：*C. H. Patterson*一九六二年出版的《學校諮商與輔導》(*Counseling and Guidance in Schools*),*E. C. Roeber*一九六三年出版的《學校諮商師》(*The School Counselor*)等,對於學校諮商師之專業角色與特殊功能,都有一番深入的批判與建議,同時也帶出一些對其他從事學生服務工作者的探討,諸如:學校社工師、學校心理師、健康工作者等。

在這段期間,「輔導」(*guidance*)這個名詞被一些作者認為是一個模糊的名詞,尤其是當諮商師、教師或其他人要去定義學校諮商師的角色和功能時。*Shertzer*和Stone(*1966, p.30*)曾寫到「輔導有各種不同方式的定義。從許多書和期刊中去檢視,顯示出這個字被用於傳遞每一作者的想法與偏見。事實上,一個主要的批評 就是輔導這個字被濫用且提供了許多不當的方式來運用 」。

近四十年來,每當討論到輔導這個名詞以及如何選擇適當的言詞來界定學校諮商師的角色及功能時,都仍會引發專業上的爭議。時至今日,最新的教科書尚無法解決此一爭論;例如:本書與《二十一世紀的學校諮商》(*School Counseling for the Twenty-First Century*)(*Baker, 2000*),都使用「學校諮商」(*school counseling*)這個名詞來廣義地界定服務的綜合方案;而其他的學者如*Myrick*(*1997*)卻同時使用「輔導」(*guidance*)與「諮商」(*counseling*)二個名詞來描述學校的各種方案,*Gysbers*和*Henderson*(*2000*)則繼續使用「輔導方案」(*guidance program*)來表示學生的發展及其相關活動。

在六O年代以後的時期,針對學校諮商師的角色與功能,就專業文獻的探討上,主要強調實用的與過程的二大功能。其中，實用的功能重視由各種策略中發展出綜合性的服務方案，就如同：目標的訂定、學生需求的評估、將所有的服務與學校課程相結合、整合學生的各種服務、評量其結果，再加上教育與職業的計畫、學生的安置，以及轉介系統的建立等。而過程功能的描述則重視諮商師提供給學生、家長及老師的直接服務與相關活動，這些功能包括：個別與團體諮商、對學生的評估、對家長的協助、對教師及家長的諮詢等。這些部分直到今日仍是學校諮商師的基本功能，其詳細內容將在本書其他章節中再加以說明。

藉由六O年代期間，針對學校諮商師的角色與功能的深入探究，導致人們對學校諮商師的專業觀點變得更爲寬廣。當時許多專家強調，綜合性的輔導與諮商方案應被視爲學校課程的一部分，這樣的作法使得學校諮商師與班級教師能共同扮演一個重要且相互合作的角色。

一九六八年*Miller*（*p.75*）曾這樣寫到「有效的輔導方案需要學校中每一位教師的合作及努力」。然而，這樣的合作角色在學校行政人員與教師之間卻不甚清楚，其主要原因有以下數項。第一，輔導只與學校諮商師緊密結合，直至今日在許多學校輔導仍舊只是諮商師的事情，學校老師與行政人員很少會去理會。第二，一般老師很難去接受輔導這個角色，因他個人僅聚焦於對其教學負責罷了；在今天的學校尤其是中學，老師們過於強調在英文、數學、自然或其他科目的教學工作，而忽略了許多學生發展上的其他事務。而美國的教育原本就有一項敗筆，就是無法將輔導融入學校教學之中，譬如將自我發展與社交技巧的學習置入於總體課程及日常教學之中。另外一個更嚴重的問題，就是教育與政府機構都忽略了從整體的角度去評量個人的尊嚴，在學校中也缺乏教導相關的社會技巧、做決定的方法及品格教育等。

六O到七O年代特別強調教師的輔導角色，藉此也建立了學校諮商師與教師之間協同合作之基礎，如此的協同合作沿用至今仍然是綜合性學校諮商方案的基本要素；而教師在這方面所能發揮的功能，包括：營造合作性的教室環境、對學生的評估、建立良好的助人關係、整合教育與生涯資訊、提升社會與個人的發展、鼓勵積極研究的習慣、發展有效的轉介程序、統整全校性的輔導活動等（*Miller, 1968; Shertzer & Stone, 1966, 1981*）。

在學校諮商發展與成長最初的數十年間，很少論及如何協助國小諮商師去界定其在學校應扮演的角色。*William Burnhamy*在二O到三O年代期間的著作中，特別重視「小學諮商」（*elementary school counseling*）的部分（*Faust, 1968a*），同時也強調班級教師在影響學童心理健康上的重要角色；然而，在那段時期仍然少有安排明顯的國小諮商方案（*Gibson, Mitchell, & Basile, 1993*）。這也顯示當時並無明確之小學諮商模式的存在。

少數五O年代以前受聘的小學諮商師，會借用傳統中學的輔導方式。根據一九六三年的一項全國性調查報告發現，當時小學諮商師經常會有下列的活動（*McKellar, 1964*）：

1. 與個別學童進行諮商。
2. 協助教師們去了解學童的需求及其在發展中的特性。
3. 幫助家長們去明瞭學童的發展及其進步情形。
4. 轉介學童及家庭到相關的機構。

一九六四年政府擴大「全國國防教育法案」（*NDEA*），包含小學諮商在內（*Gibson et al., 1993*）。因此，小學諮商也漸漸被大眾及學校系統所接受。另一件係一九六六年「小學諮商師聯合委員會」（*Joint Committee on the Elementary School Counselor*）的一份報告（*ACES-ASCA, 1966*），這份報告扼要地摘述了小學諮商師的角色與功能，同時其標題為《諮商、諮詢與整合》（*Counseling, Consulting, and Coordinating*）（*Brown & Srebalus, 1972; Hill & Luckey, 1969*）。

一九六七年*Greene*進行了一項包含一O四項諮商師功能的問卷，針對國小諮商師之大樣本調查，在全國有超過一千一百位諮商師回應，其中有百分之六十五的樣本係屬全時間的合格諮商師；其結果發現：在國小高年級與低年級的功能上，有很大的差異。同時，國小中年級的諮商師與學童有較直接的接觸，而低年級的諮商師花較多的時間與家長及老師來諮詢。

在一九六七年一項全國性的調查中發現，大約有四千名小學諮商師受聘於全美四十八州之中（*Van Hoose & Vafakas, 1968*），而四年之後（一九七一年）小學諮商師人數成長幾乎達到八千名（*Myrick & Moni, 1976*）。

早期對於小學諮商師功能的研究，不但清楚界定其角色，也對於當時的學校諮商有清楚地了解。而小學諮商運動之推展也同時與全國立法行動相結合，去擴大學校諮商服務的範圍。此一擴大包含提供諮商師一個新的角色，使其在學校中除了學生之外，還可以提供其他人必須的服務；特別是鼓勵諮商師去協助家長與老師，以便能因應學童在發展過程中所面對的各種挑戰。此一改變已將學校諮商師轉變成諮詢的角色，包括了：提供教師在職方面的協助、供應家長相關的諮商與教育方案、與其他服務學生的專家們共組合作團隊等（*Faust, 1968b*）。

一九七五年通過為所有殘障不利學童之教育法案，促使諮商師原有之諮詢角色變得更加實際。根據此一法案所訂的*94-142*公共法，規定每一所學校都要提供學童免費的義務教育，同時對於相關的財務經費之分配，由聯邦政府、州政府到地方學區，都做了明確的比例分攤規定；雖然其中對於學校諮商師的角色並無詳細的規範，但卻詳細描述了特殊教育及其相關的支持服務事項。*Humes*（*1978*）曾扼要摘出某些與學校諮商師角色有關的服務及其關係。今日，學校諮商師針對特殊學生所應有的服務，包含了以下數項：

1. 參與以學校爲基礎的會議，來決定適合於特教學生的服務及其方案。
2. 協助每一位特教學生在其個別化教育計畫（*Individual Education Plan, IEP*）上之發展。
3. 提供學生直接的諮商服務。
4. 針對其家長進行諮商與諮詢。
5. 對級任老師與特教老師進行諮詢。
6. 對教師的相關在職進修方案，爲其做計畫、整合及說明。
7. 爲特教學生安排其可投入的課外活動。
8. 適當保存對每一位學生的服務紀錄。

學校諮商師融入特教之中，所扮演的主要角色爲相關方案的設計、對家長的諮商與諮詢、對課程進行之監督。有時，甚至要求學校諮商師得負起執行與監督此一特教法規的責任；然而適當安置與保護特教學童的權利，是一件非常繁瑣而費時之事。同時，各種聯邦、州與地方政府針對特教所訂的法規，就像是一座迷宮似的很難理出一個頭緒；一旦學校諮商師被要求去對特教學童負起全部責任時，就從其原本對全校綜合性服務方案的角色，轉而變成特教服務的整合者或行政人員。反之，倘若學校諮商師不用爲整個特教流程負責時，他可以爲更多的全校學生計劃並執行相關的諮商方案；同時針對特教學生也可進行直接的諮商與諮詢服務，這才是符合*94-142*公共法的眞正意圖。

六O及其後的年代，又有一些其他的立法也影響到學校諮商師的角色。譬如：各種的職業教育方案會刺激現有的生涯輔導計劃，並且重新聚焦於職業發展過程中的學校角色。同樣地，一九七四年的「家庭教育權利和隱私法案」（*Family Educational Rights and Privacy Act of 1974*），也被通過而稱爲「*Buckley*修正案」，授權學生可要求諮商師協助其建立與父母之間更親密的關係。而在七O年代的後期，好幾個聯邦通過的法案都支持在小學諮商中，進行綜合性的方案。

另一個影響學校諮商的全國性事件，就是在一九八三年由「全國卓越教育委員會」（*National Commission of Excellence in Education*）出版的一份研究報告《瀕臨危機的國家》（*Nation at Risk*），其特別強調美國學生的學業成就正在衰退中，同時警告美國別再落入如同一九五七年蘇聯搶先發射*Sputnik I*號人造衛星的窘境中。當然，也並非每一位專家都認爲這份報告對美國教育做了極可靠的評估；後來也有學者重複類似的研究發現，針對美國學校教育的失敗部分，只有極少數的證據存在（*Berliner & Biddle, 1995*）。

然而，《瀕臨危機的國家》經過媒體報導之後，卻對教育造成了很大的衝擊。雖然在其報告內容中並未直接提到與學校諮商有關的部分，但卻一再地強調要發展「有效能的學校」（*effective schools*），此一概念與要求績效責任（*accountability*）可算是同義字，也就是要對班級與一些特別的服務來負責（包含學校諮商方案在內）。

提到績效責任在七O與八O年代，也有一些這方面的研究文獻（*Krumboltz, 1974; Myrick, 1984; Wheeler & Loesch, 1981*）。在這期間，諮商師們被鼓勵去設計一些方法，對其爲輔導學生所花的時間及服務是否有具體成效來加以評估；這方面在高中特別的重視，因爲有人批判未能針對青少年需求提供系統化的服務（*Myrick, 1997*）。

在此同時，諮商師被安排到小學當中，卻未對其在小學教育的角色有明確的定義。相關研究文獻，企圖去爲這些小學新諮商師做一綜合性的角色定位，但地方學區與州政府似乎無法針對新諮商師的角色及功能，獲得一致性的結論。從另一方面來看，小學諮商師企圖去創立一些新的方案，去重置高中諮商師一對一的助人模式；同時也調整輔導老師的角色，到每一班級去進行情意教育方面的教學。

這種類似的困境也存在於六O年代的初中，當時的諮商研究也想要爲中學諮商師建立一項綜合性的角色（*Stamm & Nissman, 1979; Thornburg, 1986*），然而這些諮商師們卻掙扎於不知如何自我定位。在八O到九O年代期間，學校諮商師需要去發展其清楚的自我定位，並具體描述其在各級學校的角色與功能。直到今日，已步入了二十一世紀，這種建立一個諮商師專業定位（*professional identity*）的需求卻仍有其必要。

二十一世紀：尋找專業的定位

近年來許多學者專家都強調，諮商師如何在學校中建立其角色的定位是非常重要的一件事（*Gladding, 2000; Myrick, 1997; Vacc & Loesch, 2000*）。當然，要去釐清相關的角色及功能時，難免又會陷入對「輔導」一詞的混淆中，而不知要如何去描述與區分輔導諮商師、輔導服務、輔導方案及輔導人事等。學校諮商師無法用一致的語言來描述他們自己是誰？他們做了些什麼？這都肇因於對諮商師角色與功能未能達成一致性的共識。

諮商專業未能定位是因相關的全國性專業協會，長期以來對幾個名詞的爭論。直到一九八三年才暫時平息下來，因為原來的「美國人事與輔導協會」(*American Personnel and Guidance Association, APGA*)，更名為「美國諮商與發展協會」(*American Association for Counseling and Development, AACD*)。同時，其下的許多分會也將名稱中的「輔導」(*guidance*) 字眼拿掉，而以「諮商」(*counseling*) 來代替。然而，到了一九九二年「美國諮商與發展協會」又經過投票通過而再次更名為「美國諮商協會」(*American Counseling Association*, 簡稱*ACA*)；而其協會整體的任務為「強化人們終身的發展及提升諮商的專業」(*Sacks, 1992, p.1*)。今日，美國諮商協會大約有六萬名會員，並包含下列十七個分會：

1. 美國大學諮商協會 (*American College Counseling Association, ACCA*, 成立於*1991*年)。
2. 美國心理健康諮商師協會 (*American Mental Health Counselors Association, AMHCA*, 成立於*1978*年)。
3. 美國復健諮商協會 (*American Rehabilitation Counseling Association, ARCA*, 成立於*1958*年)。
4. 美國學校諮商師協會 (*American School Counselor Association, ASCA*, 成立於*1953*年)。
5. 成人發展與老人協會 (*Association for Adult Development and Aging, AADA*, 成立於*1986*年)。
6. 諮商評量協會 (*Association for Assessment in Counseling, AAC*, 成立於*1965*年)。
7. 諮商師教育與督導協會 (*Association for Counselor Education and Supervision, ACES*, 成立於*1952*年)。
8. 政府內諮商師與教育人員協會 (*Association for Counselor and Educators in Government, ACEG*, 成立於*1984*年)。

9. 諮商中同性戀與雙性戀議題協會（*Association for Gay, Lesbian and Bisexual Issues in Counseling, AGLBIC,* 成立於*1997*年）。
10. 多元文化諮商與發展協會（*Association for Multicultural Counseling and Development, AMCD,* 成立於*1972*年）。
11. 諮商中心靈、道德與宗教價值議題協會（*Association for Spiritual, Ethical, and Religious Value Issues in Counseling, ASERVIC,* 成立於*1974*年）。
12. 團體工作專家協會（*Association for Specialists in Group Work, ASGW,* 成立於*1973*年）。
13. 人本教育與發展諮商協會（*Counseling Association for Humanistic Education and Development, AHEAD,* 成立於*1952*年）。
14. 成癮與犯罪諮商師國際協會（*International Association of Addiction and Offender Counselors, IAAOC,* 成立於*1972*年）。
15. 婚姻與家庭諮商師國際協會（*International Association of Marriage and Family Counselors, IAMFC,* 成立於*1989*年）。
16. 全國生涯發展協會（*National Career Development Association, NCDA,* 成立於*1952*年）。
17. 全國就業諮商協會（*National Employment Counseling Association, NECA,* 成立於*1962*年）。

以上任何一個協會的會員，都代表著美國境內成千執業的專業諮商師；雖然他們在不同單位工作，但都遵守著相同的倫理標準、來自相類似的教育訓練，且擁有共同的專業目標。什麼會使得他們不同呢？就如本章前頭所提到的，在於其專業服務的場地與對象之差異。

在這些相關的協會當中，「美國學校諮商師協會」擁有的會員最多，大概超過了一萬三千名，而這些人僅是無數在全美小學、初中、高中工作的專業諮商師代表。任何一個專業不可能在其所有成員未能加入某個共同專業團體的情況下，而能設定一個清楚之共同認定；當全美的學校諮商師在沒有清晰與專業的統合之下，亦不可能建立一個共同清楚的認同。

另一個會造成學校諮商師在專業定位上困難的因素，在於諮商專業本身對學校諮商師專業訓練的抗拒，其無法將學校諮商師的專業能力等同於在別處工作的諮商師。學校諮商師有時連自己都無法察覺到其具有相當專業的訓練，而可被稱之爲「眞正的諮商師」。從某個角度來看，專業的國家認證過程係由「全國合格諮商師委員會」（*National Board of Certified Counselors, NBCC*）來負責；當其試圖去建立一個清楚的專業認證時，結果往往可能會針對不同的諮商師而暗含不同等級的標準。如今，臨床心理健康諮商師、戒癮諮商師、臨床督導及學校諮商師，在「全國合格諮商師委員會」的處理下，都有其各自不同的認證，再加上針對心理健康、復健與其他的諮商部門，也都有其各別之認證；如此一來更增加了這個爭論議題的複雜性。說實在的，所有的諮商師都屬於相同的專業，卻想藉由不同的認證來釐清其角色的做法，反而會破壞了諮商師係一整體的原意。這是非常值得思考的，在這種認證的過程中是否會暗示某些諮商師的專業訓練比較差，或是比起其他機構的諮商師來會顯得較無價值。

傳統上，學校諮商師會被認爲不如其他臨床的諮商師，譬如：心理健康中心或家庭諮商中心的諮商師。有一部分原因是，學校諮商師的認證要求會隨各州而有所差異。譬如，直到最近才有大多數的州要求，凡是要進入學校諮商專業課程訓練者，最低得要具有碩士學位（*Randolph & Masker, 1997*）。像這種對專業缺乏一致的標準，是很難在其專業角色與功能的認定上達到一致者。

學校行政人員與教師對學校諮商師角色知覺的不一致，亦增加了其混淆程度。在某些情況，行政人員視諮商師爲特殊班級教師，譬如：在某些小學的諮商師被要求，使用其大部分時間到各班去上輔導課，以便讓其他老師能有所休息或做備課之用。其實，班級輔導相當重要，但卻需要由諮商師與教師共同整合並融入於學校課程中；否則，若安排由諮商師單獨來負責某項活動時，就只能留下非常少的時間去做綜合性學校諮商方案中其他同樣重要的服務。

傳統的學校諮商服務以個別的接觸來協助學生作教育、生涯、個人與社會方面的適當決策。但近來學校諮商專業則強調有關團體活動與服務的廣大範疇。

相對來看，其他有些學校視諮商師爲治療師或具神奇力量的魔術師，而將其排除於學校老師及其他人員之外。這些諮商師忙於每天所需擔負各項瑣事的責任和其他的學校生活，而未被要求在其教育的角色上有所表現；因爲他們是如此地神秘，而沒有被要求對他的在校服務進行評估。因此，學校諮商師面臨頗大的挑戰，要如何去建立與實施一些方案能具有清楚的目標、具體的期盼、可被測量的結果；如此才能融入小學、初中、高中的學校環境，且真正被接納爲其中之一員。

無論將諮商師視爲「特別的老師」或是「具神奇力量的魔術師」，都無法促進其對學生、家長與教師有效服務之發展。學校諮商師是經過高度訓練的專業人員，以專業之技術及服務來幫助學生在其教育上的發展，這也是學校諮商師最基本的角色。諮商師的角色與功能會因其在臨床、醫院和其他不同機構服務，而會產生差異，但卻不是因爲缺乏訓練或是專業程度不同所造成的。

在本書當中，將介紹綜合性學校諮商方案的內涵，以及做爲一位有效的學校諮商師所應具備的知識和訓練；同時，也扼要論及學校諮商專業要被認證所需的相關要件。以下的建議是爲諮商師在學校工作，能有清楚的認定和目標而提出的參考架構，並以摘述的方式呈現於後。

1. 了解學校諮商的歷史及其重大事件，藉此明白學校諮商師的發展與擴張。對於一項專業的根基及有助於其成長的重要事件之認識，能有助於未來目標的訂定。不知道我們過去到過哪兒，將很難明白我們將要往哪兒去。
2. 針對專業的諮商師進行一致的訓練標準，將可減少對學校諮商師角色及功能之混淆。
3. 期望能有一致的認證標準。可由諮商和相關教育方案考核局（*Council for Accreditation of Counseling and Related Educational*

Programs, CACREP）來訂定統一的標準，將可爲學校諮商師的訓練與認證，設立一套全國性的標準。而所定效標與諮商師的表現無關者，就應該將其去除；譬如：某些州要求要被認證爲學校諮商師時，仍須要具有教學經驗（*teaching experience*）（*Randolph & Masker, 1997*）。在這方面，*Baker*（*1994*）曾做過類似的研究後指出：「研究的發現並不支持具有教學經驗的諮商師會優於那些不具備者之假設」（*p. 322*）。其後，仍有一些這方面的研究發表，然因其設計與方法論上的一些問題，使得在推論上有頗大的限制。然而，在經過多年研究之後仍傾向於視學校諮商師的效能與其先前的教學經驗之間，並無顯著地關係存在。

4. 爲各級學校發展綜合性學校諮商方案的準則。「美國學校諮商師協會」（*ASCA*）爲學校諮商方案，已完成了全國性的標準（*Campbell & Dahir, 1997*）；在出版此一標準後，爲完成綜合性學校諮商方案的手冊，也由「美國學校諮商師協會」加以出版。在此同時，此一全國的標準也能幫助行政人員與教師，更多明白專業的學校諮商師之角色與功能。

從歷史的角度來看學校諮商在過去一連串的發展，就可發現在發展過程中往往有其循環性。七O年代在美國許多州，都訂出實施綜合性學校諮商方案的守則，譬如：加州、密蘇里州、北卡羅萊納州、奧克拉荷馬州、威斯康辛州等，都在推動此一運動。今日，學校諮商的研究文獻，繼續在強調學校諮商服務的綜合性本質（*Baker, 2000; Gysbers & Henderson, 2000; Lapan, Gysbers, & Petroski, 2001; Myrick, 1997; Sink & Yillik-Downer, 2001*）。

在本書的其他章節中，將陸續介紹綜合性學校諮商方案的本質、在各級學校諮商中心所需的設備與資源、學校諮商師所提供的必要服務、諮商師的背景與訓練、與教師間的協同合作、與學校諮商實務有關的專業議題等。

未來學校諮商專業的發揮，必須由以往單一依靠諮商師的能力轉變成學校整體功能的統合。要達到此一目標，包括必須能做到有效的諮商師認證、選擇發揮適當的功能、規劃爲學生家長及老師的服務方案、強化其專業的發展、評量其在學校中之成效。

延伸閱讀與網路資源

Aubrey, R. (1997). "Historical Development of Counseling and Guidance and implications for the Future," Personnel and Guidanc Journal, 55, 288-295.

A comprehensive review of the history of the counseling profession in which the author addresses the "problem of identity and directionality" (p.293). Aubrey looked beyond the 1970s and recommended that in planning for the future counselors "might do well to also look back." He contended that counselors need to find a system of counseling "to unify our members under common and mutually agreed upon purposes" (p.294).

Aubrey, R. F. (1982a). "A House Divided: Guidance and Counseling in 20th Century America," Personnel and Guidance Journal, 61, 198-204.

This article followed where Aubrey's 1977article left off. In it, he warned that counselors were behind the times. In particular; he raised concern about how school counselors struggled in the 1950s and later to identify their role, and how in the 1980s "diversity and contradictions within the profession have endangered any major sense of mission" (p.203).

Bakers, S. B. (2000). School Counseling for the Twenty-first Century (3rd ed). (Englewood Cliffs: Prentice Hall), Chapter Twelve: "Professional Identity for School Counselors."

This chapter parallels the content in the latter part of the first chapter of this text. In addition, Baker addresses the issue of "competing loyalties" that school counselors face in deciding about whether to join with counselors of educators. He suggests there are opportunities in doing both, but economic realities may preclude this. He encourages involvement in the counseling associations and warns, "school counseling suffers because only a fraction of its members share in the unity and influence a professional organization can achieve" (p. 348).

Wrenn, C. G. (1973). The World of the Contemporary Counselor (Boston: Houghton Mifflin).

Written over twenty-five years ago, this classic book has withstood the test of time remarkably well. Wrenn's message to counselors then still true today.

相關網站

藉由科技的進步，使學校諮商師與學生、家長、教師等人的溝通，變得更爲方便而快捷；經常只要在電腦前動動手指，就可發揮莫大之功效。在本書每章之末了，除了有進一步的閱讀資料外，也同時列出有關的網站，藉由網際網路的服務，諮商師可容易地獲得更多的相關資訊；然而諮商師在使用網站及資訊並提供給受輔者時，必須注意要符合諮商的倫理規範與專業責任。

American Counseling Association-http://www.counseling.org
American School Counselor- http://www.schoolcounselor.org
Occupational Outlook Handbook: Counselor http://stats.bls.gov/oco/ocos067.htm

本章作業

學校諮商是一門行動導向的專業。因此，在本書每一章的末尾都有一些活動和練習，藉此使讀者能活化這些書面資訊；其中有些活動則建議能由班級中分組來研討，另有一些係屬於專業議題之探究，請將你個人觀點與全班同學分享。

1. 在本第一章緒論中，藉由學習你已知道學校諮商專業的開始，是因應二十世紀早期某些社會與政治力量的反應，而其後幾十年間在這方面專業的成長與改變，又是針對美國及其周圍世界所發生重大事件之回應。你能看出這些事件對學校諮商師角色變化間，有何脈絡上的關聯？請在班級中分組討論並將要點加以記錄，且將重點報告分享給全班同學。
2. 在本章中呈現了影響全美國在學校諮商發展中的重大事件。在你所屬的班級小組中，請探究影響你所住地區學校諮商發展上，有何重大事件或立法行動會影響這方面專業的成長？在你的地區教學經驗對學校諮商師的聘用有何影響？而你認為具備教學經驗與扮演一位成功的學校諮商師之間有何關聯？
3. 在本章的論述中對於專業的定位非常重視，倘若你未來被學校聘為新任諮商師，你會採取哪五項行動來展現你的專業？請在你的班級小組中與其他同學一起來比較討論之。
4. 你認為諮商師們及其所屬的專業團體，將可採取哪些行動來協助學校諮商師專業角色的定位？

第二章 學校諮商師

吳芝儀譯

廣泛的諮商（*counseling*）、諮詢（*consultation*）及整合（*coordination*）服務與活動，組成各學校層級諮商師的角色。在這些場域中，諮商師在綜合性方案（*comprehensive programs*）中提供必要的服務（*essential services*），以促進所有學生的教育（*educational*）、生涯（*career*）、個人（*personal*）和社會發展（*social development*）。在這一章中，我們將持續討論第一章所提出的學校諮商師專業定位（*professional identity*），聚焦於諮商師設計和傳遞這些必要服務的責任。此外，本章也會檢核在各學校層級服務之諮商師的不同角色、訓練和資格認證。稍後在第三章中，我們將會對詳細界定和描述綜合性學校諮商方案（*comprehensive school counseling program*），並在第四章詳細說明這些必要的服務。

如我們在第一章中所見到的，學校諮商是一項相當年輕的專業，係從*1900*年代初期的職業輔導運動衍生而來。自此之後，諮商專業一直在尋求學校中諮商師的明確定位和角色。在超過五十年前，諮商師就已奮力掙扎於其在學校中服務的方向和目的，而今日此一掙扎仍然在持續之中。顯然，學校諮商師即使沒有定位危機（*identity crisis*），但也處在定位混淆（*identity confusion*）之中。由於此一不確定性，學校諮商師經常被批評無法充分盡到其應盡的職責。然而，這些職責正確來說究竟是什麼，是學校諮商師在為其方案設定適當的目標時，必須釐清的問題。如果沒有清楚明確的目標，諮商師的職責很容易會被其他專業人員及尋求諮商服務的其他人所誤解。

對於諮商師角色的誤解，可能在某種程度上與「輔導」（*guidance*）和「諮商」（*counseling*）兩個名詞之間的混淆有關。*Aubrey*（*1982a*）寫到：「輔導和諮商的名詞對於一般人和專業人員可能傳達了許多不同的意義和詮釋。結果，許多針對輔導和諮商的批評，反映的是大眾對學校諮商師之潛能做出過度評定後所萌生的失望」（*p.198*）。成功的諮商師，無論是在學校或是其他場域，應明白其用以描述和界定其方案和服務的名詞，並一致性地運用這些名詞。

爲了更加了解學校中專業諮商人員的角色，必須有一致的語言來界定諮商是什麼，確定諮商師是誰，以及描述他們做些什麼。爲了充分了解這些層面，你首先必須知道本書如何使用「輔導」和「諮商」這兩個名詞。

學校諮商的定義

爲不同的對象提供廣泛的服務，使得學校諮商師在此一實務工作上具有相當的獨特性。雖然其他場域的諮商師也必須具備類似的技巧和專業知能，但學校諮商師係應用其知識於有限的單一服務範疇之外，其所實施的綜合性方案包含了彼此相關連的服務和活動。

學校諮商師在許多領域所接受的訓練，有助於奠定其知識基礎和專業技巧。在人類發展、社會學、心理學、生涯資訊與發展、測驗與評量技術、社會和文化基礎、教育研究以及諮商歷程與技巧等方面的研究所課程，均能使學校諮商師具備廣泛而紮實的知識基礎，及多樣化的技巧，以在小學（*elementary schools*）、初中（*middle schools*）及高中學校（*senior high schools*）場域從事其服務工作。理論和實務方面的課程提供諮商師一個參考架構，能形成和釐清其專業角色。簡而言之，此類訓練使得學校諮商師有能力為學生、家長和教師提供多樣化的服務。

在發展方案時，諮商師最好能使用清楚與容易了解的語言來加以說明，使學生、家長和教師能夠明白：為什麼諮商師會出現在學校中、及諮商師在學校中做些什麼。在本書中，「學校諮商」（*school counseling*）一詞係描述此一專業，及由學校諮商師所建立的服務方案。此處使用「諮商」一詞，並不僅限於由諮商師協助受輔者解決問題的補救性關係，也不侷限於一對一的關係；而是指涉諮商師可以選擇的廣泛服務和活動，以協助人們預防困擾事件的發生，聚焦於他們全面性的發展，和補救現存的關注問題。這三項服務領域的共通點，在於學校諮商師為學生、家長和教師提供直接的服務（*direct services*）。所以，「學校諮商」一詞正確來說，係描述由受過專業訓練的諮商師，在小學、初中和高中學校所提供的廣泛服務方案。

「學校諮商」一詞較諸於「人事服務」（*personnel services*）或「輔導服務」（*guidance services*）是較現代和具有限定性的名詞，後者對學校諮商師的角色和功能並無法做出清楚的描述。例如，「人事服務」意指做紀錄、課程安排、出席率監控和其他本質上是行政導向的功能，迥異於為學生、家長、教師提供的直接諮商和諮詢服務。「輔導」一詞，從其歷史發展脈絡而言，並非學校諮商師的唯一責任，也不是任何單一專業群體的服務範疇。在學校中所做的每一件事，無論是由行政人員、教師、諮商師或其他人，都可能與「輔導學生」的概念有某種關連。

從有學校以來，教師就一直在兒童及青少年的班級教室行爲和個人關係上在進行輔導工作。同樣地，學校行政人員也在教育方案的政策、課程、學科和其他層面上來輔導學生。學生輔導（*student guidance*）甚爲重要，每個在學校中工作的人，以及關心兒童及青少年的人，都有其可扮演的角色。由於「輔導」一詞常被認爲有較廣泛的涵意，學校行政人員、教師和諮商師都體認到「全部學校教育方案...都是輔導導向的（或應該是這樣）。基於此一理由，將輔導的目標和目的限定於指涉單一的學校諮商方案，是不正確的。由於輔導遍及學校的每一層面，不能專屬於一個人或方案」（*Schmidt, 1991, p.12*）。因此，輔導仍是一個重要的概念，代表學校課程的一個必要部分，可統整於全部課程之中，而非獨立分離的方案。

「學校諮商師」（*school counselor*）和「學校諮商方案」（*school counseling program*）等詞，則與全國專業組織所使用的名詞相容，可見於「美國學校諮商師協會」（*ASCA*）及其發行的期刊《專業學校諮商》（*Professional School Counseling*）（在*1997*年，*ASCA*合併其兩份期刊—《小學學校輔導和諮商》（*Elementary School Guidance and Counseling*）及《學校諮商師》（*The School Counselor*）一成爲這一份期刊）。此外，「全國合格諮商師委員會」（*NBCC*）也爲學校諮商師建立了一項特殊專業資格認證。

雖然「學校諮商方案」和「學校諮商師」等名詞是本書所偏好使用的說法，「輔導」一詞及其他用語在界定學校諮商師的角色和服務方案時，仍有其重要性。以下所列舉的是本書所使用的主要名詞和其簡要敘述。在本章稍後的段落，這些名詞會有更詳細的界定和描述。

輔導（*Guidance*）一詞用以描述與情感教育（*affective education*）或心理教育（*psychological education*）有關的課程領域（*curriculum area*）。每一教育層級的輔導課程（*guidance curriculum*）一般包含較廣泛的目標，且理想上可統整於班級教學（*classroom instruction*）中，由教師和諮商師以協同合作方式來實施。有時候，「輔導」被用於指涉特殊的教學或資訊服務，例如「班級輔導」（*classroom guidance*）或「小團體輔導」（*small group guidance*）。其他時候，「輔導」一詞被用於描述特殊的全校性活動，且聚焦於如「生涯輔導」（*career guidance*）等。

諮商（*Counseling*）一詞用以界定持續的助人歷程（*helping processes*），本質上是保密的（*confidential*），協助人們聚焦於其所關注的問題，規劃策略以處理特定的議題，並評鑑執行這些計畫的成功與否。諮商服務係以個別諮商（*individual counseling*）或小團體諮商（*small group counseling*）的形式進行，且基本上係以學生爲對象。如情境需要，學校諮商師有時候須爲父母和教師提供短期諮商的服務。此時，其目標在於協助父母或教師決定是否接受社區機構的處遇或服務。學校諮商師藉由對家長和教師進行短期性的諮商，來爲兒童和青少年提供間接的協助（*indirect assistance*）。成功的諮商關係有賴諮商師在人類發展和行爲、以及有效且具催化性的溝通技巧等方面具備高水準的知識。

發展性輔導和諮商（*Developmental Guidance and Counseling*）描述用以協助學生獲得知識和技巧，以發展健康的生活目標，及學得達成這些目標的行爲之活動和服務。有時候，這些活動係以大型或小團體輔導課程來傳遞給所有學生，其他時候，則特別爲目標群體設計小團體諮商單元。在小學、初中和高中學校，這些發展性服務的目標在於協助學生聚焦於特定年齡和生活階段的任務和議題。

例如，初中階段的教師可能會協助學生學習如何流利地說話和適切地書寫，使學生能看到語言學習和未來職業選擇的關聯性。

諮詢（*Consultation*）是指作爲學生發展專家的學校諮商師，和家長、教師及其他專業人員共同聚會研討，以確定學生的需求，並選擇適當的服務。通常，諮商師需判斷什麼是協助學生的最佳方式，並將資訊提供給家長或教師。在這種情況下，諮詢會以父母教育團體、教師在職進修工作坊或個別研討會的方式進行。諮商師也會透過個別和團體方式爲學生提供諮詢，針對特定的主題傳遞資訊或提供教導。例如，諮商師會藉助於輔導課程，自行或和教師一同實施特殊的班級輔導課程和活動。另一個例子是有興趣於同儕協助方案的高中學生，會向諮商師諮詢同儕輔導員可以做些什麼，及如何參與此一特殊團體等。

全校性輔導（*Schoolwide Guidance*）是有計畫的活動，協助所有學生聚焦於特殊的議題或主題。此類全校性事件可能由學校諮商師、行政人員和教師一起共同規劃。這些活動類型，像是爲高中學生所舉辦的「生涯日」（*Career Day*），爲初中學生舉辦的「建立新友誼週」（*Develop-a-New-Friendship Week*），以及爲小學學童所張貼的「最佳進步獎」（*Most Improved*）布告欄等。

學生服務團隊（*A Student Services Team*）是由一群專業人員所組成，專門提供諮商、諮詢、評量和其他相關的服務，以促進所有學生之情緒、教育、社會和健康發展。典型上來說，學生服務團隊包括學校諮商師、社會工作師（*social worker*）、心理師（*psychologist*）、護士（*nurse*）及其他相關專業人員等。

諮商中心（*A Counseling Center*）包含學校諮商師的辦公室和設施。這些設施包括執行綜合性方案所必備的辦公空間、傢俱、器

具和材料等。依據方案的層級和學校與教職員工的規模，諮商中心可能包括諮商師的個人辦公室、等候區、測驗室、和團體聚會的研討室等。

教師認輔方案（*A Teacher-Advisee Program*）的設計是讓每一位學生能接受一位成人的督導。雖然教師認輔方案（*TAPs*）最常見於初中階段（有時也稱爲*advisor-advisee program*），它們也可以實施於所有教育層級（*Callassi & Gulledge, 1997; Manning & Saddlemire, 1996; Myrick, 1997*）。基本上來說，這些方案都是讓一群學生接受教師的督導，提供有關學業、社會和個人需求等方面的忠告。認輔教師也爲其認輔學生提供特殊的輔導課程。此外，教師認輔方案也有其卓越的網絡，使教師可以將學生轉介至諮商師，以接受更進一步的服務和照顧。

同儕協助方案（*A Peer Helper Program*）的建立是訓練學生使其能輔助其班上同學和其他學生（*Lewis & Lewis, 1996; Scarborough, 1997*）。通常，學校諮商師獨立工作，特別是在小學和初中學校層級，學生和諮商師的比例通常較高。同儕輔導員可以輔助諮商師和教師，以滿足更多學生的需求。他們被訓練爲傾聽者，是學校中的第一線助人者，常作爲化解衝突的仲裁者，作爲遭遇學習難題學生的指導員，作爲教師在班級中進行輔導活動的助手，也作爲辦公室的助理來接電話和做一些有幫助的差事。對同儕輔導員施以訓練是相當必要的，使其有能力去辨認同儕學生的需求，符合方案預定之目標。

父母教育方案（*A Parent Education Program*）係對兒童發展的議題、對家中的管教策略、學校中的進步情形和其他相端的主題提供資訊。某些諮商師運用整套的、商業出版的方案來協助父母，最有名的是《有效能父母的系統訓練》（*Systematic Training for Effective*

Parenting, STEP）（*Dinkmeyer & McKay, 1989*）以及《主動的父母》（*Active Parenting*）（*Popkin, 1993*）。其他諮商師也會設計他們自己的方案和活動。有時候這些方案只有單一的單元，有時候可能會舉辦持續且多個單元的父母教育活動，例如由諮商師所帶領的單親父母支持團體。

顧問委員會（*An Advisory Committee*）是一志願性的團體，以指導綜合性方案之規劃與發展。綜合性學校諮商方案的範疇需賴行政人員、教師、家長和學生的投入（*Duncan, 1989*）。建立一個督導委員會使得諮商師可以獲得這些團體的輔助，來判斷決定學校學生的需求，採取必要的服務來切合這些需求，規劃全校性的活動來促進學生的學習、改善關係，以及建立有益的學校氣氛等。

還有許多其他名詞可用來描述綜合性學校諮商方案的其他層面，大部分會在這一章或其他章節中出現。對這些諮商師用以描述他們是誰、他們做些什麼的語言和名詞有清楚的了解，能使你在向他人說明你的角色和專業定位時有較強而有力的立足點。確定你的專業角色，才能使你成功地扮演好學校諮商師。

學校諮商師的不同角色

雖然學校諮商專業開始於中等學校，今日的諮商師已受雇於所有教育層級為所有學生提供服務。二十世紀之末及二十一世紀之初，許多諮商師開始受雇於初中和小學層級。大體而言，學校諮商師在所有學校中均運用了相同的基本助人歷程–諮商（*counseling*）、諮詢（*consulting*）、整合（*coordinating*）和衡鑑（*appraising*）。由於小學和初中的學生，與高中學生具有不同的發展需求，諮商師會在特殊學校中因應學生的需求來提供特定的服務。因此，學校諮商師的角色和功能，會因應特定的實務工作層級和所服務之特殊學校群體的需求，而有所不同。

學校諮商師在設計綜合性方案時，首先需評量學生、家長和教師的需求。每個學校在這些需求的差異性，使得諮商師必須去判斷決定什麼服務和活動才是最適合於其所服務的學校。

試圖區辨小學、初中和高中的諮商方案之描述和示例，提供了一般性的指導原則，但仍必須在諮商師所服務之特定群體的脈絡中來加以考量。例如，一位高中諮商師服務的學生多來自富有的家庭且對學生的教育表現有高度的期待，其所設計的服務方案將非常不同於另一所學校，如該學校中有極高比例學生來自於貧窮家庭且處在教育失敗危機邊緣。基於此一原因，接下來本書對於小學、初中和高中學校諮商師的描述，只是一般性的例子，而不是在不同教育場域中諮商師角色之定型。理想上，諮商師所發揮的功能需回應所服務學校之學生和社區的獨特需求和特質。

小學諮商師

歷史上而言，在小學中有關學生發展和輔導的責任是由班級教師所負擔。雖然在1920年代初期即有少數輔導專家在小學中服務，但幾乎都在大都會地區（*Martinson & Smallengburg, 1958; Myrick, 1997*）。一項在*1950*年代所進行的全國性調查指出，有超過*700*位諮商師受雇於小學服務，其中有超過*400*位以半數以上的工作時間從事諮商和輔導服務工作。小學諮商的運動，使得原先以教師擔負學生發展的唯一責任，開始轉移爲教師和諮商師協同合作的努力。

*1960*年代諮商在小學中的發展，所引發的重要事件是《小學學校輔導和諮商》（*Elementary School Guidance and Counseling*）期刊的發行，小學諮商師也納入「美國學校諮商師協會」，以及「*1965*年小學和中學教育法案」（*Elementary and Secondary Education Act of 1965*）的制訂，以及NDEA法案的擴充以經費補助小學輔導和諮商之訓練機構（*Gibson et al., 1993*）。到了*1969*年，小學諮商師已受雇於所有美國的五十州；到了*1970*年代初期，小學諮商師人數已成長到接近*8,000*人左右（*Myrick & Moni, 1976*）。

在*1970*年代和*1980*年代，我們可以看到對小學學童的關照和服務日益增加。在某種程度上，此一增加可歸功於「1975年障礙兒童教育法案」（*Education for All Handicapped Children Act of 1975*）及*1983*年《瀕臨危機的國家》（*A Nation at Risk*）報告一書。《瀕臨危機的國家》係由「全國卓越教育委員會」（*National Commission on Excellence in Education*）所促成的報告，成爲*1980*年代許多教育創新行動的重要基石。這些創新行動包括建議所有小學應該設置諮商師（*Humes & Hohenshil, 1987*）。不難理解地，這些漸增的對於小學諮商的需求，使得界定和描述理想諮商方案應該涵蓋哪些內涵顯得更爲迫切。

對小學諮商師角色的研究指出，一般對小學諮商師功能的期待與其他教育層級是一樣的（*Gibson, 1990; Morse& Russell, 1988*）。小學方案包括爲學生、家長和教師所實施的諮商、諮詢、整合和衡鑑服務，無異於其他教育層級的服務。同時，某些研究則認爲這些必要活動在小學中的重要性等級，可能與其他層級學校諮商工作有所不同。例如，*Morse and Russell*（*1988*）小學諮商師所評定的五項最重要活動中，有三項是與教師和其他專業人員的諮詢關係有關。在此研究中，諮商師強調協助教師以使其能協助學生是必須的。此一研究發現支持四十年前學者所提出的看法，主張小學諮商師主要應扮演諮詢的角色（*Eckerson & Smith, 1966; Faust, 1968b*）。今日，諮詢仍然是小學諮商師的一項必要功能。

有趣的是，小學諮商師報告其對工作任務的偏好，則是希望能爲學生進行更多的團體工作，以協助他們學習到適當的社會技巧、促進其自我概念且發展問題解決的技巧（*Morse & Russell, 1988*）。此項對於團體工作的強調，彰顯了小學諮商師重視兒童的發展性服務。部分而言，此一強調賦予小學諮商師獨特的焦點，包括對兒童進行諮商的適當歷程和取向，對發展性活動和服務的關照，以及在助人歷程中較強力的父母和教師參與。

諮商兒童

自從小學諮商發展的初期伊始，對於諮商能否有效地協助兒童，專家就有不斷的爭論。在*1967*年，「美國人事和輔導協會」（現爲美國諮商協會）陳述：個別諮商使兒童有機會得以在此關係中（*a*）看到自己是一個有能力的人、學到更了解自己、且運用這些知識來設定生活目標，（*b*）被其他人（諮商師）所聽到，表達其對自身、他人和其所居住之世界的想法和感受。

在團體歷程之外，小學諮商師也運用個別諮商去協助兒童。典型上來說，諮商師係透過一系列的短期諮商單元來建立這些關係，一個星期大約一至二次，每一單元長度大約在二十至四十分鐘，取決於兒童的年齡和成熟度。諮商的階段包括：（1）建立融洽關係的介紹期（*introductory phrase*），（2）探索（*exploration*）兒童以語言和行動所表達的關注問題，（3）計畫（*planning*）如何因應和補救這些關注問題的方法，（4）結束（*closure*）此一特別的助人關係，且同時鼓勵兒童繼續向其他發展領域邁進。

與年幼的兒童進行個別諮商的成功與否，取決於對兒童是否準備好接受此一型態的關係能有正確的評量。諮商師需評量兒童的語言發展、行為、認知能力，以及其了解助人關係之性質與目的的能力。因為大部分的個別諮商需要某種程度的語言互動，如果兒童沒有足夠的語言發展（*language development*）程度，可能就無法從此一「談話性」的諮商關係中獲益。如果兒童甚少使用語言，則只要諮商師的語言可以被兒童所了解，諮商關係仍有可能成功。在個別諮商關係的初期，年幼的兒童經常是非常害羞且不願意說話，但只要他們有足夠的語言能力和了解，透過有能力的諮商師的協助，這些兒童還是會從個別諮商關係中獲益。

小學諮商師使用遊戲（*play*）、玩偶劇（*puppetry*）和其他技術，與語言能力尚未充分發展的兒童建立融洽的關係。遊戲是兒童諮商的重要層面，如*Campbell*（*1993*）所述，「遊戲媒材的充分使用可作為兒童和諮商師之間的溝通工具，似乎是有效的諮商所必須的。」（*p.3*）

在考量是否運用個別諮商作為介入模式時，諮商師也需評估兒童的行為發展（*behavior development*）。嚴重的困擾、注意力渙散、或其他行為上的功能不良都可能阻礙個別諮商的可能效益。兒童愈有能力持續完成任務、集中注意力於手上的工作，且控制衝動性的行為，「談話性」的諮商關係才有可能會成功。能協助兒童發展這些能力的行為技術（*behavioral techniques*），是有效個別諮商關係的前置要件。

無法了解自己在助人關係中的角色和責任的兒童，可能也無法從個別諮商關係中獲益，因為個別諮商非常仰賴說話和傾聽的抽象能力。如果沒有必要的認知發展（*cognitive development*），年幼的兒童即無法做好充分的準備以了解其他人的知覺、選擇對他們及其社會群體有利的目標，且將其他人的意見和價值納入其自身的觀點中。如果語言性的諮商關係是要協助兒童來自我評量、做出適當的改變計畫、且朝向期待的目標採取行動，兒童的認知能力是相當重要的。

年幼兒童的知覺常受限於其「自我中心」（*egocentric*）的觀點，且常無法明白社會興趣和協同合作的觀念，很可能無法充分欣賞個別助人關係的好處。基於此一理由，小學諮商師需採取主動的技術，如遊戲、心理劇（*psychodrama*）、創造性藝術（*creative arts*）和讀書治療（*bibliotheraphy*），以刺激想法、探索價值，且鼓勵兒童參與諮商關係。

和兒童進行團體工作也是一項重要的工具，能促進兒童與其他人間的互動，並探索其在社會情境中的知覺。小學中的團體工作，無論是團體輔導或團體諮商，大多是結構性的（*structured*）（*Gladding, 1999*）。在第六章中，你會看到團體輔導基本上是教學性的（*instructional*）或是資訊性的（*informational*），然而團體諮商則鼓勵兒童在其生活中的認知、情意或行為層面做出主動積極的改變。

團體輔導常在大團體或小團體場域中進行。小學教師和諮商師在班級中運用團體輔導，以協助學生發展價值觀（*values*）、社會技巧（*social skills*）、生涯覺察（*career awareness*）和其他學習領域。理想上，教師宜將這些團體單元統整於日常課程中，使得輔導成為包含語言、社會科學和其他學科領域的整體課程的一環。

另一方面，團體諮商則協助兒童聚焦於其所關注的問題，無論是危機導向（*crisis-oriented*）、問題中心（*problem-centered*）或是發展上（*developmental*）的議題（*Myrick, 1997*）。團體可以小到只包含五至八位學生。例如，一個危機導向的小學團體，協助受虐學生處理其所經驗到的創傷、體認到自身作為人類的價值、學習到自己的權利、並計畫未來如何因應的方法。問題中心的團體則協助兒童聚焦於立即性的、但較不是危機性的難題，如與同儕相處、鼓勵兒童形成行動計畫以化解同儕衝突等。發展性團體諮商則協助兒童學習到社會和個人的發展面向。此類成長導向（*growth-oriented*）的團體所探討的主題，類似於班級輔導中所要學習的主題，但小團體諮商的性質使得兒童有機會在一個安全的、受到保護的關係中和他人有較多的互動和親密感。就許多層面而言，發展性諮商應是小學學校諮商師所使用的基本策略。

發展性諮商和輔導課程

雖然今日的許多小學學童遭遇到來自家庭和社會的許多難題，使得他們迫切需要危機導向和問題解決的協助，但更多兒童可從發展性的服務中獲益。小學諮商師的基本假定在於，當允許兒童循序漸進地達成目標、且朝向自我實現發展時，兒童會較為成功。發展性諮商（*developmental counseling*）考量到兒童發展的階段，包括所有兒童在邁向下一個階段的發展之前所必須要學習和完成的重要生活任務。

綜合性的發展方案強調正向自我概念（*positive self-concept*）的重要性，並體認到學校可協助學生相信其作為人類的價值。發展性諮商假定兒童對於自身及周遭世界所持有的知覺和信念，是透過許許多多在家庭中、在學校裡與他人之間的正向和負向經驗而學習到的。兒童的感受、態度、和行爲，與其對自身所做成的結論、及他們被重要他人接納或拒絕的經驗，有莫大的關連。基於此一原因，發展性諮商方案須包括小學中的每一個人和每一個層面，因爲每一項人事物都會對兒童有所影響（*Purkey & Schmidt, 1996*）；學校中沒有任何事，無論是方案或政策，可以是中立的。每一件經過計畫和執行的事項，從牆上圖畫的顏色，到班級中教師和學生的日常關係，都對學生有某種程度的影響。

以發展性爲焦點的諮商方案，也會將學校社區中的每一個人涵蓋進來，來協助學生達成其教育、社會、和生涯目標。學校諮商文獻呈現出綜合性諮商和輔導方案的一些模式，包括*Missouri Model*（*Gysbers & Henderson, 1997*）、*Maine and New Hampshire models*（*VanZandt & Hayslip, 1994*）以及*Connecticut*、*Texas*和*Wisconsin*等州的模式（*Dahir et al., 1998*）。每一個模式都爲學校諮商師如何和行政人員、教師和家長合作，以爲學生創造適當的服務，提供一些有系統的步驟。首先，這些方案都致力於建立一強而有力的「輔導課程」，由諮商師和教師一同規劃，並統整於日常教學活動中。諮商師協助教師，致力於規劃此一統整性的課程，安置適當的資源、並與教師一同帶領特殊的輔導單元。其次，這些方案包括爲需要更密集性協助的學生所提供的個別和團體諮商服務。這些諮商服務的目標，在於滿足學生的需求，並協助他們在學業上、個人和社會發展上能有明顯的進步。據此，學校輔導課程的次級目標，在於使教師和諮商師能辨認出哪些學生需要更進一步的協助，以達成其目標。

輔導課程的目標，與諮商的治療性目標有密切的關連。例如，如果輔導的目標在於協助所有的學生學習到關於自我的發展，且欣賞自己，則爲低度自我肯定學生所提供的個別和團體諮商服務，也是其基本目標之一。雖然諮商關係中所使用的活動和歷程，不同於班級輔導，其發展性的目標基本上是相同的。同時，個別和團體諮商可讓兒童有機會能發展技巧、評估自己及建立關係，會比大團體的學習經驗更爲有利。在接受諮商之後，這些兒童也會更能參與統整於日常教學的輔導課程，且從中獲益。

發展性諮商方案的另一個層面，是父母的強力參與。尤其是在小學教育中，父母在兒童發展上扮演中非常重要的角色。

父母的參與

小學諮商師非常仰賴父母的參與，以協助兒童規劃和達成發展性的目標。（注意，此處所使用的「父母」及「父母參與」（*parental involvement*）等詞，指涉所有形式的父母和監護人關係）。如果沒有爭取到父母對於方案和服務的支持，則期待方案有所進展不啻緣木求魚。當父母也支持將輔導融入於課程中，且爲兒童提供個別和團體諮商經驗時，才能在家庭和學校之間形成合作的伙伴關係（*partnership*）。大力邀請父母參與的學校，會告知父母關於方案的實施情形，鼓勵父母參與兒童的教育歷程，更可能促進學生成功的學習（*Epstein, 1991*）。

小學諮商師在其與兒童建立諮商關係的初期，即須爭取父母的參與。爲了贏得父母的協同合作，諮商師會透過書面說明函、在家長座談會中說明、及個別接觸來告知父母有關諮商方案的種種。保密（*confidentiality*）是與兒童進行諮商工作的條件之一，如同與其他受輔者的諮商一般，但在此同時，小學諮商師也會讚賞父母在協助兒童解決難題、改變行爲和設定未來目標上的重要貢獻。基於此一理由，小學諮商師會鼓勵兒童允許其父母參與其諮商歷程，而愈早愈好。在少數案例中，如疑似兒童受虐時，這樣的參與是不可行的，但在大部分情況下，小學諮商師應與父母建立協同合作的關係，以協助兒童處理其關注的問題，做出適當的選擇。

父母、教師和諮商師一起在協助兒童正向發展的任務中成為合作伙伴。如*Meeks*（*1968*）在多年以前所描述的，父母的參與始終是小學諮商的重要內涵之一，父母的角色在於：（1）協助學校了解兒童，（2）對兒童獲致更大程度的了解，（3）學習並了解學校為協助兒童所做的事，以及（4）使用鼓勵和正向的策略來引發建設性的行為改變。父母作為特定兒童的「專家」角色，可以協助學校更能切合兒童的個別需求，與教師在教學上的專家角色和諮商師在兒童發展上的專家角色相結合，形成有效的協同合作關係。

小學諮商師鼓勵父母參與的方式，有邀請父母參與「親師座談會」（*parent-teacher conferences*），以正向管教策略、指導家庭作業、處理子女爭吵和與子女有效溝通等為題舉辦「父母教育方案」（*parent education programs*），並作為學校方案的志工。父母參與有其雙重目的，一者在協助兒童促進其發展，二者使學校作為社區中的重要一環。因為這兩項目的都甚為緊要，綜合性小學諮商方案也包括為父母提供直接的諮商和諮詢服務，以及和父母一同為學校努力。讓父母參與日常學校活動的實例之一，是由父母擔任工作人員而由諮商師扮演合作角色的「個別指導方案」（*tutoring program*）。由父母志工擔任指導員，和教師一起協同合作致力於為學生提供適當的服務。當然，教師的參與也是小學諮商方案的另一項重要內涵。

教師的參與

小學諮商師是班級教師和學校中其他教育專業人員的同事，爲了在小學中提供有效的服務，諮商師需和教師和其他學校人員建立強而有力的工作關係，以成爲學校人員和教學方案的重要成員。諮商方案的成功，受到諮商師能否與學校教師和其他同事建立個人或專業關係的影響，使教師和諮商師所設定的共同目標能確保所有兒童能在學校中獲得充分的教育、社會和個人發展。

教師參與（*teacher involvement*）開始於邀請他們對學校諮商方案的性質和設計提出其評論意見和建議，可以對教師實施調查、顧問委員會報告和年度方案評鑑的方式來進行。此外，小學教師也可以透過統整於日常教學的輔導活動，來主動地參與學校諮商方案。他們需結合爲所有年級學生所建立的全校性課程目標，一起規劃這些輔導活動單元。

將教師納入統整性班級輔導的觀點，並未被諮商師和諮商師教育者所普遍接納。有些人相信班級輔導是學校諮商師的主要功能，是核心課程的一環（*Gibson et al., 1993*）。相反地，本書相信發展性輔導如能統整於學校課程，由教師透過教學來傳遞，應是最佳的策略。如第一章所述，這是*1955*年「督導與課程協會」（*Association for Supervision and Curriculum*）年度報告《課程中的輔導》（*Guidance in Curriculum*）所提出的觀點。但諷刺的是，在五十年之後，諮商師和教育工作者仍然在爭論此一尙未解決的議題。

賦予教師將輔導統整於課程的主要責任，是因爲在一般學校中學生相對於諮商師的比率多超過300：1，諮商師似乎不可能有能力去從事所有的輔導教學工作，及實施綜合性方案所期待的必要服務。學校諮商師需鼓勵學校和教師將輔導統整於課程和教學之中，這是本書所持的觀點。如稍早所述，諮商師輔助教師規劃適當的統整輔導方式，協助其搜尋適切的教材和資源，並在必要時和教師一起實施特殊的輔導單元。

小學教師也有責任轉介需要進一步接受諮商服務的兒童。因爲小學教師包辦了所有學科，有整天的時間接觸兒童，他們是觀察兒童的發展、發現是什麼阻礙其進步的最佳人員。諮商師需仰賴教師的觀察和診斷技巧，以轉介兒童接受適當的服務。與學生建立密切關係的小學教師，是學校中的第一線助人者，能使諮商師注意到需要立即性服務的關鍵個案。

另一項教師參與的領域，是促進父母和學校的關係。由於年幼兒童的父母甚爲關注兒童的福利，教師和父母之間的溝通是至爲緊要的。對於學校諮商方案的服務有較佳評價的教師，會讓諮商師明白父母所表達的需求，指出家庭功能不良和解組的問題，及其他影響兒童學校表現之因素。教師也會盡可能邀請諮商師參加其親師座談會，以提供必要的資訊、催化溝通和建議解決問題的方法。

最後，對於兒童發展和教學具有專業知能的教師，是協助員工發展的一項重要資源。某些小學教師具備了特殊的知識和技能，對其教學同儕是相當有價值的。諮商師可邀請這些教師在在職進修工作坊中現身說法，尤其是有關教學技術和班級管理技巧方面。

初中諮商師

「初中」（*middle schools*）是較爲新近的教育組織，取代了許多地方的「初級高中」(*junior high schools*)。典型上，就讀於初中的學生範圍，包括九歲至十三歲的前青少年期（*preadolescents*），通常是五年級至八年級。這個年齡群的獨特需求需要特別的關注，尤其是那些與身體和社會發展有關的需求。倡導初中課程的學者，主張教育方案應了解和重視這個過渡年齡期所固有的能量、混淆和不確定性（*Alexander & George, 1981; Stamm & Nissman, 1979; Thornburg, 1979*）。此外，初中諮商必須要考量學生的文化多樣性（*cultural diversity*）。*Baruth and Manning*（*2000*）提到初中學生人口的改變是一項重要的挑戰，未來的諮商師必須具備多元文化知識（*multicultural knowledge*）和技能，以對多樣化族群的學生提供適當的服務方案。

隨著初中的興起，初中諮商師的角色更為釐清（*Dougherty, 1986; Schmidt, 1989*）。*Thornburg*（*1986*）提到初中學生發展上的複雜性，使得有技巧的諮商師必須要有能力去了解這些年輕人，且與之溝通。前青少年期發展上的複雜性，包括身體外觀開始改變，對性（*sexuality*）及與異性關係的覺察和好奇等。在前青少年期，智能的發展（*intellectual development*）也顯得更為細密且展現更高度的思考歷程。抽象的思考（*abstract thinking*）更為明顯，決定歷程（*decision-making processes*）也更有組織和有所依據。智謀、幽默和譏諷等替代了愚蠢的、玩樂的和其他幼稚的行為。社會上，初中學生尋求同儕接納（*peer acceptance*）和贊同（*approval*）、奮力追求獨立（*independence*）和自主（*autonomy*），然而卻不願為其自身行為結果擔負完全的責任。

因為這些發展性的任務如此複雜，青少年成長的速度也各自不同，如何切合這些青少年的需求，不啻是服務於初中的教育工作者的一大挑戰。如同*Thornburg*（1986）所言：

低估了這些任務的複雜性毋寧是一大錯誤，將這些任務視爲不可能達成也同樣是錯誤的。諮商師和其他影響教育決定的人，必須接受此一挑戰，爲今日的中學生建立有效的學校環境。（*p.170*）

初中諮商師接受此一挑戰的第一步，即是界定其爲前青少年期學生諮商的角色。爲此，他們必須考量應具備哪些資訊、知識和技巧，始能與這些不斷改變中的年輕人建立有效的助人關係。

諮商前期青少年

初中學生獨特的需求和發展階段，使得諮商取向必須回應此一多樣性。任何無視於學生的問題性質或發展階段，只是應用單一取向來處理所有學生問題的諮商師，必然會感到相當地挫折，尤其在初中層級更是如此。諮商初中學生需要應用到更廣泛的策略，包括個別的助人關係、團體經驗、同儕支持系統及其他歷程。此外，成功的初中諮商師對於前期青少年的發展性任務應具備高度的知識和了解。最後，同時也是最重要的，成功的諮商師了解中學生知覺其世界的方式，也明白學生如何從這些知覺做成其結論。

一旦不具威脅的且尊重的關係被建立起來，對初中學生進行個別諮商就可能會成功。被學生所接納和尊重的初中諮商師，更會在學校中受到重視。他們會在學校大廳或走廊和學生打招呼，在餐廳吃午飯，隨時等候尋求協助的學生。透過這些互動，初中學生會評量諮商師的可信賴度、可依靠性和效度。基於這些評鑑的歷程，學生會判斷是否要尋求協助。被視爲可信賴的諮商師，在學生需要協助時才會去找他幫忙。

一些諮商取向對初中學生工作是有用的。例如，阿德勒諮商（*Adlerian counseling*）有助於青少年聚焦於生涯發展、戀愛關係和社會成就上的關鍵生活任務（*Sweeney, 1998*）。理性自我諮商（*rational self-counseling*）教導兒童學習到情緒健康的思考方式，以達成情緒的自我控制（*Maulsby, 1986*）。爲自己的行動負責任，則是現實治療（*reality therapy*）的主要元素（*Glasser, 1965; 1984*）。這些都是可用於這個年齡學生且甚受歡迎的諮商取向。

在初中諮商諮商方案中，團體歷程甚具價值，因爲這個年齡的學生最期待成爲團體的一份子、隸屬於某一團體，且被團體所接納。在初中，團體諮商協助學生聚焦於發展性或問題導向的關注，輔助彼此達成發展性的任務或解決問題。諮商師也運用團體於結構性的方案中，如小團體和班級輔導，以教導新的技巧或分享資訊。初中諮商師甚爲仰賴團體歷程，催化新資訊的分享和教導發展性的技巧，以回應前期青少年在轉換階段的需求。

團體和個別諮商在建立有效的同儕協助方案（*peer helper program*）時亦是有用的（*Bowman & Campbell, 1989; Lewis & Lewis, 1996; Scarborough, 1997*）。同儕輔導員作爲諮商師的輔助，協助新進入學校的學生、作爲需要接受諮商者的第一線助人者，轉介其接受學校諮商師的協助，給予有學習困難的學生個別指導，和被同儕所排斥或拒絕的學生做朋友。強力的同儕協助方案使諮商師能爲學生建立一個網絡，透過他人的眼睛和耳朵觀察學生的發展和進步情形。此一方案也爲初中諮商師提供重要的轉介來源。

轉換服務

初中諮商師爲使得學生可以從兒童期順利轉換至青少年期提供

了許多服務。這些「轉換服務」（*transitional services*）包括：（1）諮商對新環境感到害怕的學生，尤其是從小學進入初中，或是從初中進入高中；（2）透過輔導活動和諮商服務，協助學生學習到有關自身身體上的變化；（3）教導溝通技巧，以協助學生發展友誼，及與同儕、家長和教師建立有效的關係；以及（4）呈現問題解決的模式和技巧，使學生能學到如何做選擇且了解其決定的後果。

在許多學校系統中，初中係與小學和高中分離且獨立的系統。因此兒童在就學期間至少有兩次要改變學校，通常在五年級之後和八年級之後。除了這些轉換之外，還有因爲父母離婚和搬家而必須轉學到新學校的適應問題。對某些學生而言，這段轉換期間是非常難過的，初中諮商師要協助學生減少這段期間的不確定和焦慮。

轉換服務包括帶領小學學生拜訪初中，對進入初中學生實施定向輔導，編輯資訊手冊給予初中學生及其父母使其更加熟悉學校，爲初中準畢業生安排參觀高中學校，以及與教師一同規劃生涯探索活動以協助學生將其教育計畫和生涯興趣相連結。教師和諮商師創造了無窮的活動和服務，協助初中學生順利跨越轉換的橋樑，朝向青少年期和成年期邁進。

個別諮商、團體諮商和班級輔導，爲學生提供了身體發展、友誼、學習技巧及青少年所面對之多元發展任務等之資訊。初中諮商師仰賴教師的觀察、同儕輔導網絡及父母的參與，來判斷哪些學生能從其所提供的服務中獲益。例如，某些初中學生能在小團體或大團體中自在地談論對於性的覺察、身體的變化等；然而，其他學生即使在個別諮商中可能也不願意去討論這些事情。一位成功的初中諮商師會花時間去傾聽學生、父母和教師，以運用其建議來爲個別學生或全校性的服務做出適當的決定。諮商師需與所有群體創造最大的關係，以爲學生實施有效的轉換服務。如同小學諮商一般，成功的初中諮商服務也必須爭取到教師的參與。

教師的參與

綜合性初中諮商方案反映出有效中等級學校之內涵和特質（*George, 1986*）。這意指諮商師所設計的方案需與學校的教育宗旨一致，協助教師為所有學生建立和傳遞適當的教學，鼓勵如教學團隊（*Instructional teams*）和顧問團（*advisory groups*）等團體歷程，且成為學校領導團隊的一份子。秉持此一觀點的諮商師在建立其綜合性服務方案時，會接納教師的參與。

教師參與初中諮商方案中的許多層面，均同於小學諮商。規劃輔導課程、轉介學生接受諮商、與諮商師協同合作來安置學生、邀請諮商師參與親師座談會，在初中諮商同樣適用。強調教師參與的諮商方案通常會有某些類型的「認輔服務」（*advisor-advisee services*），特別適用於初中。*Myrick*（*1997; Myrick & Myrick, 1990*）是這些服務的倡始者，將此類認輔方案稱為「教師即認輔者方案」（*teacher as advisor program, TAP*）

在初中實施的「教師認輔方案」（*teacher-advisee programs*），係回應發展性輔導的廣泛需求，就像是小學所強調的發展性服務，同時與初中為學生提供轉換服務的角色有關。在初中，學生不再像小學一般整天接受同樣一位老師的教導，教師認輔方案讓所有學生有機會和一位重要成人建立穩定一致的接觸和關係。在某些初中，學生會被分派到由教師/認輔者所主持的「家庭本位團體」（*home-based group*），透過這些定期的家庭聚會，學生參與輔導單元或與其認輔者個別會談（*Alexander & George, 1981; Michael, 1986; Myrick, 1997*）。

Myrick（*1997*）建議教師認輔的家庭本位方案應在學期中的每一天早上有至少三十分鐘的聚會，一個星期至少有兩天實施發展性的輔導，其他天則用於學習活動，則默讀或寫作、創造性音樂或美術，及其他的發展性活動。理想上，當學生在進行學習或閱讀活動時，教師/認輔者則可和接受認輔學生進行個別會談、檢核其學習進步情形，並了解學生所關注的問題。

成功的教師認輔方案通常也有較強而有力的諮商師參與，如果沒有諮商師的領導，這些方案可能無法贏得學生、教師和家長的強力支持。*George*（*1986*）認爲教師認輔方案可能同時是初中學生、家長和教師最感期待或最不喜歡的活動。學生不喜歡設計不良的方案，特別是由缺乏準備且缺乏輔導技巧的教師所主持的。同樣地，當教師並不了解此類關係的目的和價值時，或當他們害怕自己缺乏輔導學生的技巧時，教師都會反對承擔認輔的責任。當家長無法清楚地了解到教師認輔方案的目的，無法信服這些方案所花費的時間是值得，也會表示反對。爲了避免這些拒斥方案的情形發生，諮商師會提供有關方案的充分資訊，訓練教師具備團體催化技巧，並提供教師可用於輔導單元的資源和材料。藉此，整合整合（*coordination*）成爲學校諮商師的一項主要功能，以確保教師認輔方案的成功。

在爲認輔學生提供必要的發展性輔導和支持性的關係之外，教師認輔方案也是諮商師轉介網絡中的一項重要管道。教師認輔方案並不能取代學校諮商服務，而是一項輔助性作法，使教師和諮商師可以合作爲青少年利益而努力。如此，教師/認輔者經常會轉介學生接受諮商師所做的更詳盡的評量、深度的諮商、安置於團體方案，或轉介至其他社區服務機構。

教師認輔方案也爲父母主動參與學校奠定了第一步。擔負認輔責任的教師最有可能定期和父母接觸，且鼓勵其認輔學生主動將學校事件告知父母。

父母的參與

進入發展階段的初中學生，會開始堅持不受父母和家庭約束的自主性及獨立性。在此青少年發展的轉換階段，初中諮商師和教師必須了解父母參與的重要性，協助父母明白何時和如何放手讓孩子獨立，何時和如何掌控孩子。對於許多父母而言，這是一項必須學習的歷程，初中諮商師和教師應該要規劃適當的方案，使父母可以學習到前期青少年的發展，並尋求父母參與學校諮商方案、發展學校的政策、且設計適當的課程。

因為初中學生的父母努力掙扎著讓自己能進入前期青少年的轉換階段，協助父母表達其感受並學習到技巧的方案是必要的。初中諮商師應在父母教育方案中扮演重要的角色，探討前期青少年和青少年所關心的議題，教導溝通技巧以促進父母和青少年的關係，分享資訊以了解青少年的發展任務和行為上的危險訊號。有時候，兒童進入青少年期之後突然出現急遽的轉變，習慣於兒童期之平靜的父母會顯得無所適從、憤怒、挫折，且亟欲想要擊敗這個未知的惡魔。由學校諮商師所帶領的教育方案和支持團體，將對這些徬徨無措的父母有所幫助，最大的好處之一是讓父母了解到自己並不孤單。明白其他父母也面臨了同樣的混亂、挫折和掙扎，會讓他們感覺到好過一些。

初中諮商師也必須敏銳覺察到父母對於子女接受諮商的感受和權利。雖然並不一定要取得父母的同意，但在適當的情況下，諮商師要盡一切可能爭取父母的參與。此類父母參與也需要奠基於接受諮商學生的信任，以及願意和父母談論他們告訴諮商師的問題。

初中學生比之小學學生，更有能力探索較爲複雜的想法和更深入的感受，也能爲自己的決定承擔更大的責任。雖然這些逐漸彰顯的特質，使得前期青少年能參與並從諮商關係中獲益，父母的參與更能助長其進步。因此，初中諮商師要尋找在學生可接受的情況下，將父母納入此一助人歷程的方法。

高中諮商師

高中是最早雇用諮商師的學校層級，從*1960*年代開始，許多高中學生就有機會接觸到諮商師。在當時，高中諮商師的角色，大多是課程安排（*course scheduling*）、大專院校安置（*college placement*）和學業紀錄保持（*academic record-keeping*）等。雖然現今高中學校諮商師的角色仍在改變中，典型上來說，仍不脫提供學生有關課程選擇符（*course selections*）、生涯機會（*career opportunities*）、測驗結果（*test results*）、大專院校（*colleges*）和獎學金（*scholarships*）等的資訊。

一般來說，本書稍早爲小學和初中諮商師所描述的助人歷程，也適用於高中層級。這些歷程包括：諮商、諮詢、整合、和衡鑑。學校諮商師在傳遞這些必要服務上的差異，在於不同教育層級會運用到特定的活動。高中諮商師在選擇適當的服務和決定特定的活動時，需考量準備進入成年前期之青少年的獨特需求。

一項早期對於家長、諮商師、行政人員和商業社群所進行的研究（*Ibrahim, Helms, & Thompson, 1983*）顯示，這些群體均指出高中諮商師的功能是能夠提供多樣化的服務，對於諮商師所提供服務之價值亦有共識。這些群體之間的統計差異，在於他們對不同服務的重要性有不同的知覺和評價。這項研究列舉了三十七項諮商師的功能，並歸類於幾個主要的類別：（1）方案發展（*program development*），（2）諮商（*counseling*），（3）學童衡鑑（*pupil appraisal*），（4）教育和職業計畫，（*educational and occupational planning*），（5）轉介（*referral*），（6）安置（*placement*），（7）父母協助（*parent help*），（8）工作人員諮詢（*staff consulting*），（9）研究（*research*）以及（10）公共關係（*public relations*）。在另一項研究中，*Gibson* （*1990*）發現對於高中諮商師最重要的功能，教師的看法是：（1）個別諮商，（2）提供生涯資訊，（3）實施和解釋測驗結果，（4）給予就讀大專院校之建議，（5）團體諮商和輔導。在兩項研究中，這些功能均與本書所建議的綜合性學校諮商方案之必要服務相同。

上述研究指出，諮商的功能始終是高中諮商師所應提供的重要服務。這和本書作者在尚未發表的學校諮商方案評鑑結果相一致，這些結果都顯示學生、家長和教師都一致性地認爲下列服務是最爲重要的：（1）協助學生處理個人難題，（2）協助學生做成關於學校的決定，（3）提供大專院校的資訊，（4）協助安排課程（*Scmidt, 1993; 1994a; 1995*）。

諮商和輔導青少年

諮商青少年的目標和歷程均類似於諮商小學學童和初中學生。雖然目標和歷程是類似的，但與青少年諮商關係中所討論的關注問題，可能並不同於小學學童和初中學生。例如，*Miller*（*1988*）發現，高中諮商師對於生涯輔助和教育計畫服務之重要性評定，顯著高於小學和初中諮商。青少年持續需要本質上是發展性的服務，聚焦於教育和生涯規劃、學業成就、社會接納、自我覺察、性別發展和其他因素。然而，許多特定的關注問題也是問題中心和危機導向的，而不僅止於發展性的本質。中途輟學、青少年自殺、未婚懷孕、藥物濫用、性侵害、和其他困擾問題，在在衝擊著今日高中校園內的青少年。

對於高中諮商師、教師和學生的調查顯示，諮商服務始終是高中方案的優先考慮（*Gibson, 1990; Hutchinson, Baerrick, & Groves, 1986; Hutchinson & Bottorff, 1986; Tennyson et al., 1989*）。然而，對於這些諮商服務性質的知覺，不同群體仍有所差異。依據一項研究發現，高中諮商師認爲個別諮商（*individual counseling*）、學業諮商（*academic counseling*）、團體諮商（*group counseling*）和生涯規劃（*career planning*）是四項最爲重要的功能（*Hutchinson et al., 1986*）。然而，同樣這群諮商師卻認爲這四項功能中，他們最偏好從事的是個別諮商和學業諮商兩者。在所有列示的十六項活動中，生涯規劃和團體諮商則被評定爲第九和第十一等級。而他們實際上所實施的活動，課程安排和測驗都高過於團體和生涯諮商，課程安排被評定爲第二，測驗則被評定爲第四。

不同於諮商師的知覺，在這一項研究中的二十一州、*152*所高中學校學生，則將生涯諮商、大專院校資訊、個人諮商和課程安排評定爲他們最需要的服務（*Hutchinson & Bottorff, 1986*）。然而，參與這項研究的學生都是已經上大學了，並未包括沒有上大學的學生，這可以解釋爲什麼大專院校資訊和課程安排活動會如此受到重視。這項研究最值得注意的是，超過半數以上的學生說他們實際上並未接受生涯諮商，而只有大約百分之二十的學生曾接受過個人諮商。這項研究結論是高中諮商師通常花費大量的時間於處理行政事務、文書工作及其他非諮商的任務（*Hutchinson et al., 1986*）。如果此類調查可作爲今日高中學校諮商服務的指標，似乎無論是諮商師或其他人的知覺，均認爲高中諮商師所提供的主要服務，並非對於學生的直接服務。結果，他們卻沒有時間去從事諮商方案中的必要服務。這些非直接服務包括紀錄保持、特殊教育整合、測驗和課程安排。

無論是團體諮商和團體輔導活動，在高中諮商方案中均不常見（*Tennyson et al., 1989*）。部分來說，高中缺乏團體工作，可能是由於團體歷程在學校諮商專業領域中是較新近發展的，崛起於*1960*年代，且之後才納入諮商師訓練方案中。某些學校諮商師在團體諮商受到重視之前就已經完成了諮商師準備教育的研究所課程。隨著時間推移，這問題應該會獲得改善。另一項阻礙團體諮商方案在高中發展的原因，是每日緊密的課程時間，及對學生獲得高中畢業文憑的重視。高中教師並不願意讓學生離開教室去參加特殊的活動，除非這些活動會對學生的學業進步產生直接的影響。所以，能夠與教師密切合作來設計可接受的諮商服務時間，始能建立成功的團體方案。如果這些方案是成功的，教師就會允許諮商師爲學生提供個別或團體服務，即使可能會使用到教學的時間。

生涯規劃和決定

對於高中諮商師角色的研究顯示，生涯規劃（*career planning*）是高中諮商方案的重要內涵。此項功能包括以個別形式或以團體形式所實施的輔導和諮商歷程，使學生能評量其長處、弱點和興趣，並選擇與這些特質相符合的教育和生涯計畫，我們將在第九章中作更爲詳細的介紹。

某些高中諮商師在每一個年級都應用個別談話或團體座談會，

使學生有機會去檢核其進步情形、評估其生活目標，為其生涯設定新的目標；並進一步使諮商師和學生能評量他們需要哪些資訊或其他服務，以規劃其未來的生涯發展。這些是預防性的服務（preventive services），協助學生依循學校的正軌而行；同時也鼓勵學生尋求比他們最初所設定的更高的目標。有時候，當學生在十四、十五歲時進入高中階段，他們對於自己、對於工作世界、對於未來職業趨勢、和教育機會等所擁有的資訊都是非常有限的，甚至是過時且不正確的。諮商師和教師可為其提供最新近的且正確的資訊。

資訊服務

在高中諮商師所發揮的諮商、諮詢、衡鑑等功能之外，另一項重要的服務是為學生、家長和教師整合資訊（*coordinating information*）。小學和初中諮商師也會提供資訊，但在高中，由於要因應高中學生所須面對的重大決定，這項服務顯得非常重要。在其高中生涯結束之時，學生須為其未來的生活計畫做出主要的決定，包括職業、教育和婚姻的選擇都在此時出現，高中諮商師有責任為學生提供有關這些決定的正確資訊。

無論諮商師如何散播這些資訊，確保所有學生都有同等的機會取得正確的資訊，是一件相當重要的事。在擁有多位諮商師的大型學校，這些責任會由多位諮商師一起分擔。在小型學校中，諮商師則需仰賴學生和父母的志工、半專業人員和教師來協助散播這些資訊。一般而言，諮商師會邀請特定學科領域的教師，如英文或社會科學，協助實施與生涯和教育機會有關的輔導活動，或是空出課堂時間來讓諮商師向學生說明這些資訊。如此，教師也是學校諮商方案中的一環。

父母/教師的參與

高中階段的學生明顯地更具獨立性和責任感。結果，我們可能會發現父母和教師會更少參與學生的諮商方案。然而，在美國社會中，由於中等教育愈來愈重視技術學校、社區學院、職業學校和四年制學院等，使得父母參與的需求漸增。父母爲這些即將進入成年期的青少年提供財務上的支持、道德指導和發展性的協助，擴展其生涯和教育的機會。

同時，今日的高中教師需提供學生比學科內容更多的東西。通常，教師須爲面臨難題的學生提供第一線的協助，所以教師會接受有關基本助人技巧（*basic helping skills*）和危機介入（*crisis intervention*）等的在職訓練。例如，他們會參與有關藥物濫用和青少年自殺防治的工作坊，以學習觀察和溝通技巧，並學習危機介入以作爲諮商師、心理師和其他學生服務專業人員的輔助。某些高中也採用「教師即認輔者方案」(*teacher as advisor program, TAP*)，且對於學生的出席率和學校表現有相當正面的影響（*Myrick, 1997*)。

這一趨勢顯示，未來高中諮商師必須鼓勵更多的父母和教師的參與。因此，未來的綜合性高中學校方案必須包含更多父母教育和支持團體，由教師在其日常教學中運用輔導活動，以及由教師擔任學生認輔者的角色。當父母和教師對於高中諮商方案的參與度更高時，諮商師可能會找到協助學生發展其教育和生涯計畫的其他方法，那些高中諮商方案就更需要學生、家長、教師和諮商師之間協同合作的努力。

Sears（*1993*）倡導「技巧本位」（*skills-based*）的中等學校諮商方案，聚焦於學生在三個技巧領域的學習結果：個人–社會、教育和生涯發展。爲了達成此一目標，諮商師必須整合所有必要服務，並「與學生、工作人和社區一同評鑑其努力的結果」（*P.387*）。

在小學、初中、高中學校諮商的未來趨勢，也反映於此一專業訓練標準的修正、及現有諮商師教育方案的改變之中。在此一專業簡短的發展歷史上，諮商師訓練已有明顯且重大的改變，每一年都有新的發展。奠基於此一專業在學校和其他場域的持續成長，諮商師訓練標準和方案的持續修正，是可以預期的。

學校諮商師的準備

在*1980*年代，專業協會注意到學校諮商師教育方案（*counselor education program*）的報名人數有所衰退（*Cecil & Comas, 1987*）。*1980*年代末期，一項針對各州教育部門的調查顯示有超過*62%*的州預期學校諮商職位會不斷增加，僅有少於*10%*的州指出學校諮商師的數量會有所遞減（*Paisley & Hubbard, 1989*）。這三十二個州對學校諮商的興趣也促使各州更爲關注諮商師證照（*certification*）和訓練標準（*training standards*）。目前，在全美國各州已有*450*個諮商師訓練方案（*Hollis & Wantz, 1993*），然而，對於如何訓練學校諮商師尚未有一致的指導守則，各州的要求仍有甚大的差異。

最近幾年在全國性的層級上，透過「全國合格諮商師委員會」（*National Board for Certified Counselors, NBCC*）和「諮商及相關教育方案考核局」（*Council for Accreditation of Counseling and Related*

Educational Programs, CACREP）的努力，諮商專業提出了一些專業化的標準。*Paisley and Hubbard*（*1989*）發現有超過*90%*的州指出，全國證照的標準（*NBCC*）對其雇用學校諮商師並沒有太大的差異，而超過*70%*的州指出*CACREP*的標準也影響不大。然而，有十一個州指出，*CACREP*的標準對於雇用學校諮商師或是設定證照的原則上仍有相當的參考價值。

在北柯羅里納州所進行的一項研究，發現學校諮商師、學校人事主管和學校諮商的研究生，對於全國性的訓練標準和全國證照（*CACREP*和*NBCC*）所知有限，且認爲由該州公共教學部（*Department of Public Instruction*）所核發的證照是最爲重要的資格憑證（*Schmidt, 1992*）。此一研究的結論鼓勵諮商專業應更爲提升其全國性的標準，並建議未來的研究應更進一步去驗證*NBCC*證照和*CACREP*核可方案的效能。

當學校諮商專業持續探討這些與其成長和發展有關的議題，教育諮商師的訓練標準也應持續地加以檢視。雖然美國各州均要求學校諮商師應具備證照（*certification*）或執照（*licensure*），但對於證照的要求卻有相當大的歧異（*Paisley & Hubbard, 1989*）。無論這些要求是什麼，由「美國諮商協會」的兩個分會--「美國學校諮商師協會」和「諮商師教育和督導協會」--所建立的全國證照和諮商師教育方案，則鼓勵特定學習領域之專業訓練。聲譽卓著的諮商師教育方案，其課程方案內容一般包括：諮商理論和技巧訓練（*counseling theory and skill training*）、人類發展理論（*human development theory*）、團體程序（*group procedures*）、評量技巧（*assessment skills*）、生涯發展理論和資訊（*career development theory and information*）、研究（*research*）、社會和文化基礎（*social and cultural foundations*）及專業議題（*professional issues*）等。這些學習領域與綜合性學校諮商方案的必要服務均有所關連。此處，我們簡要說明這些領域，以闡示其在諮商師教育中的重要性。

助人關係

無論諮商實施的場域爲何，諮商專業的一項基礎是有能力了解用以建立、維持和評鑑助人關係（*helping relationships*）的理論模式（*theoretical models*）和臨床技巧（*clinical skills*）。這些模式和技巧對於個別和團體諮商尤其重要，但也可應用於其他專業服務諸如諮詢和衡鑑。學校諮商師的角色，亦受到諮商師所應用之理論模式和臨床技術之影響。所以諮商師在助人關係方面所接受的訓練，對於其如何運用這些基本技巧和如何設計綜合性的方案，奠定了穩固的基石。

諮商理論和取向

學校諮商師在其訓練方案中所學習的理論基礎，與其他專業諮商師所接受的訓練是類似的。在學校場域中，與學生、父母和教師所建立的助人關係，可能會使用到不同的理論觀點，取決於諮商師的理論導向和受輔者的需求。這些不同的理論觀點包括：心理動力（*psychodynamic*）、行爲（*behavioral*）、現實（*reality-based*）、認知（*cognitive*）、存在（*existential*）或其他觀點。同時，在同一諮商理論範疇中，也有許多不同的諮商取向和技術，如讀書治療（*bibliotherapy*）、玩偶劇（*puppetry*）、生活風格問卷（*life-style questionnaire*）、心理劇（*psychodrama*）、正增強（*positive reinforcement*）和楷模示範（*modeling*）等，均根源於特殊的諮商理論。

溝通技巧

助人歷程的最佳運用，有賴對於基本溝通技巧（*basic communication skills*）的精熟。學校諮商師的訓練課程和實務，包括傾聽（*listening*）、催化（*facilitating*）及決定（*decision-making*）技巧。傾聽技巧包括適當的專注（*attending*）行為、反映式傾聽（*reflective listening*）技術和簡述語意（*paraphrasing*）技巧，使說話者知道他們被聽到了。這些技術在助人關係的初期特別重要，以建立諮商師對受輔者的關注和尊重。催化技巧包括詢問（*questioning*）、結構化（*structuring*）、連結（*linking*）、釐清（*clarifying*）、探問（*probing*）和面質（*confronting*）等。藉由催化助人關係，諮商師能協助受輔者做出適當的決定。助人關係的後期階段則需要使用到目標設定（*goal-setting*）、對替代方案的充分探索（*adequate exploration of alternatives*）及應用其他決定技巧。在大部分情況下，如諮商師是客觀的、提供鼓勵和支持、且使受輔者為其決定負責任，則行動導向歷程(*action-oriented process*）將會是成功的。

助人歷程

諮商並不是給予建議。相反地，它是協助人們檢視其關注問題、蒐集必要資訊、探索可能性且形成行動計畫的歷程。有時候，特別是在對年幼兒童進行諮商時，諮商師很難忍住不提出自己的意見，以讓受輔者自行去探索、實驗，且偶而遭遇到失敗。然而，實際上，這才是建立眞誠、尊重的助人關係的最佳方法。接納其他人的觀點，即使那與你的觀點非常不同，是邁向共同目標的第一步。對於某些受輔者而言，諮商師必須設定適合其年齡和發展階段的評量方法和結構，但無論如何，諮商師可以不必將個人觀點強行注入於助人歷程中。

諮商的一項重要元素就是，這是一項歷程（*it is a process*）。諮商是一系列以達成特定目標爲目的的事件。有時候，定期看到學生的學校諮商師會將這項元素給忘記了，且失於監控助人關係中的進展。有時候，定期拜訪諮商師的學生，討論其關注問題、探索可能性，卻不願意做出改善其難題的改變。諮商並不僅僅是與需要協助的學生會談而已，事實上，從關注問題的明確界定到策略的執行，都是朝向著重要的生活目標在前進。第五章簡述助人歷程的四個階段，這是諮商師可採用的一個模式，以協助學生因應其發展性（*developmental*）、預防性（*preventive*）和補救性（*remedial*）的關注問題。

人類發展

學校諮商師所要學習的第二大領域是人類發展（*human development*）。這個領域的課程經常包括：發展和變態心理學（*developmental and abnormal psychology*）、社會學（*sociology*）、家庭關係（*family relations*）及學習理論（*learning theory*）。此外，延伸的選修領域還包括：藥物濫用（*substance abuse*）、性議題

（*sexual issues*）、暴力（*violence*）、壓力管理（*stress management*）及其他人類行為與發展的層面。

行為科學的知識

學校諮商師所必備的一項知識基礎是人類行為（*human behavior*）。了解不同的行為發展理論，有助於諮商師應用不同的諮商取向，以建立有效的助人關係。此外，諮商師也經常會接受家長和教師的諮詢，以協助其了解並回應兒童和青少年的行為。堅實的行為科學（*behavioral sciences*）之知識基礎，使諮商師能在這些諮詢關係中發揮其功能。

生命全程取向

學校諮商師也必須了解和欣賞重視生命全程（*life span*）的人類發展理論。因為學校諮商師服務來自各教育層級的廣泛對象，從兒童到成人，他們必須對每一個人的發展階段有所了解。例如，小學諮商師對於成人發展的知識，有利於了解正掙扎於子女問題的父母，或協助正陷入生涯困境的教師。了解跨生命全程的人類發展，使得助人專業工作者更能敏銳覺察到廣泛群體的獨特需求。

團體歷程

由於學校僅雇用了少數的諮商師來滿足許多學生的需求，對於提供介入性、資訊性和教學性服務而言，團體技巧（*group skills*）皆是必要的。在發展個別助人關係中所使用到的溝通技巧，大部分亦適用於團體歷程。在團體歷程中，傾聽、催化和決定技巧等，與其在個別諮商關係中一樣地重要。如稍早所述，學校諮商師會在三類團體中應用到這些技巧：團體諮商、團體輔導和團體諮詢。

團體諮商

學校諮商師應用定期性的團體諮商，以協助一群學生聚焦於共同的關注問題和發展性議題。如同個別諮商一般，團體諮商需形成保密性的關係，引導學生探索其關注問題，並建立行動計畫。此外，團體諮商的另一項重要面向是能鼓勵學生彼此協助。團體諮商複製了社會性的場域，使學生能安全地探索其關注問題、傾聽同儕的建議，並在團體中試行這些建議。

團體輔導

諮商師教育方案中所學習的團體技巧，也適用於提供教學性和資訊性的服務。團體催化和互動技巧（*group facilitation and interaction skills*）使諮商師也能將其服務傳遞給大量的學生和家長。如前所述，教師和諮商師協同合作，在班級中實施輔導性活動。有時候，教師會為擔心一些主題的敏感性，對於帶領相關的輔導課程感到不自在，此時，諮商師會協同帶領班級輔導單元。因此，對於不具備大團體教學經驗的諮商師而言，接受教學技巧和團體管理方面的訓練是必要的；而且，諮商師也確實需要這些教學技巧來進行班級活動及其他教育活動，如父母教育方案、財務援助工作坊和其他大團體活動。

團體諮詢

另一項諮商師會運用到的團體歷程是團體諮詢（*group consultation*）。有時候，如果諮商師能與所有和學生有關的成人諮詢，可對學生提供最佳的協助。對教師及其他專業人員所進行的諮詢，需要對於諮詢關係、角色和溝通技巧有特殊的了解。這些技巧結合大團體互動技巧，使得諮商師有能力爲教師和其他專業人員提供有效的在職進修方案。

學生衡鑑

評量學生和環境也是學校諮商師的兩項主要功能，需要在理論、發展和應用上接受特定的訓練。尤其是，諮商師需學會標準化成就和態度測驗（*standardized achievement and aptitude tests*）、生涯量表（*career inventories*）及人格評量工具（*personality assessment instruments*）。並非所有學校諮商師都非常重視測驗的實施，但大部分都有責任向學生、家長和教師解釋測驗結果，並應用這些結果及其他評量資料。對測驗和測量具備堅實的背景知識，可確保適當地運用資料蒐集工具和歷程。

正式評量

應用測驗和其他工具來蒐集有關學生及其環境的資料，是正式評量歷程（*formal assessment processes*）之類型。學校諮商師所須接受的訓練包括：了解哪些工具是可用的、結果的適當使用和解釋、用於綜合性諮商方案的選擇、以及與測驗實施有關的倫理和專業標準。

評量工具和程序的正式使用，包括全校特定年級所實施的成就和能力測驗。如先前已經說過的，學校諮商師有責任來整合這些測驗方案，包括決定施測時間、訓練測驗實施人員和監督者、安全地保存測驗，以及蒐集相關的資料。學校諮商師也可能實施個別測驗和量表，以協助學生、家長和教師做出適當的教育決定。

非正式評量

學校諮商師也會在非正式評量程序（*informal assessment procedures*）上接受訓練，包括觀察技術、生活風格問卷，以及藝術、遊戲或其他活動等的使用，以蒐集資料，對情境做成適當的診斷。運用任何類型的評量都必須謹慎小心，尤其是未經檢驗的、非正式的評量歷程。諮商師從這些程序所做成的結論，需與其他評量歷程所蒐集到的資料相結合。

生涯發展理論和資訊

學校諮商的一項基本目的，是協助學生做出教育和生涯計畫。

爲了選擇適當的策略以協助學生探討生涯議題，學校諮商師需接受有關生涯發展理論和資訊服務方面的訓練。

了解生涯發展的不同理論觀點，可使諮商師能奠基於此建立其個人的理論，並選擇與其方案相容的策略和取向。例如，對生涯規劃的重要性具有廣泛的理解，使諮商師能夠鼓勵教師將生涯輔導融入於各學科領域的日常教學中。例如，英文教師可邀請學生探索須要運用到語文和溝通技巧的職業生涯。同樣的，科學教師也能引導學生探索科學上日新月異的發現如何影響層出不窮的職業生涯。

資訊服務的知識和實施，對於中等學校諮商師尤爲重要，以提供學生最新的有關生涯趨勢和教育要求條件的資訊。對於生涯資源、大專院校要求條件、技術訓練方案、職業興趣量表、和其他材料等具備最新近的知識，將使諮商師得以正確地引導學生和家長。

教育研究

諮商是一項不嚴密的科學（*an imprecise science*）。因此，在所有專業場域中從事諮商工作的諮商師，應該要花時間去評估其服務成效爲何。有效的諮商師會向學生、家長和教師證明，其所提供的服務確實能使學生發展上和學校生活上有所不同。爲了承擔此一責任並主動地設計評估服務的歷程，諮商師必須對研究技術（*research techniques*）有所了解，包括統計和研究應用的知識。我們將在第十章探討一些評鑑諮商師績效責任的程序。

社會和文化基礎

今日學校所服務的是非常多樣化的人口，而此一趨勢在未來數年仍將會有增無減。爲了協助學生適應和教師因應，學生諮商師需對於目前衝擊著家庭、社區和學校之社會現象（*sociological phenomena*）的多元性有所了解。因此，諮商師教育方案應提供有關社會結構、社會學及文化變遷的資訊，並探索與這些發展有關的可預期結果和趨勢，使準諮商師未來更能在學校中提供學生、父母和教師所需要的服務。

變遷中的社會

最近十年，社會在家庭單位、教育期望、性道德觀和生涯組型上，均發生了劇烈的社會變遷。此外，科技的日新月異、醫藥科學的嶄新發現、全球經濟共同體的形成、在全球市場中從工業到資訊服務的快速發展，在在衝擊著人類發展和生活。諮商師需熟悉這些變化，始能做好充分的準備，以協助學生和教師處理這些事件所造成的目前結果和未來趨勢。

多元文化人口

多樣化的文化持續影響著學校中的教育發展。能敏銳覺察到宗教和種族差異，且願意欣賞文化多樣性（*cultural diversity*）的諮商師，才有能力與廣泛的人群建立有益的關係。爲了促進諮商師對於文化差異及來自不同文化背景者獨特需求的了解和欣賞，諮商師教育方案應探討廣泛的多元文化議題。實際上，學校諮商師在協助學校體系重視文化多樣性上，應扮演領導性的角色（*Lee, 1995; Locke & Parker, 1994; Pedersen & Carey, 1994*）。為多樣化學生人口提供服務的學校諮商師，應在自身文化之外擴展其文化視野，始能為學校建立適切的綜合性學校諮商方案。

倫理和法律議題

諮商專業有其必須遵守的倫理標準和法律程序。學校諮商師必須要知道專業組織所規範的倫理守則，且需對與諮商實務有關的地方政策、各州立法和聯邦法律等均有清楚的了解。諮商師教育方案應包括與一般性諮商實務和特殊事件如兒童虐待、學生權利、自殺等相關的專業倫理和法律議題的研習。第十一章會闡示這些與學校諮商實務相關的倫理和法律議題。

學校場域

除了前述各項學習領域中外，學校諮商師也會學習到教育機構的性質、特別是學校中的諮商實務。這可透過教育領域的課程，如教育基礎（*educational foundations*）、課程發展（*curriculum development*）和教育哲學（*philosophy of education*）等，來達成此一學習。研習學校諮商專業的學生也必須擁有在學校場域中實務演練（*practicum*）和實習（*internship*）的機會。實務演練可讓準諮商師們將新學習到的技巧運用於學校中的受輔者。實習則是一項延伸性的經驗，使研究生有機會在合格學校諮商師及大學教授的協同督導下，成爲熟練的學校諮商師，以發揮一位專業學校諮商師所被期待的所有功能。

前述各項學習領域，是學校諮商師知識基礎和技巧發展的重要內涵。諮商師教育方案需將這些課程和實地演練經驗整合爲完整的學習方案。此外，資料管理、評量、溝通和資訊分享等的先進科技，也會在未來諮商師的準備訓練和諮商師服務的方式上，扮演著愈來愈重要的角色。

科技和學校諮商師

科技的進步提升了我們生活的各個層面。藉助創新的科技發展了許多嶄新的工具，可應用於各教育層級的學校諮商實務上（*Casey, 1995; Elias & Hoover, 1997; Gerler, 1995; Rust, 1995; Sabella, 1996*）。*Gerler*（*1995*）觀察到學校諮商專業必須要探討進入資訊時代（*information age*）的一些挑戰，這和*1958*年通過「國防教育法案」（*National Defense Education Act*），以及在*1960*年代和*1970*年代之間小學學校諮商的發展，對於諮商專業具有同等重大的影響。然而，目前仍甚少學者說明學校諮商師究竟應該如何運用這些先進的科技以改善其服務。

最先嘗試探討此一議題的先驅，是由「美國學校諮商師協會」

所出版的一份報告《微電腦和學校諮商師》(*Microcomputers and the School Counselors*)(*Johnson, 1983*)。在*1980*年代初期，微電腦和個人電腦(*personal computer*)快速進入學校校園中。許多學校人員，包括諮商師，對於此一嶄新科技將有助於管理學生資料、規劃方案和安排課程等寄予相當大的厚望，並期待會因此讓教師和諮商師有空餘的時間為學生實施更多的直接服務。然而，此一預期中的自由度並未真正實現。事實上，電腦在學校中的運用，使得諮商師被賦予管理學生紀錄資料、安排課程和其他任務，結果反而使諮商師可投入在學生身上的時間大為減少。要管理學校所蒐集和使用的大量資料，要耗費甚多時間，當諮商師需承擔此一任務時，其用於諮商和其他直接服務的時間將相對減少。某些學校中已開始雇用資料管理專家來處理和監督這些資訊，這是很有幫助的；但尚未能雇用這類資訊專家的學校，行政人員和諮商師則仍在掙扎著找出最佳方式，以管理電腦化紀錄、課程安排和其他資料。

*1980*年代，大多數的學校諮商文獻係聚焦於電腦硬體和適當軟體方案的選擇，以回應學生的發展性需求。最常被提及的軟體類型，是生涯輔導方案(*career guidance programs*)。最近的期刊論文則探討運用電腦、網際網路(*the Internet*)、虛擬實境(*virtual reality*)、評量方案和其他先進科技的方式，以在學校中傳遞諮商和資訊服務。此處，我們將探索學校諮商師最近的應用情況。

科技的進步會影響未來學校如何傳遞教學的方式，也影響諮商師如何將資訊和其他服務傳遞給學生、家長和教師。

資訊管理和資料處理

如前所述，學校必須處理相當大量的資料。學校諮商師通常有責任去監督學生的紀錄、追蹤學生的課程表，並依據學生的年級發展提供適切的學業諮商。此外，諮商師也會蒐集有關與學生和家長接觸的紀錄、方案管理的紀錄、諮商個案紀錄，以及其他資訊，使其在提供服務時更具效能且更有效率。電腦對於從事這些任務具有相當大的潛能，但也挑戰了我們如何將此類溝通和個人事務保密的能力（*Sabella, 1996*）。

在一項針對小學、初中和高中諮商師的研究中，*Owen*（*1999*）

發現將近*98%*的諮商師提到電腦已普遍運用於工作中。當然，初中和高中諮商師對於電腦的使用率，顯著高於小學諮商師。有關這些諮商師如何運用電腦的發現，則顯示他們花費了較多的時間於文書處理（*word processing*）、紀錄保持（*record-keeping*）和課程安排（*scheduling*），而不是與諮商和輔導相關的任務上。因此，*Owen*（*1999*）的結論是有限的資源、電腦知識和技巧等，使得諮商師並無法受益於先進科技的使用。他也建議在判斷學校諮商師需要哪些訓練以更有效運用創新科技於提供諮商服務和輔導資訊時，進一步的研究是必要的。

評量

從歷史上來說，諮商師所執行的一項重要任務是測驗和評量的實施。先進科技在此一領域上的應用，也是值得探討的。評量是使諮商師能為學生、家長和教師提供適當之教育、生涯和個人決定的起始點，如果沒有充分和正確的評量，諮商師就無法擁有充分的資訊來協助人們做出適當的決定。

雖然*Owen*（*1999*）發現學校諮商師傾向於花更多時間在做文書處理和資訊管理，但電腦硬體設備和軟體方案上的創新進步，有助於諮商師更適當地運用電腦於評量學生的需求、興趣和能力。創新的科技和軟體方案日新月異，使諮商師在實施測驗和計分時更有效率，使學生更充分地探索教育和生涯機會，透過互動式輔導方案（*interactive guidance programs*）的實施也提供學生學習和問題解決的機會。

互動式輔導和諮商

除了應用電腦科技於輔助評量之外，現今學校諮商師也有了硬體和軟體來輔助傳統的諮商和輔導策略。例如，虛擬實境方案（*virtual reality programs*）目前已被運用於以休閒爲目的的娛樂工業和商業世界，然而，未來此一媒介也很可能會被用於學校諮商情境中，協助學生處理同儕關係的議題、解決問題、進行生涯探索和決定，以及擬定教育計畫等。

電腦輔助的學習以培養學生的問題解決技巧，已由*Elias and Hoover*（*1997*）所研究，他們以處於危機邊緣的三年級學生爲對象，進行六個月爲期的「電腦催化諮商」（*computer-facilitated counseling*），且發現了一些正向的結果。雖然此一研究並非研究電腦輔助學習之效能，但卻是電腦如何用於傳遞諮商服務的一個具體實例。

網際網路

也許這個資訊時代沒有任何東西會比網際網路（*the Internet*）的發達對人們生活產生更深遠而普遍的衝擊了。事實上，全球網絡（*the World Wide Web*）改變了我們的溝通方式、家庭和機構的運作、取得資訊的管道、休閒時間的運用以及金錢的運用等。無論是好是壞，這些改變都已在這個地球上發生了。

Ellen Rust（*1995*）是一位對網際網路的使用有所影響的學校諮

商師。她於*1993*年設置了「國際諮商師網絡」(*International Counselor Network, ICN*)，創立一個「郵件系統」(*listserv*) 將諮商師聚集起來，彼此分享資訊。雖然這並不是最早將諮商師帶進網際網路的努力，但*ICN*在美國和在其他國家確實愈來愈受到矚目。在*1995*年，*ICN*訂閱者已成長到*600*位成員；而到了*2000*年，此一網絡的成員已涵蓋了來自全世界各大洲超過*1000*位以上的諮商師 (*E. B. Rust*，個人通訊，*Nov 2, 2000*)。此外，*ICN*的網站提供了一般性資訊，包括搜尋檔案資料的方法。透過*ICN*，全世界諮商師都可立即和彼此溝通，包括資訊交流、分享專業挫折和困境，及討論一些專業議題，如教學經驗對於成為一位成功的學校諮商師之重要性等。除了*ICN*之外，「美國諮商協會」及其他諮商組織也運作了不同的郵件系統，使專業諮商師能透過電子郵件 (*electronic mail*) 來溝通和分享資訊。

另一項重要的網路運用，則是「線上諮商」(*online counseling*)。如同創新的科技可能會改變例行常規、習俗、傳統和人類生活的其他層面，它也會影響專業諮商師為受輔者提供服務的方式。線上諮商有著許許多多的好處，但也為專業諮商師和受輔者帶來一些難題 (*Haas, 2000; Sussman, 2000*)。使用電子郵件和網路聊天室 (*Internet chat rooms*) 來協助學生的一項好處，是網路科技的便利性和易接近性。例如，學生可以在放學後的時間送出訊息給諮商師，而不會耽誤課堂教學時間。諮商師可以依據其時程安排和學生所關注問題的性質，立即地或是在隔天來回應這些詢問。另一項好處是，學生、家長和教師可能在具有完全私密性的家中來請求諮商師的協助，甚至完全不必進入諮商室中。線上諮商的嶄新科技，也使得諮商師能保留每一個諮商單元的完整紀錄，不必要為後續追蹤和接受督導的要求而做紀錄。

線上諮商的風險和壞處，主要是保密性的問題。由於科技如此新穎，確保保密的程序，及預防其他人讀到網路交談的內容，仍在發展和測試之中。應用電子工具進行諮商的另一項問題，是缺乏面對面諮商會有的感情和非語言訊息。使用網路諮商（*cybercounseling*）的諮商師，應勤於運用回應和詢問技巧，並更常去追蹤以確保對受輔者之知覺有更為正確的了解（*Bloom & Walz, 2000*）。

運用電子方法進行諮商是學校諮商師要考量的另一項議題。加州已經通過立法，以管理心理治療的實施，並限制實施心理健康服務者需具備臨床心理師和醫師執照（*Sussman, 2000*）。其他州也會很快地跟進。學校諮商師必須了解到各州所訂定與線上諮商有關的法律和規定；以及由「美國諮商協會」等專業諮商組織所建立的倫理標準，如*1999*年所頒佈的「網路線上諮商倫理標準」（*Ethical Standards for Internet on-line Counseling*）（參見網站：*http://www.counseling.org/gc/cybertx.htm*）

由於許多個人、機構、商業組織、專業協會和其他組織等均在網際網路上設置了網站，網路也提供了似乎無窮盡的資訊。有些網路上可取得的資訊確實非常有用，但同時，有些資訊也可能是不正確的、甚至會造成誤導（*Bloom & Walz, 2000*）。學校諮商師可協助學生去熟悉這些受歡迎的網站，並監控所取得資訊的正確性和適當性。透過一些有用的網站，諮商師能為學生提供所需要的教育、生涯和個人/社會之資訊。許多學校也設置了他們自己的網站，學生可以直接從學校網站上取得資訊、送信給諮商師，並連結到其他有用的網站。圖*2.1*呈現了一所學校諮商師的網頁。

接下來的數十年內，科技很可能會有更大的創新，對諮商師的服務產生更大的衝擊，影響諮商師如何提供諮商和諮詢等直接服務、傳播資訊及爲學生提供學習經驗。這些改變都使得諮商師更需要符合專業標準，具備適當的資格認證，以從事學校諮商方案。

圖2.1 虛擬學校諮商師的網頁

學校諮商師的證書

自從*1970*年代伊始，諮商師的認證（*credentialing*）就是這項專業的一項主要議題。雖然目前全美各州均有學校諮商師的證照，服務於其他場域如心理健康中心、監獄、家庭服務機構等諮商師的資格證照和執照，則是較爲新近才發展的。

除了資格證照和執照之外，諮商專業也致力於為訓練諮商師的機構建立考核歷程（*accreditation processes*）。全國性、區域性和各州的考核機制，會去檢視學院和大學，以斷定他們所提供的課程方案是否符合設定的標準。一旦機構符合這些標準，他們會獲頒「方案經核可」（*program approval*）的標章，其研究生也會獲得較為專業的訓練。

「全國教師教育考核局」（*National Council for Accreditation of Teacher Education, NCATE*）是對於大專院校教育系之教師教育和相關訓練方案所進行考核的重要機制。結果，NCATE也常對設置於大學教育系所之學校諮商訓練方案進行考核。「諮商和相關方案考核局」（*Council for Accreditation of Counseling and Related Programs, CACREP*）則是另一個全國性的考核機制，完全聚焦於諮商師訓練方案的標準。*CACREP*檢視並核可準備服務於各個不同場域諮商師的訓練方案，也包括學校諮商師的訓練。在*1997*年，*CACREP*所核可的*115*個諮商師教育方案中，有超過九十個方案提供學校諮商師的訓練（*The CACREP Connection, 1997*）。此後，被*CACREP*所核可的方案數量增加至*165*個機構，其中有*132*個設置學校諮商準備方案（*The CACREP Connection, 2002*）。

各州證照

作為學校諮商師，要取得的第一張證書（*credential*）是各州證照（*state certification*）。依據*Randolph and Masker*（*1997*）所言，全美各州都要求諮商師具備相關證照，而要取得證照則最少要有碩士學位（*a master's degree*）。此外，許多州則將教學經驗（*teaching experience*）作爲取得學校諮商師證照的先決條件。*Paisley and Hubbard*（*1989*）發現，有二十九個州要求學校諮商師在取得證照且受雇於學校之前，要具備教學經驗。不過，其中有五個州允許其他經驗如諮商實習（*counseling internship*）作爲教學經驗的替代。值得注意的是，許多州仍持續要求在受雇爲學校諮商師之前需具備教學經驗，即使並沒有研究顯示教學經驗與有效的學校諮商有所關連（*Baker, 1994*）。

大部分的州都允許諮商師在完成所有必要的訓練之前，先行取得證照（*Paisley & Hubbard, 1989*）。二十個州提供暫時性的學校諮商師證照，使學校系統可以雇用即將完成所有準備訓練的準諮商師。

各州的學校諮商師證照通常都是必須要定期更新的證書，如每五年更新一次。爲了要更新其證書，諮商師必須參與「繼續教育單元」（*continuing education units, CEUs*）或額外的諮商課程。學校諮商師證照一般係由各州教育部證照局所頒發，許多州都訂定了彼此互惠的協議，使某一州所頒發的證照也通行於另一州。

全國證照

在*1980*年代，「美國諮商協會」積極地爲專業諮商師建立一全國性的證照檢覆歷程，設置「全國合格諮商師委員會」（*NBCC*），建立了檢視和考核的程序。*NBCC*藉由全國性的證照考試，測驗此一專業訓練的八大核心領域：助人關係（*the helping relationship*），人類成長和發展（*human growth and development*），團體動力、歷程和諮商（*group dynamics, processing, and counseling*），生活風格和生涯發展（*lifestyle and career development*），社會和文化基礎（*social and cultural foundations*），個人衡鑑（*appraisal of persons*），研究和評鑑（*research and evaluation*）以及專業導向（*professional orientation*）。這些知識領域，和本章稍早建議諮商師的訓練方案內涵是類似的。

如第一章中所述，NBCC也在心理健康（*mental health*）、生涯（*career*）、老人（*gerontological*）、成癮（*addictions*）和學校諮商（*school counseling*）等領域設置了專門考試和證照。所有這些證照都以五年爲周期更新，其條件是完成所要求的繼續教育經驗。

最近數年來，「全國專業教學標準委員會」(*National Board for Professional Teaching Standards, NBPTS*）開始考量爲全國學校諮商師證照設定標準的可能性。「美國學校諮商協會」和「全國合格諮商師委員會」也開始和*NBPTS*就學校諮商師的專門證照展開討論，由於許多州對取得*NBPTS*所頒發證照的教師提供更高的薪資獎勵，這對學校諮商師而言亦是一項重要的經濟議題。某些諮商師則擔心由教師證照委員會爲諮商專業設定標準的問題，因此直到本書付梓之時，由於對於執業標準的不同觀點，*NBCC*已暫停和*NBPTS*的協商。此外，原爲*NBPTS*標準制訂委員會成員的一些諮商師和諮商師教育者，也已辭職了。*NBCC*計畫要說服專業機構和立法機制，要求*NBPTS*暫停其爲學校諮商師建立標準的努力。

各州、區域性和全國性的證照和認證程序，均以改善執業諮商師的身份認定和工作表現爲目的，藉以提升社會大眾對於諮商專業的重視和肯定。證書是此一專業自我監督的方法，確保諮商服務係由受過高度訓練的諮商師所提供，也對諮商實務工作者提供明確的定位。因此，各州、區域性或全國性的學校諮商師認證歷程，都有助於界定和描述諮商師在學校場域中做些什麼，以及需要具備哪些訓練才足以發揮這些功能。

本章中，我們檢視了學校諮商師在小學、初中到高中所扮演的角色，以及要成爲諮商師所必備的訓練和適當的證書。充分的訓練和證書，才能確保學校諮商師能提供有效的諮商服務。學校諮商師需和廣泛的受輔者一起工作，並與其他專業協同合作，來傳遞適當的服務。此處所描述的學校諮商師角色，應統整各學校層級綜合性諮商方案的各項必要服務。下一章，我們將探討這些必要服務。

延伸閱讀與網路資源

Bloom, J. W., & Walz, Garry R.（Eds.）（2000）.Cybercounseling and Cyberlearing：Strategies and Resources for the Millennium（Alexandria, VA：American Counseling Association）.This is a timely text in which various authors provide a variety of perspectives about counseling and learning over the Internet and the use of other electronic technology.Forty-eight authors discuss the challenges of this emerging field and its implications for professional counseling.

Campbell, C. A., & Dahir, C. A.（*1997*）.Sharing the Vision： The National Standards for School Counseling Programs（*Alexandria, VA：American School Counselor Association*）*. This book summarizes the national standards for school counseling programs and student* *competencies that were developed by the American School Counselor Association.*

Hitchner, K. W. & Tifft-Hitchner, A. （1996）.Counseling Today's Secondary Students：Practical Strategies, Techniques & Materials for the School Counselor（Englewood Cliffs, NJ：Prentice Hall）.An excellent resource for secondary counselors, the book gives useful ideas and strategies for serving students.

Muro, J. J., & Kottman, T. （1995）.Gounseling in the Elementary and Middle School（Dobuque, IA：Brown & Benchmark）.The text provides a thorough study of counseling at the elementary and middle school levels. It also provides many practical strategies and ideas for professional counselors who work with children and preadolescents.

Cybercounseling and Cyberlearning—http://www.cybercounsel.uncg.edu

Guidance on line—http://www.home.cfl.rr.com/nwunder/guidance.html

National Board for Certified Counselors—http://www.nbcc.org

Peterson's Home Page-Colleges and Career Information—

http://www.petersons.com/School Counseling Resources—

http://www.indep.k12.mo.us/Chrisman/wmccane.html

本章作業

1. 進行一項簡要的研究計畫，探究另一項助人專業（如護士、醫生、心理學、社會工作）的歷史發展，並將你的發現與諮商專業的歷史發展相比較。這些其他的專業是如何開始的？他們的認證歷程有著什麼樣的發展徑路，才會抵達他們現今所在的位置？
2. 在小組活動中，討論將輔導統整於學校課程中的議題。強調本書所述的觀點，並和其他人的觀點相互對照。列舉出三到五項理由說明你們的立場，並向全班報告你們的結論。
3. 一位學校校長訪談你有關高中學校諮商的任務。他在進入高中之前是一位小學校長，他說希望高中學校諮商方案也能反映出小學諮商的哲學。你會如何回應？
4. 你是一所初中的新任諮商師，所服務的社區學生有著相當多樣化的文化背景。你會做些什麼準備，以使自己成為有效的諮商師？請列舉出你會採取的準備步驟。

第三章 綜合性學校諮商方案

吳芝儀譯

學校諮商方案（*school counseling program*）是符合學校教育計畫的一項重要內涵。如第二章所述，它包括了一些由受過專業訓練的諮商師所提供的特殊諮商服務。學校諮商師的角色，是設計一個具有特定目標的綜合性服務方案，以切合學校教育之宗旨。

由於學校諮商師需設計一個符合教育目的的方案，使得學校諮商師不同於在其他專業領域工作的諮商師，後者僅需爲其所服務的特定族群提供有限度的或焦點較爲狹隘的服務。例如，婚姻諮商師所服務的是在婚姻關係中經驗到困擾或想要尋找修復彼此關係之有效方法的夫妻，因此婚姻諮商師的主要宗旨，在於協助夫妻促進其婚姻關係中的溝通歷程。婚姻諮商師通常運用個別諮商、團體諮商，或是整合治療、資訊提供、教導策略等來提供服務，以協助夫妻關係的修復。如果其關係未見改善，或是夫妻之一方持續出現功能不良的行爲，則婚姻諮商師需將個案轉介至其他能提供更進一步服務的專業者。

然而，學校諮商師服務三個族群：學生、家長和教師。學校諮商師爲這三個族群所提供的服務包括個別和團體諮商（*individual and group counseling*）、諮詢（*consultation*）、測驗和評量（*test and assessment*）、團體教學（*group instruction*）和轉介（*refer*）。更重要的是，諮商師需在一個有組織的方案架構中，傳遞這些服務。諮商方案的設計係受整個學校的教育宗旨、當地社區之需求和全國性的教育目標所指引。

截至目前爲止，你們已經學到許多詞彙，用來描述諮商師在綜合性學校諮商方案中所做的活動。你們也學到了了解這些學校諮商師所運用的專業名詞，有助於你們辨認並釐清學校諮商方案的目的。向學生、家長、教師、行政人員和大眾清楚地界定此一目的，對於你們成爲一位成功的學校諮商師是相當必要的。

學校諮商方案的目的

每一所學校都有其教育宗旨，學校諮商方案的目的亦需切合該教育宗旨。學校諮商專業的努力，即在發展一個清楚的專業定位(*professional identity*)，以昭示學校場域中聘雇諮商師的目的。遺憾的是，學校諮商師常因無法清楚地昭告其目的，使得學校諮商師被誤用於文書處理、行政事務和教學角色等，大大貶損其在學校的價值。相反地，藉著清楚地理解其目的，其他學校諮商師就能建立一個發展有效諮商方案的哲學基礎。也就是說，成功的學校諮商師會先詢問自己：「我爲什麼在這裡？」

在我先前的文章中，我曾假設學校聘用諮商師的主要理由，是協助學生成爲「更有能力」(*more able*)的學習者(*Schmidt, 1986; 1991*)。爲了協助學生更有能力，他們支持父母所扮演的督導和養護的角色，他們協助教師爲全體學生提供有效的教學和創造健康的學習氣氛。此一對於學校諮商師存在目的之假設，可作爲學校諮商師提供服務的宗旨，以確保所有的學生都有機會學習，且發展其最大的潛能。雖然這項前提看起來相當簡單，但是由於今日學校中兒童、青少年及其家人遭遇到各項挑戰，以致於達成目標的任務其實甚爲艱鉅。因此，學校諮商師不要將其角色視爲提供一系列危機導向（*crisis-oriented*）的服務，而是爲了輔助學校教學方案而提供必要服務和活動，這是非常迫切的角色認知。

過去，學校諮商師常被視爲「支持性人員」（*support personnel*）。依照此一觀點，人們相信學校諮商師僅係提供輔助性的服務，輔助由教師和行政人員所從事的教學活動。此一強調支持性角色的問題，雖然闡示了諮商師的關懷和協助面向，但也貶抑了學校諮商服務的全面性價值。同時，此一「支持性服務」在面臨今日社會中層出不窮的經濟、政治和機構改變的衝擊時，更顯得相當脆弱。由於傳統上，學校諮商師接受了「支持性」（*supportive*）而非「必要性」（*essential*）的角色，他們經常會讓其他人來界定其角色、安排其功能、指示其服務宗旨，且設計其服務方案。

描述綜合性諮商服務的一項重要觀念，是這類服務在學校中係屬「必要的」，即學校諮商方案的服務在所有學校層級–從小學到高中–均是必須的。也就是說，學校諮商服務對於教育目標而言是相當「基本的」（*basic*）。

學校諮商方案的目的，係提供能促進學生發展所需的一系列服務。如*Meeks*於*1968*年所說的「如果諮商的目的，是爲了促進發展，則諮商歷程必須是從幼稚園到中學之教育歷程的一部份。」（*p.101*）。對於即將來臨的下一個世代，今日社會中兒童和青少年所面臨的挑戰，將更爲複雜且益形重要。因此，學校和其他機構均需重視所有兒童的全面性發展。我們絕不能將教育目的，與個人、社會、體能和其他發展歷程區隔開來，故學校諮商服務對於兒童和青少年的整體教育歷程，是基本且必要的。

將學校諮商師視爲整體學校教育的必要角色者，即有能力說服行政人員和教師，使其了解到綜合性學校諮商方案中的諮商、諮詢、和其他服務如何有助於促進整體學校效能。如此一來，他們所設計的方案和服務，將著重學生在三個必要領域的發展：教育發展（*educational development*）、生涯發展（*career development*）和個人及社會發展（*personal and social development*）。

並非所有關注學校諮商的學者均認爲綜合性方案需包含此三項傳統層面。*Gysbers*和*Henderson*（*1997*）注意到「傳統諮商服務的組織導向，和輔導的三個層面（教育、個人–社會和職業），已經不足以因應今日學校所需的輔導活動」（*p.13*）。他們持續說道：「輔導的三層面觀點，經常導致零散的、事件導向的活動，有時候並產生了不同類的諮商師」（*p.14*）。爲了取代這些傳統的層面，*Gysbers*和*Henderson*（*1997*）主張，學校諮商師需要一項嶄新的策略「以四個互動式的方案內涵來加以組織：輔導課程（*guidance curriculum*）、個人規劃（*individual planning*）、回應服務（*responsive services*）和系統支持（*system support*）」（*p.14*）。

我並不同意，教育成就的發展性層面、個人–社會的滿意度、和生涯追求等三個傳統諮商層面，必須爲學校諮商專業所存在的零散混亂負責任，許多其他因素都導致學校諮商師所面臨的專業困境和缺乏專業定位。同時，*Gysbers*和*Henderson*（*1997*）所建議的四項新的內涵，也可能會使得諮商師分裂爲不同類型。例如，在他們的模式之下，可能會變成有一位諮商師要負責學校中所有的輔導課程。然而，我相信*Gysbers*和*Henderson*（*1997*）所提出的這四項內涵，由於強調所有學生（*all students*）的教育、個人一社會和生涯發展目標，仍可作爲方案實施之策略。

「美國學校諮商協會」（*ASCA, 1997; Campbell & Dahir, 1997*）

已發展出全國性的標準「以更充分界定美國教育體系中學校諮商方案的角色」(*ASCA, p.1*)。這些標準係奠基於「三項廣泛被接受且彼此密切關連的領域：學業發展(*academic development*)、生涯發展和個人/社會發展」(*ASCA, p.1*)，他們並且說明此一專業「據信是有品質和有效能學校諮商方案之必要元素」(*ASCA, p.7*)。依據*Dahir*(*2001*)的說法，此一全國性標準的實用性已獲得認可，各州政府教育部門和各州學校諮商師協會均已認可此一標準的實施。此外，她也注意到許多研究已開始「評估奠基於全國標準的學校諮商方案的實施，如何協助學生做最好的準備，以因應今日和明日世界中不斷改變的需求和挑戰」(*p.325*)。這些研究的結果，也評量了此一標準對未來學生之教育、生涯、個人一社會發展的影響。

本文中，我們使用這三項符合*ASCA*標準的學校諮商方案，作爲設計綜合性服務方案的結構。我保留了「教育發展」的標題，以區別「學業發展」，因爲我相信「教育」(*education*)兩字具有更廣泛的意涵，指涉「終身學習的追求」(*the pursuit of lifelong learning*)，而「學業」(*academic*)則與特定學科領域的成就較有關連。

教育發展

有效能學校的一項基本信念是「所有兒童都能學習」(*all children can learn*)(*Edmonds, 1979*)。今日和未來社會的挑戰之一，是看到此一信念能落實於所有學校。爲此，學校必須創造出一種氣氛，賦予每一位學生均等的機會，以使其能在學業上成功。諮商師對此一目標的貢獻，在於評量每一位學生的能力，協助教師將學生安置於適當的教學方案中，協助家長了解其子女在學校中的發展和進步情形，並和學生諮商以協助其建立並達成生活目標和計畫。

學校諮商師運用許多能促進學生教育發展的服務。例如，諮商師和教師運用「班級輔導活動」（*classroom guidance activities*）來鼓勵正向自我概念的發展，且改善學生的行爲問題，以促進其在學校中成功學習的可能性。這些班級輔導活動可能與日常課程統整，或者特別設計作爲一有計畫的呈現。和需要額外或更密集諮商服務的學生進行個別諮商（*individual counseling*）和小團體諮商（*small group counseling*），也是綜合性方案的一部份。此外，學校諮商師更須對教師、家長和其他專業人員提供諮詢（*consultation*），以確保他們在規劃學生教育方案時，能考慮所有可提供的服務。

教育發展並非只是班級教師的責任。在今日的社會，當學校諮商師能藉著爲學生提供直接服務，爲父母和監護人提供支持，且和學校教師和其他行政人員建立協同合作的關係，來協助教師的教學效能，始能促進學生最大程度的教育發展。藉由此類團隊工作的努力，學生的進步才能被充分地監控，適當的服務也能被設計和切實執行。如此，諮商師將學生的學習視爲綜合性學校諮商方案的主要目標。

教育發展的一個層面，是諮商師將「終身學習」作爲其諮商方案的一項重要內涵。從小學到中學，對所有學生的教育重心，都應該在於促進生命全程的學習，而非只是移進至下一個年級，亦非只是「完成學校課業」而已。很不幸地，學校系統的設計卻是強調年級之間的轉移，修畢某一年級就進入到下一個年級。此一結構阻礙了一個較廣泛的終身自我發展重心。學校諮商師有責任促使學校能將鼓勵所有學生的終身學習，作爲必要的學習目標。生命全程的學習歷程，與學校諮商方案的第二個目的－生涯發展－具有密切的關連。

生涯發展

如第一章所指出，學校諮商專業的根源是「職業輔導」（*vocational guidance*）。在諮商的發展史上，此一專業已有所改變且擴展了它的角色，但「生涯發展」仍是綜合性學校諮商方案中相當重要的一環。今日和未來不斷變遷的世界中，人們會持續面對關於其生涯選擇的挑戰性決定。因此，所有教育層級的學生都會從一些生涯探索的活動中獲益，這些活動將帶領他們探索工作世界（*the world of work*），協助他們檢驗其生涯興趣（*career interests*），並對其教育計畫做出決定。使學生具備充分的知識和能力，以對其生涯發展做出明智的選擇，對促進個人自我發展及自我實現，無疑是極爲重要的。學校諮商師有責任致力於協助學生的生涯發展。

一個人的發展，包括能成功地規劃、選擇和達成一個令人滿意的生涯。成功達成理想目標，會影響其生活的許多其他層面。一位知名的學者和心理治療師*Alfred Adler*，曾提到人生所要達成的三項最重要的任務，包括工作、與他人分享成功和滿意的愛情關係（*Sweeney, 1998*）。任何一項任務均與其他兩項密切關連，但人們如能成功地達成其生涯目標，會強烈地影響其社會成就和愛情關係。人們所隸屬的社會組織、所建立的人際關係，及其達成的經濟成就，均和其生涯選擇息息相關。因此，學校有責任協助學生應用其所習得的知識和技能，來發展合於現實的、且令自己滿意的生涯目標。學校諮商師在此一歷程中的角色任務，是（1）提供學生關於工作世界和現有生涯機會的正確資訊，（2）評量學生的興趣和能力，並促使學生運用這些興趣和能力來做適當的生涯選擇，（3）鼓勵學生擴大其生涯選項，以因應未來生涯機會和工作市場的改變。

作爲一項終身學習的歷程，生涯發展是從小學到中學的所有學校諮商方案的一項重要內涵。對某些人而言，生涯資訊和發展，似乎和小學課程無關，因爲小學教育一向被視爲學習基本技能（*basic skills*）和對個人發展的養護照顧。所以，生涯發展在小學甚少受到關注。雖然年紀還小的兒童不必要吸收大量的職業資訊和做正式的生涯選擇，然而他們也會不斷地受到來自於家庭、社區、媒體和其他因素的影響，將他們導向生涯的決定（*Super, Savickas, & Super, 1996*）。諮商師和教師可以藉著將生涯資訊、自我興趣探索活動、和闡示工作與教育關係等，融入於日常教學活動中，來協助此一決定歷程。同時，學校的課程中亦不應該出現性別刻板化的材料、資訊和活動等，來誤導學生的心靈。

在中等學校層級，諮商師和教師亦應持續將生涯輔導統整進課程之中，以提供直接的服務來協助學生縮小其生涯興趣和選擇。在初中階段，可設計一些活動和服務，引導學生探索不同生涯領域的當前趨勢，有助於青少年學生以合於現實的觀點來看待生涯選擇。在高中階段，諮商師需提供一系列的生涯服務，包括生涯興趣量表、性向測驗和最新的職業資訊，以協助學生決定其生涯。高中學生對其生涯選擇的決定，將與他們未來的教育計畫息息相關，包括進入工作市場、進入職業學校接受技藝訓練，或在畢業後繼續就讀大專院校等。簡而言之，從小學到高中的所有這些服務，均以協助學生連結教育發展和生涯目標爲目的。

個人和社會發展

綜合性學校諮商方案的第三項目的，是促進所有學生的個人及社會發展。除非學生能了解和接納自己，並運用此一了解和他人建立關係，否則光是達成學業上的成就和選擇滿意的生涯，其學習仍是不完整的。

許多學生在學業表現上相當成功，但在個人及社會發展上卻是失敗的。這些失敗經常會導致令人不滿意的社會疏離、破裂的人際關係、暴力報復、藥物濫用、憂鬱和自殺等悲劇。綜合性學校諮商方案應設計一些活動，來協助學生學到社會技巧和辨認個人特質，以促使他們達成更爲滿意的生活。

在小學階段，諮商師和教師宜發展一些方案和活動，用於協助學生學到他們是誰、探索其與他人的相似性、檢驗其作爲獨立個體的獨特性。班級輔導、個別諮商和小團體活動，都是用以達成這些目標的有效服務。小學兒童的世界是相當自我中心的，因此，小學教師和諮商師的角色，是協助兒童從對世界的自我中心觀點，轉向更爲接納他人的觀點。一些能鼓勵分享（*sharing*）、助人（*helping*）、協同合作（*cooperation*）的活動，均能催化此一轉換的歷程。

在初中階段，學生變得更對其社會群體和異性感興趣。就發展上來說，男孩在許多層面均較諸女孩來得緩慢，爲學生規劃活動和服務的教師和諮商師都應注意到這一鴻溝。初中階段的綜合性學校諮商方案，應持續從小學階段即已展開的自我發展歷程，此外，需更爲強調身體上的變化、性徵的發展、和社會歸屬感的重要性。在許多層面上，前青春期少年對身體變化一急速生長、體毛增生、性徵發展一的調適，對所有其他的發展層面均有甚大的影響。同時，學生的社會接納度和社會排斥度，對其未來的教育、生涯和社會選擇，亦有顯著的關連。

高中學生的個人和社會發展，經常是從初中即展開之發展組型的持續。能順利從初中轉換至高中的學生，常能成功地獲得較高的社會接納。另一方面，在其初中階段無法解決關鍵性發展議題的學生，在高中階段經常需要諮商師的協助。

即使是在小學和初中較少經驗到困難的學生，有時候在高中階段也會發現諸多挑戰和阻礙，使其感到莫大的挫折。例如，男孩和女孩之間的關係，在這個階段會更爲重要，此一關係的成功或失敗，對其未來的社會關係、教育計畫和生涯抱負等，會有相當大的影響。失敗的關係可能會導致中途輟學、憂鬱、和自殺等，這些都是高中諮商師所關注的重點。此外，性疾病、未婚懷孕、藥物濫用、暴力和其他社會創傷，均會嚴重危及學生的社會和個人發展。高中諮商師和教師規劃班級和全校服務、個別和小團體諮商、父母親職教育方案和轉介程序，以協助學生正常和健康地發展。簡而言之，高中的諮商服務，理想上應盡可能預防可能干擾個人和社會發展歷程的阻礙，同時對現有阻礙學生進步情形的相關事項，提供補救服務。

以上所描述的從小學到高中學校諮商方案的廣泛目標和一般性活動，對學校諮商師和教師如何符應學生的需求，提供了綜合性的詮釋。然而，所有學生並不相同，對世界也有其不同的觀視角度和位置；學生的多樣化背景，會將其不同的種族和文化觀點帶進學校之中。如同*Pederson*和*Carey*（*1994*）所述，「在多元文化助人專業中的最爲困難的一項任務，是體認到多元化世界觀的事實」。綜合性學校諮商方案，即敏銳覺察到多元文化視角（*multicultural* *perspectives*），且據此規劃個別、團體和全校性服務。

由小學、初中、高中學校諮商師所提供的服務和活動是類似的。區別這三種不同層級之學校諮商師實務工作的，是學生的發展階段和需求（*developmental stages and needs*）。由於小學學生的教育、生涯發展和個人及社會需求，不同於高中學生，諮商師為這兩群學生所提供的服務和活動也就有所不同。然而，所有不同層級的學校諮商師也都運用了一些共通的歷程和服務，這些歷程和服務有助於界定並描述綜合性學校諮商方案的性質和範疇。

綜合性方案

一個綜合性學校諮商方案包括諮商、諮詢、整合和衡鑑服務，以回應學校和社區的需求和目標。在綜合性方案中，首先需充分地評量和分析學生、家長、教師的需求，依據需求評量結果來設定需優先達成的目標。因此，學校諮商師決定將一個綜合性方案聚焦於特殊的議題，或選擇特定的服務，並非隨機或意外的發生的；相反地，這項決定是一系列包含規劃、組織、執行和評鑑程序的結果。

規劃（*planning*）包括有助於諮商師評鑑全校性目標，評量學生、家長和教師之需求，選擇諮商方案之目標的一系列程序和決定。在學年度伊始，伴隨著對學生人口群的正確評量，規劃歷程是最為明顯可見的。典型上而言，在學年度之初學校會招收進來一批新的學生，學校諮商師即須評量學生和社區的一般性需求，並對應提供預防性（*preventive*）、發展性（*developmental*）或補救性（*remedial*）服務，做成適當的決定。雖然，規劃大多發生於每一個

學年度剛開始，但它同時也是一個持續性的歷程，諮商師、教師和行政人員均須隨時評估所提供服務的效能，據以調整方案之規劃。

組織（*organizing*）接續在規劃歷程之後，包括主要目標的選擇，並決定何種服務最能夠符合且達成這些目標。方案組織也須爲執行特定的活動設定任務分派（*assignments*）和時間線（*timelines*）。這些任務和時間表有助於學校界定誰（*who*）要負責什麼（*what*）服務，以及何時（*when*）執行這些服務。藉著充分地組織，學校諮商方案才能清楚地界定年度目標，爲諮商師、教師、行政人員和其他教職員分派特定的任務，並建立一項主要舉辦事件的年度計畫表。如此，方案組織即包括所有專業人員，並在學校諮商方案中確立其所扮演的角色。

執行（*implementing*）是綜合性學校諮商方案的行動階段。在此一階段中，諮商師、教師和其他提供服務的人員需共同來完成方案。這些服務包括個別和小團體諮商、教師和父母諮詢、班級和團體輔導、測驗、危機介入和轉介等。如諮商師失之於充分地規劃和組織，執行可能是唯一可以被觀察到的階段。這些諮商師忙碌於舉辦活動，卻未能使這些服務滿足學校中學生、家長和教師的主要需求。也就是說，諮商師忙於「完成工作」，但這類工作未必有助於學生達成其教育目標。

執行一項缺乏清楚的目標的方案，就像是駕駛一架飛機卻沒有飛行計畫一般。飛機在空中飛行、所有儀器設備都在啓動中，但飛行員卻沒有計畫要飛往何處，或不知道它爲什麼會向這個方向飛去。已經起飛卻無清楚方向計畫的學校諮商師，所執行的方案可能會嚴重錯失了學生、家長和教師所面臨的眞正議題和需求。如缺乏充分的規劃和組織，諮商師的行動充其量是偶發的，或不能重複執行的。相反地，成功的服務可以被重複執行，尤其當諮商師藉著充分的評鑑來執行其計畫和活動時。

評鑑（*evaluating*）程序可促使諮商師能斷定所提供的服務是否成功、辨認出明顯的缺失、且建議未來可行的改善計畫。此一階段對於學校諮商師的角色定位和可信賴度而言，是相當重要的。優良的學校諮商方案須包括所有學校教職人員的參與、充分的組織、適當的責任分派和任務分工、有效服務的傳遞，以及對成果的正確評量等。一項眞正有效能的學校諮商方案，可使學生、家長和教師們的生活有所不同，使學校諮商師建立其在小學、初中和高中學校場域中的角色定位，促進其存在價值。

充分的和正確的方案評鑑，也可以促使諮商師回顧方案一開始所設定的目標，且評量是否有必要進行任何改變。如此，一項綜合性學校諮商方案在本質上是循環性的。圖3.1闡示了此一規劃、組織、執行和評鑑諮商方案的循環。綜合性方案的每一個階段都包含了特定的元素，我們將在第五章中提供更爲充分的說明。

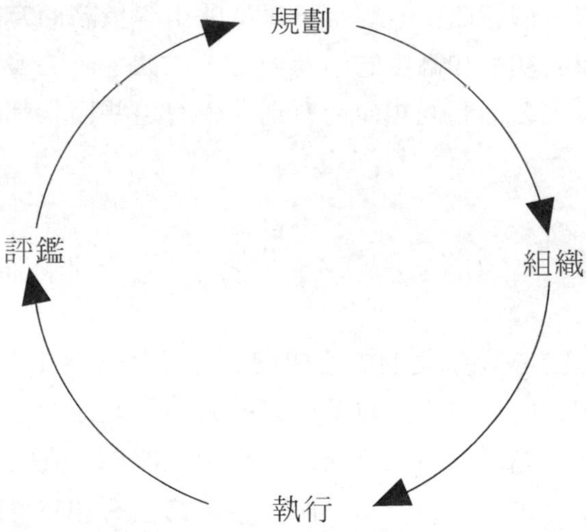

圖3.1 綜合性諮商方案之階段

設備和資源

就像在其他機構一般，學校所涵蓋的不只是哲學理念、方案和服務而已，它們也包括了建築、教材、設備、財務、教職人員，和其他能促使其發揮教育功能的項目。在發揮其教育功能的同時，學校諮商師也有自身的需求，其中之一是擁有充足的物理空間，以提供個別和小團體諮商。這個空間即是諮商中心（*the counseling center*）。

諮商中心

爲學生、父母和教師提供隱密的諮商和諮詢服務，諮商師需要適當的空間。一個諮商中心經常可以反映出學校諮商方案的層級和性質。在小學、初中和高中的諮商中心，依據學生的發展需求、學校規模和學校主要活動的類型而有別。所有這些因素都影響了諮商中心的設計。

設計

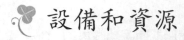

許多小學都在小學諮商中心成立之前就已經存在的。因此，小學諮商師所工作的地方常是以前的班級教室、健康中心和行政辦公室等。有些學校諮商師不只爲一所學校提供服務，在此情況下，他們會和其他輔助人員如語言治療師、學校護士、和特殊教育教師等共用一間辦公室。對於發展綜合性方案來說，共用的辦公室並不是最好的安排，但即使在最困難的情況下，許多諮商師還是能夠創立非常優秀的方案，且提供有效的服務。

理想上，小學諮商中心要包括能提供隱密的個別諮商單元的私人辦公處所，以及能提供團體諮商單元、遊戲治療活動和其他服務的一間較大的教室。這間較大的教室應該有桌子和椅子，能收藏遊戲、圖書和其他教材的書櫃，一座用來清洗彩繪、陶土或類似材料的洗手槽，以及一個提供自我覺察量表、問題解決活動和互動式學習的電腦中心。

在初中，諮商中心包括一間或多間辦公室，和一個較大的空間讓學生得以使用圖書、電腦、遊戲和其他自我指導性的教材。有些機構會爲諮商方案配置一位秘書，且有接待區。而且，諮商師應該可進入研討室（*conference room*），帶領學生、家長或教師的小團體單元。因爲學校中的空間常須提供額外的用途，研討室常要與行政人員和教師共用，安排使用的時程必須謹慎地協商。

高中的諮商中心類似於初中的設計，不過較爲大型的學校可能會有更多間的諮商師辦公室，部分空間也會擺設生涯材料和設備。高中諮商中心經常會收藏和展示職業生涯或大專院校的材料，讓學生可輕易地取閱這些資訊。某些諮商中心更且爲想要及時搜尋職業生涯和大專院校資訊的學生，提供電腦終端機。高中諮商中心也會有可以用來進行小團體、測驗、部門會議和其他活動的研討室。

校內所有教師和諮商師都應該能取閱學生的記錄資料。在過去幾年中，大量的學生記錄檔案都收藏在諮商中心，此一看似符合邏輯的程序也會有負面的影響。例如，當學生檔案被鎖在諮商師的辦公室內或當諮商師在和其他人諮商時，教師就不容易取閱學生的記錄檔案。而且，將學生記錄收藏在諮商中心，反映的是*1940*年代到*1950*年代的「輔導形象」（*guidance image*），當時諮商師的形象就像是個檔案管理員。在小學和初中，學生記錄檔案應該被置放在行政人員的辦公室，且允許適當的學校教職員擁有充分的取閱管道。在高中，因為諮商師可能需要更頻繁地取閱學生記錄檔案，在靠近諮商中心設置一間獨立的檔案室，可使教師能獲得學生的資料而不打斷諮商方案的服務。不過，由於整個社會快速地發展電子記錄儲存系統，未來檔案的管理應不再是一項難題。

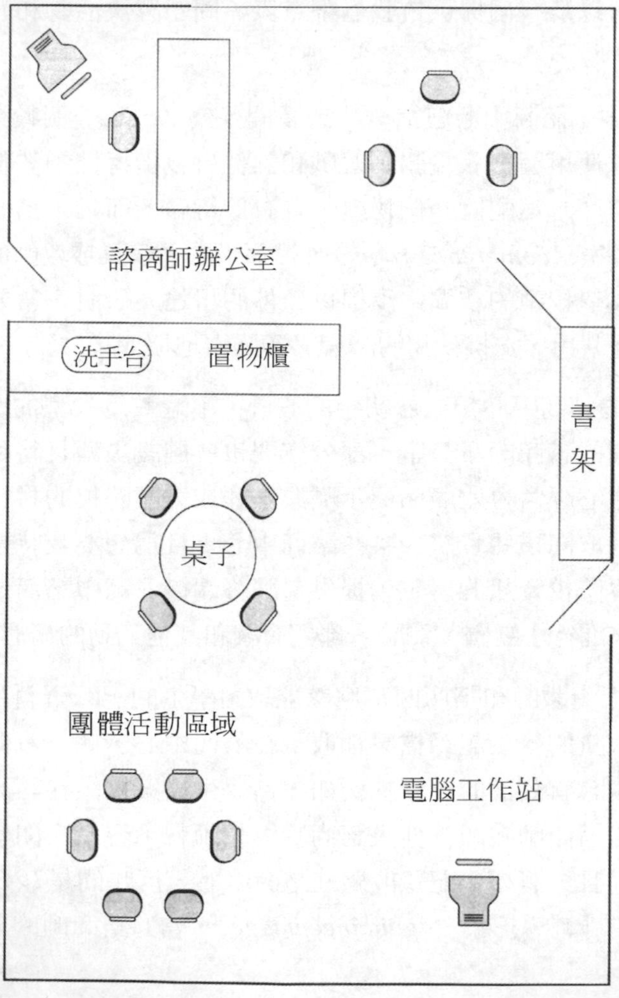

圖3.2 小學學校諮商中心

圖3.2、圖3.3和圖3.4分別闡示了小學、初中和高中層級的諮商中心，只是讓讀者明白學校諮商中心的樣子，但也許它們並不是最理想的設計。

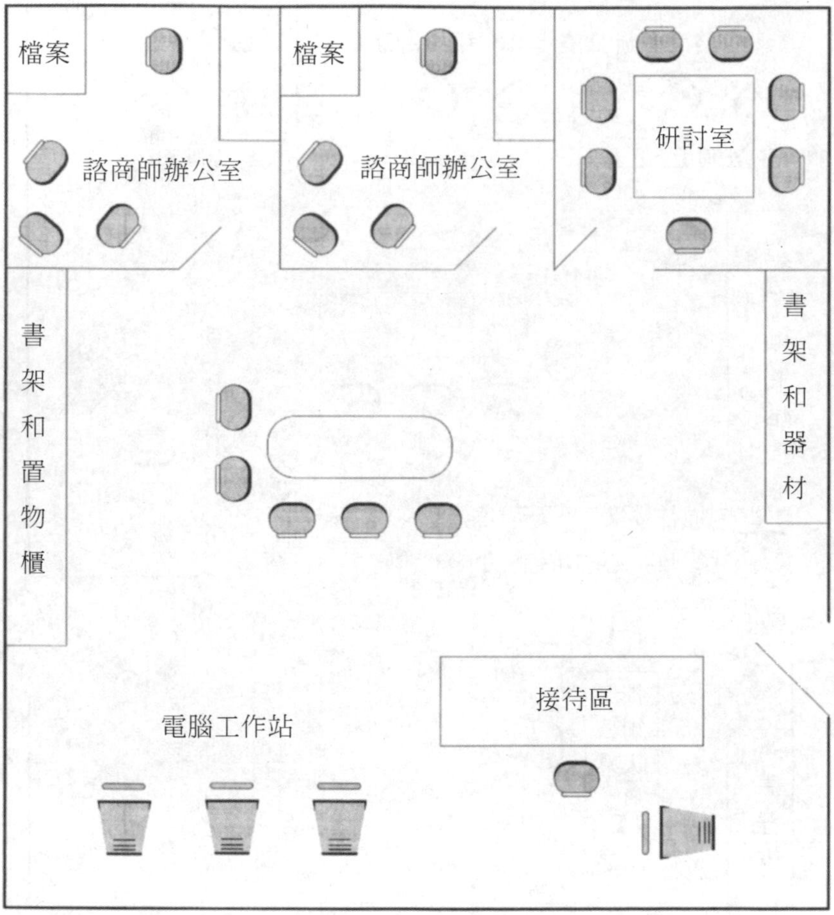

圖3.3 初中學校諮商中心

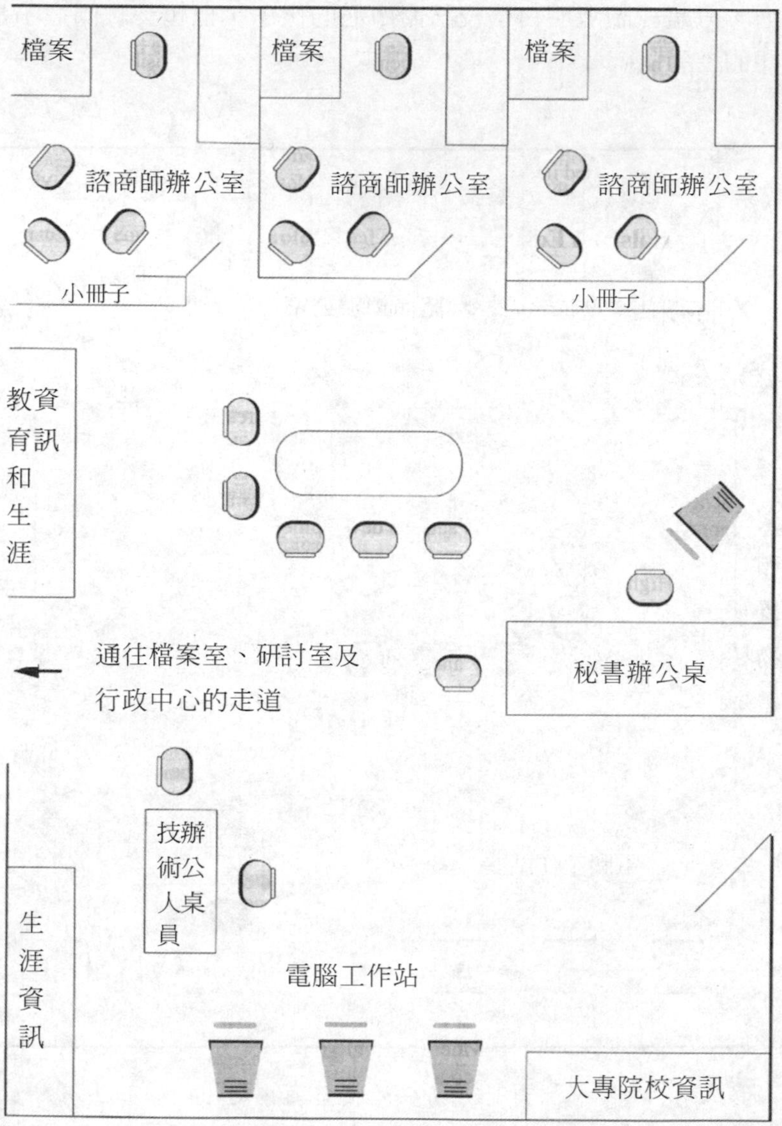

圖3.4 高中學校諮商中心

位置

和學校諮商中心的設計一樣重要的是，諮商中心座落的位置（*location*）。例如在小學，如果諮商中心座落的位置遠離兒童活動區域，諮商師即不容易接近學生。諮商中心的位置應該要能讓學校中的每一個人都有同等的接近管道。一般而言，這意指諮商中心應該座落於中心位置。傳統上，諮商中心的位置多是靠近學校行政處室，雖然這樣有助於諮商師和行政人員之間的溝通，但有時候會是一個阻礙，因爲學生和教師常會將諮商師等同於學校行政人員。這項關連反而阻礙了諮商師作爲所有學生的支持者的形象。

諮商中心的位置應該促進其能見度、促進學校中所有成員之間的溝通，邀請人們進入來使用其設備。一個能達成這些目標的位置，能使學校諮商師獲得最大機會爲廣泛的學校成員提供和傳遞有益的服務。如此，學校中的每一個人都可被包含進諮商方案的服務中。

教材和設備

一個設計良好且位置甚佳的諮商中心，還是不夠的，仍須包含適當且充足的材料和設備，以傳遞計畫中的服務。在小學諮商中心，這些材料涵蓋了可用於遊戲治療中的遊戲和玩具，以和兒童建立融洽的關係。諮商師應用藝術媒材、電腦方案、遊戲、發展性學習套件、錄影帶、玩偶，和許許多多的其他材料，來協助兒童表達自己、創造成功經驗，且在一個安全、無威脅的場域中學習社會技能。

初中諮商中心具備了類似但更適用於前青春期的少年。此外，尚涵蓋了生涯探索材料、自我發展資源和高中資訊。例如，初中諮商中心所提供的圖書，應能協助學生符應其發展上的需求，像是對其身體變化的調適、處理同儕壓力，且預防藥物濫用。

高中諮商中心典型上較強調生涯選擇的材料、大學院校的簡介資料、測驗技能檢測、評量表，以及藥物濫用、未婚懷孕或其他類似材料，以因應其關鍵的健康和社會議題。如同小學和初中所具備的材料一般，高中方案所提供的資訊，也是不斷更新，且適於學生的發展需求。

除了諮商和輔導材料之外，一個學校諮商中心的設備還應包括適當尺寸的桌椅，以及可用於錄影帶放映、電腦輔助方案和其他媒材的使用的設備。所有設備可能不會全都存放在諮商中心，但學校諮商師和教師應可透過學校內的媒體中心，輕易地取得這些材料和設備。小學諮商中心應有為兒童和成人準備的桌椅，因為兒童和成人都是諮商中心服務的對象。所有諮商師都應擁有一具個人專線電話，以提供諮詢和轉介服務。其他的設備可能還包括檔案櫃、錄放音機和錄放影機，以及電腦。簡而言之，學校諮商中心典型上包括：

* 為學生和成人提供適當的和充足的設備。
* 具有聲音和視覺上隱密性的諮商師辦公室。
* 為團體活動和研討活動準備的桌椅。
* 每一位諮商師的專線電話。
* 材料和設備的放置和收藏區域。
* 提供自我教學和輔導的電腦輔助方案。
* 進入研討室的管道。
* 設置於諮商師辦公室外的等候區和活動區。

* 在諮商中心之外的一間能安全收藏學生記錄檔案的房間，以使適當的教職人員可取閱學生資料。

經費預算

每一個年度，必須對材料、設備和諮商方案的其他層面，定期加以評量。當這些材料或設備破損或老舊了，應加以更新。爲此，諮商師應能掌控小額的經費預算，並參與學校的經費編列程序。

表3.1闡示學校諮商方案所編列的經費預算項目。通常，個別學校諮商師並不必爲人員的職位和費用負責任，但他們應該要能參與其他預算項目如材料、設備和專業成長等的決定。

大多數的學校諮商師並沒有足夠的經費預算，來運作其規劃的方案。一般而言，諮商師可能只分配到小額預算，來購買使用於這一年中的消耗品。許多學校的諮商師係受一位中心辦公室的主任所督導，且由該人負責編列所有的預算項目，來讓諮商師購置新的材料和設備。具有創新和創意的諮商師，會在學校所提供的有限資金之外，找到其他補助的方法和資源。然而，就像其他教學人員（教師）一般，許多學校諮商師也發現，因爲中央教育部門和地方教育當局的資金有限，他們經常必須使用到自己製作的輔具和個人資金，來支持其諮商方案。

諮商師還可利用市場上流通的產品套件、測驗、量表、影片、遊戲和其他產品，來提供適當的服務。但由於這些項目所費不貲，新任諮商師在準備要購置之前，最好能和有經驗的諮商師聯繫，以了解他們曾經有的努力和嘗試。許多學校的諮商師常須共同使用這些材料，以避免不必要的重複購置，且將有限的預算做最大程度的利用。同時，在學校之外的中央及地方政府教育資源，也會提供一些補助經費，讓諮商師可為學生、家長和教師提供新的方案和服務。在諮商師接受中心辦公室督導的清況下，他們可以要求這些督導和中央或地方政府聯繫，以申請特殊計畫案或額外的補助經費。某些地方政府在其教育部門設置有「學校諮商顧問」（*school counseling consultants*），可協助諮商師申請中央和地方的經費補助。一般而言，這些經費僅適用於特殊的議題，如生涯發展、藥物濫用、未婚懷孕和其他學校諮商服務所關注的事項。

表3.1 學校諮商方案的預算項目

I. **人員**
  1. 學校諮商師
  2. 文書助理
  3. 技術助理

II. **設備**
  1. 辦公桌和座椅
  2. 會議桌和座椅
  3. 檔案櫃和其他辦公器材
  4. 媒體設備
  5. 維修計畫

III. **材料**
  1. 圖書和參考教材
  2. 訂閱期刊
  3. 遊戲、玩具、玩偶等
  4. 媒體設備：電腦、打字機、傳眞機
  5. 測驗和量表
  6. 教育套件
  7. 電腦方案
  8. 生涯決定和教育材料

IV. **中心耗材**
  1. 紙張、筆、錄音帶等
  2. 粉蠟筆、水彩畫筆、螢光筆
  3. 電腦磁片
  4. 其他各類耗材

V. **溝通和旅行**
  1. 電話
  2. 郵票
  3. 旅運費

VI. **專業發展**
  1. 研討會、會議、講習
  2. 研究

人員

器具、材料、設備和財務等，是學校諮商方案的物理結構，爲方案設定了最大的範圍。但決定方案之眞實價值和發展潛能的，則是方案中的人員。整體而言，綜合性學校諮商方案包括了爲學生、教師、行政人員提供服務的專家（*specialists*）、學生助手（*student helpers*）、志工（*volunteers*）和諮商師。此外，方案也運用了其他支持人員，尤其是秘書（*secretaries*）和其他文書助理（*clerical assistant*）。有些高中更聘用了專精於資訊管理、電腦修護和類似服務的技術助理（*technical assistants*）。這些助理人員讓諮商師和教師可有更充裕的時間，展現其專業功能。所有這些人員都對諮商方案的綜合性質有所貢獻，讓我們先來說明諮商師的角色。

諮商師

學校諮商方案中所聘僱的諮商師人數，會造成不同的服務品質和數量。學校通常會聘僱足夠的諮商師，以符合諮商專業協會和認證機構所建議的諮商師–學生比率。雖然這些團體可能沒有諮商師可遵循的一致性指導守則，一般都建議一位諮商師以服務*300*至500位學生爲原則，取決於學校的層級。如「美國學校諮商師協會」等專業協會，傾向於建議比地方政府認證機構更低的諮商師–學生比率。

能擁有足夠數額的完成訓練的諮商師是相當有幫助的。但是充分的數額還是不能完全滿足一計畫完善之綜合性諮商方案的需求。無論諮商師的數額或是師生比爲何，學校諮商方案之良窳，多取決於方案的整體設計、所選擇的目標，以及諮商師服務學生、家長、教師的方式。有些學校擁有許多位合格的諮商師，但他們很少努力去進行充分的評量、尋求教師的建議、安排適當的服務時程、且評鑑結果，他們即無法符應學生的需求。然而，有些綜合性方案的資源有限，人員不足，但諮商師盡其所能去規劃、執行和評鑑方案，卻常能成功地符合許多學生的需求。

文書助理

學校常會接收到或生產大量的文書工作，例如向學生家庭和其他機構寄送通知、更新學生的記錄檔案、歸檔整理報告文件、準備向地方政府或中央教育部門提出報告，以及爲因應學校的文書作業流程而處理的文書作業等。諮商師無法自外於這類負擔。學校需要足夠的文書人員，來協助諮商師和教師及時完成他們具有時限性的任務。在今日學校中，優秀的秘書和技術助理幾乎是不可或缺的，學校諮商中心亦然。

在小學和初中階段，諮商師通常沒有像高中諮商師那樣繁多的文書工作要做。然而，任何會干擾諮商師發揮其直接服務學生、家長、教師之基本功能的文書作業，都應該要減到最少或重新編派。讓諮商師去從事這些文書工作，並不符合成本效益，也是對學校教育人員的誤用。

在高中階段，諮商師更常接觸到學生的記錄、文字和類似材料。諮商中心能配置一位秘書是相當必要的。在大型學校中，通常由技術助理負責資料的輸入和分析，也是同樣重要。這些專業都是中等學校諮商中心的統整部分，可使諮商師更有效能地處理資料、處理溝通聯繫流程、安排晤談時程、組織材料、調整時程的改變，以及管理經費預算等。某些情況下，這些服務可以由半專業人員（*paraprofessionals*）或輔導志工（*volunteers*）來處理。

半專業人員和志工

半專業人員具備與人群服務相關的部分專業訓練，可以協助諮商師處理學習上的建議、生涯資訊的提供和初步的關係建立等。這些助理人員在必要時也能協助處理文書任務。

輔導志工可以協助多項學校的服務工作，包括諮商方案。父母、祖父母、監護人、退休公民和其他人員，都是可能擔任輔導志工者。學校諮商師運用輔導志工的某些方式，乃作爲協助學生接收額外個別協助的指導員（*tutors*），或提供資訊服務的輔導助理，或是協助秘書處理聯繫事項、檔案管理和其他任務的文書助理。

在學校選擇以半專業人員和輔導志工從事輔導服務的案例中，充分的訓練和對諮商方案的說明，均是必要的。接受這些半專業人員和輔導志工協助的學校諮商師，必須花時間去訓練他們，確保其具備基本的溝通和助人技能，以使其能圓滿達成諮商方案的服務，接受其角色的限制，且了解諮商師和其他校內教職員角色的異同。

如本章所述，一項綜合性的學校諮商方案，包括廣泛聚焦於學生發展的目標，以及諮商師透過需求評量歷程、和其他學校教職人員所建議而選擇的目標。此外，一項綜合性方案還需包含物理空間設施、材料、人員和資金，以有效達成其目的。一項綜合性諮商方案所提供的必要服務，界定了專業學校諮商師的角色和功能。由於目前學校諮商師服務於所有學校的組織體系之內---小學、初中和高中，了解其如何在這三個學校層級中發揮功能，及其相似和相異處，無疑是相當重要的。

下一章將描述這些由小學、初中、高中學校諮商師所提供的必要服務。

延伸閱讀與網路資源

Gysbers, N., & Henderson, P.（Eds.）(1997）.Comprehensive Guidance Programs that Work —II.（Greensboro, NC: ERIC/CASS）. This compendium of successful school counseling programs begins with a presentation about an innovative model for school counseling and ends with a chapter on program evaluation.

Myrick, R. D.（1997）.Developmental Guidance and Counseling: A Practical Approach（3rd ed.）(Minneapolis, MN:Educational Media Corporation）. Myrick's popular book offers a developmental perspective on comprehensive counseling programs. It takes a practical approach and offers helpful strategies for school counselors.

本章作業

1.在你所屬社區的學校中，找到一位學校諮商師，和他約好一個時間，討論學校諮商專業。在你訪問的時候，詢問諮商師「你如何規劃諮商服務？」詢問諮商師是否能取得一份關於諮商方案的計畫書。在班級課堂上，分享你對於該項諮商方案的觀察。（注意：在你分享訪談的資訊時，切記要將諮商師的姓名和學校名字保密。）

2.記得當你還在就讀小學、初中或高中的時候嗎？你還記得一個諮商中心嗎？你還記得一些什麼？在小組中分享你所回憶的內容，比較其異同。

3.在小組中，依照一項綜合性方案的四個階段—規劃、組織、執行和評鑑—列舉出諮商師在每一個階段應有的特定行爲。在班級中分享你所列舉的清單，並整合成一份最佳的諮商師任務清單。

4.訪談一位班級教師，了解他或她對於學校所提供之諮商服務的觀點。在設計一項諮商方案時，教師應該要做些什麼呢？在一項綜合性諮商方案中，教師扮演了什麼角色？

第四章　必要的服務

陳慧女譯

在過去的數十年裡，學校諮商方案的焦點最初都是放在個別學生的發展上，並提供典型上強調一對一的服務。許多的輔導與諮商服務均開始於高中階段，但其在行政與文書方面的負荷也相當重，像是要安排課程、管理漸增的檔案、記錄學生成績單等。在擴展學校諮商至國中與小學，以及要求諮商師就其對學生、家長、老師服務的責信之下，諮商專業要開始把焦點放在更寬廣的方案發展上。

在本書的前面部分，你已經學習到一種去滿足學生、家長、老師的需求之更寬廣的服務，這是一種綜合性的學校諮商方案。當代的學校諮商服務是學校教育的基本任務。在本章裡，你將會看到這些必要的服務以個別化與聯合的方式在創造綜合性學校諮商方案的架構。同時，也會舉例說明今天的學校諮商師是如何從強調一對一的個別諮商，轉向以整合個別諮商的方式來倡導團體的過程。這種整合促進了學校諮商師提供給學生更多的服務。此外，今天的學校諮商師也需要有提供學生、家長、老師直接服務的角色，以替代過去大多數以行政及文書工作爲主的角色。

在第三章裡，說明了學校諮商方案包含四種主要的部分：諮商、諮詢、整合及評鑑。每一個服務項目均包含著特殊的活動。在本章裡，我們將探討每一種服務，以及其對學校諮商方案的獨特貢獻之處。這是一個描述諮商師如何整合其必要的服務至綜合性方案的概略摘要。在第六至第八章裡，我們將會更仔細地描述這些服務內容。

諮商

在協助學生、家長、老師蒐集資訊、探索意見、並做出適當決定的過程中，學校諮商師運用了諮商的過程。很多的教科書、論文，及其他許多的資料均有很詳細的描述，並界定諮商爲一種助人的歷程。多年來，許多的權威及學者寫了無以計數界定諮商的著作，包括其差異與類似之處。此外，諮商師也已設法去區別諮商歷程與其他治療關係的不同，如心理治療（*Gladdind, 2000*），但是這些差異並不清楚（*Nystul, 1993*）。一些理論學家與實務工作者認爲這些努力是沒有什麼效果的，因爲這二種歷程都是一樣的；然而，其他人仍堅持心理治療是比諮商更爲強烈、更具深度，且更長期的。正如*George*與 *Cristiani*（*1995*）所說的：「的確，努力去區別這二者之間的差異，是無法讓所有的人都滿意。」

我們的目的並不是要繼續去作爭論。而是要將焦點放在諮商師怎樣作爲助人歷程，以及小學、初中、高中的學校諮商師是如何使用這種歷程去幫助學校的學生、家長及老師。在第六章裡，將會更完整地解釋個別與團體諮商。而現在我們要對個別諮商作一個簡短的描述。

個別諮商

學校諮商師通常是個別地與學生工作，以協助其對所關心的目標、關係及自我發展做決定。在很多的例子裡，這些協助的關係均被稱之爲「諮商」，因爲這是一種信任的、持續的歷程，且包含幾個特殊的階段。通常，這是建立在特定的諮商理論模式上，且需要一些高層次的諮商技巧。然而，並不是所有在諮商師與學生之間的個別接觸都被歸爲諮商。有一些是訊息傳遞的會議，諮商師在會議中提供與分享資料、材料及訊息，以協助學生能在其教育、生涯等方面做決定。正如我們會在後面看到的，這些關係更正確來說，應該被稱爲「諮詢」。

個別諮商著重在發展的焦點上，它是幫助個人去看未來的計劃與目標；但是，它通常是治療性的目的。接受諮商者（通常稱爲受輔者或當事人）帶著他所困擾或難以處理的問題前來。受輔者去尋找支持以澄清其問題、探索解決該議題的意見、選擇計劃或策略，以便能成功治療該情境。個別諮商通常是經由諮商師與學生之間的口語互動。由於這種關係有賴於諮商師與學生之間大量的口語技巧，因此對於在任何情境下的每個人並不一定完全適用。例如：就讀小學的小學生，他們的口語技巧較爲受限，因此個別諮商對他們就不一定受益。對於口語受限的兒童個案，諮商師可以運用個別關係，但是療程的目標要放在與兒童建立信任關係，並透過觀察與遊戲來蒐集資料。有些資料可以幫助諮商師對於兒童、家長、老師所關心的部分去做適當服務的決定。

有時候，小學裡的諮商師以非口語、遊戲治療、行爲改變技巧的個別諮商方式與兒童互動也能有所成效。在這些情境下，諮商師發現他們可以有效運用時間，因爲這種方式可以幫助諮商師與兒童之間關係的建立、有助於獲得資料、協助諮商師選擇適當的介入方式。然而，當兒童缺乏其他的發展能力時，則更需要良好的諮商關係。

行爲的成熟與認知的發展，是學生的口語技巧中促進有效個別諮商中最主要的二個部分（*Thompson, & Rudolph, 2000*）。學生之無法在合理長度時間內專心，或不能在一段時間裡專注在某個議題裡，這通常都需要在有效的個別諮商之前學習到行爲技巧。同時，如果學生無法了解其行爲與成功發展之間的關係，或不能理解像是責任、自決與接納的概念，那麼他們將無法從個別諮商中獲得益處。無論如何，如同之前所提及的，學校諮商師通常是以個別化的方式與學生工作，去發展有效的助人關係，在某一環境中觀察行爲，積極地協助學生去學習新的行爲與因應技巧。

學校的諮商師對於大多數的學生負有責任，不管是否決定使用個別諮商，它都是與可利用的時間有關。最典型的是，個別諮商療程的時間從二十分鐘到一個小時，這端視學生的年齡與發展情形而定。假如學校中有絕大多數的學生都獲得個別服務，那麼這會是一筆可觀的時間投資，並且會減低提供給其他學生、家長、老師服務的可用時間。因此，學校諮商師會採用團體的方式以滿足更多學生的需求，藉以補充個別諮商服務。

團體諮商

團體諮商的源起是不確定的。學校中最早的團體工作形式是團體輔導，在這裡我們描述它是一種教學性與資訊性的服務，以協助學生的發展。*Allen*（*1931*）最早是使用團體諮商來說明，但是他所描述的內容更像是我們今天所知道的團體輔導（*Gazda, 1989*）。在*1950*年代後期與*1960*早期，對於團體諮商的描述經常出現在團體的文獻中。在這段期間裡，團體輔導似乎失去了地位，特別是在學校中。在*1960*年代後期，團體諮商的普及性持續成長，幾本主要教科書的出版對此有相當的貢獻。今天，在學校的諮商師均使用團體諮商與輔導，而且每一種方式在綜合性的學校諮商方案中都有其特定的焦點與目的，這些將會在第六章加以探討。

團體諮商通常包含由學生組成的定期聚會，在信任的關係下朝向特定的發展目標，去處理其所關心的議題或彼此互相支持。在這些療程中，諮商師是去促進討論、支持成員，並引導至助人歷程的領導者。團體諮商有不同的形式，且需要周詳的計劃，以一種綜合性的方案來補充其他的服務。

諮商師使用團體來發展一種更寬廣的預防性、發展性及補救性的議題。諮商師也運用很多方式來組成團體、選擇團體成員、結構團體歷程。有時候諮商師組成團體是因爲學生有類似的需求，以及諮商師相信經由學生相互的分享與關心，那麼他們是遠比個別諮商更可以從團體中獲得助益。例如：一所中等學校的諮商師接受幾位經轉介而來的單親家庭學生。在與每位學生個別談話之後，諮商師邀請他們共同組成團體，在這段他們生活中最危機的期間一起分享情感、彼此支持。以這種方式來組成團體，諮商師運用共同關心作爲基礎，促進團體成員彼此支持，邀請成員將焦點聚在他們最關心的部分，藉以更有效地運用時間來幫助更多的學生。

雖然團體諮商在諮商文獻中一直很突出，但是很多諮商師仍抗拒在學校中使用這種服務。這種抗拒主要是因爲安排團體療程時間的困難，特別是在學校中課程表的嚴謹度之下，老師均以教學時間爲主，而諮商師則要在可運用來進行團體的時間與盡量不干預到課程學習的時間之間奮戰。在綜合性學校諮商方案中，團體諮商是一種必要的服務，它包括諮商師要從老師與行政人員那裡去尋求建議，以設計不會影響教學方案，且能設計出合理、有意義的方案時間表。在第六章裡我們將會檢視幾個由學校諮商師所使用的實際進度策略。

學生諮商

在學校諮商中有三個群體，學生是最首要的標的團體（*target group*）。因爲學生受到關鍵議題的挑戰，這些議題影響到他們在個人、社會、教育與生涯上的發展；諮商師在個別與團體諮商關係中的時間安排是很基本的。由於美國家庭結構的改變，以及父母的外出工作以增加家庭的收入等，很多兒童及青少年需要某些人的協助，以幫助他們分享其所關心的議題，並得到正確的資訊去做決定。爲能更有效率，這種關鍵性的助人關係在本質上應是具有個人隱私的。同時，與其他學生分享所關心的問題，學生會較爲舒服；但是，這種分享仍需要隱私，這也是爲什麼團體諮商在學校環境中是很適合的原因。

由於綜合性的學校諮商方案具有寬廣的焦點，並試著要去滿足更多學生的需求，因此諮商師會設法去維持短期的諮商關係。因此，學校諮商師會仰賴心理衛生專家、公共服務機構及私人執業者，以作爲其轉介的資源。當需要轉介學生時，下列問題是決定的依據：

1.學生在目前的助人關係中有充分的進步嗎？
2.學校諮商師在協助學生的問題上有適當的訓練和知識嗎？
3.有更適當的資源可以轉介學生嗎？
4.由於在建立關係時間上的限制，以致其他的諮商服務方案被忽略了嗎？

不管是在教育或臨床的環境中，這些問題指導著諮商師在對誰諮商，以及要花多少時間的決定。類似的問題也指導諮商師在提供父母與老師的諮商中。

父母與教師諮商

有時候學校諮商師也會與父母、老師接觸，剛開始他們會談及對學生的關心，但是最後他們會揭露其本身的個人問題。這時候諮商師就面對著該如何去處理這些需求的困難。首先，學校諮商師要問自己的一個問題是：我應該在諮商方案中提供服務嗎？如同之前所說的，學生是學校諮商方案中最首要的受輔者，所以諮商師必須依地點來決定，如果父母或老師是在學校中。

專業的學校諮商師對於這個問題的看法並不一致。每種情形與需求都是獨特的；因此，沒有單一的指導原則可應用。學校諮商師需依每種情形的不同，並依據倫理上與專業上的判斷來爲每個人尋找其所需的適當服務。以下是協助諮商師做最適當決定的幾個問題：

1.我有資格提供這個人所需要的協助嗎？
2.有任何的倫理標準可指導我去做決定嗎？
3.我應該將這個人轉介給另一專業嗎？
4.假如我協助這個人，學生可從中獲得助益嗎？
5.假如我決定提供這個人諮商，我需要投入多少時間？

每一位學校諮商師在某些時候都會接觸到家長或老師並提供其所需之協助。一般來說，諮商師要充分地傾聽其需求、決定所能提供的短期協助，並列出可以幫助他的社區資源。在提供服務意見時，諮商師通常會列出超過一個以上的選擇，以保持其對尋找協助的自決責任。這種助人關係的方式結合了諮商與諮詢的過程。諮詢是學校諮商師的另一主要功能。

諮詢

學校諮商師通常會被請求服務，而這並不需要提供直接的諮商。諮商師通常會被要求去提供資訊、教導知識、給予建議、規劃計劃。當諮商師接收到這些請求時，這就建立了一種諮詢關係。諮詢是學校諮商師最主要的一個功能，在近年來受到相當的注目（*Brown, Pryzwansky, & Schulte, 2001*；*Hansen, Himes, & Meier, 1990*）。Faust（*1968b*）是最早強調諮商師角色的作者之一。他引介幾個諮商師可以在個別與團體環境中可運用的諮詢類型。根據*Faust*所述，諮詢是發生在與學生、家長、老師、學生服務專家、行政人員及社區機構專家。一直到現在，這種觀點都還是學校諮商師在提供諮詢時所奉行的圭臬。

通常，諮詢是二個人或以上的人彼此之間的關係，其在認定問題、建立目標、規劃去達成目標的策略、負有責任去完成這些策略。在諮詢的關係中，其中一人是引導過程的提供諮詢者，而其他人則是尋求諮詢者。在學校諮商中，諮商師是提供諮詢者，而學生、老師、家長通常是接受諮詢者。諮詢的焦點在提供學生、家長、老師有關其特定需求或情境的資訊、教導或減少所遭遇之困難。例如：一位母親可能會詢問學校諮商師有關其孩子在學校的學業進步情形。在之後的諮詢關係中，諮商師就成了提供諮詢者，父母就是尋求諮詢者，孩子在學校的進步情形就是情境，其關係的目標在獲得資訊。在這個案例中，諮詢關係是一種資訊的研討或諮詢。

就像諮商般，在很多方面，諮詢關係中也經常使用溝通技巧。有效的傾聽、解決問題、做決定的技巧，也都被諮商師與諮詢者使用來協助人們去界定目標、規劃計劃及執行策略。諮詢與諮商的不同有二個標準：（1）諮詢是建立在涉及提供諮詢者、接受諮詢者，以及另一個情境中的第三者的三重關係中；以及（2）諮詢服務通常是使用間接的助人歷程來協助已被界定的情境。與第二個標準相反的是，諮商是一種直接的服務，在協助個人達成自我覺察、聚焦在自我發展、或學習新的因應行爲。在第七章中，將會對諮詢的技巧與過程做更詳細的介紹。

另一種了解學校諮商師如何使用諮詢功能的方式，是去觀察他們對學生、家長、老師及其他專業人員諮詢的不同類型。運用多樣化的諮詢服務，諮商師可以去散播資訊、教導團體、帶領親師研討會、並規劃其他的服務來協助學校中更多的學生。最常被學校諮商師所使用的諮詢類型是資訊服務。

資訊服務

學校諮商師是提供學生、家長、老師資訊的資源來源者。他們找出並提供資訊以協助學生對其教育、生涯、個人目標作選擇。例如：高中學生從諮商師那兒尋求協助，以幫助他們選擇適當課程來滿足其教育目標的資訊；初中學生詢求以協助其同儕與友誼關係的資訊；小學學生需了解學校的概況、自己的能力，以及學校的課程。父母與老師諮詢學校諮商師關於可利用的特殊服務以協助學生的學習、夏令學習方案、獎學金或其他上大學的財務支持方案等。資訊服務（*information services*）通常在滿足學生與家長的需求，包括社區與學校資源（*community and school resoures*）、生涯與教育資源（*care and educational resource*）以及財務支援（*financial assistance*）。

社區與學校資源

雖然學校對於教育兒童負有最主要的責任，但是這個過程並不是隔絕的。有很多因素影響著學生去利用學校教學方案的能力。生理與心理上的問題、家人的關心，以及學習障礙，都是影響兒童在學校生活進步的諸多議題。

作爲在學校的一項資源，諮商師可以提供家長與老師資訊，以協助其在學校體系與社區中去支持兒童的整體發展。因此，諮商師在學校體系中去尋找特殊的方案與服務，盡其所能地學習有關社區資源與方案，以嘉惠學生。特殊教育方案、教學服務、兒童營養資訊，以及其他的服務都是在協助學生能夠順利地度過學校生活。心理健康服務、休閒方案、教會資助的支持團體、社會服務與青年俱樂部等，都是在地社區中可用之資源，這些都可用以協助人類的發展。

生涯機會

學校諮商師均受過生涯理論與發展的訓練，並且關注生涯決定與教育之間的關係。在高中階段，諮商師提供學生有關做適當生涯選擇的諮詢。關於生涯機會的資訊，在當地的新聞資源、職業以及像是職業名典（*Dictionary of Occupational Titles*）與職業展望手冊（*Occupational Outlook Handbook*）的聯邦指南中。此外，學校諮商師與學生使用電腦系統及網際網絡來蒐集其感興趣的生涯資訊。

在小學與初中的學生，諮商師則提供學生與老師有關工作與生涯的機會，以協助其探索生涯。通常，諮商師與老師會運用資訊來設計生涯輔導課程，並將之整合於教學課程中。例如：初中老師計劃將化學介紹在科學的課程中，那麼他可能會去尋找當地社區與環境地區有關化學產品生涯的資訊。老師以這種方式來連結生涯目標與科學教育課程。而學校諮商師則協助老師將科學與生涯輔導加以統整。諮商師也與學校媒體整合者合作，提供檢核與購買的建議。在所有的學校中，從小學到高中，媒體中心（*media center*）是一個廣泛且兼具生涯資訊的重要資源中心。學校諮商師藉由與媒體整合者的合作，以確認該生涯資訊是提供給學生與老師最即時且正確的資訊。

教育機會

資訊式諮詢的另一種類型是提供教育服務、方案與機會，以協助學生整體的發展。關於找出有天份學生的才華、豐富活動的夏令營、對小學、初中、高中學生的大學方案，以及在社區裡的企業支持項目等，都是諮商師提供諮詢以增進學生學習機會的資訊。

在初中階段，對於學生的教育諮詢已受到注意，而這也是學校諮商方案中的一項必要服務。對於高中學生的生涯與中等教育機會的選擇則較窄些，其在初中階段時的學校諮商師是提供有關工作、技術院校與大學資訊的主要來源。理想上，這些資訊也是學校老師在學業方面所提供的一部份資訊。有關教育機會的資訊是經由諮商方案、班級輔導，及老師在指導活動課程中傳遞給學生。老師指導服務是大部份中等學校方案的共通想法，但是高中學校也會建立此方案，以增進學校諮商，並提供給學生更多有效率的服務(*Myrick, 1997*)。

對於家長與學生有關教育機會的諮詢，也是諮商師提供資源的另一種議題。課外的方案與教育的投入會超出高級中學的成本，而且諮商師通常也會提供學生與家長有關財務與經濟方面的諮詢。送學生參加夏令營或上大學的成本，對很多家庭來說是一項財務上的負擔。協助他們尋求資訊以處理財務上的議題，也是學校諮商師扮演諮詢者的另一種功能。在中小學的諮商師也與社會服務機構、衛生部門、教會，及其他社區服務資源一起工作，以協助家庭在這方面的需求。高中裡的諮商師也會與大學合作，像是尋找助學貸款、獎學金以協助學生的學費。

財務支援

父母都想給孩子最好的，但通常最好的都相當昂貴。在學校裡，兒童與青少年都來自於被經濟剝奪的光譜情境中，而這影響到其相互支持的學習。通常，這種多樣性會更甚於其整體性。學校試著提供公平的方案、服務與機會予不同的團體；但當團體的差異愈大，則所能提供給學生公平教育的挑戰也愈大。有時候，很簡單的活動，像是在自助餐廳裡吃午餐，也會變成學校裡學生之間引人注目的差異。一個沒有接受聯邦補助資格家庭的學生吃著不足的午餐、另一位學生則享有免費的午餐，而另一位富裕的學生，不僅有豐富的飯菜，而且是帶著太空時代的容器到學校來。

學校諮商師通常會提供有關財務資源方面的資訊予家庭及其孩子。在學校裡，很幸運的有社會工作師及諮商師可以一起來分享這個責任。對很多在中小學的學生來說，經濟上的支援可以滿足學生在基本衣食上的需求，好讓學生可以在學校裡好好的學習。對於家長與監護人在經濟支援上的諮詢，就學生在理想上的學習而言是很基本的。

如同之前所說的，在高中裡的諮商師協助青少年滿足其基本的需求，也在幫助其家庭能找到資金讓學生得以在適當的教育制度下學習。技術院校學費是一項昂貴的支出，而且目前大部分的家庭都需要能夠獲得去協助其孩子達到目標的協助。這不單只是學校諮商師的責任，但是由於在課業上指導的需要，許多初中的諮商師以爲這是他們在學校輔導與諮商中的首要責任。對很多高中裡的諮商師來說，這項工作是持續的，而且有時候會是一項主要的功能。其他的諮商師會運用志願服務者（如家長）來協助學生有關大學資訊與經濟上的支援。諮商師以這種方式來提供正確的財務資訊，而不至於因此項服務而佔掉其他必要的諮商服務方案。志願服務人員需接受有關財務支援資訊的訓練，並且在諮商中心排班，以回答家長與學生的詢問。他們也會在學期中的適當時間裡，協助諮商師到班級去分發相關資料給學生。

正如上述，資訊式諮詢有很多方式。學校諮商師運用個別諮詢、大團體活動方式、以電腦爲基礎的自我衡鑑、詳細清單，以及印製傳單來傳布正確且即時的資訊。當在大團體活動中發布資訊時，諮商師通常會採用另一種結構學生、家長及老師的諮詢模式。

教學服務

當代的學校諮商師，將大團體教育作爲是提供學生、老師與家長諮詢的一部份。這種教育上的關係很類似於在班級教育中提供資訊或教導新技術；但是因其並不需要接受評估而有所不同。因此，當學生從諮商師那兒接受到這種教導是典型的，但是他們並不需要接受評估。由於不需要評估，此種教學方式並不是抑制學生的，而是在鼓勵學生發問並分享其對重要議題的意見。這種教學服務（*instructional services*）通常是結構式的，就像是對學生的班級輔導、對父母的教育方案、對老師的在職訓練。

班級輔導

如同在第一章所說的，學校諮商專業開始於*1900*年代初期，當時的焦點在班級輔導，而之後於*1960*年代則朝向一對一的個別諮商。目前的學校諮商方案包括大團體服務與個別諮商，以滿足學生獨特的需求。在這些方案中，輔導是課程的一個基本部分，也是老師、諮商師共同合作規劃有效的教育目標與目的，並設計每天例行的教學輔導活動。

諮商師有時候會將輔導課程納入他們在學校諮詢角色的一部份。這通常是來自於老師的請求，老師想要協助學生獲得特定的資訊或技巧來處理其所關心的問題。同時，老師對於一些敏感性的議題可能會感到不自在，像是：青少年在性方面的發展，就會想要諮商師協助去規劃輔導課程以處理這方面的問題。在其他時候，老師會感覺到在達到所想要的結果下，諮商師會是更有效率的客觀主持人，例如諮商師帶領班級輔導去討論學生在課堂中的行爲。

在綜合性的方案中，諮商師也會在小團體課程中使用輔導的教育。這些小團體輔導課程多是一次聚會或持續性的聚會以彼此分享資訊，或者是教導學生因應技巧。在這些團體中，諮商師會使用一些媒體或教學材料的類型來協助學生了解並完成所認定的目標。有時候，存在於小團體輔導與團體諮商之間的界線是很模糊的。由於年幼兒童的成熟程度不同，因此當與年幼兒童進行團體諮商時，可能會不太有結構。在這些例子中，輔導與諮商的主要差異，簡單來說可能是保密與隱私的部分，這是所有諮商關係中最基本的。教學的關係，像小團體輔導就可不需隱私或保密的限制。

父母教育

另一種爲學校諮商師所使用的教導式諮詢方式是「父母教育方案」(*parent education program*)。如同班級輔導，父母教育以單次聚會方式，像是諮商師對親師會議；或是以一系列的聚會方式，焦點在父母與家庭的需求上。在所有的方式裡，學校諮商師會依其所設計方案的本質來扮演其角色。例如：對小學的父母提供關於兒童發展的資訊，此時諮商師扮演「專家諮詢者」(*expert consultant*)，分享研究與事實資料。相反地，另一位諮商師可能會帶領父母在團體中討論有關於管教兒童的知識，此時諮商師扮演著「催化者」(*facilitator*)的角色，以帶領大家針對目標做討論，並給予所有參與者分享意見的機會。在第二個案例中，諮商師藉由父母分享其在自己家庭中的專門知能，以促進大家的學習。

使用諮詢技巧及教導父母有關兒童發展、青少年行為及溝通的技巧，學校諮商師得以提供間接服務給更多的學生。當父母變得更具知識與技巧時，他們就能與孩子建立互益的關係，並在家裡創造理想的學習環境。因此，對於學校諮商師來說，這些型態的功能都是綜合性方案中最基本的。當諮商師無法直接提供這些服務給父母時，他們會仰賴社會資源，像是：私人職業的諮商師、心理衛生人員、社會工作師，這些專業也都願意且能夠組織並帶領父母教育團體。

教師在職訓練

第三種為學校諮商師所使用的教導方式型態是「教師在職訓練工作坊」（*teacher in-service workshop*）。由於老師是學校裡的第一線助人者，他們需要資訊與教育以提供予給學生所需要的初步服務。學校諮商師協助老師在工作坊中去規劃及呈現特殊主題或技巧發展。如同父母教育團體，當諮商師無法或沒有資格去帶領這些訓練時，他們會尋找適當的講師或顧問來講授。在很多情形裡，學校老師都具有能提供在職訓練課程講授的資格。善於觀察的學校諮商師會在每年初對學校老師作調查，以評估老師們的需求，並建立一個教師專才的清單。表*4.1*是這類調查的一個範本。

表4.1教師在職訓練調查

老師：請檢視下列在今年裡你所感興趣的在職訓練主題。假如你有想聆聽的主題，但未出現在以下的清單中，那麼請你填寫在下面的其他主題中。同時，如果你具有某種特殊領域的專長，而且也願意在工作坊或課程中分享的話，也請你填寫上。

今年在職訓練的主題：

____學習障礙	____自殺預防
____班級管理	____與家長的討論
____教學技巧	____CPR訓練
____特教法規	____溝通技巧
____課堂中的電腦應用	____危機處理
____新的教材	____運用媒體中心
____衝突解決	____同儕互助方案

其他的主題：____

____

我願意分享的：______________________________________

姓名：____

藉著規劃與組織多樣的教育服務，學校諮商師會以圖示來說明其對學校整體任務的貢獻。他們也會加強與家長、老師、行政人員及其他職員的關係，並增進諮商師本身在問題解決、整合環境、諮詢的能力。

問題解決服務

如同許多的大組織均包括多樣的團體，有時候學校也會受到來自於學生、家長、老師的威脅、傷害與挑戰。有時候，學生會覺得校規是不公平的，家長會不滿意學校的教學方法、老師會希望在教育學生的過程中能得到學生家庭的支持。假如學校不夠開放且無法對所有的團體眞誠，則這些衝突會使學校失能。諮商師需運用諮詢技巧，並協助大家來解決這些衝突、接納彼此不同的觀點、選擇大家均同意的目標去努力。在這些諮詢關係裡，諮商師使用有效的溝通技巧、支持在衝突中的每一方，並能試著做理性解決的協商。

親師座談會

學校諮商師認為在「親師座談會」(*Parent-Teacher Conferences*)中的諮詢角色是解決問題的一種方式。這些座談會在學期中多是例行舉行，以協助學生的學業進步、測驗結果，並提供教育資訊給家長，或者是當老師與家長均對學生的發展與行為有所關心時舉行。在這些座談會中，學校諮商師的角色會依議題而有所不同。當老師邀請諮商師參加座談會時，老師會界定好座談會的目的及諮商師的角色。有時候諮商師和老師需要對角色作協商，特別是當諮商師認為他的角色與老師所認定的角色在專業或倫理守則上有所衝突時。偶而，諮商師會安排親師會並擔任領導者的角色。

當親師座談會是因為提供資訊的目的而召開時，諮商師的參與可能會簡單些，就是去分享與解釋資料，比如說去說明學生的測驗結果。當座談會是要去解決家長與老師之間的差異，或是支持家長去處理兒童的行為時，老師可能會請諮商師主持座談會、整合這種差異，以增進並協助家長與老師在解決問題的決定。

通常在親師座談會中，均會仰賴諮商師的協調能力以增進問題的解決，而這也考驗著諮商師的領導技巧，以及其與家長、老師之間的專業關係。諮商師與家長、老師建立助人關係；但是，有時候他們支持這一方，會使得另一方對他們的不贊同。理想上，諮商師是維持中立的諮詢角色，並且是接近父母是家中領導者的專家、或具備老師是學校中的教育領導者的知識。座談會的目的在讓所有的專家去分享他們的觀點，爲孩子的最大利益選擇共同的目標，以及就達到目標的策略做出共識。這種諮詢方式考驗著學校諮商師在溝通與助人技巧上的訓練。這通常是很難讓每個人都滿意，特別是當他們並沒有明確的選擇共識時。

行政會議

學校諮商師使用諮詢技巧的另一種情境是當校長或行政人員想要尋求有關解決學生問題的資訊，或是遇到一些學校問題的困難時。校長是管理學校所有教育或課外方案的主事者。這是一個令人敬畏的責任，而且大多數的校長均會仰賴如諮商師的專家，以提供其正確的資訊及運用專業訓練來解決問題。

有效能的學校諮商師會在行政會議（*administrative conferences*）中例行地向校長報告其所執行的諮商方案，也會就影響學校的重要事件報告予校長。在會議裡，諮商師也會讓行政人員了解目前的諮商服務，以及他們在方案中所處理的批判性議題。雖然在會議中也需謹守保密的原則，不過諮商師會分享他們在學校中所關心情境的一般性資訊。例如：初中裡的諮商師處理學生的藥物濫用問題，他在會議中不能提及接受其諮商的學生姓名，但是可以說明一般學生在酒精與藥物濫用問題上的嚴重性。行政人員、老師與諮商師可以以這種方式來擬定預防學生藥物濫用的方案，尋求社區的支援，並將家長也納入該預防方案中。

在學校裡，行政人員與諮商師之間相互的溝通以提供適當且整合性的服務是很基本的。這樣的合作讓專業角色彼此之間尊重且相互接納，並建立諮商師的信賴程度及校長的領導能力，以滿足學生的需求。當學校諮商師無法達成合作與信任的層次時，那麼他們對學生、家長、老師的服務就會受限。

學生服務團隊會議

很多諮商專論與專書的作者均倡導在學校中以團隊方法整合學生的服務（*Dahir, et. al., 1998; Gysbers & Henderson, 2000; Humes & Hohenshil, 1987; Schmidt, 1991*）。團隊方法通常是以包括學生服務團隊（*student services team*）、學生人事團隊、兒童研究團隊等名稱呈現。雖然名稱不同，但是他們的目的與目標都是類似的。一般來說，這些團隊裡包括學校諮商師、心理師、社會工作師、護士、行政人員與老師。特教老師通常也包括在內。有時團隊也包括校外的專家，像是心理衛生諮商師、社會服務機構的個案工作者、醫療中心的小兒科醫師。這些專業的參與擴展了團隊的專業範圍，且在協助學生發展上有更爲開放的選擇性。

學生服務團隊的最主要目的在追蹤兒童與青少年所經歷到在學習與行爲上的困難。團隊整合服務，並看顧每位學生均能適當地獲得其需求的滿足。有時候，團隊也會包括機構的代表，以協助學校與社區之間的服務整合。在很多困難度高的案例裡，如果要讓學生獲得有益且完整的服務的話，則整合是最基本的工作。

由於學校諮商師通常是服務個別學校，他們會以邏輯的選擇來引導學生服務團隊。他們會應用諮詢技巧來整合專業團體的服務、處理意見的差異、以確保學生的需求都能獲得滿足。確定服務能在不同的專業中迅速且順暢地提供，而且不重疊，這確實是一種挑戰。因此，整合、協商及催化的技巧都是學校諮商師在領導者角色上所必備的諮詢技巧。

其他的學校服務

除了建立諮詢關係以傳布資訊、給予教導、促成會議之外，學校諮商師也協助學校規劃對學生、家長、老師有益的全校性活動。以下所列舉的是諮商師認爲以學生的利益爲倡導的領導角色的方法。這種倡導的目的在提昇課程、提供學生適當的服務、營建安全與凝聚的學校環境，並建立滿足所有學生需求的服務。這些活動在協助學校聚焦在所有學生的發展上，並且培養其自我覺察，以影響學生的福祉。這種維持多元角度焦聚於學生發展上的能力，是有效能學校諮商方案與成功學校的特徵。

很多的因素能促進學校的成功。如同*Purkey*與*Schmidt*(*1996*)所說的，每個方案計劃、每個政策草案、每個過程的實踐對每個學校來說都有些不同，不管是正向或負向的影響。確保學校的方案、政策與過程是以正向的方式促進人們的發展，而諮商師就是在協助去規劃適當的服務與活動。輔導課程是最初始的活動。

輔導課程

輔導是每個人在學校裡的責任，也是當課程要加以整合時最基本的工具。輔導並不是在單獨時刻或單一事件時發生，像是老師說：「同學們，放下課本；現在要做輔導了！」而是在每天的教學裡及所有的課程中灌輸給學生的。爲了能夠成功灌輸，老師與諮商師需在班級課程中設計適當的活動。

在中小學裡，老師會依年級而加入團隊以規劃教學方案，諮商師則提供這些團體有關輔導目標的諮詢，並提出在班級教學活動之建議。在高中裡，諮商師會與各個部門開會以完成這個目標。這些規劃的過程均允許老師善用諮商師的資源以保持其在教學方案中的領導者角色。這些諮詢也允許諮商師與老師去分享有關特殊學生教學的資訊，這些學生需要在班級輔導之外的額外服務。

個別學生計劃

對學生充分且適當的服務並不是偶而爲之，這需要清楚且仔細的規劃。同樣地，學生若沒有明確的方向及方法達到目標，那麼他們就無法完成其教育生涯目標。學校諮商師在協助個別學生滿足其需求，並支持所有學生去選擇目標與策略來滿足其抱負。

在學校的輔導課程中對所有學生提供發展性與預防性活動(*Dagley, 1987*)。這是諮商師與老師爲何要統整輔導至班級課程中的原因。然而，有些正爲其所擔心問題在奮戰的學生，則需要情緒上的教育方案來加以關注。那麼，就需要提供更具預防性與治療性的服務給這些學生。爲學生選擇並安排這些方式的服務，諮商師可提供老師與家長有關這些服務的諮詢。

在特殊教育方案中，學校會為有需要的學生發展「個別化教育計劃」(*individual educational plans*，*IEPs*)。這些IEPs計劃基本上是由諮商師、老師及家長所共同規劃，以提供適當的服務。這種方式也會提供給並不具特教資格，但是在學校學習中受挫的學生。這些學生也需要特別的關注與個別計劃。

對於沒有特別需求及不需要介入的學生，也需要諮商師提供其教育與生涯方面的諮詢。特別是在初中與高中階段，學生需要就未來的生涯作資訊蒐集與規劃而去諮詢諮商師。有時候在諮商師與學生之間的這種諮詢是很簡短的。而有些時候則需要持續幾次的會談。這些過程是諮詢，而非諮商，因為他所強調的是分享資訊及規劃未來。此外，通常他們並不會透露出任何情緒方面或個人的問題。

學校氣氛

諮商師在學校中所使用的另一個領域是去倡導健康的學校氣氛。多年來，在諮商的文獻中已經強調諮商師在學校與社會的變遷中作為代理人（agent）的重要角色。為了幫助學校了解環境因素對學生學習上的影響，諮商師會提供行政人員、老師、家長與其他人去檢視那些促進或減低學校教育過程的部分。學校有意地創造有益的環境，而諮商師也主動地評估學校的歷程、方案及政策，以確保能有健康的氣氛，以發展有效的教育機會給所有學生。

在規劃健康的學校氣氛中，諮商師會協助行政人員與老師去評估促進學習的方案，並協助他們決定哪一個方案可以達到目標。有時候學校所規劃的方案是要對所有學生有益；但是，在實際上他們可能是排除掉而不是納入學生所需的服務。例如：某所高中設計一個對所有學生有益的課後課外活動方案，特別是對那些條件欠佳的學生。但很不幸的是，學校忽略了去規劃課後的公車接送，結果很多學生並沒有參加，因爲他們沒有交通工具可送他們回家。之後，學校修正了這個疏失，更多的學生就能夠參加，而這個方案就能達到當初所設定的目標了。

諮商師也會請行政人員去評估學校的物理環境，如燈光照明、地板舖設、牆壁粉刷及建物清理等。這些都會影響學生在學校學習的士氣與態度。曾有一度有位小學校長關掉學校所有的電燈，主要是因爲他在在職訓練工作坊的課程中聽說若燈光亮度愈低，那麼學生就會愈安靜。如此一來，很快地諮商師與老師就會發現到學生有懼學症、遺尿，以及相關的反動行爲。諮商師必須去說服校長將燈光回覆原狀。相反的，這種安靜的影響會是：幽暗的走廊會引起學生的焦慮與老師的壓力！

同樣的，校規也與正向氣氛有關。諮商師會去檢視校規是否是影響健康環境的決定性因素。有時候，校規是由學校的新進職員所制定，而並沒有考慮到學生的整體利益。當這種情形發生時，學生對於學校的憤恨就不可避免。

學校諮商師有責任去檢視學校的設計、組織、管理，是否是將學生的福祉放在優先的地位。他們有效率地提供行政人員與老師諮詢，並給予修改方案、改變政策、整修教室或其他地方，以調整其對學生、家長、老師之學校諮商方案與服務的影響。在學期中透過特殊事件及計劃來直接促進學校的氣氛，也是學校諮商師使用的一種方式。

特殊事件及計劃

在小學、初中、高中裡所發生的諸多事件，也能提供相關的教學方案。諮商師會將這些事件規劃至教學方案中，以與教學目標相扣。諮商師所規劃的事件如：「藥物濫用自覺週」、「良好公民獎勵月」、「特殊奧運」等。

特殊事件與計劃（*special events and projects*）需要學校諮商師藉由教師認輔方案、測驗服務、同儕協助方案，以及其他的學校諮商服務方案等的規劃與諮詢。這些方案與服務需要諮商師高度的整合方能有所成效。整合是綜合性學校諮商方案中的另一項必要服務。

整合

一直到現在，綜合性的學校服務方案包括多樣的服務與活動，有些諮商師對學生與家長提供直接服務、對老師及其他人員提供間接服務以增進學生福祉，這是愈來愈清楚的一個概念。諮商師提供許多的直接服務，並有責任整合這些活動以使學生與學校獲益。在這一段裡，我們將檢視一些為大多數諮商師所使用的基本整合活動。諮商師不只是使用這些活動，他們也會以此來協助學校運用適當與正確的資料，以針對學生的發展來規劃全校性的重點。

資料蒐集與分享

教育開始於為學生設計適當的課程與教學，來增進並建構既有知識的過程。此外，設計適當的課程與教學需依據學生的特質，包括其態度與學習方式。在學生的教育生涯中，學校蒐集資料來幫忙老師就與學習有關的方案與過程做出正確的決定。受過訓練的學校諮商師運用測驗與評量來協助老師蒐集資料與做重要的決定。

在學校中，測驗已成為學校近年來蒐集資料最主要的一種方式。大多數的學校，從小學到高中，均使用標準化的測驗來衡鑑學生的能力、評估學生的成就。傳統上，學校諮商師對於組織、安排及監督這些團體測驗的行政工作負有責任。在某些部分，這些責任含有對學生評價的基本功能，這些我們會在第八章中加以詳述。在這裡，我們就在綜合性學校諮商方案中如何使用測驗、量表，以及其他測量方法加以說明。

測驗管理

有幾種類型的測驗與評量常被使用。通常在學校裡，測驗是用來了解學生的性向與成就。學校會在學年度的不同時間裡提供性向測驗，並依據計劃來使用性向測驗的結果。例如：假如測驗資料可以協助老師將學生安置到新學年適當的教學方案中，學校可在春季班裡實施測驗，並在下一學期裡依據學生的測驗分數做教學安置。傳統上，學校會在學期終時實施成就測驗，好讓老師可以評估學生的進步情形，並與學生及家長分享其學習成果。

如果需要取得進一步的資訊，諮商師也會實施個別測驗與其他的衡鑑工具。例如：新到一所學校的學生，如果他的學籍相關資料並未從原學校轉來的話，那麼就需要施以成就測驗。藉由這些測驗衡鑑來協助老師對學生作適當的課程安排，而不至於浪費教學時間。

學校諮商師負有確保適當管理測驗之標準化的責任。在個別測驗裡，諮商師有責任選擇適當的工具來施行個別測驗，因其受過適當的訓練，且能根據適當的施測程序來施測。在團體測驗方案，諮商師通常是透過整合工具、訓練老師施測及監督、安排測驗的方式來協助學生。在大多數的學校裡經常會對學生施測，而這種整合是相當大的責任，而且有時候也會是諮商方案的另一種功能。當這種情形發生時，諮商師需要老師的協助、文書人員的幫忙，以及志工家長的協助，以整合測驗紙張、監督測驗施行、測驗時間的安排等。在學校裡，測驗方案的整合是老師、行政人員與諮商師在所有任務中最主要的行政與文書任務。或者是，學校可能會因為測驗方案的需要而專門聘僱一位測驗整合人員。若是這種方式，則測驗的整合就不是諮商方案的主要工作。

如果是在適當的環境下施測，則其所獲得的測驗結果是很有用的。因此，在測驗前後的測驗材料必須是可靠的，學生在測驗前應有適當的準備、老師必須熟悉測驗工具，且須有適當的環境好讓學生有機會完成理想的測驗結果。當這些條件都能滿足，且具有效度時，學校就能獲得具有信度且適當的學生測驗結果。

測驗結果

在測驗及計分之後，這些資料均有其特定的目的。適當的發布並運用測驗資料，需要適當的整合。諮商師受過測驗與評量的訓練，其具有協助學生、家長、老師去了解測驗結果，並運用這些結果去做教育與生涯抉擇的背景資料。此外，諮商師也協助行政人員了解全校測驗之整體結果，並做出正確的報告，以對學校及當地媒體發布結果的訊息。

在診斷與衡鑑學生的進步方面，測驗會是很有用的工具；但是，若其被誤用，它也會是很糟糕的工具。學校諮商師負有整合使用測驗結果的義務，以協助學校去傳達其教學方案之優缺點的正確圖像。同時，他們也必須保護個別學生免於被概化爲所有的學生都是單一類別。例如：當測驗摘要指出學生的平均分數低於平均值時，那麼公佈的報告就應該將分數的組距列出來，包括在平均數之上與下的百分比。藉著這種方式的報告，學校可以呈現整體學生在測驗表現上的清晰圖像。若是只報告平均分數，則只會呈現單一向度。

諮商師在整合測驗上最重要的角色，是使用這些資料向學生、家長與老師作明確的說明。在小學、初中與高中的學校裡，均能藉著學習關於在測驗與興趣量表上的表現而獲得對自己的了解。當然，他們所得到的這些解釋，必須是能爲他們所理解，而諮商師也應該正確地傳達這些解釋。家長也需要知道他們的孩子在教育測驗上的表現。若能擁有正確的知識，那麼他們就可以幫助孩子學習，並且能在教育與生涯方面作較佳的輔導。

在運用與解釋標準化測驗的過程中，老師也有同等重要的角色。測驗與評量的技術在協助老師規劃有效的教學與選擇適當的教材上，扮演著相當重要的角色。最近在美國的學校改革運動裡，特別強調學生的衡鑑，以及教學效率與學生成就表現之間的關係。學校諮商師擁有知識與訓練，可以協助老師選擇適當的評估過程與工具、使用資料蒐集，以促進教學及學生的學習。

在第八章裡將會舉例說明學校諮商師如何協助老師選擇測驗，並運用測驗結果來增進教學方案。在這裡主要的重點在討論諮商師所受的測驗訓練與評量技巧，以及他們運用這些訓練來施行測驗，並且整合經由這些衡鑑工具所得的資料能被適當地運用。這些整合包括傳遞正確的資訊，以及追蹤確認這些資料是被適當地使用。例如：學校諮商師針對特殊學生及全班的測驗結果與老師做個別的討論。他們也利用在職訓練工作坊來幫助老師使用測驗資料，以確認教學的優點與缺點，以規劃適當的課程。

關於學生的資料，通常都是整理在文件夾中。這些文件夾儲藏在學校的中央檔案室裡，只有合法的人才得以進入。諮商師對於學生紀錄的使用與方案整合的關係通常負有責任。

學生的記錄

在大多數的學校體系裡，當兒童首次入學即有學生記錄，而且這些記錄是持續跟著每一位學生。關於什麼樣的資訊應該放在學生的檔案夾裡，都是由當地政策、州法令、聯邦法規的指導所決定。對於學校最主要的指導是國會在*1974*年所通過的「家庭教育權與隱私權法案」（*Family Educational Rights and Privacy Act*）。此通常稱爲*Buckley*修正案（*Buckley Amendment*），這是給少數族群學生之家長有權利去檢閱其孩子在學校中的所有記錄。在這個法令通過之後，學校諮商師也被鼓勵去檢視所有學生的記錄，並避免作錯誤的解釋，好讓門外漢也能清楚地了解。更甚者，也會建議將有違學生隱私權的記錄移除(*Getson, & Schweid, 1976*)。

自從這個法案通過之後，學校對於學生的檔案夾的資訊處理也更爲謹愼與敏感。當學生、家長、學校職員、學校外的人員需要使用學生的資料時，他們也會按程序使用。這些程序包括誰有合法使用權、關於以學生的利益所撰寫的推薦函棄權書，以及允許校外人士獲得學生記錄的允許等。

由於諮商師在測驗與保密上的資訊，學校諮商師在整合與管理學生的記錄上已有其合法的角色。「*Buckley*修正案」在謹慎管理紀錄的維持程序上有很清楚的指導原則。因此，當所有的學校諮商師在管理與紀錄學生檔案上，若無負責要職時，該法案可以幫助學校職員（特別是秘書與文書助理）了解有關學生紀錄保存的適當方法與法律指南。諮商師也可以建議管理人員與老師適當使用學生記錄。學校諮商師就如同守門員，要去整合學生記錄的進與出，藉此確保學生與家長的權利與隱私。若是站在協助諮商師工作的立場來說，學校指派秘書人員來處理學生記錄的保存會更爲適當。

學校所蒐集的資訊，對於其他機構在提供學生及其家庭的服務上會很有幫助。有時候，學校諮商師與老師會與社區機構或醫師、心理師、私人執業諮商師分享有關學生的資訊。這種分享資訊的過程可以帶領我們對另一領域的了解：轉介並追蹤學生從學校諮商方案之外的附加服務中獲益。

轉介與追蹤

有時候，社會、心理、經濟或其他的因素會阻礙學生在學校的進步，而學校若無法自他處獲得援助，則無法克服這些阻礙以協助學生。在一些案例中，諮商師與老師會在社區中尋求適當的服務以協助學生其及家人。學校諮商師在學校人事的成員中，是最理所當然去整合這些轉介（*referrals*）與追蹤（*follow-up*）的人。諮商師是熟悉社區服務廣度的助人專業，他們會設計評估技巧來蒐集初步的轉介資料，並與學校外的服務提供者建立有效的溝通。

在諮商師整合轉介與追蹤的活動中，學校會在協助學生及其家人的服務中避免資源的重複。這種整合的結果，會是具更有效的轉介過程，並與社區機構持續更合作的關係。心理健康諮商師、社會工作師、臨床心理師、小兒科醫師，及其他專業人員會理解社區是一種轉介的資源，而不是來自於同一學校的眾多老師。諮商師爲其學校整合轉介，可以建立特定機構之需求與要求的一致性程序。同時，來自於這些資源的回饋也可以提供諮商師一個溝通管道，他們可以對老師與其他人員提供正確的報告。

傳統上，在整合轉介方面，學校諮商師會處理最主要的二個資源－社區機構與私人執業。以下二個部分簡短描述轉介至公立機構與私立機構的情形。

社區機構

在美國大多數的社區中，有一些公立或私立的機構是提供兒童、青少年與家庭的服務。學校諮商師身爲學校的轉介整合者，均試著蒐集當前有關於這些資源的資訊，以使學生、家長、老師能對學校以外的服務做出最佳的決定。通常，社區中服務的量及服務的層次與人口有關；而賦稅支持著這些服務，以使居民能獲得這些服務。在貧窮的鄉村中，對於這些服務的欲求與需求，由於缺乏經濟的資源而甚不重要。在這些案例裡，學校諮商師可能是唯一可用的人力服務(*Sutton, & Southworth, 1990*)。

典型上，學校會尋求社區健康服務、社會服務、心理衛生與藥物濫用服務、處理嚴重情緒或行為問題的療養中心、休閒方案，以及提供學生與家長的教育機會中心。在很多的例子裡，健康方案、社會服務，以及心理健康診所均提供縣市與州部門建立及籌募公共基金。由於這些機構之間的公共附屬關係，若其能整合得當，就能促進社區服務的傳遞。學校諮商師通常會因為評估的目的，以及為了能提供進一步的諮商與處遇而轉介學生與其家人到這些機構。

休閒方案如男女童子軍、俱樂部、營隊，也是學校提供給學生額外且具有創造性與社會性的活動。學校諮商師會利用傳單及申請方式，以整合並轉介這類可用的資源予學生及家長。學生會從參與這些休閒的與公民的活動中獲益，而學校諮商師是關心這些機會的一個資訊來源。

教會、會堂、清眞寺、學院、大學，及其他類似的慈善機構也提供轉介的資源。學生與家長有時候去尋找另外的教育機會，以支援及豐富其學習歷程。學校諮商師引介這些機構資源傳遞給學生與家長了解。通常，這種提供給學生與家長的資訊並不需要學校的背書批准。無論如何，諮商師與學校職員均會傳達這些資訊給學生與家長，好讓他們能熟悉這些方案與服務。當諮商師給予有關社區之私立機構與專業的資訊時，這些訊息要很確實。

私人執業

除了公立機構與方案，大多數的社區均有私人的執業及機構，其對兒童與家庭提供教育、心理、休閒與其他的的服務。學校諮商師會採用與轉介至公立機構同樣的方法，整合有需要者轉介至私人資源。這些資源包括：私立療養院所、精神科醫師、諮商師、臨床社工師、心理師以及教育中心，藉以協助學生克服學習上的問題、增進其測驗技巧，或豐富其所欲參與的活動。

諮商師在整合公立與私立機構的資源轉介與追蹤上，扮演著協助學校與家庭，以及提供服務以增進學生學習與發展的角色。綜合性學校諮商方案提供了寬廣的服務以達到這個目標。經由轉介至學校以外的服務方案，諮商師增進了生達致其教育目標的可能性。同時，在這之間諮商師也致力於去鼓勵所有學生之發展。

全校性的事件

學校諮商方案的整合活動包括：以發展議題爲焦點，去計劃、組織、執行、評估全校性的大事件。這些活動不是正在進行中的方案之一部份，就是學生的特殊發展需求之特定的事情。學校諮商師在這些事件中扮演著主動的角色，整合老師與學校職員共同分享計劃與執行全校性活動的責任。學校諮商方案的諮詢委員會通常是這些特殊事件最初的規劃團體。

有無以計數的全校性活動事件與方案的例子發生在當前的學校中。在一些案例裡，老師會去計劃或創造這些事件，像是「校外教學日」；或是由組織所贊助的其他時間，如由「親師協會」（*parent-teacher association, PTA*）所贊助的綠化計劃等。這種想法是全校性的事件與方案，諮商師在其中需負有些責任。以下這些事件與方案都是諮商師如何爲學生的發展性目標而進行整合活動的例子。

學生認可活動

學校包括多元的學生族群，而每個兒童與青少年均選擇其個別的教育、社會與生涯的目標。學校是一個活躍的地點，可以讓學生去完成並朝向更高的成就。所有的這些活動，有時候可能會忽略沒有特別專長的特殊學生，以致其無法從他們的表現中獲得認同。由於學校諮商師與老師對所有學生的需求具有敏感度，因此他們會去創造一個對每個人具有成功與認定其成就的氣氛。

學生認可活動（*student recognition activities*）包括多種的全校性活動，從頒獎典禮到公佈欄都提供學生多元的機會，讓其知道同學彼此之間的進步情形。諮商師藉著協助老師去設計這些與學生發展有關的事件與活動以協助這些認可歷程。以此方式，學生們在學術、運動、戲劇、藝術、音樂及其他項目的光譜上，得到其在學校與社區之成就與貢獻上的適當認可。藉由這些活動，個別學生被引介至學校與學生體系的整合部分上。而諮商師與老師經藉著整合這些事件與方案來鼓勵學生參與學校活動，並創造一種健康且理想的學習環境。

生涯覺察方案

生涯發展是教育的基本目標，也是學生首次進入學校時最初的形式。優秀的教學包括關於學習要如何與生涯發展及職業選擇作聯結的哲學。從小學到高中，諮商師在諮商與諮詢的服務中藉由整合全校性的事件，而協助學生與家長達到這個目標。

學生的生涯覺察（*career awareness*）是老師與諮商師共同合作計劃之學習活動下的結果。例如：班級輔導課程、將每天的教學統整至生涯的主題中。就像在小學的課程中，將科學課程的焦點放在健康的職業，以及科學研究如何與生涯抉擇有關上。在初中的諮商師藉著尋找適當的資源、安排衛生專業的客座講師，以及在科學課堂上與老師的講授，來協助老師計畫並執行輔導方法。

在初中裡，諮商師會整合舉辦工作博覽會、大學日，及類似的大事件來協助學生尋求其職業機會的可能性，並檢視多軌的教育需求。此時所需要規劃的事件類型是很可觀的，因此諮商師會從學生會組織、教師會、志願家長，及學校諮商方案的諮詢委員會尋求支援。這類方案的成功需要在學生發展與學校社區關係上做很大的努力。因此，計劃與整合是最基本的。企業、學院及大學，在良好的規劃下參與其中，全校性事件對於學校與諮商方案有正向的理解，他們將這些理解帶到社區中。在協助學校創造正確的意像及增進學校諮商方案以獲得服務協助的評估的過程是非常重要的。

教師認輔方案

在大多數的學校裡，學生與諮商師比相當高，特別是在小學與初中，通常諮商師至少要服務*1000*名學生。為了協助學生的指導，諮商師會訓練老師基本的溝通技巧，並指派老師作為學生的認輔者(*Gasllassi, & Gulledge, 1997; Myrick, & Myrick, 1990*)。在教師認輔方案中，老師被指派去指導學生的教育規劃，並協助學校的進步。在一些方案裡，老師會指導同一群學生參加大學的甄試並獲得錄取。例如：高中老師可能被指派去認輔同一群學生，從九年級、十年級、十一年級到十二年級。以此種方式設計方案，老師可與其所認輔的學生發展出較為緊密的關係。

在教師認輔方案裡，老師會安排時間與學生做個別指導。個別指導可以讓老師與學生有機會檢視其學業的進步情形，並討論可能妨礙其成長與進步的問題。當老師認爲學生需要額外的協助時，他們會將學生轉介給諮商師。當老師在班級輔導活動中，發現特殊學生需要更直接的諮商服務時，他們會將之轉介給諮商師。

整合教師認輔方案需要指派學生，安排老師與學生均滿意的時間表，並訓練老師在認輔上的技巧。此外，學校諮商師會提供資源與話題，以協助老師爲其所認輔的團體選擇適當的輔導活動。教師認輔方案的方式成爲統整教學目標與目的的發展性輔導的管道。

訓練是認輔方案成功的要素。老師接受充分的溝通技巧，並了解有效助人者的特質，以具備提供優良方案給學生的潛能。他們也與學校諮商師形成一個重要的轉介網絡，以確保所有的學生在學校或在社區中均能得到適當的服務。

同儕協助方案

另一種服務是由學校諮商師所組織及整合以擴展至學生的，稱之爲「同儕協助者方案」(*Peer Helper Program*)(*Campbell, 2000; Myrick, 1997*)。在此方案中，被挑選出的學生要接受去完成多種助人功能的訓練，像是：協助老師的班級輔導活動、擔任小老師、傾聽同學所關心的事情等。透過同儕輔導員來提供活動，諮商師可以擴展其方案，將服務直接帶給學生，並藉以擴大所服務的對象群。此外，同儕輔導員就像是教師認輔者般可以形成溝通網絡，以協助諮商師對於有嚴重問題與困擾的學生做適當的轉介。

整合同儕協助方案是需要時間的。需要訓練參與的學生具有溝通技巧及轉介程序。也需要對每一位同儕協助者在方案中所扮演的角色有清楚的描述與了解。有些諮商師會安排與同儕輔導員定期的聚會，進行督導及技巧訓練。在高中裡，諮商師有時候會將挑選與訓練同儕輔導員的課程統整至心理學或其他人群服務的課程中。在這些例子裡，學校諮商師會整合－教導同儕輔導員課程與班級導師，以及接受訓練及參與這些方案的高中學生團隊。在其他的高中裡，同儕輔導員會參與大學預備研討會或中輟生預防方案。如同 *Campbell*（*2000*）所說的：「高中方案的可能性是永無止盡的」（*p.235*）。

這些所執行的活動，可幫助諮商師與老師擴展其服務給更多的學生。透過像是「生涯之夜」或學生覺察方案等特殊的事件，可以將資訊加以傳布。學生接受老師與同儕輔導員方案的指導，可讓學校諮商服務擴展至諮商中心以外的地方，而運用像老師與學生這樣的資源則可協助更多學校的學生。

要決定學生需要什麼樣的服務，諮商師需要評估其需求、特質，以及影響學生發展的因素。評估的內容環繞著綜合性學校諮商方案－評鑑的第四項必要服務。

評鑑

從學校諮商專業開始發展，諮商師就已經使用評量工具（*assessment instruments*）與衡鑑歷程（*appraisal processes*）來測量學生的需求、興趣、智能及學業成就。今日的學校諮商師仍繼續以多元的方式在協助衡鑑學生的特質及學業進步情形。此外，諮商師與其他的學校服務專業人員也都關心環境因素對於學生發展的影響。在第八章裡會對學生評鑑的特殊方法與工具作深入的探討。而以下將簡要描述在學校中爲諮商師所運用的學生衡鑑與環境評估歷程。

學生評估

學校諮商師使用很多衡鑑歷程來幫助學生、家長與老師去蒐集正確的資料，並對其教育方案、教學安置、生涯指導及其他議題做出較佳的決定。這些評估包括使用標準化的測驗、興趣測驗、行為評定量表（*behavior rating scale*），以及像是使用觀察與訪談的非標準化的方法。測驗是在這麼多的工具中最常被諮商師所使用的。

測驗

藉由標準化的測驗來進行評估，是學校諮商方案中持續且最重要的一種方法。部分原因是由於美國社會的流動性，以及學生在求學生涯中不斷的轉學所致。有時候，新學生剛來學校時，有關其教育方面的資訊與記錄很欠缺。此時，諮商師需協助老師藉由施行個別成就測驗與性向測驗來決定適當的教學安置。對學生的能力與學業成就的評量，可協助老師對學生作適當的教學安置。若沒有這些衡鑑，老師就只能略估學生的程度，而可能會將學生安置到不適當的教學方案中。在這裡的一個警告是：選擇適當的評估工具可以避免文化上的偏誤，及其他可能會導致專斷式的錯誤結果。

第*94-142*條公共法案即是將這種服務擴展至特殊教育需求的學生上，其增加了在認定學生之學習方式與智能上的優缺點之個別衡鑑的需求。有時候，學校諮商師會協助特教老師運用衡鑑去做篩檢程序。這種程序包括：使用行為等級量表、簡答能力測驗、成就測驗等。這些篩檢結果可協助老師去決定是否一個完整的教育與心理輪廓是該適當的服務與安置所需要。如果是這樣的話，那麼學校就要開始規劃將學生轉介給學校心理師或其他的評估者。

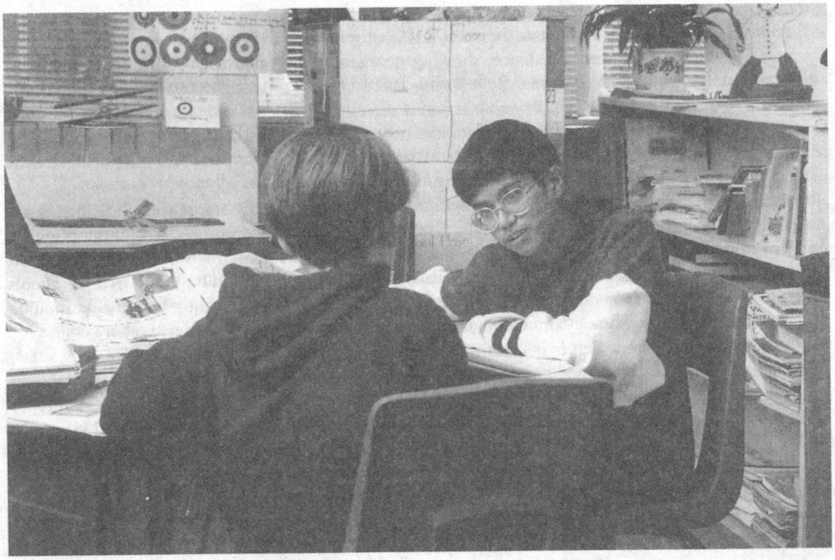

同儕協助方案是由學校諮商師所建構及協調而成，主要在協助整體的諮商服務。適當的挑選同儕輔導員，並給予適當的訓練、督導，這都是成功方案的基本要素。

量表

學校諮商師使用多種的問卷（*questionaire*）與量表（*inrentories*）來協助學生了解其教育與生涯的決定。此外，有些檢核單（*checklist*）是被設計來協助學生學習其有關個人與社會的特質，以增進或抑止與他人的關係。興趣檢核單被廣泛地運用，包括協助學生學習有關他們所具有但不知道的興趣，以及與他們的能力及所表達的興趣相對照。

量表的選擇需視衡鑑的目的與諮商師所受之使用與解釋這些工具的訓練而定。因爲有些量表是根據心理學的理論所建構，因此諮商師所具備的理論訓練會是選擇這些量表另一個考量的因素。

學生的衡鑑並不總是需要標準化的測驗或量表。學校諮商師與老師通常藉由觀察、訪談或其他非標準化的程序來蒐集有價值的資訊。這些程序是所有衡鑑過程中重要的一部份。

觀察與訪談

學校諮商師經常會從老師與家長那兒接受其所轉介有關學生在校或在家的特殊行爲議題。諮商師在接到轉介後的第一步就是要蒐集資料以決定其需求爲何。在決定什麼樣的服務對該問題的處理是最好的之前，諮商師均使用直接觀察（*direct observation*）與訪談（*interviews*）來蒐集相關資料。例如：當老師因爲學生上課不專心的行爲而轉介時，諮商師的首要步驟即是觀察該名學生在課堂中的行爲。有時諮商師會推薦老師或家長使用行爲評定量表來評量。這些等級量表可能是諮商師所發展，或是從一些已經出版的資源中所挑選出來。在另一些例子中，從評定量表所發現的資料能補充諮商師、老師與家長的觀察。藉著這個過程，諮商師更能夠引介適當的服務，包括對學生的直接諮商、對老師的班級管理技巧，或者是對家長的在家策略以鼓勵孩子在學校裡能有適當的行爲表現。

除了評定量尺與觀察之外，諮商師與老師、家長、學生的訪談，也是評估過程中的一部份。結構式的訪談會詢問特定的問題，並將焦點放在特殊的資訊上。藉由這些訪談，諮商師可以比較老師、家長、學生對於問題的感覺。這些感覺的差異必須被處理及解析。

學生的記錄提供了有關過去事件與學業成就的一種附加資訊來源，這些有助於在做評估與決策的過程。這些記錄也包含了在團體衡鑑中所蒐集的資訊，這也能增進諮商師與老師更加了解每個學生的個別性，以及其與其他學生的比較。

團體評量

學校使用團體標準化測驗來評量學生的學業成就。最常被用來評量學生成就的二種團體測驗類型是「效標參照」（*criterion-referenced*）與「常模參照」（*norm-referenced*）的工具。效標參照測驗在評量學生的表現與已被認可的標準或向度之間的關係，像是拼寫能力熟練度。相反地，常模參照在檢視既有的分數，比較學生與等級、與樣本參照團體做比較。這些參照團體被稱為「常模群體」。在學校裡，常模是依學生的年級或年齡層而建構的。換句話說，藉由常模參照測驗來評量學生，並與相同年級或年齡層的參照團體相比較。這些標準化測驗的類型將在第八章中詳述。

效標參照與常模參照這二種工具，在諮商師與老師為學生的利益著想作決策時很有幫助。同時，決策是在特殊技術的表現下為之，而其他時候，學校需知道學生要在同年齡或同年級的層次上做比較。諮商師需要知道哪一種資訊可以指導其決定使用何種衡鑑工具(*Gibson, & Mitchell, 1999*)。基本上，這些技術被使用來評估學生在其同儕團體的社會結構中（如在班級中）的接納度。有關社會計量技術將在第八章中介紹。

環境評估

評鑑的第三個部分是環境因素對學生發展與學習的影響。這些因素包括：學校氣氛、班級環境、同儕團體、家庭環境。若沒有去評估環境與社會團體對學生發展的影響，那麼只是蒐集資料以協助學生、家長與老師做適當的計劃與決策，將會是不完整的。檢視學校氣氛是衡鑑領域中相當合理的部分。

學校氣氛的評估

如同之前所說的，如果學校能適當地評估地點、政策、方案、過程，並使用這些資訊去創造理想的學習條件的話，那麼學校可以避免掉很多問題（*Purkey, & Schmidt, 1996*）。在決定提供哪一種服務給學生、家長、老師之前，若能對學校的物理環境、管理政策、校規制定，及學生的學習與發展方案有所了解與檢視的話，那麼諮商師可以節省許多時間。諮商師在評鑑過程中的一部分角色是在協助學校評鑑其本身。

藉由評鑑過程來協助老師與行政人員評鑑學校環境，諮商師蒐集資料以能規劃有效率的服務。表*4.2*是一個問卷樣本，是用來評鑑中等學校的氣氛。調查的結果如：讓老師去評估學生對學校與方案感覺的一種方式。改變學校與方案的負面部分，是創造健康環境並鼓勵學生學習的第一步。

表4.2 學校氣氛評估

學生：請在下列的陳述中圈選出你的答案，填寫完畢之後將之投遞至諮商師在學校辦公室中的信箱裡。你的作答將有助於我們評鑑我們的學校。謝謝你！

1.學校的建築物是整齊且乾淨的？	是	否	有時
2.學校自助餐廳的食物很好？	是	否	有時
3.你很喜歡你的班級？	是	否	有時
4.洗手間是乾淨的，而且供應充足的肥皂、紙巾、衛生紙？	是	否	有時
5.運動場是安全且設備充足的？	是	否	有時
6.在室內與室外，空氣聞起來都是新鮮的？	是	否	有時
7.門窗都整潔有序？	是	否	有時
8.在你的學校裡，人們都是友善的？	是	否	有時
9.你的老師會傾聽你？	是	否	有時
10.校規對每個人而言都是公平的？	是	否	有時
11.在你的班級裡，老師對所有的學生都有充分的協助？	是	否	有時
12.在你的學校裡，有充分的設備？	是	否	有時
13.志願服務者對你的學校有所協助？	是	否	有時
14.諮商師是個可以求助的好人？	是	否	有時
15.你正在你的班級中學習？	是	否	有時
16.男孩與女孩均受到同等的對待？	是	否	有時
17.在你學校裡的媒體中心是個尋找資訊的好地方？	是	否	有時
18.學生通常都會遵守校規？	是	否	有時

家庭評估

學校環境可能無法幫忙那些在家中遭受到剝削、疏忽或虐待的學生。但是，藉著評估家庭環境與家庭功能，諮商師可以決定協助兒童或青少年能從其家庭結構中獲得支持的程度，並使用這些資訊來尋求適當的社區服務。

使用訪談、觀察及學生的記錄來評估家庭環境與家庭功能。例如：家庭訪視就可以幫助諮商與老師去檢視學生所生活的物理與社會環境。*Golden*的「家庭功能快速評量」（*Quick Assessment of Family Functioning*）（*1998*）即使用了結構化的訪談方法來評估五個標準：父母的資源、問題的長期性、家庭的溝通、父母的權威與專業助人者的關係。這些標準的評估在使諮商師去分辨家庭的功能與失功能，以便做出適當的服務決定及轉介至適當的機構。

同儕團體評估

環境評估的最後一個部份在評估學生的社會同儕團體。有很多被用來評估同儕關係的方法已被討論過。結構性的訪談與觀察是最重要的評估技巧。

當學生評估其對於同儕的行爲、目標與態度時，他們也在檢視並探問其本身的特質、目標與信念。助人過程的一部份是在面質個人的矛盾。學生想要在學校有好的表現、有好的社會關係，藉著去檢視同儕對他的重要性，以及他們想要成爲的樣子與他們的同儕團體所採取的行爲方式之間的矛盾，對個人會有所助益。對個人生活作改變的第一步是要去放棄傳統上、長久持續的毫無建設性、且具破壞性的行爲。

評鑑程序創造出診斷的過程，這也是諮商師爲學生、家長、老師所選擇的適當服務。藉此方式，評鑑程序與綜合性學校諮商方案的其他必要服務之間會有所互動。使用適當且正確的衡鑑工具與程序，諮商師可以決定哪一種服務最能夠獲致成功。

在本章裡，我們檢視了學校諮商方案的四個必要服務：諮商、諮詢、整合、評鑑。這四個服務構成了清楚的類別，並且是共同被認定爲學校諮商師的角色。在下一章裡，我們會使用在第三章中所探討的綜合性服務方案的結構來討論學校諮商師是如何設計其個別化方案在環繞著綜合性的服務。

延伸閱讀與網路資源

Hitchner, K., & Tifft-Hitchner, A（1996）.Counseling Today's Secondary Students: Practical Strategies, Techniques and Materials for the School Counselor.（Englewood Cliffs, NJ:Prentice Hall）

A practical resource to help middle and high school counselors collaborate with teachers, administrators, parents, and the community in providing services to students.

Myrick, R.D., & Myrick, L. S.（1990）.The Teacher-Advisor Program: An Innovative Approach to School Guidance.（Ann Arbor, MI: ERIC/CPS）.

This monograph, published as one of a series on guidance and counseling programs, is an excellent resource for planning and implementing teacher-advisee programs. It consists of articles by contribting authors who have established successful teacher-advisor programs in their schools.

Thompson, C. L., & Rudolph, L. B. (*2000*). *Counseling Children* (*5th ed.*) (*Belmont, CA:Brooks/Cole*).

An excellent guide for counseling children, the book dffers a wealth of ideas and practices beyond direct counseling for school counselors. Specific problems and issues are presented and counseling approaches or other interventions are suggested.

Vernon, A. (*Ed.*) (*1999*) *.Counseling Children and Adolescents* (*2nd ed.*) (*Denver, CO: Love*).

This book presents a developmental perspective on the range of counseling and therapeutic stratgeies available to school counselors. Chapter topics also include designing a developmental curriculum, working with parents, and working with families, for example.

National Child Protection Clearinghouse—
http://www.aifs.org.au/nch/nch_menu.html

National School Safety Center—http://www.nssc1.org

Federal Student Aid Online—http://www.fafa.ed.gov/

Peer Helping Annotated Bibliography—
http://www.peer.ca/Biblio1.html#Intro

Peer Rosources—*http://www.peer.ca/peerprograms.html*

National Peer Helper Association—http://www.peerhelping.org/index.htm

National Parent Information Network (*NPIN*) *—http://www.npin.org/*

本章作業

1.自己先腦力激盪一下，想想有哪些因素會影響學校諮商師在各項服務工作分配的時間？將這些因素列出來，跟同學分享及討論，併討論出三個最具影響力的因素。而其中哪些是諮商師可以控制的？

2.有位資深教師告訴校長說，諮商師學生的個別諮商不應超過四次，因爲若超過四次就會被認爲是治療，而諮商師並不是治療師。以分組討論方式討論如何處理此情形，並在課堂中報告。

3.學校諮商師可能要花不少時間在協調工作上，如與機構通電話與學生訪談、塡寫並寄發轉介函等一些老師可能不知道的事。而這些可能會使老師誤會諮商師沒做什麼事。如果你是諮商師，你要怎麼做以使老師們知道什麼是轉介。

4.設計一張介紹學校諮商師中心服務方案的簡介或傳眞。並說明你考慮這樣設計的重要因素有哪些？

第五章 方案的發展

林明傑譯

在前面的第二、三、四章已提到學校諮商師的角色、綜合方案的要素，也整理出在學校中諮商方案所應提供之必要服務。在前述章節中所提到的是現代學校中專業諮商實務的哲學基礎。在了解理論基礎之後，本章我們將探討學校諮商師如何建立諮商服務的方案。

本章將對於如何在學校中建立一個綜合性諮商方案、諮詢，以及整合之實務面作介紹。這些面向將適合於從小學到高中任何一個階段之學校。本章將不細述如何規劃及建立一學校諮商方案，但將概述整個建立之過程。想要了解更細節的過程資料及建議的讀者，請參考本章所附之所有書目與本章末所附之建議書目。

本章中我們將以第三章所述之規劃方案四階段爲主標題分述之，即規劃、組織、執行、評鑑等四階段。在每一階段中之實際考慮面包含：評估現在方案，尋求供改變之資源及支持，評估學生、家長、老師之需求，確定資源所在，分工負責，行銷方案，排定服務時間、平衡時間運用、提供服務、及評估結果。然而，後面幾項多牽涉到方案評鑑，在本章只作簡介，其將於第十章中詳述。

在開始討論如何建立綜合性學校諮商方案之前，我們需先好好了解美國各州或各地方之相關規定，因爲那些規定將可能影響學校諮商師在其所在地所應扮演的實際角色。自1980年代發起之教育改革運動對於諮商師在學校扮演之角色在各州及各地仍有持續之影響。實際上來說，在許多社區中之學校其管理階層者與學校委員會仍比諮商師對於諮商師應扮演之工作內容仍有較多之控制權。因此，讀者在應用本書之內容與步驟時，必須在了解各州或各地之規定內容下進行。有了這樣的了解，我們現在來開始討論綜合諮商方案的建立步驟。

規劃

在規劃一個綜合性學校諮商方案之前，首先要先了解在先前的幾年當中已有哪些既存的資源及方案，這一點對於一位新任且已具有執行方案的諮商師尤其重要。*Gysbers*及 *Henderson*（*2000*）鼓勵諮商師需建立一個能革新現有方案的嚴密計畫。然而，在許多實例當中，新任諮商師多會發現，雖然在學校裡多年來已有諮商師，但所實施的方案卻多是不綜合的方案。因此，*Gysbers*及*Henderson*再三強調嚴密的規劃是相當重要的。

評估現有的方案

設定計畫的第一步是要先確認過去幾年來該校諮商方案之服務廣度，這裡是指收集以下之問題：先前曾提供哪些服務？方案之決定過程為何？曾用哪些方法評鑑現有方案？師生對於現有服務之感想為何？*Schmidt*(*1991*)曾提議新任諮商師可以設計一些問題向校長及老師提問，以便決定是否應聘。而從所得到的問題回應中，諮商師可以確認須從哪些地方來開始改進整體之方案。以下是一些可用來詢問校長及老師之問題：

1. 目前學校有無條列出目的與目標的年度方案？
2. 有無諮商方案之顧問委員會？如果有，成員是如何選出來的？
3. 過去幾年中，各曾有哪些方案對學生、對家長及對老師最有幫助？
4. 您覺得有哪些是學生的主要需求，而且是諮商方案必須盡力做到的？
5. 班級教師是否有將發展性之輔導課程統整至每天的教學中？
6. 目前之學校及諮商方案中，邀請家長投入的程度為何？
7. 目前學校諮商中心的設施之完備度如何？有哪些是使設施完備之障礙？
8. 如果目前已有諮商方案，目前之諮商方案還需要增加哪些服務？或需減少哪些服務？

除了詢問校長與老師之外，諮商師也可以運用對家長與學生實施問卷調查及訪談的方式，以便收集有用之資料。此一過程中之重要原則是能盡可能收集到各方對現有方案之看法及感受，以使任何改進現有方案之決定不會是只有單方之見。在諮商師收集到改進現有方案之足夠重要資料之後，下一步就是邀集相關人員參與方案改進之決策過程。

尋求能推動改變的資源與支持

綜合性學校諮商方案，顧名思義，就是要使諮商方案成爲學校廣泛系統中之一部分。這表示諮商方案絕不屬於任何一個專業人員的，也絕不是學校諮商師單獨負起責任就可以。在方案的規畫當中，諮商師若能邀集越多人來參與，就越能廣泛地得到他們對於方案的支持。

第一位所要含括的資源就是校長。了解校長如看待學校中的諮商服務及有多少意願對它採用新的看法是很重要的。只有透過諮商師與校長的坦誠溝通才能夠做好一個好的方案決定，而一旦雙方對諮商服務方案之重要元素有共識，接下來就是要來吸引老師、家長、及學生的提供意見。而其中重要的媒介就是成立諮商顧問委員會，以之來吸引各方提供訊息並能交流。

學校諮商方案的「顧問委員會」(*advisory committee*)，是諮商師吸引老師、管理階層人員、家長及學生能對建立好的服務與活動提出建議與看法的有效管道(*VanZandt & Hayslip, 1994*)。「顧問委員會」的成員可以由校長任命或由諮商師選定推薦。而在某些學校中，「顧問委員會」是與其他之教師委員會（如學生學習委員會或學生協助小組）合併。無論其組織是如何形成，顧問委員會將可幫助諮商師如何設立學校所需之需求評估量表、選定年度目的與目標、規劃與學生發展有關之學習事項及決定如何評鑑諮商方案等活動。

諮商師也能從其他地方收集到與方案發展之有關資訊，

如除顧問委員會之外，也能夠從以下管道得到建議，比如說學校志工、行政人員及督導之方案評鑑、學校護士、學校社工師、心理師及所參加之專業人員學會。這些管道都能讓諮商師能了解可對學生、老師及家長提供哪些服務。

諮商師從學生、老師及家長尋求建議的另一重要原因，就是它可以補充從需求評估過程中所得到的資訊。通常，從對學生、老師、及家長的問卷調查中可以得知學生最關心的事及需求，雖然，有些學生最關心的事有其急迫性，或者有些需要以危機處理的方式來解決，而無關多數學生之成長需求。然而，預防性目標或成長性目標，同樣都是學校諮商中心要做的事。因此，諮商師要做的事可能不只是修復創傷、去除藩籬、或解決爭議之事而已，反之，諮商師需投入於創造健康之氣氛、增進人際關係、爲學生加強他們的自我覺察、學習動機與自我責任觀。當諮商師要開始考慮如何規劃諮商方案時，他們必須首先要來了解學生、老師及家長最關心的事情及發展需求爲何。而顧問委員會的首要功能之一就是幫助諮商師在設計需求評估問卷時給予協助。

評估學生、家長、老師之需求

在決定諮商方案要以什麼目的或目標時，諮商師首先要先調查所服務的人其需求爲何。而如前所述，學校諮商師要服務的對象是學生、老師及家長，但他們的需求可能會因不同學校或不同社區而有所不同。而這些不同可能是因爲學校大小、該社區的社會經濟階層或文化的多元性、學校的主要學習問題、家長的教育背景、該社區對學校及教育之態度，以及學校與社區之領導者而有不同。因爲上述中每一個因素均可能以獨特或不同的方式影響學校，所以學生、老師及家長之需求可能會因上述之因素而有所不同。比如說，來自較貧窮地區的學生與家長的需求，可能會與來自較富裕區域的人不同。而這些差異將會影響學校所要提供之諮商服務方案。這種情形在小學、初中及高中均是如此。

如果諮商師在有些學生是出身於相當貧窮的地區且有衣食不足之虞的小學，其可能會發現自己要扮演與危機處理諮商師或學校社工師的雙重角色。這種情形下，學校諮商方案則可能不會是預防性、發展性及補救性之服務平衡發展，而將會是較著重在補救性之服務。但有遠見的諮商師仍會持續發展預防性與發展性的服務，而請課堂老師多能提供需要服務學生之轉介。這樣的綜合性諮商方案會只是提供補救性服務，而沒能幫助學生了解自己並能作較好之選擇，則諮商只是一個頭痛醫頭、腳痛醫腳的方案而已。

諮商師收集需求評估的資料的方法之一就是用問卷來對學生、老師及家長調查。如果在大學校之中，這類調查可在每年級用隨機抽樣的方式來抽取學生樣本，如此一來就可以節省時間及紙張的成本。對家長之問卷調查也可用此一方式來完成，但對學校老師的問卷則通常會問全體學校老師。在下面的表*5.1*、表*5.2*及表*5.3*均各是對學生、老師及家長需求調查問卷之範例，而其各是以初中之學生、小學之家長及高中之老師爲需求調查之對象。

而如前所述，需求評估也可用問卷調查以外的方式來完成，譬如說諮商師也可對學生、老師及家長做訪談，也可以對學校及社區作觀察而從中評估其需求。另外，諮商師也可以審閱學生的檔案來尋求學生的需求。在綜合的學校諮商方案中，諮商師會用不同的方法來評估需求，也會每年改變需求評估的方式，以評估學校及學生的確實需求。在某些實例中，諮商師會用他們的年度方案評估來當作是需求評估的過程之一。

一旦需求評估完成了，下一步學校諮商師要做的就是確認在完成需求評估所擇定的方案目標後，能找到的相關資源有哪些。而確認資源的所在是規劃綜合性諮商服務方案之另一重要步驟。

表5.1 初中學生需求評估

說明：請在每個題項中圈選一個適合您的答案。

1. 我經常在學校中的表現很好	是	不是	不確定
2. 我老師認爲在課業方面我可以表現更好	是	不是	不確定
3. 我喜歡去學校	是	不是	不確定
4. 我沒有很要好的朋友	是	不是	不確定
5. 我想學些讓課業進步的方法	是	不是	不確定
6. 我喜歡我的家庭生活	是	不是	不確定
7. 當我有困擾的時候，我的家長會聽我講	是	不是	不確定
8. 我會想要找人談談我的困擾	是	不是	不確定
9. 大多數人喜歡我的表現方式	是	不是	不確定
10. 我在大多數時間是孤獨的	是	不是	不確定
11. 我想要多聽聽關於日後之工作選擇及生涯	是	不是	不確定
12. 我會想要參加一個可以幫助我們解決其問題的團體	是	不是	不確定

表5.2 小學家長需求評估

說明：請回答下列問題以協助我們規劃學校今年度之諮商方案，請圈下您的回答，並將之交給小孩請其轉交給老師。謝謝您的幫忙！

1. 在大多數時間裡，我的小孩喜歡上學	是	不是	不確定
2. 我的小孩在學校有很多朋友	是	不是	不確定
3. 本校是一個溫暖及能照顧人的地方	是	不是	不確定
4. 我的小孩在學習中需要特殊的照顧	是	不是	不確定
5. 我的小孩在家中是個負責的小孩，也會聽從大人的話	是	不是	不確定
6. 我會願意我的小孩參加團體，以學習如何與人相處	是	不是	不確定
7. 我會擔心我小孩在學校的表現，我希望能找人談談	是	不是	不確定
8. 我會想要參加跟其他家長組成的團體，來談談小孩與親子互動之技巧	是	不是	不確定
9. 我的小孩有些學校需要知道的身體問題	是	不是	不確定
10. 我想要我的小孩與學校諮商師談談	是	不是	不確定
11. 我有些話想要跟學校諮商師談談	是	不是	不確定
12. 如果學校有需要，我可以到學校當志工	是	不是	不確定

表5.3 初中老師之需求評估

說明：請回答下列問題以協助我們規劃學校今年度之諮商方案，請圈下您的回答，並將之放入學校諮商室的信箱。謝謝您的幫忙！

1. 今年我希望我的學生能了解如何參加團體諮商	是	不是	不確定
2. 我希望我學生能由多些生涯就業之資訊	是	不是	不確定
3. 學生須多學些學習技巧	是	不是	不確定
4. 我有許多學生對於藥物及酒精濫用之問題很關心	是	不是	不確定
5. 今年我們學生需要學些如何避孕之知識	是	不是	不確定
6. 我今年想把輔導活動與課程做些統整	是	不是	不確定
7. 我今年想參加些老師支持團體	是	不是	不確定
8. 我有學生看起來很憂鬱	是	不是	不確定
9. 我有些學生有如何避免使用暴力之問題	是	不是	不確定
10. 我與學生家長之互動不是很好	是	不是	不確定
11. 我想要學些如何與學生溝通之技巧	是	不是	不確定
12. 我想要學些課堂管理技巧	是	不是	不確定

確認資源之所在

一個綜合性學校諮商服務方案是不能夠單獨運作的，也正因爲如此，學校諮商師須去了解對學校諮商方案有用的資源與支持之所在。當我們談到有用的諮商方案之資源，我們會認爲人是當中的首要資源。

成功的學校諮商師會先去了解學校中的老師，並嘗試尋求其他學校人員的支持。他們也會徵募志工，也會吸引企業及工廠捐助學校諮商方案，徵募學生志工讓他們能在學生中有支持網絡，而也會組織一同在對學生服務的學校護士、學校社工師、及學校心理師。另一方面，成功的學校諮商師也會去了解其附近社區及該州有哪些有用之資源。而諮商師也要了解周圍有哪些健康、衛生或心理衛生之服務資源，如精神科診所、家庭諮商中心、休閒活動方案等，使諮商師與相關專業人員有專業聯盟關係而造福學生及學校。若諮商師沒能去整合衛生服務人員，則可能會服務過程中被案主超出其專業能力之服務需求而產生挫折感。

綜合性的學校諮商方案也會包含足夠之物資、設備、空間，以完成方案之工作。諮商師需依據需求來衡量諮商方案所需之足夠物資，如遊戲輔具、教育書刊、影片、錄影帶、錄音帶及相關書籍，其均需依照各級學校及方案所需而不同。設備方面，諸如電腦、錄音機、電話等均是使諮商服務能有所發揮之器材。而空間方面，如要有足夠之空間做個別諮商室及團體諮商室。本書第三章中列有學校諮商中心應如何選定地點、設計、物資及設施。

爲使諮商方案能在實際之情形下運作，諮商師必須仔細評估學校之需求、正確地解讀資料所顯示之內容，並確認有用資源的所在。通常，諮商師在學期初評估學生、老師及家長的需求，而依之設定一年之目的與目標。多數的情況下諮商師會不管學生之變動，而是多年來有同一組的目的。然而，方案之目的實在是需要依每年之實況而訂定。如在大多數的中學，諮商師會幫忙高年級學生協助其畢業後之規劃，如就業、結婚、生養小孩、從軍、高工、商校或大專。雖然每年會有不同的人及每個人之需求不同，幫助學生做生涯規劃則多是學校諮商中重要的項目之一。而其他方案之目標則可能須考慮每年之新情況而改變。這也是為什麼需求評估的過程是相當重要的，而能據此而設定方案目的，此將於下一部分討論。

組織

成功的諮商方案有共同的特色，而其中最重要的特色之一就是把諮商師的服務組織起來，並整合於學校的廣大使命中(*Gysber & Henderson, 1997*)。因此，為了要將諮商方案組織起來，諮商師須依據學生、老師及家長之需求而設定目標，並將之統整於學校課程，提供適當之諮商方案，選定有效之服務，爭取學校及外界資源之支持，以及引進能提供方案督導之人。

設定目標

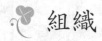

在設定目標方面，諮商師要將所收集需求評估之問卷調查、訪談及觀察等所有資料之結果向顧問委員會報告，在報告中，諮商師應提出其對於評估之發現，並請顧問能提供建議，並一起討論出年

度評鑑之目標。圖*5.1*中即是一位初中諮商師在確認學生需求後，對課程老師提出的評鑑建議。

圖5.1 依評鑑目標調整需求評估之計畫表樣本

中學之諮商評鑑	
調查七年級生所呈現之學生評估	評鑑設定之目標
*1.*想要多學些能力與性向之資訊（*42%*）	*1.*規劃以小團體方式，讓七年級學生能多了解些教育及生涯興趣，並與其學校表現之興趣作比較
*2.*關心友誼的問題（*68%*）	*2.*成立一個友誼教學小組，並統整入下學期之社會學習課程
*3.*如何處理父母之分居或離婚（*37%*）	*3.*成立一個專門幫學生適應家庭變故之諮商團體
*4.*需要學些學習技巧（*35%*）	*4.*成立一個讀書技巧小組讓老師能轉介學習能力稍差之學生
*5.*有強烈的孤獨感與悲傷感（*8%*）	*5.*確認孤獨或憂鬱的學生，並作個別諮商或轉介之服務。而學校也要檢視有無多元文化間差異之問題

在圖*5.1*中，可知有些需求有較多人提出，此表示可將可將此放入評鑑的目標之中。比如說，第二項「關心友誼的問題」，有*68%*之學生表達對此之需求，而雖然同時有較低比率的同學表達其他之需求，也可將之納入規劃諮商評鑑之考量，如表達「有強烈的孤獨感與悲傷感」之人只有*8%*之學生，但因為其本質的嚴重性，也是老師

及諮商師必須要注意的學生需求。

有些目標的設定是依據當地或該州之規範或標準，而要提供均等的服務給所有學生，在有些州之教育當局將特定學習之目標或目的視為輔導課程的一部分。學校諮商師及老師則須合作來決定在學校的教學評鑑中的目標與目的如何或何時達成。所有的這些目標，不管是來自學生之需求評估或官方的設定均必須是能滿足學生發展需求中的學校整體評鑑之一部分。也就是諮商師對當年要提供服務之目標或目的是學校在規劃整體評鑑中的一部分。而綜合性諮商評鑑的評鑑目的可分為兩種，詳述如下。

第一種為與學習有關之目標。這即是學校諮商師將從學生、老師及家長所作之需求評估上之發現設定與學習有關之目標，比如說從問卷調查中發現學生需要多一些教育與生涯規劃之關聯的資訊，則在目標中可設定「增加學生對學業與生涯規劃關聯的了解」，而這樣的一個目標就是與學習有關之目標，這一目標有待學校課程與輔導活動中增加相關學習活動。

再舉另一個例子，例如：與小學學生進行如何自我保護的學習性目標，就可以是諮商師與老師共同設計一些活動並整合資源來教導幼童對陌生人要保持警覺、碰到危機時可以怎麼做，以及當有令他們不安的狀況時要報告老師或家長。

第二種為與服務有關之目標。有時某些目標與學生、老師及家長在需求評估中所顯示的需求並不直接。如前例中，學生表達對生涯規劃之需求及如何在遭威脅做反應時，諮商師可以設定更廣的有關於服務之目標。諮商師可以先了解相關之課程曾上過或規劃之時數，對此則可提出整體性之服務評鑑。

從上面可知，目標的設定可依據不同的服務或活動來設定。而以下要講的是目標設定後將規劃不同之工作，並由專業人員及志工來分工負責。

分工負責

一個好的學校諮商評鑑不只是在確認評鑑之目標而已，也要能分事、分人負責以完成所設定之目標。而顧問委員會在此則可發揮其功能，其可在會議中協調或指派各事項之負責人以達成評鑑之目標。而該會之運作也可讓校長及老師們相信學校諮商評鑑中廣泛邀請參與的重要性。

一些融入課程的活動，諸如發展性諮商，多是課堂老師的責任。諮商師有時會與課程教師一起上某些輔導課程，或者有些諮商師會擔負起上某些關於學生生涯發展課程的所有責任。每所學校在分工的指定上是不一樣的，而顧問委員會將會逐漸地建立起運作此決定的準則。以下是一些確立這些準則的問題：

1. 該項活動是否適合全校所有學生？或只適合某些年級的學生？
2. 該項活動的目標是否與課程的目標有關連？若認爲將該活動統整於課程中將更有效的想法是否合理？
3. 老師們是否有足夠之知識與背景在課程教學中教導該項活動？
4. 諮商師有無足夠之知識或技巧來執行該項活動？
5. 該項活動是否能透過現有之評鑑來實行，如導生制度、同儕協助評鑑或學校志工制度？
6. 提供該項活動或服務的最有效與最適當之方法爲何？

當顧問委員會討論一年的目標或目的時候，就也開始協助諮商師及教師們規劃相關之策略及活動。比如說，有學生對升上九年級的高中有些焦慮，顧問委員會則會就其目的、目標及策略（如下表）設定如下：

* 目的（*goal*）：學生將在高中有良好的表現
* 目標（*subject*）：學生將要

1. 學些關於高中的課程綱要、學分要求、課程表，以及九年級生之相關辦法。
2. 了解高中生的生活方式，也介紹對高中生有哪些不同的服務。

策略	分工者	完成時間
1. 將給每位八年級學生定向手冊，使在師生討論之諮詢中使用	教師-導師	*1*月*1*日前
2. 將請每位八年級學生寫一篇關於其對日後高中期望之作文	作文老師	*4*月*1*日前
3. 每位八年級學生都能與諮商師作一次團體輔導來討論對未來進入高中之顧慮	諮商師	*4*月*30*日前
4. 每位八年級學生都能參加半天的高中參訪，並與九年級老師及諮商師訪談，及參觀教學設施	校長與諮商師	*5*月*1*日前

從上表中，我們可知協助減少升上九年級的困擾之策略，將包含下列人員來分工負責：（1）老師們：擔任導師的老師將主動協助其導生；（2）作文老師：將指導學生將其對高中生涯之期望作成一篇作文，融入其教學之中；（3）諮商師：可運用小團體來諮商學生或對學生提供諮詢；（4）校長及諮商師：可協調出參訪當地高中的行程。這個例子說明了諮商師與顧問委員會如何分析需求評估以及如何將這一分析化成可執行的諮商評鑑計畫。一旦目標建立與分工負責都完成，接下來要做的事就是向潛在的學生或消費者宣傳或行銷。

行銷方案

諮商師多會採用許多不同的方法來宣傳諮商師是誰，以及諮商師在做什麼，包含從到每學年初之親師座談會中宣傳到公佈於社區的公佈欄等行銷的方法。這樣的行銷策略有兩個目的。第一個目的就是教育學生、老師及家長學校中有諮商服務評鑑可運用。第二個目的就是由諮商師來向社區及學校推廣學校諮商專業。

以下是一些學校諮商師可用來行銷策略的例子。

* 印小冊子：印行小冊子簡介學校諮商師的角色及服務內容發給學生、老師及家長。它可在親師會上分發，也可在新生說明會時放入介紹文件中。通常較好的小冊子會寫得很容易了解及簡要，也會吸引目光。
* 在報紙上寫專欄：諮商師可在學校報紙及社區報紙之專欄寫些文章讓學生、老師，以及知道諮商師是誰、其工作為何的介紹。
* 運用網頁：建立網頁以介紹該諮商方案，並可用電子信件與學生

或家長溝通。而在此仍要注意隱私權的保護。

* 踴躍投入溝通之機會：如學校會議、民間會議、商界、教育協會及其他組織。這些機會將可提高諮商師與學校諮商方案的可見度，並可藉此強調學生發展諮商的重要性及結識社會之人士。
* 課堂講課：是一個諮商師可直接向學生行銷學校諮商方案的機會，並介紹諮商師的角色及所提供之服務。

在行銷諮商方案後，緊接著是要排定諮商師的服務時間，其排法可以是以一週或一個月爲主，也可長期地規劃出一學期或一年。排定服務時間將是執行階段的首務，將討論於下。

執行

爲了能提供綜合性的評鑑，學校諮商師必須能掌控時間，並安排完成服務的進度表，以能滿足學生、家長、老師的需求，完成服務的目標。行事曆可以協助諮商師去規劃並分配服務的時間，同時，也能符合學校諮商評鑑的綜合本質。

安排服務時間並設定優先順序

正如專家的焦點是放在學生的發展上，因此學校諮商師的角色是很獨特的，其與其他的教學同仁是有所不同的。其中，諮商師與老師都在如何結構他們的時間，以及建構他們的行事曆。班級老師的上課時間表是由行政人員所安排，或是由負責設計課程、安排課程、學生編班的教師委員會所設計。因此，老師的每天教學行事曆是很一致的。小學老師每天均對同一群學生進行教學，因此其教學行事曆與高中老師很不同；高中老師的行事曆是每天一模一樣或很類似。例如：在小學與初中裡，由於老師經常要去執行特定的目標或活動，因此他們的時間安排就很有彈性。然而，在高中裡的行事曆就比較僵化。老師對於教學的特定目標負有責任，因此其教學行事曆通常是由行政人員所安排。

與老師的教學行事曆相反的是，學校諮商師對於每天例行的工作通常具有彈性的掌控。這種掌控的程度可能會因學校而不同，端視行政人員的政策而定；但是大多數的諮商師都可以去設計能夠反應需求與活動的評鑑，並藉以安排時間。行事曆的安排是綜合性學校諮商評鑑中的一部份，它的焦點是一種更廣泛的預防性、發展性、補救性的議題。

學校諮商師會向老師、行政人員尋求建議，以協助其建立行事曆，好讓他們所提供的服務可以更綜合。藉由與老師的整合，諮商師更能夠去決定適當的個別諮商、團體諮商、班級教學、父母教育評鑑，以及其他活動評鑑時間的安排。很多諮商師會公佈其行事曆，可能是每週或每月的行事曆，藉以公告他所提供的服務內容，並讓大家知道他是如何運用其時間。

諮商師的行事曆也身受在經過需求評估之後所選定之目標的影響。有一個對於每個諮商師及諮詢委員會的挑戰是：去界定這些目標並設定目標的優先順序。設定優先順序的選擇過程會影響服務的時間安排。*Myrick*（*1997*）指出對諮商師來說，有幾個安排行事曆的系統化方式可以參考。第一種方式是：根據所認定的需求來設定優先順序，並決定哪一個是要藉由班級介入、哪一個是需要諮商師的特別服務。第二種方法是：以當前學生、學校或社區所經驗的危機為基礎來設定優先順序。而且，當做出是要用個別或團體服務的決定後，那麼危機情境就能被有效率地處理。

另一種設定優順序的方式是去強調諮商師所能提供的不同服務類型。這種方法被稱之為「服務的階層」（*hierarchy of services*），但是在實務上它是「若是排除強調對團體工作的偏好優於對個人工作的話，那麼的確很難去設定諮商師介入的優先順序」（*Myrick, 1997, p.94*）。假設所有介入的類型都具有同樣的效率，*Myrick*（*1997*）做出這樣的結論：團體工作有較高的順位，因為諮商師的人數要去滿足所有個別學生的需求，是有其困難的。

第四種設定優先順序的方法是依時間管理而定。簡單來說，諮商師會檢視每天的時間，並決定要花多少時間在每一個已規劃好的服務上－在個別諮商、團體工作、班級活動等服務上各要花多少時間。

對諮商師而言，沒有一個方法是可以充分地就每一個諮商評鑑與合理的時間安排設定優先順序的。然而，每一種方法都對於這個過程有所貢獻。如之前所提到的，對諮商師而言，去尋找資源、試著與教學方案協調時間安排，以及讓大家都能了解齊時間安排等，這些也都同樣重要。

從他人那兒尋求建議、建立符合教學評鑑的行事曆，並公告行事曆讓大家知道，學校諮商師就能完成數個重要的目標。第一，他們能夠證明學校的重要功能在教育兒童及青少年，而學校諮商評鑑即能促進這個過程。當學校諮商服務與活動因爲師生關係的不佳或因此而影響學生的學習時，他們會去反駁綜合性諮商方案的目的。第二，與老師共同的協調與合作，可以讓諮商師在服務展現上的角色更加清晰。這種清晰可以降低大家對諮商師角色的懷疑與困惑。最後，經由尋求建議並建立清楚的行事曆，學校諮商師可以證明他們所提供的服務對於學生的發展是很基本的，而且也是學校整合中的一部份。諮商師所面臨的基本挑戰是去建立如何平衡其時間的工作行事曆。

平衡時間的運用

幾乎每一種被寫明的資源均是用來協助學校諮商師建立綜合性的服務評鑑以強調時間管理的重要性（*Gysbers, & Henderson, 2000; Myrick, 1997; Schmidt, 1991; Wittmer, 2000a*）。並沒有數學的公式或神奇的過程可以協助諮商師去平衡其時間的運用，但是如之前所述，設定優先順序的不同方法卻提供了一個很好的開始點。其他要考慮的因素，包括學生與其家庭的主要需求，以及學校評鑑及社區機構可用的轉介資源。學校諮商師協助許多有嚴重學習困擾的兒童，或者是服務許多在經濟上陷入困境的家庭，這些均呈現出與其他學校諮商師所提供服務的不同。

除了由諮詢委員會去檢視優先順序的設定之外，諮商師可以去確認部分學生的主要需求。典型上，有*10-20%*的學生需要直接的介入。這個與大多數心理健康人口群的估計相一致。如果這個百分比正確的話，那麼在一所有500名學生的學校裡，就大約有50-100名的學生需要諮商師的直接介入。這些學生就成了諮商評鑑中的「焦點團體」(*focus group*)，而且應該優先接受個別與小團體諮商服務。

一旦這些「焦點學生」被認定，以及諮商師依其最適當的情形決定其接受個別或團體諮商，學生的發展性需求就應該被注意。這些需求的認定，最好是由老師與學生透過正式與非正式的衡鑑方法來決定。當這些需求由諮詢委員會與諮商師設定其優先順序時，那麼決定如何去滿足需求即是要執行的部分。活動的焦點在發展上，包括將輔導課統整至老師的班級課程中，以及全校性的事件中。

表5.2舉例說明了一所初中學校諮商師的時間安排。這個虛構的諮商師是這所擁有400名學生的中學裡唯一的諮商師。其大約有15%的學生有學習上的問題，對學校體系而言，這個比例是相當高的。超過40%的學生具有接受免費營養午餐的資格，而學校的目標是要提昇父母的投入與參與。

這個行事曆樣本呈現出要試著去平衡對將近50名「焦點學生」的服務，它也提供了教育評鑑，以及對家長的諮詢服務。每週大約安排有七小時的個別諮商服務。諮商師每半小時見一名學生，因此，大約允許每週對十四名學生進行個別諮商。而另一個七小時則安排作團體諮商。假設每個團體有5-6名學生，那麼約有35-40名學生參與團體諮商。如此一來，個別諮商與團體諮商的服務加起來就大約提供了50名「焦點學生」服務。

每週分配五小時進行父母諮詢與父母評鑑，此為學校用以提昇家長投入參與的目標。每週有三小時提供老師諮詢，到班級上課大約六小時。由於這個行事曆是規劃在九月份，有很多的課堂是針對六年級的學生。除此之外，會將課堂焦點放在七年級與八年級老師所需要的主題上。

圖5.2　某中學諮商評鑑的行事曆

Keyston中學九月份諮商師每週行事曆					
時間	週一	週二	週三	週四	週五
7:45	家長諮詢	家長諮詢	同儕督導	規劃與整合	家長評鑑
8:45	個別諮商	課程教學	課程教學	團體諮商	個別諮商
9:45	課程教學	團體評估	團體諮商	觀察	個別諮商
10:45	個別諮商	測驗與評估	觀察	課程教學	家長評鑑
11:45	同儕督導	教師諮詢	課程教學	團體諮商	團體諮商
1:00	個別諮商	個別諮商	團體諮商	測驗與評估	校長諮詢
2:00	課程教學	團體諮商	個別諮商	教師諮詢	規劃與整合
3:00	家長諮詢	教師諮詢	轉介與追蹤	轉介與追蹤	規劃與整合

這個行事曆呈現了諮商師督導一個同儕協助者評鑑，以及允許每週二小時的訓練與督導。每週用二個小時來施行學生的測驗與觀察、方案規劃與整合需要三個小時，以及每週二小時用來轉介與追蹤。

這個例子簡短呈現了諮商師的時間安排，以及學校需要建立一個合理的行事曆。很重要的部分是，學校諮商師的時間安排必須要有彈性。諮商師時常會被要求去處理「危機」情境，在這些時候，他們可能就無法依行事曆而行。另一個重要的部分是，當諮商師對其時間的安排負有責任時，他們會尋求諮詢委員會、行政人員與老師的意見，以使其時間安排能滿足學校的需要。若能有個具接納性的行事曆，諮商師就能更有效地管理其時間，並提供更廣泛的諮商、諮詢、整合與衡鑑的服務。

諮商

如之前所述，諮商服務包括個別及小團體關係，諮商師在協助學生、家長或老師所擔心的問題，並評估這些問題、執行處遇計畫。學校中的諮商包括廣泛的議題與問題，從同儕關係到自殺想法。像是學業問題、個人適應、生涯抉擇，以及其他一堆的主題。一般而言，當處理嚴重且具關鍵性問題時，學校諮商師會在短期中建立彼此的諮商關係。但是，如果在短期的關係中無法加以了解的話，那麼諮商師會將學生轉介給其他專業人員，像是社區中的心理衛生諮商師、諮商心理師或精神科醫師。在一些案例中，學生能夠正常、發展性地與諮商師建立關係，並能持續這種助人關係一直到學期結束。在這些長期的關係中，諮商師會與之討論不同的主題與議題，並觀察其顯著的成長與發展。

在表5.2裡呈現了團體諮商比個別諮商更可以擴展所服務的學生數目。在學校裡，團體諮商是一種必要的服務，但是由於其時間安排的問題、缺乏適當的空間，以及對它的誤解，以致於它也是一種很難整合的服務。在美國學校裡的老師們，逐漸有要去呈現學生課業成就的壓力，這是不難理解爲什麼有很多人會去捍衛其教學時間的原因。結果，他們會抗拒讓學生離開班級去參加「非教育性」的服務，如團體諮商。

成立諮商團體

當要組織並安排團體諮商、團體輔導活動時，學校諮商師會發展出一個告知行政人員、教育主管人員、向學生介紹團體、發展可被接納的時間安排，並儘可能邀請父母參與。在這個過程中的第一步就是要決定學生的需求是什麼、用何種團體方法最適當－團體諮商或團體輔導。其次，諮商師必須確認學校行政人員與教學同仁對團體服務的價值。

通知行政人員。由於團體輔導與諮商服務在時間的安排上都需要特別的考慮，因為這都需要學生自其正常的課堂中暫時離開，因此諮商師應告知校長有關團體活動的本質與價值。為了能更有效率，諮商師必須說明有關團體的程序、釐清其目標、並更新當前團體的相關研究資料。學校的校長想要提供有效能的服務給學生，但是教學時間與教師滿意卻是二個神聖不可侵犯的要素。為了要說服校長，學校諮商師需預備去證明團體輔導與團體諮商在協助學生檢核其壓抑的學習與發展的行為、態度與感覺，團體是可以協助班級教學的。

一旦諮商師說服了行政人員團體是有價值的，那麼下一個步驟就是要將此想法行銷給老師。老師事諮商師的重要聯盟，可以協助評鑑的改變與發展新的服務。若沒有老師的支持與信任，那麼新的服務（如團體諮商）就不可能成功或被推動。

說服教職員。學校諮商師必須以他們已提供服務的正向結果來說服老師在新服務中的重要性。有效能的諮商師會闡明與老師在協助學生自我發展與學業成就之間的關係。有關於學生的自我概念與信念的研究顯示出與其學校成就有關（*Purkey, 2000; Purkey & Novak, 1996*）。團體的方法，特別是團體諮商可以促進自我探索、

自我學習及自我接納的歷程，因為：

1. 正如所有的人一樣，學生也是社會中的一分子，他們也是隸屬於團體，並與其他團體有所互動的。這也反映出並評估他們是誰，以及能在安全的、不具威脅的環境中表現新的行為。
2. 團體成員會彼此協助，且通常會比諮商師以個別方式協助學生會更有效能。在團體中，學生會與其他成員建立關係，也會與其他成員分享，並比較彼此在所關心問題上的異同，以及提供其建議與選擇方法給其他成員作參考。
3. 團體提供給那些感覺受到孤立、被拒絕的學生一種歸屬感與同志情誼。藉由團體諮商與小團體輔導，學生可與其他成員相連結，形成友誼與同盟，以及對關心的價值認定、助人的關係。
4. 團體允許成員可以不需要主動。有些學生並不善於口語表達，或者是並非表現突出。在團體中，這些學生仍然可以經由傾聽與觀察他人而從助人過程中獲得協助。此時，適當的鼓勵與支持可能可以使其變得較為主動；但是，即使沒有，他們也能藉由在團體中的觀察過程而有所學習。
5. 團體可讓諮商師有效運用時間。藉著在同一時間裡與更多的學生建立助人關係，諮商師可以關注更多的人，可以提供更多學生更多的服務。

簡而言之，說服老師有關學校諮商評鑑中團體歷程的價值與重要性，基本上是假定團體可以讓學生在其中可以學習基本的技巧並增進其自我覺察。例如：*Rose*（*1987*）描述在小學的技巧訓練團體，即在證明協助學生發展正向能力的結果。同樣的，*Marianne, Gerald*與*Corey*（*2002*）表示在學生參加團體之後，重要的是來自於老師、家長、諮商師贊同的評論。兒童會去增進自我了解、改變攻擊行為，並證明其有歸屬且想與他人同在的意願。*Gladding*（*1999*）則表示幾個針對兒童的團體工作研究均指出，能增進兒童的自我概念、因應家庭壓力的技巧、學校適應、學業成就。這些結果均呈現出學生行為與學業進步的責任，這是老師強有力的賣點。

介紹團體與挑選學生

學校諮商師會運用各種方式向學生介紹團體。在小學與初中裡，諮商師會與老師在班級活動中利用機會介紹適合小團體的其他主題。透過介紹過程，諮商師可以評估學生參與這些團體的興趣。同時，諮商師會在班級輔導課程中觀察學生，並界定哪些學生可從個別諮商、哪些學生可從團體諮商中獲益。

老師、家長、學生都是提供諮商師團體想法與建議的資源。某所高中的諮商師提及有名女學生有體重過重且在學校中退縮孤立的問題。這名學生談論到她對自己體重的感覺，以及與同學的關係。在這段互動期間，諮商師詢問她是否想與其他有類似問題的同學在團體中分享。隔天，這位學生帶了七位同學一同前來，她們都想要建立一個彼此支持的團體，共同分享自我概念的議題。

當諮商師挑選學生進入小團體時，他會向成員預先提醒以確認團體成員的相容性。成員之間是不會沒有差異的，但是若異質性太大就無法促進凝聚力，凝聚力對團體歷程是重要的（*Toseland, & Rivas, 2001*）。雖然，要界定及評估團體的凝聚力是困難的，但是對於凝聚力的共同描述包括「成員之間相互的吸引，能促進成員有意願留在團體中」（*Johnson, & Johnson, 2000, p.110*）。

在挑選學生進入團體時，諮商師會考慮到年齡差異、語言發展、所擔心問題的類型與程度，以及社會階層。這些不同的因素可能會阻礙團體成員的分享、支持與連結。例如：一位小學的諮商師安置五歲與十歲的學生在同一團體中，他可能會發現到年齡層範圍太大，而且學生也無法在團體中共同分享。然而，有時候異質性在團體中是很有幫助的。例如：不同文化背景的學生可以分享其感覺與觀察，諮商師就能在學生之間建立一種很好的學習敏感度與接納度。

挑選的過程在建立成功的團體是很基本的（*Gazda, Ginter, & Horne, 2001*）。*Gladding*（1999）建議需與可能加入團體的成員進行個別或小團體訪談。在這些訪談裡，諮商師要向學生介紹團體的想法、說明團體的目的、傾聽學生的反應，並評估學生是否會是好的團體成員。同時，諮商師也要去傾聽可能會加入團體的學生其對團體的期待。*Corey*（*1995*）猜測篩選會是諮商師評估學生是否適合進入團體的一種機會。對學生而言，這也是他們熟悉諮商師與團體評鑑的一個機會。在訪談的過程中，諮商師會解釋團體規範，並徵詢學生如果加入團體的話，需遵循團體規範的承諾。

藉著明確的挑選過程，學校諮商師可以掌控團體成員。對於身爲小團體輔導與諮商的領導者而言，這是成功的關鍵。同時，學校的行政人員與老師也會向學生推薦諮商服務，不管是個別諮商或團體諮商，他們都會堅持學生應接受諮商服務。當諮商師不再有評估學生的需求與決定其接受特殊處遇之專業角色與責任時，他們就失去了在學校諮商評鑑的控制性，也因此會使其效能受害。諮商師想要接受他人的轉介、適當地評估情境，以及告知、決定服務的提供。有時候，將學生轉介，則學生可能會從其他的服務中獲得更多的協助，如醫療檢查與諮詢、社會服務的補助，或參與青年評鑑等。在其他時候，可能是老師或家長會從這些工具式或資訊式的服務中獲益，而學生則是間接獲益。在某些情境裡，當諮商師決定要運用團體服務於學生時，那麼下一個步驟就是安排團體時間。

安排團體時間

在設計團體的時間表中，如果是封閉式團體的話，諮商師會規劃聚會的次數、每次聚會的時間長度、聚會的地點，以及成員數目。老師的建議對於諮商師在設計合理且有效的團體進度會很有助益。諮商師的諮詢委員會包括：老師、行政人員、家長與學生（在初中與高中），他們都能協助去設計一個讓官員滿意、諮商師感覺合理，且能滿足團體期待的團體評鑑。

如果老師與諮商師能夠將這些課程統整至每天的教學中，那麼在安排大團體輔導的時間上並不會有困難。如同本書所一貫強調的，大多數有效能的大團體輔導，均是在老師與諮商師的合作關係下所產生的。當這種統整已是例行課程中的一部份時，班級輔導就比較不會是時間安排上的問題。老師與諮商師共同引導班級輔導，讓時間的安排更有彈性。例如：假如臨時發生危機情況，諮商師必須離開學校去處理，那麼老師就可以接續輔導課程而不會因此而中斷。

小團體輔導與小團體諮商在時間的安排上會較為困難，特別是在諮商師帶領很多學生的團體中。在小學與中學裡，每個老師每天均教導同樣的學生，那麼小團體時間的安排就需要諮商師與老師之間彼此加以協調。為了預防學生從團體聚會中流失，解決的方法就是交錯安排團體聚會時間。例如：第一次團體聚會可能是在星期一的上午*10:00*開始。第二次聚會是在下一週的星期二下午*2:00*。這種方法可以運用在所有層級的學校（小學、初中、高中）團體中。用這種方法來安排團體聚會時間，諮商師可以避免在整個團體進行期間，學生因爲均上同一位老師所教的課或上同樣的課，以致在團體中缺席的問題。換句話說，學生可能只會缺席一或二次課程。

雖然必要的服務有助於界定和描述綜合性方案的範疇，諮商師每天的許多例行工作都是在學校的辦公室之外所完成。

邀請父母投入

由於團體諮商與團體輔導都是都是學校教學評鑑中的一環，諮商師會通知並邀請家長參與這些與孩子有關的服務評鑑。在大多數的例子裡，學生參與這些評鑑並不需父母的允許，除非是當地、州或其他政策有規定必須經得父母的同意(*Schmidt, 1987*)。在「團體工作專家協會」(*Association for Specialists in Group Work, ASGW*)的倫理標準裡規定：「當與少數族群工作時，諮商師需遵守制度所制定的程序。」(*Gladding, 1999, p.460*)。學校諮商師會透過學校的「親師協會」(*parent-teacher association, PTA*)及文宣對家長宣傳學校諮商評鑑，通知家長參加。

當學生被挑選進入團體時，家長應該被知會其孩子參加團體的訊息。徵詢其同意孩子進入團體是沒有必要的，但是應該將家長納入助人歷程中。有一位諮商師使用以下的公告通知家長：

> 你的孩子被要求參加由諮商師所帶領的團體。這個團體將進行八週、每週聚會一次，團體的重點在學生的學校成就、同學關係，以及其他的學校生活與學生所關心的問題上。我會鼓勵你能與孩子談談有關他們所參加的這個團體。假如你對於這個團體，以及你的孩子的參與有任何問題的話，請打電話與我聯繫。

在某些例子裡，學生可能會在家長不知情的情況下參加團體。諮商師在任何可能的時刻，都應該尊重並保護學生這樣的請求。例如：遭受身體或性虐待的學生有權利在不會再被送回家裡的恐懼下獲得應有的協助與處遇。藉由通知行政人員、說服教職員、邀請家長投入，以及執行上述的步驟，諮商師將可以成功地建立團體程序。最後的成功則有賴諮商師的領導能力、諮商理論的知識及溝通技巧。

諮商師在說服學校同仁、校長、家長的方法是，要強調團體對於學生的學習習慣、就學態度及學習成就上，均有正向的助益。諮商師要去證明團體的正向結果，以及這些結果與學生在課堂上的表現有關，讓老師、行政人員、家長都能看到團體歷程的價值。我們將再第六章詳細介紹並檢視個別與團體諮商、以及其他的團體歷程。

諮詢

學校諮商師以兒童發展與行為的許多知識來協助家長與老師。在大多數的情形裡，諮商師扮演著諮詢的角色，將有關人類發展與成長的知識、兒童與青少年評估，以及協助學生行為改變的方法帶給他們。在諮商關係中所使用的溝通技巧，也都會在諮詢關係中使用。事實上，早期一些有關於諮詢的研究均指出，諮商與諮詢關係的不同可能是在於其設計與結構上的差異，而非實際歷程上的差異（*Schmidt, & Osborne, 1981*）。

父母教育評鑑及老師在職訓練活動，都是團體諮詢的方式。學校諮商師會設計綜合性的評鑑來提供這些類型的服務，以作為直接協助學生的方法。例如：家長學習行為管理技巧，或者是如何去結構家庭作業時間，使其能以對孩子有益的方式來協助與指導孩子。同樣的，老師會在訓練課程中學到不同的學習風格對於其在教學中建立適當的教育活動會更好。

當與校外的專業人員共事時，諮商師也會使用諮詢服務。他們通常會會向衛生人員、社會服務人員，及其他機構的專業人員諮詢，以尋找對學生與家庭最有益的服務。在形成這些諮詢關係中，學校諮商師會去分享他的經驗，包括：有關學生的資訊、學習的評鑑，以及機構所提提供的資源。從機構蒐集資料、進行初步的轉介接觸、確認轉介並追蹤，這些過程均與學校諮商評鑑的另一種服務－「整合」有關。

整合

由於綜合性學校諮商評鑑包括數種內容與活動，因此必須要能有效地整合。

研究已經顯示學校諮商師花了很多時間在整合事件與活動上（*Kameen, Robinson, & Rotter, 1985*）。近來更多的研究也指出合作與整合的評估漸增（*Hobbs, & Collison, 1995*）。功能與技巧均與方案整合有關，包括：安排時間的服務、提供清楚的溝通、設定時間點、委任、追蹤服務與承諾，以及時間管理等。功能與技巧的擴展清單，每一項服務似乎都是由學校諮商師所提供，而每一個活動的完成，也都與方案整合有關。此外，特殊教育服務與漸增的系統測驗評鑑，也都由學校透過整合來主動改革，而這些通常都是學校諮商師的責任。

如同之前所述，整合包括多種技巧與歷程。雖然整合是很廣泛的，但無論如何它是成功評鑑的基本。如果綜合性的學校諮商評鑑包括多樣相關的服務，那麼這些服務評鑑就必須統整至學校的教育評鑑中。例如：諮商師可以提供有效的個別諮商，但是卻無法提供從老師與家長那兒所轉介來的服務。相反的，諮商師接受轉介，並迅速地與學生接觸並對家長與老師提供適當的回應。

衡鑑

爲了能提供有效的服務，學校諮商師會去蒐集所需的資料以做出適當且正確的決定。當學生被轉介給諮商師時，就需要去評估情境、學生，並選擇適當的服務過程。在綜合性評鑑中，諮商師知道所有學生不需要也沒有必要從個別或團體諮商中獲益。其他的服務，像是小團體輔導、父母教育、教師在職訓練方案可能會是學生、家長、老師所關注且更適合的服務方式。

學校諮商師運用許多不同的評估方法，包括：觀察、訪談、檢核記錄、測驗與量表。從這些來源中蒐集資料、分析資料、做出正確的結論，並將之介紹給學生或其他人，這會是有效能的學校諮商中很重要的一部份。當諮商師無法充分地評估情境，並老是依賴相同的方法去取得個案就近的資料，那麼就會限制住他們作爲整合者的能力，以及其所提供的服務。諮商師做出適當的評估、正確的診斷，並選擇適當的服務以贏得其同事及求助者的尊崇。這是所有專業諮商師在這個工作領域中所關心的。學生的衡鑑是一項必要的功能，這部分會在第八章中詳述。

上述所有的功能對於綜合性學校諮商評鑑的整體執行是很重要

的。諮商師成功的關鍵是建立在設計一個合理且彈性的行事曆，以能完成三個重要的目標上：

1. 為諮商方案進行時間管理的主動掌控。
2. 通知學校同仁有關學校諮商師所提供的重要功能與服務。
3. 通知學校同仁有關重要的功能，並邀請行政人員與老師參與，以共同規劃學校每天的必要服務與行事曆。

來自於老師與行政人員的建議，在設計與安排學校諮商方案上，也會有相當的貢獻。在綜合性的學校諮商方案中，評鑑（*evaluation*）是協助去界定方案、建立可信度，以及證明學校諮商師在學校中重要角色的最後一項要素。

評鑑

如前所述，精確的評鑑對於建立學校諮商方案是很重要的。而充分的方案評鑑對於確認諮商師所提供的服務也是一樣重要。學校諮商師會去設計並追蹤整個評鑑過程，以便能對學校的所有同仁具有價值性。本書第十章將會詳述評鑑的重要性，而以下將只是簡介及並列舉一些重要的評鑑要素，尤其是一些實務上的考量。

成功的學校諮商方案是能有其成果的。因此，我們認為學生所獲得的諮商方案服務是能夠增進其在學校的表現、促進其社會技巧、能為自己規劃教育與生涯抉擇，並能了解其他的認同目標。同時，學生都能從諮商師所提供的資訊或有關發展任務與議題的教導中獲益。老師與家長也能從諮詢服務中獲得兒童與青少年行爲的知識，並因此能提昇其傾聽與教學歷程的溝通技術。

學校諮商的評鑑是從學生、家長、老師那兒蒐集資料，以評鑑服務與活動的持續過程。它也是每年一度蒐集對有關諮商評鑑的反應與意見的過程。諮商師會持續性地每年去設計評鑑效能的過程、改善那些未能達到預期結果的服務，以及持續評鑑其評鑑的方向。此外，學校諮商師可以運用對學生、家長與老師的調查資料，如「美國學校諮商師協會」(*Dahir, et. al, 1998*)，以及與校長或學校其他體系中的評鑑人員共同合作，一起設計適當且精確的年度評鑑方案(*Schmidt, 1990*)。

藉由評鑑程序，學校諮商師可以選擇適當且有效的服務以滿足學生、家長、老師的評估。這即是我們所說的諮商師的績效責任（*accountability*）－去展現其所提供的服務，以及這些服務是可以使人們的生活有所不同。長期以來，諮商師的績效責任一直是專業上的一個重要議題（*Aubrey, 1982b; Baker, 2000; Crabbs & Crabbs, 1977; Schmidt, 2000; Wheeler, & Loesch, 1981*）。若不能去證明服務有正向的結果，那麼諮商師就無法確認其在學校中的基本角色。簡單的「就在那裡」（*being there*）並不能充分證明學校諮商評鑑所需的成本。當前的諮商師必須展現出他們能夠協助學校擴展教育使命的能力。

從實務的觀點來看，在設計評鑑程序的重要考慮點即是簡單化。學校諮商師沒有必要花太多的時間去發展精細的評鑑體系。這反而會造成反效果。因此，諮商師可以去尋找諮詢委員會，以協助其設計合理且有效的評鑑服務方法。

如最早所指出的，適當的評鑑能夠增進諮商師與學校去評估學生、家長、老師，以及學校諮商方案的整體目標。這個循環的過程在更新計劃、組織，並讓服務能持續執行。當這個循環評估的循環完成時，即能協助諮商師對未來的服務有所改變。在綜合性的學校諮商方案中，所有的程序均是規劃、組織、執行及評鑑的循環，而這些都是諮商師要與校長、諮詢委員會，與諮商服務的督導所共同完成的。

綜合性服務評鑑的所有內容均對於發展與執行成功的服務有所貢獻。綜合性評鑑的必要服務將在第六章中加以詳述。

延伸閱讀與網路資源

Hitchner, K. W., and Tifft-Hitchner, A.（1987）. A Survival Guide for the Secondary School Counselor（West Nyack, NY: The Center for Applied Research in Education）.

This book is a practical guide for secondary counselors to desige a comprehensive program of services. It provides a structure for developing an identity as a junior or senior high school counselor and offers usable ideas and strategies to address a range of issues with students, parents, and teachers.

Schmidt, J. J.（1991）. A Survival Guide for the Elementary/Middle School Counselor（West Nyack, NY: The Center for Applied Research in Education）.

This book is a guide for elementary and middle school counselors to help them establish comprehensive programs, develop effective serices, and evaluate their performance. It encourages counselors to look beyond their immediate survival and design programs in which they can flourish as professional helpers.

Vanzant, C.E., Hayslip, J. B. (1994). Your Comprehensive School Guidance and Counseling Program (New York: Longman).

A brief handbook of practical ideas and activities to help school counselors conceive, plan organize, and evaluate their programs.

Wittmer, J. (2000).Managing Your School Counseling Program: K—12 Developmental Strategies (2nd ed.) (Minneapolis, MN: Educational Media Corp.).

This book is a practical collection of orginal chapters by school counselors, counseling supervisors, and counselor educators. Topics range from broad programmatic issues to specific concerns such as counseling gay and lesbian students, child abuse, or other special needs.

UCLA School Mental Health Project (information on program accountability) —http://www.smhp.psych.ucla.edu/specres.htm

Strengthening K—12 School Counseling Prorams — http://www.therapeuticsources.com/82—58text.html

Comprehensive Counseling and Guidance Program — http://www.cnw.com/~deets/guidance.htm

School Counseling, Psychological, and Social Serices — http://www2.edc.org/HealthsAcademic/counseling.asp

本章作業

1. 設計一張國小、國中或高中的學校諮商方案的簡介。並將之展示於課堂上，詢問在字義、簡明度，及吸引力上有無待改進之處。
2. 與另一位同學進行角色扮演，扮演你在電台上被對方詢問、介紹學校諮商師的角色與功能。
3. 評估一下你自己的時間管理能力。並列出你在時間管理能力上的優點有哪些？也列出你在時間管理上待克服的障礙有哪些？若你是學校諮商師，你將如何克服這些障礙？
4. 找一天去拜訪學校諮商師，並觀察諮商師是如何規劃其方案，並執行方案，以及是如何進行時間管理的。
5. 嘗試建立一個介紹你的學校諮商方案內容及目標的網頁。並在其中列出你將提供哪些服務及你將與哪些網站連結。
6. 分組討論後，提出若校長認為學校諮商師應多花時間在協調特殊教育、學校考試及其他行政事務時，你可以比較有說服力的論點。

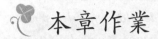

第六章 個別諮商和團體輔導

吳芝儀譯

諮商專業係以其基本功能來命名，並以此界定和描述隸屬於該專業成員之主要角色。如同第一章所述，諮商此一專業的主要功能，係在*1950*年代與*1960*年代之間，受到*Carl Rogers*及其他理論學者的工作所影響。在此一專業發展期間，在諮商師所服務的所有專業領域，無論是心理健康中心（mental health centers）、家庭診療室（*family clinics*）、監獄（*prisons*）、醫院（*hospitals*）或是學校（*schools*），諮商功能始終是所有人群服務實務的主軸之一。專業諮商師所提供服務之基礎，是諮商理論的知識和助人技巧的有效運用。

有效能的助人技巧（*helping skills*）包含與諮商師的理論和哲學觀點相容的所有行爲、技術、和實務。成功的諮商師對於選擇和發展有效的策略，以將其理論信念帶進其自身和受輔者之生活，均甚爲嫻熟。有效能諮商師的里程碑，是其採取特殊理論立場的能力，符應其個人獨特的觀點和信念，並培養出使用這些觀點和假定所必須的溝通和催化技巧，以協助自己和他人達成最大的發展。今日的諮商師也使用了這些觀點和技巧，以促進其和多樣化受輔者的關係，這些受輔者可能無法受益於以歐洲和西方觀點爲基礎所發展的助人模式。學校諮商師因爲要服務來自不同文化背景的學生和家長，必須對這些議題特別敏銳。

在本章中，我們要探討綜合性方案中兩項最基本的服務項目：個別諮商和團體輔導。此外，我們也會簡述某些諮商取向，特別是其理論和模式適用於學校諮商者。在探討這些與個別和團體諮商實務有關的歷程和模式之前，我們先來談談一些基本的問題：諮商是什麼？提供服務的對象是誰？目的爲何？

諮商是什麼？

諮商專業從一開始就不斷在討論、爭辯、努力釐清這個問題。許多諮商專業文獻均對「諮商」一詞有所界定，但至今仍未有一致性的定義。此一不一致性可能是因爲諮商師服務於許多不同的場域，且有不勝枚舉的理論觀點。在回答「諮商是什麼？」這一個問題之時，回顧一些歷史上的文獻資料，應是有用的。

回答這個問題的一項有效策略，是清楚地區分「諮商」和「心理治療」（*psychotherapy*）二者的意義。這在早期的文獻中是很常見的（*Shertzer & Stone, 1966; Stefflre & Grant, 1972*），至今此一傳統仍可見於許多諮商文獻上。例如，*Gladding*（*2000, p.6*）提到心理治療「強調下列議題：

* 過去，而非現在
* 洞察，而非改變
* 治療師的距離
* 治療師的專家角色

稍早以前，*Blocher*（*1966*）並列舉了五項條件，來界定諮商，以及諮商師和受輔者之間的關係。這些條件包括：

1. 受輔者並非「心理疾病」，而是有能力設定目標、做決定、而且能爲其行爲負責任。
2. 諮商關心的是現在和未來。
3. 諮商師基本上是扮演伙伴和教師的角色，受輔者是協同合作者，一起努力朝向彼此都同意的目標前進。
4. 諮商師並不將其價值觀強加諸於受輔者身上，且不試圖去隱藏他們自己的價值觀、情感和道德信念。
5. 諮商的目標是改變行爲，而非單純使個人獲得洞察。

Nystul（*1993*）注意到此一專業並未在「諮商和心理治療之間畫出明確的區分界線」，但主張「這兩項歷程之間有著微妙的差異」（*p.7*）。他以四項因素來區分二者：受輔者的類型（*types of clients*）、關係的目標（*goals of the relationship*）、處遇策略（*treatment approaches*）和專業場域（*professional setting*）。他的觀點是認爲，尋求諮商的受輔者係有與其生活選擇（*life choices*）有關的難題，然而尋求心理治療的受輔者有著更爲複雜的難題。諮商目標是短程的（*short-term*），然而心理治療多需要長程的涉入。依據*Nystu;*（*1993*）的說法，諮商中所使用的處遇是預防性的，而心理治療則較爲複雜且需處理潛意識歷程。他也提到，諮商可在許多不同的場域提供服務，但心理治療經常在私人機構、醫院和心理健康診所提供服務。

Eysenck（*1961*）則以幽默的口吻，將心理治療描述爲「一項尚未明確定位的技術，應用於處理非特定的難題，常產生無法預料的

結果。因此我們建議此一技術需有嚴格的訓練」(*p.698*)。對其他學者而言，此一論辯是很嚴肅的，因爲許多權威學者均爲諮商和心理治療的差異畫出明確的界線。一般而言，這些努力在於檢核各項歷程的目標、所服務之受輔者的類型、諮商師和治療師的訓練，以及助人關係的專業場域。例如，*Nugent*(*2000*)提及心理治療和諮商的不同，在於受輔者所呈現難題的嚴重程度(*severity*)。諮商策略多傾向於短程的，強調且關注發展性議題(*developmental issues*)。相反地，心理治療則聚焦於減弱心理和情緒上的難題，需要仰賴較深度且較長程性的處遇。

姑且不論這些試圖釐清諮商和心理治療差異的努力，許多學者相信，這樣的區分其實是不必要的。*Shilling*(*1984*)寫到：「區分諮商和心理治療的嘗試，是完全無效的。某些人認爲這樣的區分是不必要的」(*p.1*)。*George*和 *Cristiani*(*1995*)則說道：「某些實務工作者將這兩名詞視爲同義詞」，然而其他學者則「感覺到此一區分是必要的」(*p.3*)。

*George*和*Cristiani*(*1995*)所提倡的觀點，和我此處所要表達的相當接近。他們寫到：「諮商和心理治療兩者均應用一組共通的知識和共通的技術。兩者都涉及到治療的歷程，只是在受輔者所遭遇的難題或功能的嚴重程度上有所差異罷了」(*pp.5-6*)。本書認爲，其實並無必要去做更進一步的區分，或者去指出其他更多的相似性。畢竟，兩者的歷程是相似的，有許多重疊的要素和技巧。因此，在本書中，我們比較關注的是「諮商是什麼」，而非「諮商不是什麼」。

當代諮商文獻上對諮商專業的定義，係聚焦於大範圍的人類需求，包括預防性(*preventive*)、發展性(*developmental*)及補救性(*remedial*)的關係。在*1984*年，*Pietrofesa*, *Hoffman*和*Splete*認爲諮商是「一項歷程，由受過訓練的專業人員催化尋求協助者，使其獲得更大的自我瞭解，改善其做決定和行爲改變的技巧，以解決問題，或促進成長發展。」(*p.6*)。*Nugent*（*2000*）呼應此一觀點，並提出「無論他們在何處工作，諮商師協助個人、家庭和團體，化解衝突、解決問題，或在社會、文化脈絡中做出決定。」(*p.2*)。藉著建構其助人關係，諮商師爲廣泛的人群提供服務，而這些人基本上都是健康的、功能良好的人，有些人有著心理上和社會性的關注問題，而其他人則尋求提供資訊，或爲其未來的發展性決定尋求支持。*Gladding*（*2000*）總結了這些要素，將諮商界定爲「短期的、人際的、理論基礎的助人歷程，協助基本上是心理健康的人，以解決其發展上或情境上的難題。」(*p.8*)

學校是實施諮商歷程的特定場域。如同其他專業場域一般，學校的基本目的使得諮商專業將其關注焦點聚集在學生、家長和教師的教育目標。如此，學校中的諮商，即是協助學生、家長或教師的歷程，以學習到有關自己的知識，瞭解其個人特質、人類潛能和行爲，如何影響其與他人的關係；並在規劃其未來最大發展的同時，爲解決其目前的難題做出明智的選擇。應用此一較廣泛的定義，學校諮商師會去評估學生、家長和教師如何能從諮商關係中獲得最佳利益，並判斷他們是否是爲其提供服務的最佳專業人員。

誰需要諮商？

在小學、初中和高中學校中，諮商師爲許多理由提供服務。學校諮商師提供廣泛且彼此關連的服務，以協助人們解決問題和做出決定。很不幸地，因為諮商常被認為像心理學和精神醫療一般充滿著神秘的氣息，有些人相信諮商是對所有問題的解答。簡而言之，諮商應該「修復」那些沒有符合人們對其行為方式之期望的人們。例如，有時候，教師帶著學生來見諮商師，要求提供諮商，「因為學生在課堂中表現不佳，所以需要諮商」。雖然這類學生可以從其與諮商師的關係中獲益，但在這個情況下，對教師提供諮詢，也可以讓教師學習到有關學生的學習需求、學習風格或其他阻礙其學習進步的特質。在與學生進行諮商的同時，和教師建立諮詢的關係，將對學生有更大的助益。

當學生從父母和教師轉介而來，學校諮商師會首先詢問自己：「誰需要諮商？」決定是否提供諮商，在此一情況下是適當的，諮商師需探究許多的規準，並詢問許多問題。他們所蒐集到的資料，以及他們在廣泛探究之後所產生的答案，使他們能夠對諮商服務做出適當的決定。諮商師在檢視相關規準時，可能詢問的問題包括：

1. 受輔者對其情況的看法，與轉介他們前來的人相似嗎？如果只是別人所認定的問題，但被轉介者本身並未看到或承認問題所在，是很難提供諮商的。至少，被轉介者必須明白，在他和轉介者之間確實存在著某些衝突。
2. 受輔者是否覺察到有尋求協助和接受諮商的需求？並不是所有進入諮商關係的人，都有強烈的改變意願。*Gladding*（*2000*）觀察到大多數受輔者並不情願改變或沒有改變的動機。在此一情況下，當諮商師和受輔者建立了眞誠的工作關係時，仍是很可能會成功的。正如諮商研究不斷地證實，諮商師的眞誠（*genuineness*）在發展有效的助人關係時是最為基本的（*George & Cristiani, 1995*）。雖然受輔者並不情願和退卻，諮商師可以運用說服和面質，鼓勵受輔者嘗試採取行動，並想要維持助人關係（*Ivey, 1991; Kerr,*

Claiborn & Dixon, 1982; Olson & Claiborn, 1990）。

3. 在促成必要的改變之中，受輔者能有多大的控制力？能使受輔者成功的規準之一，是他們能獲取對問題情境的控制力。學校中的學生很少能對其生活情境擁有完全的控制力，小學低年級和中年級學生尤然。家庭關係、父母的藥物濫用、社經地位以及許許多多的因素，都超過學生個人所能控制的範圍。甚至，文化遺產、傳統和世界觀，都對學生的制控感有所影響（*Sodowsky & Johnson, 1994*）。

 在決定諮商是否適當時，諮商師需確定必須要改變的行爲或情境爲何，且判斷受輔者能夠影響改變的程度爲何？如果學生有能力控制情境，做出必要的調適，選擇未來可以因應的新行爲，則諮商就是適當的。至少，個別諮商也可以爲已經被他們所無法控制之環境所羈絆的學生，提供必要的支持，並促使其學到因應技巧，以度過無法忍受的難關。在今日的校園中，學生有著許多需要立即關注和處理的議題，如遭遇到家庭暴力的強烈威脅，遭受到身體、性和情緒上的虐待，藥物濫用等等。個別諮商可以協助學生獲得因應技巧，來克服這些受到壓迫宰制的情境。只要能夠存活下來，學生就有時間可以爲自己做好長期的規劃、發展新的技巧，且強化其正向的自我覺察。

4. 受輔者承諾要做改變、學習新的行爲，或尋求替代現在情境的方案嗎？若沒有受輔者的承諾，諮商就只是單向的，對諮商師和受輔者而言可能都是令人挫折的歷程。在諮商剛開始的階段，承諾可能是不存在的，但只要諮商師建立了和受輔者的眞誠關係，受輔者的觀點是被接納的，承諾總會出現。如果沒有某種程度的承諾，也就不會有諮商關係。

這些問題和回答，有助於諮商師評量受輔者是否準備好要接受諮商，且願意進入有意的諮商關係中。上述的問題和回答，聚焦於問題解決和危機導向的諮商。但如同先前所述，學校諮商也為許多不同的目的提供服務，包括發展性的目標和目的。在發展性的諮商關係中，轉介者（*referral agent*）（如父母和教師）或是受輔者（學生）均有可能會想要去探索機會、評量潛能，並促進與其他人之間的互動。藉著協助學生掌握促進其發展和成長的機會，學校諮商師也從「問題導向觀點」（*problem-oriented perspectives*），轉移至「廣角鏡」觀點（*wide-lens views*），來看待其助人關係（*Purkey & Schmidt, 1996*）。對於「誰需要諮商？」此一問題的回答，取決於這些助人關係的目標和目的。有效能的諮商可藉由建立適當且明確的目標來達成。

諮商的目標

諮商的目標是什麼？在表面上，這似乎是一個很簡單的問題，但這並不容易回答。斷定諮商關係的目標，取決於這究竟是誰的目標－諮商師的，或是受輔者的。有時候，諮商師的目標和受輔者不同。例如，一位高中學生可能只想要「教父母不要管我上大學的事」，但諮商師的目標卻是要協助學生自我評量、生涯規劃和做出教育上的決定。在許多方面，人們尋求諮商師的協助，是要尋找答案，和解決問題的方式。他們並不希望去改變他們自己的行為，也不想去做什麼重要的決定；相反地，他們只是希望別人可以有所改變，或為他們做出決定。

George and Cristiani（*1995, P.6*）提出大部分諮商理論和模式所強調的五項主要諮商目標：

1.促進個人的行爲改變（*behavioral change*）。
2.改善社會和人際關係（*social and personal relationships*）。
3.增進社會效能（*social effectiveness*）和個人的因應能力（*ability to cope*）。
4.學習做決定的歷程（*decision-making processes*）。
5.發揮人類潛能（*human potential*），並增進自我發展（*self-development*）。

這些諮商目標中，最根本的是強調個人的文化覺察（*cultural awareness*）和對文化多樣性的接納（*acceptance of cultural diversity*）。在今日的學校中，諮商師和其他專業都不能忽視協助學生更去覺察其文化影響的重要性，且對學生的文化差異具備相當的敏銳度。此一覺察和敏銳，會使我們的生活更爲豐富，並對社會和諧和進步有所貢獻。

在學校場域的諮商關係中設定目標特別地重要，因爲在學校場域中，找出解決方法及減輕學習的困難度，是相當重要的。學校諮商的基本目的，是要去促進教育上的規劃、擴展學習的機會，且促進學生的學習成就。在此一基本目的之下，學校諮商師在選擇個別諮商之目標時，可以考慮下列的指導原則：

1.使目標和學習的面向有所關連。在諮商學生時，促進其學習和發展是最終極的目的。所以，諮商目標應該與此一結果有某種程度上的連結。無論主要關注的焦點是社會的如同儕關係）、個人的（如失去所愛的人）或心理的（如恐懼和焦慮），諮商關係都必須要從如何影響學生之教育發展的脈絡中去省視這些議題。

2. 使教育目標的達成，可類推到其他的關係中。因為在學校中，諮商時間甚為寶貴，如果學生能將諮商中所學到的知識，應用於處理學校和家庭中的其他的關係和情況，將對學生有所幫助。

3. 使學生與他人分享其學習經驗和技巧的發展。如果個別學生能將其在諮商中所接受的協助與其他人分享，更能擴展其經驗。團體諮商、班級輔導和同儕協助方案，都是學校諮商師和學生可用以達成此一目標的工具。

4.盡可能使父母能參與其中。任何年齡的學生，從兒童到青少年，均能因父母的關愛、支持和教養而獲益。在諮商關係中，明智的學校諮商師可贏得受輔者的協同合作，並說服他們讓父母參與的重要性。在某些諮商關係中，如兒童受虐的個案，父母參與也許並不可行，但此一目標對大多數學校諮商而言，均是值得期待的。

知道諮商是什麼，斷定是誰需要哪一種諮商服務，且建立適當的諮商目標，使學校諮商師能夠創造出有益的關係。諮商是一項歷程，有其開端，有一系列的步驟或階段，而當預期的目標達成時它就會結束。就如同多如牛毛的諮商理論一般，目前也有許許多多的諮商模式可供選擇（*Brammer, 1994; Cormiew & Cormier, 1991; Egan, 2002; Ivey, 1993*）。有效的諮商模式，是諮商關係的基礎，可使諮商師能去結構和發展有效的助人歷程。結構（*structure*）和方向（*direction*）在學校諮商關係中，是相當適切的。

學校中的個別諮商

諮商的模式包括三個到多個階段。接下來我們要說明四階段諮商歷程，特定的階段提供諮商師建立有效諮商關係的一些藍圖。明白諮商關係中的這些不同階段，學校諮商師可以按圖索驥，持續一致地鼓勵學生和其他受輔者愈來愈接近其所設定的目標。

建立關係

諮商是一個揭露個人希望、期待、關注、恐懼和失敗的歷程，以試圖改變行爲、改變外在的因素，且設定未來的目標。這種親密的分享和溝通，只可能會在接納、瞭解和正向關注的關係中出現。諮商師盡一切努力去覺察受輔者所覺察到的世界（或情況），並正確地溝通其覺察瞭解讓受輔者知道時，他即展現了「同理的瞭解」（*empathic understanding*）。

「尊重」（*respect*）是諮商關係初始階段（*initial phrase*）的另一項基本條件。有時候也稱爲「無條件積極的關注」（*unconditional positive regard*）。尊重包括平等、均衡和共享的責任（*shared responsibility*）。在諮商中，沒有任何事會比歷程中的這個人來得更爲重要的，諮商師必須體認到每一個人的複雜性和獨特價值。在學校中，尊重學生個人價值的條件，亦是助人關係能否成功的關鍵。有時候，我們難免會發現，學校的設計、建築和結構方式，並未眞正關注到其意圖服務的主要對象，但學校諮商師有義務對學生展現積極主動的關注，顯示學生是有價值的、能負責任的、且能獲得尊重的處遇方式。

這樣的尊重並不容易達成。但尊重學生、關懷學生、展現最高度的專業，始能贏得學生、家長和教師的尊重。另一方面，那些忽略其義務、表現非接納的行為、揶揄嘲笑，及破壞教育和諮商專業的名譽者，不僅是對自己和他人的不尊重，也會被學生、家長和教師所排拒。

與尊重有關的是「眞誠」(*genuineness*)，能接納他人的諮商師，也較能夠揭露其對受輔者的眞實情感和反應。同時，眞誠的諮商師在其所說和所行之間也展現了一致性的行為。眞誠，有時也稱為「一致」(*congruence*)，使諮商師能做自己的樣子，而不扮演某種角色或躲在幕後。從尊重的關係中所產生的一致性，能溫和而正確地讓受輔者明白他們如何在別人面前表現和行動。

眞誠的催化反應，並不是粗率地、魯直地「讓學生知道眞正的生活就是這樣」。相反地，眞誠的諮商師會在同理和尊重間取得平衡，以誠實的意見和情感，建立彼此有益的關係。藉由分享情感和覺察的歷程，諮商師和受輔者建立有益的互動關係，使得助人歷程能從初始階段朝向更深度且有意義的探索去發展。

探索關注

諮商不僅僅是形成關係而已。它必須要運用此一助人關係去聚焦受輔者的關注，無論是發展性的、或問題導向的，以及對補救一個情境、習得新的技巧或促進自我覺察等做出決定。無法朝向下一個階段邁進的關係，並不能稱爲諮商。可能僅僅是朋友關係、一般會談、或其他類型的互動，但並不是專業性的協助。

有時候，學校諮商師似乎無法使他們的諮商關係超越建立融洽關係的階段，以對受輔者所關注的問題進行更深度的探索。有部分是因爲他們對特定的諮商理論和實務缺少瞭解。所有諮商取向在初始階段都運用相類似的技巧和行爲，以建立良好的工作關係。然而，在第一階段之後，不同諮商理論和模式所採用的語言、假定和信念，就會有甚大的差異。瞭解且秉持特定諮商取向的學校諮商師，也較能夠協助學生做更進一步的探索，且採取行動來回應學生的關注。

「探索階段」（*exploration phrase*）的特徵是諮商師所選擇之特定取向的構念（*constructs*）、語言（*language*）、技術（*techniques*）和策略（*strategies*）。例如，阿德勒學派（*Adlerian*）諮商師聚焦於出生序（*birth order*）、家庭星座（*family constellation*）、行爲目標（*goals of behavior*）、自卑感（*feelings of inferiority*），及其運用生活風格評量技術（*lifestyle assessment techniques*）來協助受輔者瞭解其私密性邏輯（*private logic*）及其與生活的關係（*Sweeney, 1998*）。相反地，行爲學派諮商師界定特定的問題行爲、蒐集基準線資料、檢核行爲的刺激源和前提事件，發展行爲技術如技巧訓練（*skills training*）、放鬆訓練（*relaxation training*）和系統減敏感法（*systematic desensitization*），來矯正或改變行爲。

明瞭這些理論基礎及其對人類發展之假定，且秉持與這些假定相容之特定技巧和技術的學校諮商師，較能對其他人的生活產生有益的影響作用。而且，他們更能引導學生對其所關注之問題進行充分的探索，選擇化解衝突的替代作法、獲得更充分的覺察、且做出充實生活的決定。如此，才能使諮商關係進入下一個階段，稱爲諮商的「行動階段」(*action phrase*)。

採取行動

未能包含明確且限定的行動以回應受輔者之關注的關係，並不是諮商。稍早，你學習到在諮商初始階段設定目標的重要性。諮商關係的行動階段能使受輔者和諮商師去實現他們所選定的目標。和探索階段相類似的是，行動階段是受到諮商師的理論信念和助人模式所主導的。例如，心理動力取向通常重視洞察的發展、態度和信念的重新導向、重新界定目標、且選擇替代性的行爲。相反地，行爲學派的策略則多包含社會學習模式、行爲契約、技巧訓練、自我監控(*self-monitoring*)、做決定模式和其他類似的策略。

在行動階段，諮商師和受輔者需同意採取特殊的計畫和策略，且監控此一計畫的執行過程，並評估其所用策略之結果。當評估指出問題已經被解決了，諮商師和受輔者即有機會去檢核其他的議題，或其他能促進成長發展的領域。此時，諮商關係可能會再次返回到探索階段。當受輔者並無其他的關注或議題時，諮商關係就可以結束了。

結束關係

所有的關係都會有結束的時候，無論是自然的或限於情境的。

諮商關係並無不同，也會來到最後的階段，稱為「結案」（*closure*）或「終止」（*termination*）。在此一階段，諮商的目的和目標已被成功地達成了，是可以向其他目標或其他關係邁進的時候了。

Gladding（*2000*）強調此一諮商階段是所有階段中最不被瞭解且最常被忽略的。也許這是因為在許多成功的助人關係中，諮商師和受輔者都覺得很難割斷連結彼此的臍帶。某些時候，結束助人關係的想法是相當具爭議性的，因為從定義上來看，助人關係應該是持續的。然而，從另一方面來看，並未設定結案之時間架構的諮商關很可能會無限期持續，但並未能使充分地探索關注、承諾改變、或做出適當的行動計畫。這是對諮商師時間的不當運用，且對受輔者的被動欺瞞。

在學校諮商中，結束助人關係需要受到更多的關注和考量（*Henderson, 1987a*）。因為學生會維持同一個諮商師，特定助人關係的結束，並不同於諮商機構中諮商師終止與受輔者的關係。在校園中，不再接受個別諮商的學生，仍會有其他的方式和諮商師互動。他們可能會來找諮商師談論有關生涯的資訊，參與班級輔導，或在參與課外活動時接受諮商師的督導。由於這些互動是持續不斷的，個別諮商關係的結束必須漸進地規劃和執行。

某些情形下，結束和一個學生個別諮商的決定，必須會同家長、教師共同參與。結束諮商關係也可能在諮商的後期階段漸進式地協助學生做好準備。藉著增強學生的進步情形、強調他們所習得技巧、鼓勵他們表達有關結束諮商關係的情感、且協助他們尋找其他提供持續支持的管道，學校諮商師可適當地結束其成功的助人關係。

因為學校諮商師必須為廣大的學生群提供大量的服務，他們通常沒有時間持續長期的諮商關係。雖然學校中的諮商關係並不可能（或不應該）限定諮商單元數，當代諮商取向多鼓勵短期諮商（*brief counseling*）的模式。學校諮商師應該要有充分的訓練去展現其介入技巧，特別是建立諮商關係和短期諮商方面。

短期諮商

如本書所言，諮商是同時具備教育性和治療性的歷程。學校諮商師致力於協助學生確認其發展和學習上的關注，同時協助學生探討他們可能改善的生活領域。短期諮商所重視的就是發展性的議題，或在相對而言較短程的時間內（可能在幾個單元之內）修復其現存的難題。短期諮商的哲學和諮商專業最新近的發展是一致的，鼓勵「對於問題如何產生或如何持續，僅給予最少量的關注」（*Huber & Backlund, 1992, p.15*）。一般而言，短期諮商可以化解迫切的困難或做成教育或生涯決定，對於協助學生改善其立即性的情境是適當的。

短期諮商在文獻上多所倡導（*Amatea, 1989; Bruce, 1995; Davis & Osborn, 2000; Lopez, 1985; O'Hanlon & Weiner-Davis, 1989*），且應用於心理動力和認知行爲取向（*Nugent, 2000*）。這對於在學校中受到時間限制的諮商師特別有價值（*Amatea, 1989; Bonnington, 1993; Bruce & Hooper, 1997; Harrison, 2000*）。簡而言之，短期諮商通常以特定的關注焦點或學生行爲問題爲核心，傾向問題導向的策略。在大多數情況下，短期諮商依循著一系列步驟來探討由諮商師或學生所提出的問題。下面要列舉三項彼此獨立但類似的諮商模式。

Lopez（*1985*）提出短期諮商的四步驟模式（*four-step model*）可運用於學校諮商場域：

1. ***請學生以具體的詞彙來描述他想要改變的是什麼***。在此一步驟中，諮商師探索學生所關注的問題、擔憂、或阻礙發展的行為。諮商師評量其情境，並試圖縮小學生最主要的關注範圍。
2. ***檢核學生已經做了什麼***。大多數學生都知道他們何時開始關心這個問題，或是何時面臨這個難關，而且他們也曾經嘗試過要去解決問題。在這個步驟中，諮商師協助學生逐一檢視他們到目前為止曾經嘗試過的所有努力，看看有什麼可以進一步採行的，或是如何改變可以使之更為成功。
3. ***清楚地確定目標***。學校諮商要能成功必定要有明確的目標。因此，學校諮商師和學生必須要建立可評量的目標，才能知道助人關係是否有效。
4. ***發展和執行策略***。為了確保諮商能成功，諮商師和學生必須要創造一些能達成預定目標的合理策略。

運用此一四步驟模式，*Bruce and Hooper*（*1997*）研究了來自美國中西部學校的五十四位學生，包括二至七年級。他們發現，「在學生能力和控制之內的特定行動，可產生快速的結果和維持效果」（*p.182*）。

Myrick（*1997*）為短期諮商創立了一個類似的序列性結構（*sequential structure*），稱之為「系統性問題解決模式」（*Systematic Problem-Solving Model*）。 諮商師要求學生要回答四個問題：（1）問題或情境是什麼？（2）你嘗試做過什麼？（3）你還可以再做什麼？（4）你下一步要做什麼？如同其他的助人取向一般，*Myrick*的模式在剛開始提出問題時，需要諮商師具備高度的催化技巧，一方

面促進關係的建立，二方面也能更為快速地處理行動的問題（*Harrison, 2000*）。

焦點解決諮商（*Solution-focused counseling*）是另一項可運用於學校諮商的短期諮商取向（*Bonnington, 1993; de Shazer, 1985; Harrison, 2000*）。這個取向的基礎，是假設學生的難題係由於他們相信困難會一而再地發生。依據*Harrison*（*2000*）所言，「學生經常看到自己是有缺陷的，或有一些不對的地方」（*p.92*）。諮商師在協助這些學生時，需聚焦在他們「做對了什麼」（*what is right*），而不是他們「做錯了什麼」（*what is wrong*）。達成此一目標的策略之一，是由*de Shazer*（*1991*）所發展的「奇蹟問題」（*miracle question*），詢問學生：「當你明天早上醒來時，你已經不再有這個難題了，那時會發生什麼事？會有什麼不同？你怎麼知道問題已經解決了？」這類問題的重要關鍵在於「會發生什麼」（〝*what will*〞*happen*），而不是「可能發生什麼」（〝*what would*〞 *happen*）。「會」（*will*）一詞更強調當這個問題不存在時，可能會有所不同的狀態。

Bonnington（*1993*）提出焦點解決諮商的三項主要任務是：（1）引出與學生不同的描述，（2）協助學生擴大這些差異，（3）協助學生持續做出改變（p.127）。

藉著此一並不複雜的結構，學校諮商師採取實用的諮商程序，發展與學生之間的短程關係。這有幾個目的。首先，它顯示的是學生並不是「生病了」（*sick*）、「有情緒困擾」（*disturbed*）或是「變態」（*abnormal*）；相反地，他們是有能力解決自己問題的健康的人。其次，短期諮商的形式對於諮商師的時間作了最有效率的運用，使諮商師更能為學生或學校負責任。最後，短期諮商鼓勵獨立、自我負責和自我依恃，適合作為學生的發展目標。

如同所有諮商取向一般，短期諮商模式也必須將學生的最大利益牢記在心。如稍早所說的，短期諮商需要運用和其他諮商模式相同的催化技巧，因此，以協助之名對學生實施操弄和不合理的控制，均是對諮商師角色職務的不當使用，即使不必然違反諮商倫理，但也是有問題的。

短期諮商模式的另一項應用，是「危機介入」（*crisis intervention*）。學校中所反映的是整個社會的趨勢和關注焦點，因此，在家庭和社區中所發生的危機，也會被帶進學校情境中。學校諮商師必須做好準備以對具有緊急問題的學生提供諮商。

危機諮商

除了對具有發展性問題或是關係上之難題的學生提供諮商之外，學校諮商師也常必須爲學生進行「危機導向」（*crisis-oriented*）的諮商，並在將學生轉介至社區中其他專業機構之前，和學生建立初步的助人歷程。危機需要立即性的介入，一開始先對學生所面臨的危機和風險程度進行評量，包括訪談學生、家長、老師和其他人，觀察學生的行爲、檢視其醫療紀錄、使用問卷，及其他任何適合此一情境的方法和工具。

本質上，危機諮商常是指導性（*directive*）和行動導向的（*action-oriented*）。當學生處於危機之中時，諮商師並沒有充裕的時間讓學生停下來去進行自我省思，或對其知覺和關注進行深度的自我探索。「典型上，處於危機中的學生需要指引方向，只有在他們穩定下來和感覺安全之後，他們才能去擔負自我決定的責任。在他們擬定了一些初步計畫且有了一些初步的成功經驗之後，他們才能逐漸承擔起自己的責任。」（*Schmidt, 1991, p.176*）

危機諮商的最後一個層面，如同其他所有助人關係的形式一般，是後續追蹤（*follow-up*）和對結果的評估（*evaluation of outcomes*）。當學生有了一些改變、調整了他們的行爲、選擇了方向，或做成了一些與諮商目標相切合的重大決定時，學校諮商師即須評量其結果。即使學生在諮商關係中有了相當的進步，學校諮商師也必須要決定他們在其能力範圍之內所做的事是否已經足夠了。否則，諮商師需將學生轉介至學校或社區中的其他服務機制。

亦如同短期諮商，危機諮商經常是系統性的、結構的、有步驟的程序。在進行危機介入的所有時間內，主要介入焦點均在於受輔者的安全和福利。在學校內，危機可能發生於許多方面，從一位學生或老師的突然去世，到侵入校園者所施行的暴力攻擊行動。所以，運用團隊策略，始能結合許多教職人員、行政人員、諮商師、教師等的各類專長，藉由此一團隊策略，學校可以讓每一位專業人員擔負特定的責任，來有效地處理危機。這意指學校諮商師應在此一團隊中扮演重要的角色，對處在危機中的學生和教師提供第一線的協助。諮商師須在評量情境之後，判斷決定哪些項立即性的服務是必要的，保護處在危機或易受傷害的學生之安全，與其他團隊成員聚會研議並規劃進一步的行動。此一團隊模式一方面依賴和運用不同專業人員的專長和技能，而學校諮商師則負責評量個人的需求和整體的學校氣氛，爲學生和教師提供初步的諮商服務，以及其他類型的支持。

諮商取向

學校諮商師所接受的專業訓練係有關助人的不同理論和取向。雖然有不計其數的理論和模式可以選擇，有一些取向在學校諮商中特別受到重視。實務上來說，大部分的學校諮商師，類似服務於臨床場域中的諮商師和心理師，秉持著「折衷式」(*eclectic*)的哲學(*Corey, 1996*)。折衷式諮商是將許多相關連的理論、取向和技術加以整合，成為一個個人化和系統化的歷程。最近這些年來，折衷式諮商在諮商文獻上同時受到鼓勵和譴責(*Rychlak, 1985*)。當諮商師依據其目的和瞭解，有系統地選擇了一些取向，其統整性的風格使其可為受輔者提供更多的選擇。然而另一方面，當選擇的歷程是不假思索的、隨意的、並沒有任何理論基礎，諮商歷程可能就會失去焦點、也沒有清楚的導向。如*Corey*所言，「這就是所謂的烏合(*syncretism*)，實務工作者抓到什麼是什麼，經常不會努力去看看這些治療歷程是否真的有效」(*Corey, 1996, p.448*)。

如稍早所述，現有不計其數的諮商裡論和取向，諮商師必須從中做出邏輯性的選擇。同樣地，學校諮商師所面臨的挑戰也是要在一段合理的時間內去協助學生、家長和教師，評估其所處情境、探索其關注重點、檢視可能的替代性選擇、並做成決定。這兩種狀況都讓學校諮商師必須要採取統整性的立場，從許多在學校場域中實施有效的取向做出適當的選擇，因此，他們必須在相容的理論和取向中尋找共通的元素，並辨認出這些不同的哲學和實務上的重要差異。奠基在不同的觀點上建立一個折衷模式的諮商師，如能對其所選擇的取向具備充分的知識，對相關的研究發現瞭如指掌，且對治療目標具有明確的認識，那麼他就會是成功的。

團體程序

學校諮商師須尋找能使所有學生充分發展其潛能的介入策略。雖然個別諮商關係能有效地協助特定的學生，但一對一的歷程並不是將諮商師時間和資源做最有效率運用的方式。更重要的是，個別諮商關係常無法充分利用人類資源，而團體方法則能讓諮商師接觸到更多人，且有效地運用其他人的助人潛能。

在第四章中我們會介紹兩類學校諮商師常用的團體歷程：團體諮商（*group counseling*）和團體諮詢（*group consultation*）。團體諮商是一項保密的助人關係，諮商師鼓勵團體成員聚焦在其所關心的發展性、預防性或補救性的議題。團體諮詢常運用包含教學性、資訊性的活動和問題解決的歷程。團體諮詢的實例，包括教師的在職進修活動、班級輔導課程和父母教育方案。諮商師需有清楚的理論基礎，才能說服行政人員、教師和家長，參與哪一類型的團體。

團體歷程的理論基礎

在教育史上，許多哲學家和學者門都鼓勵學校要採取主動積極的角色（*a proactive role*），以灌注價值和發展學生的品格。*Kohn*（*1991*）提出品格教育（*character education*）的歷程應該包括關懷他人（*caring about others*）。他指出，「假如我們設計一個邏輯性的場域，引導兒童關懷他人、同理他人、且協助他人，那就必須要布置一個能讓他們定期與同儕接觸且引發此一學習的情境。」

（*p.499*）。學校提供了理想的場域，而學校諮商方案中的團體輔導和團體諮商，則提供了結構性的情境，可使學生學習到同理的行爲、問題解決技巧和培養合作及利社會的特質。

今日的學校受到來自社會各個層面和各種勢力的譴責，要求要全面檢修其所提供的服務、改善其教學品質、並促進學生的學習。學校諮商師應該是此一運動中的一份子，且事實上應該作爲改變的領導者。學校諮商師的最主要角色是改變的促進者（*Dahir et al., 1998*），意指在其所從事的所有活動，特別是團體歷程中，其主要功能均在於促進改變。藉著倡導在學校的教學和諮商方案中運用更多團體歷程，諮商師應用其專業知識以重新建構教育之歷程，並促進學生的發展和學習。

在下一節中，我們將聚焦於說明了兩類特別適用於學生的團體歷程：團體諮商和團體輔導。這一節所呈現的是這兩類團體的目的及其長處和限制，以及諮商師如何在學校中進行團體。一開始，我們要先來將團體諮商和團體輔導做個界定和區分。

團體諮商和團體輔導

團體諮商和團體輔導是學校諮商師用以處理許多學生之關注問題和興趣的兩種歷程。許多學生所關注的問題在本質上的相似的，有時候這些是正常的、發展性的議題，如結交朋友、適應身體上的改變、做出教育上的決定，及學習解決問題的技巧；有時候，學生會遭遇到一些主要的難題，如必須立即處理的突發的危機。團體歷程提供了有效率和有效能的方式，得以協助學生處理這些不同的議題，從教育上的計畫，到失去親愛的人的悲傷。團體可以提供多樣化的活動，容納具有不同目的的不同類型成員。學校諮商師的角色之一，是選擇適當的團體歷程，來符合這些廣泛的需求。

許多文章已詳細地描述了團體的歷程和程序（*Corey & Corey, 2002; Gazda et al., 2001; Gladding, 1999*），*1950*年代之後的學校諮商文獻也鼓勵運用團體輔導與諮商，倡始者是*Driver*的《透過小團體討論進行諮商和學習》（*Counseling and Learning through Small Group Discussion*）。今日，「美國學校諮商師協會」已將團體諮商和輔導界定爲小學和中等學校諮商師所提供的主要服務之一。

依據*Myrick*（*1997*）的觀點，團體諮商透過「使學生可以一起工作來探索其想法、態度、感受和行爲，特別是有關於個人發展和學校中進步情形的獨特學習經驗」，已然是「在學校中被認可的諮商介入之一，切合許多學生的需求」（*p.183*）。藉由運用團體諮商，學校諮商師鼓勵學生之間的互動，催化其彼此協助的意願和能力。在一位訓練有素的諮商師的帶領之下，學生可以分享其關注的問題、在一個安全的環境之下自我揭露，傾聽其他團體成員的想法和意見，並給予彼此支持和提供建議。

團體的目的和性質

團體諮商和團體輔導之間的一個主要的差異，在於團體諮商創造了一個保密的和個人化的關係，而團體輔導在性質上更具有教學性（*instructional*）和資訊性（*informational*）。*Gladding*（*1999*）說明團體輔導的目的在於透過資訊的分享和技巧的發展，預防個人或社會困難的發生。一般而言，團體輔導最初的發展是爲學校場域中的「心理教育團體」(*psychoeducational groups*)，主要是透過學習來促進發展。*Myrick*(*1997*)鼓勵諮商師區分「大團體輔導」(*large-group guidance*)和「小團體諮商」(*small-group counseling*)，明白這兩種類型團體的目的和其運作的方式。

團體諮商的目的，是讓成員去探索影響其發展的議題，並形成可以彼此接納和支持的親密關係，以解決或因應其所關注的問題。如上所述，團體輔導在性質上更具有教學性，並在人際互動的深度和與團體成員分享的程度上，不同於團體諮商。雖然團體諮商和團體輔導中應用了許多相似的團體領導技巧(*leadership skills*)，團體輔導活動會比團體諮商來得更具解說性(*didactic*)。典型上，輔導團體聚焦於特定的學習目標或學生發展所需要的資訊。簡言之，在團體諮商和團體輔導上的差異，在於團體的目的(*purposes*)、團體成員之間的人際互動程度(*level of personal interactions*)、諮商師的領導行爲(*leadership behaviors*)，以及團體的規模(*size of groups*)。

諮商師應用不同形式的團體工作活動，以補個別諮商關係之不足，且在團體歷程中接觸到更多的學生。

團體的規模

團體規模的決定取決於團體的目的、團體成員的年齡、規劃單元數目、及準團體成員所提及的問題性質和嚴重程度。如協助的對象是年幼的小學學童，*Gazda*及其同事符（*2001*）建議參與團體諮商的人數應不超過五位學生。如對象是青少年和成人，團體可以較大一些，但團體規模較大時，成員之間的凝聚力（*cohesiveness*）也會減弱（*Jacobs, Harvill, & Masson, 1988*）。一般而言，「團體應該要有足夠的人員，才能有不拖泥帶水且充分的互動，但也要小到足以使每個人都有機會經常參與，且不失去團體的感覺」（*Corey, 1995, p.90*）。

Myrick（*1997*）將大團體輔導界定爲包含超過十位以上學生的歷程。他觀察到如果諮商團體的規模大於十人以上，團體歷程會變得較不明確，且有可能改變團體的目的。如此，則團體歷程會不同於諮商，顯得更具有教學性和資訊性，團體成員的個人涉入亦較少。

團體程序和綜合性方案

團體輔導和團體諮商兩者，均是綜合性學校諮商方案的主要功能。然而，許多文獻卻指出，有些學校諮商師「並不被鼓勵實施小團體諮商，因爲遭遇到來自行政人員、教師、或家長似乎無法克服的抗拒」（*Bowman, 1987, p.256*）。同時，其他諮商師也由於感到自己領導技巧和能力均有所不足，而抗拒實施團體歷程。在一項針對小學、初中和高中學校諮商師所進行的全國性調查中，*Bowman*（*1987*）總結諮商師對於團體程序的觀點，發現：

1. 所有教育層級的諮商師均同意小團體輔導和諮商是其方案中所包含的重要功能。
2. 諮商師運用團體聚焦於許多不同的討論主題，取決於學生的發展階段和需求。
3. 諮商師同意，如果他們能增加規劃的團體數量，其學校諮商方案可以更爲有效；但同時他們也提到重新安排可用的時間來進行此項活動有其困難，而取得教師的支持也是一項重要的挑戰。
4. 高中諮商師指出，在其所服務的學校中規劃和領導團體，比諸在小學和中學層級，更爲困難且不可行。
5. 有關諮商師是否需接受訓練來有效地實施小團體輔導和諮商，諮商師間的意見相當分歧。只有*22%*的諮商師指出他們需要額外的訓練來實施有效能的團體。

團體歷程在綜合性學校諮商方案中的重要角色，在文獻上、諮商師訓練方案中、在諮商師之間持續受到重視。決定在其學校方案中建立團體諮商和團體輔導服務的諮商師，通常會選擇最適合其學校場域中執行的團體結構（*group structures*）。

團體結構

在小團體輔導和團體諮商中，基本上有著兩類型的結構–開放式和封閉式。開放式團體（*open group*）允許學生視需要隨時可進入或離開團體，且團體單元的規劃並不限定進行期間。相反地，封閉式團體（*closed group*）一開始就有確定的成員，持續參與團體直到團體結束爲止。在封閉式團體中，常透過篩選的歷程來選出特定數量的成員，這些參與者需參加所有單元，且一直參加到最後一次團體。*Corey* （*1995*）評論，「此一實務使成員關係具有穩定性，使得持續進展是可能的，且促進凝聚力。」（*p.89*）。封閉式團體的一個主要的問題是，一旦有太多成員停止其參與，其支持網絡就會瓦解。相反地，開放式團體以新成員取代離開的成員，新加入的成員可以爲團體帶來嶄新的觀點和想法。雖然開放式的結構可能會帶來新的刺激，但是加入新成員到一個團體的風險是常會影響到團體早先已建立起來的凝聚力。

就定義上來看，封閉式團體是結構的，且具有緊密的規劃，可能對想要依據明確時間表和例行常規行事的教師和行政人員較具有吸引力。開放式團體可能會使學生感到困惑，且很難記住他們參與了哪一個團體、什麼時間要聚會等。而且，封閉式團體的學生可以知道他們的團體什麼時候會結束，在實務上，這能使學生聚焦在他們所關注的問題上面，更能有充分的準備去討論議題，且嘗試新的行爲來處理其難題。藉由知道團體什麼時候會結束，學生和諮商師可以設定一條時間線來催化所期待發生的改變。相反地，開放式團體可能非意圖地鼓勵成員去揭露其所關注的問題，或不去做出能影響改變的必要決定。

與團體結構和成功有關的一個面向，是成員的參與。尤其是每一位成員對團體的志願性參與，而不是非志願地被指派參與，在團體的運作上會產生重要的差異。在學校中，學校有時候會被要求參與團體，來處理其行爲問題、學業進步的問題、酒精和藥物使用的問題，或是發展上的其他問題層面。某些案例中，學生可能被指派參與團體，作爲他們可以在學校中持續進步和出席的條件。這些學生可能都不是情願參與團體的人。運用團體程序的學校諮商師應該要遵循與志願參與有關的倫理守則，爭取所有團體成員的合作（*Gladding, 1999*）。

即使某些學生被指派參與團體是非志願的，重要的是他們實際上的參與—分享、自我揭露和支持他人—仍須是志願的。雖然諮商師可能是因家長、教師和行政人員的轉介才開始進行一個團體，但學生仍必須是志願性地參與。學生在團體中可以選擇不對團體做出任何主動的貢獻。對於團體關係具備高度技巧的有效的諮商師，會運用所有領導能力去鼓勵這些學生，並邀請他們基於其自身和其他成員的利益之上來參與團體。

學校諮商師在判斷其方案中需包含哪一類型的團體、且謹慎地選擇適當的團體歷程時，也界定了他們在領導團體中的專業角色。因爲教師和父母有時候會反對將學生帶離開班級教室的服務，諮商師應該要有清楚明確的建立團體的歷程，讓人們明白方案的內涵、謹慎的選擇和納入學生、規劃團體單元及獲得同意。第五章曾說明在綜合性方案中建立團體的一些想法。

領導團體

小團體諮商要求諮商師具備和個別諮商同樣的理論和取向的知識。團體諮商的歷程與個別諮商相似的是，團體成員一開始即須建立關係，接著探索其所關注的問題和對他們而言相當重要的議題，檢視一些可能的替代作法和策略，並建立個別的行動計畫。當所有的議題都已被充分地探討，且行動計畫也已執行之後，團體就進入尾聲了。積極的傾聽、適當的提問、充分的結構和其他溝通及領導技巧，都是與學生進行團體工作所要具備的。

小團體輔導需運用到如諮商所用的溝通技巧（*communication skills*），以及班級輔導中所用的演示技巧（*presentation skills*）。由於小團體輔導的形式是教學性的或是資訊性的，諮商師傾向於運用到較多的解說技巧（*didactic skills*）。有時候，團體輔導會包含一整個單元，聚焦於特殊的學習目標，此時，諮商師時間的有效運用、材料的準備、團體管理技巧及接納其他學生之評論來評鑑單元之效能，都可確保大部分學生達成單元的目標。

在團體諮商和小團體輔導中，諮商師必須秉持其領導的角色，均是重要的。爲此，在篩選成員的訪談伊始，諮商師即須和成員設定一些基本的規則，並在第一次團體和後續的單元中，視需要再次覆誦這些規則。以下羅列的是一些在團體諮商和小團體輔導中常見的基本規則的實例：

1. 在團體中設定你的目標，愈早愈好，並堅守你對達成這些學習目標和行爲目標的誓諾。
2. 將你所關注的問題在團體中提出來，愈早愈好，並誠實地討論它們。

3.傾聽團體成員的意見和關注問題，同時尊重他們的觀點。
4.對於團體中討論到的資訊必須保密。你可能會和父母討論到你所說的話，但你不可以討論其他成員在團體中所揭露的事情。
5.必須準時參與團體，並持續參與完整個單元。
6.接納和尊重諮商師領導團體的角色。
7.同意團體的決定必須基於團體成員的共識。

基本規則為團體歷程中的合作關係奠定穩固的基礎。結合有效的諮商技巧，基本規則和團體的其他結構面向，增加團體諮商和小團體輔導得以成功的可能性。為了確保團體服務的適當運用，諮商師必須瞭解此一助人關係的所有優點和限制。

團體諮商的優點

1.團體諮商提供了社會性場域，使學生能在此分享其所關注的問題、演練新的行為、並在安全且不具威脅的環境中彼此支持。在團體中，學生有機會可以交換彼此的想法、檢核其對自己和他人的假定，並能比較自己和他人的不同觀點。而個別諮商並無法提供這樣的機會，使學生擁有如此廣泛的經驗和交流。
2.學生可藉由在團體中分享彼此所關注的問題，學習到其他人也都有一些共通的議題和想法。此一與他人認同的過程，增進團體的凝聚力，並促進對於學生關注問題之瞭解。
3.團體諮商鼓勵傾聽和催化學習。為了使團體成員能學習到瞭解、同理，並協助同儕，他們必須發展有效的傾聽技巧。

任何有助於學生改善其傾聽技巧的活動，對於學生的學習歷程應該都是有益的。

4. 團體中會有在控制範圍內的「同儕壓力」（*peer pressure*），鼓勵和面質學生有關於阻礙其在學校中發展和進步的行爲、目標和態度。在一位有能力的團體諮商師的引導之下，學生會溫和地說服和引誘其同儕接納團體所作成的有關改變的共識，並選擇適當的行動計畫。
5. 團體諮商是行動導向的。將學生安置在團體中接受諮商的目的，是爲了協助他們選擇目標、確定他們在生活中所想作的改變、形成行動計畫，並執行步驟以實現其目標。這些決定歷程和技巧對學生的所有學習和發展的領域都是有價值的。
6. 團體諮商可能比個別諮商較不具威脅性。在一對一的諮商關係中，學生有時候會對諮商師的出現感到厭煩，或在沒有其他人支持之下不願意分享其個人所關注的問題。
7. 團體諮商是比個別諮商更有經濟效率的，在同一時間範圍內可容納更多學生接受服務。雖然這是團體諮商的優點，但也不應該將個別諮商列爲較不重要的等級。在學校諮商方案中，團體諮商和個別諮商均是重要的服務項目，學校諮商師必須以學生的需求、助人關係的目標及求助學生的偏好爲基礎來考量何者適當。

團體諮商的限制

1. 有效的團體工作有賴高度的領導技巧。團體諮商較之個別諮商更爲複雜，因爲必須考量的因素和歷程中動力都是多面向的。依據 *Myrick*（*1997*）的說法，試圖運用團體的諮商師「可能感覺到較不具控制力，因爲團體中有的是需要特殊關照的人，而且在其間有著更多需要加以觀察和管理的互動。」（*p.221*）。

2. 團體諮商有賴諮商師具備高度的能量，維持團體的方向、平等地對待成員、建立有效的關係。當諮商師企圖在一段時間內領導太多個團體時，很可能會有倦怠感。維持團體的動力，並使每一位團體成員有效地參與，在情緒上和體能上都是非常耗費心力的。
3. 規劃團體的時間表可能是困難的。對學校諮商師而言，一次要找一群學生離開班級教室來參與團體，會比一次找一位學生困難得多。能和教師同事密切合作的諮商師，在規劃團體諮商的時間表時，比較有可能成功。
4. 團體諮商可能並不適合某些學生，也不見得有效。如具有嚴重行爲違常或其他功能不良問題的學生，可能並不適合團體歷程。違規犯過的行爲、有限的認知能力及嚴重的情緒障礙等，都可能限制團體成功的可能性。

團體輔導的優點

1. 在團體輔導中，諮商師和教師能將資訊和教導傳授給較大量的學生。團體輔導可以協助更多的學生，開啓了討論和分享的管道，這在協助個別學生時是做不到的。
2. 團體輔導並不要求任何有關諮商理論和技術的特殊訓練，因爲它使用到的是教學歷程。具有高度催化技巧的教師在進行團體輔導時可能就會相當成功了。
3. 輔導最好以跨學科方式來實施。團體輔導活動可以與學校課程中的其他學科加以統整，例如語文、社會學科、數學、健康體育等。

4. 由於團體輔導重視人類發展和關係的正向層面，可以促進整體的班級或學校環境。學生透過班級輔導所學習到的資訊和行為技巧，可被應用於處理其生活中的個人、教育及生涯的目標。

團體輔導的限制

1. 因為輔導性團體較具有教育性和資訊性，而非治療性或促進個人成長，因此對於在生活中或在學校中遭遇衝突或嚴重困難的學生，可能不會產生重大的改變。然而，團體輔導活動經常有助於找出這些學生，教師即可轉介至學校諮商師，以接受更深度且密集的處遇。
2. 由於團體的規模較大，輔導活動並不允許團體成員有如同團體諮商中較多的互動。因此，個人支持、關懷和信賴的發展，都不如團體諮商中深入。
3. 團體輔導並不必然對所有團體成員提供個別的協助，以使其達成個人、教育或生涯的目標。當團體輔導的設計在於討論一系列的主題時，為了達成輔導課程的教學目標，學生個別需求的關照即很可能會被忽略。相反地，團體諮商直接聚焦於每一位團體成員的個別需求和期待。
4. 因為團體輔導所使用的是教學歷程和技術，團體規模經常在二十五位學生以上，諮商師在進行活動時經常必須更具有結構性和指導性。此一領導風格，對於偏好在諮商關係中學生更有表達自由的諮商師而言，是相當格格不入的。

在決定學校諮商方案終究要使用個別諮商、團體諮商或團體輔導等策略時，諮商師必須考量每一項策略的所有優點和限制、諮商服務的基本目標，自身的個別諮商和團體領導技巧、以及學校和社區對於這些服務的接納程度。此外，諮商師對於其所選擇之諮商模式的效能和其所提供之團體服務的不同類型，需熟悉相關的研究發現。

有關諮商的研究

大多數對於諮商的研究發現，均聚焦於由*Rogers*（*1951*）所首先提出的「核心條件」（*core conditions*）之上。雖然他發展了個人中心諮商取向，其後並提出與此一取向密切關連的一些條件，但學者對於其他諮商模式的研究也一致地指出，這些諮商師的品質對於所有助人關係均是重要的。*Rogers*、*Carkhuff*、*Truax*、*Berenson*和其他許多位學者，廣泛地檢核真誠（*genuineness*）、同理（*empathy*）、正向關注（*positive regard*）、具體（*concreteness*）等，對於建立有益的助人關係及獲致成功的諮商結果之貢獻（*Carkhuff & Berenson, 1967; Rogers et al., 1967; Truax & Carkhuff, 1967*）。此外，由這些和其他學者的研究發現也使得這些基本條件擴展到更多有效能諮商的面向。

目前，研究並未支持任何特定的諮商取向會比其他取向更具有效能。在一項檢核諮商取向和技術之效能的研究中，*Sexton & Whiston*（*1991*）驗證了過去的研究發現，並報告成功的諮商關係包括「互惠的互動」（*mutually interactive*）歷程，在此一歷程中，受輔者眼中的諮商師是同理的、涉入的、溫暖的和可信賴的。此外，大部分的諮商益處發生於「每週一單元的前六個月」(*p.343*)。這些學者也注意到，「諮商最關鍵的層面...似乎是諮商師在執行其介入時的優良技巧」(*pp.343-344*)。奠基於此，有效能的諮商可見諸於諮商師協助受輔者聚焦所遭遇難題、設定目標來處理這些情境、且使受輔者學習到獨立解決其生活中的難題等的程度上(*Sexton, 1999*)。

學校諮商師除了必須明瞭有效能諮商師的基本特質和能使諮商產生正向結果的基本技巧之外，還必須熟悉目前普遍受到重視的諮商實務。在一項有關綜合性學校諮商方案的探討中，*Borders and Drury*(*1992*)提到諮商介入的目的在於「促進學生個人和社會成長，並提升其教育和生涯的發展」(*p.491*)，他們援引*1970*年代到*1980*年代的許多研究，指出曾接受諮商服務的學生顯現出在態度、行為和學業表現上均有長足的進步。

有效能的學校諮商師須對於諮商及其所提供之其他服務的研究發現攝取新知，這意味著閱讀專業文獻和報告，瞭解哪些取向能成功地運用在學校中處理學生的問題；以及，學習到如何評量其在學校諮商方案中所選定之諮商取向的價值和效能。

研究的實例可以在許多學術期刊上發現，例如《專業學校諮商》(*Professional School Counseling*)，這是「美國學校諮商師協會」所發行的全國性期刊，學校諮商師應可明白許多檢核應用於處理學生問題之不同取向的研究，並可從這些研究中選擇可行的策略和介入技術。

因為學校諮商師有責任關注廣泛的學生需求，且為學生、父母和教師提供所需要的不同服務，他們經常會發現死守單一項諮商觀點和取向並不能滿足所有的方案目標和諮商目的。他們也明白個別的助人關係有其限制，且耗費太多的時間。因此，對於團體歷程之研究的瞭解，在綜合性學校諮商方案中也是同樣的重要。

有關團體的研究

Gazda（*1989*）提到對於團體歷程的研究在最近幾年的諮商文獻中一直在增加。他檢視了*1938*年到*1987*年之間所發表的641項研究，並依據其控制類型、處遇期間、團體類型、評量工具、統計方法、研究類型、實驗設計、樣本規模和結果的性質等多個變項來加以分析。*Gazda*（*1989*）的結論是，對於團體諮商的研究，已能清楚辨認與團體效能有關的變項。雖然最近幾年的研究方法論有著長足的進展，*Gazda*注意到團體諮商的某些領域仍需要更多的研究，現有研究方法上的一些難題仍必須要加以修正。*Gladding*（*1999*）提到對於團體之研究的匱乏有數項原因，包括缺乏足夠縝密的設計和統計分析。他指出團體研究的複雜性，是另一項使得有用的研究並不多見的原因。然而，*Gladding*也觀察到團體研究者已使用新的研究方法來探究此一議題。

本章的其餘段落就呈現這些關於團體諮商和團體輔導的研究，使我們從諮商文獻的報告中廣泛地瞭解到學校諮商師所使用的團體類型和結果。

團體輔導的研究

雖然學校諮商文獻多年以來不斷倡導小團體和大團體輔導的運用，但與個別諮商和團體諮商的研究數量相比較之下，對於團體活動效能的研究則非常有限。某些時候，研究報告中並未明確指陳其所進行的團體究竟是輔導導向的或是以團體諮商單元為主的。以下所羅列的關於團體的研究，似乎在性質上是教學性的或是資訊性的，因此被歸類為團體輔導。

Stickel（*1990*）報告一項多元模式的團體研究計畫，針對幼稚園學童，目的在促進其社會技巧、發展問題解決技巧、增進小團體的合作，並促進其情感的表達。本研究共有四個團體，各包含五位學童，每一個團體聚會七次，各二十分鐘。各團體單元均包含三個部分：領導者帶領的活動、學生參與的活動、以及團體成員的分享時間。每一個單元均聚焦於*BASIC ID*多元模式所揭示的其中一項。雖然研究者並未報告其統計分析結果，幼稚園教師「提到在團體之後，某些兒童之間的合作和互動大為增加，雖然諮商師最好能個別瞭解這些兒童，並給予他們所需的個別關照。」（*p.286*）

佛羅里達州的一項研究顯示，班級輔導單元對於改變學生的態度和行為上，可以產生正向的結果（*Myrick, Merhill, & Swanson, 1986*）。六十七所學校的四年級學生被隨機分派成為處遇組或控制組。處遇之前的評量是由教師評定每一位學生的態度。處遇組接受諮商師所進行的六單元輔導課程，聚焦於下列重點：（1）瞭解感受和行為，（2）學習知覺和態度，（3）協助學校的新同學，（4）做出正向的改變，（5）體驗「我是被愛的且有能力的」活動，（6）發現個人的長處。在三十七所學校中獲得較為完整的結果，所蒐集的資料包括教師和學生對於一些行爲和態度的評定量表。結果顯示，參與班級輔導的學生「在準時完成指定作業.....和對他人說好話等方面，與控制組學生有顯著的差異」（*p.247*）

在此一研究中，教師對於控制組和處遇組的知覺也顯現了顯著的差異。在許多因素上，教師對於處遇組的看法都比控制組更爲正向，包括：（1）和他人相處，（2）努力完成指定作業，（3）遵循指導，（4）喜愛老師，（5）被老師所喜愛，（6）相信他們是重要和特別的人。這些正向的結果在不同的學生群體中都可以看到，包括那些在前測中被評定爲態度較差的學生，以及被評定爲態度較優的學生。所有學生似乎都能從班級輔導活動中受益。佛羅里達州的這項研究曾以印第安那州的731位四年級學生爲對象複製一次，仍發現類似的結果。

一項使用情感教育（*affective education*）以改進二年級學生之閱讀表現的研究，在爲期十二週的方案中，亦顯示了正向的結果（*Hadley, 1988*）。該研究包含了三個處遇組和四個控制組。三個處遇組的方案內容包括自我肯定活動，以消除負向態度、改善耐性、使學生有能力處理焦慮。結果顯示參與此一班級輔導方案的學生，在史丹福成就測驗（*Stanford Achievement Test*）的閱讀分數上有顯著的進步。

Gerler and Anderson（*1986*）探究班級輔導在學生對學校的態度、語文和數學的進步程度、及班級行爲上的效果。在其研究中，涵蓋十八所學校的896位四年級和五年級的學生，參與名爲「在學校中成功」（*Succeeding in School*）的班級輔導方案，包括由十八位學校諮商師所帶領的班級輔導課程。結果顯示此方案對於學生的班級行爲有著正向的影響。相較於控制組，處遇組的行爲有明顯改善，而控制組則維持一樣或更糟。處遇組對於學校的態度和學業成

就，也有令人滿意的結果。

Lee（*1993*）使用此一「在學校中成功」（*Gerler and Anderson, 1986*）的班級輔導方案進行一項追蹤研究，發現處遇組進入五年級和六年級的學生，在數學成就上顯著優於控制組，而語文和行爲上也有類似的效果。

一項以一所城市中小學學生爲對象的壓力控制團體輔導方案，也發現正向的影響（*Henderson, Kelby, & Engebretson, 1992*）。六十五位學生被隨機分派到實驗組或控制組，實驗組接受由兩位輔導助理所進行的九個五十分鐘的班級輔導單元，包括壓力、放鬆、練習覺察、時間管理、自我伸張、處理憤怒、表達情緒、友誼和創造性的問題解決。處遇組和控制組間的顯著差異，在於與壓力有關的自我概念的兩個層面上—和同儕相處的行爲及學校相關任務上。在參與方案之後，處遇組也顯著比控制組展現了更爲適當的因應策略。

最近，*Schlossberg, Morris & Lieberman*（*2001*）則以九年級學生爲對象，探究班級輔導的影響。研究對象是一所大型都市高中的九十三位學生，由諮商師和教師一起在班級中進行六個單元各四十五分鐘的發展性輔導課程。研究結果顯示，參與輔導課程的學生在行爲、態度等的評定量表上，均顯著優於控制組。同樣地，教師對這些學生在態度和資訊學習上的評量，也發現顯著差異。

這些研究證實了班級輔導，或被稱爲情感教育、發展性輔導、心理教育等，對於學生的態度和行爲均有相當正向的影響。雖然許多輔導團體都發現態度和行爲上的改變，在自我概念（self-concepts）上的改變則並未獲得一致性的發現證實。這並不令人驚訝，因爲自我概念理論主張自我覺察（*self-perceptions*）在人類人格中具有相當的穩定性（*Purkey & Schmidt, 1987*）。因此，我們可以期待的是，在接受深度處遇一段時間之後，自我概念也會逐漸地發生改變。班級輔導並不容許此類深度、長期的介入。團體諮商則更有助於建立此類助人關係。

團體諮商的研究

對團體諮商的研究涵蓋了廣泛的處遇主題、學生行為和諮商模式。*Borders and Drury*（*1992*）報告「許多實徵性的研究都驗證了團體諮商處遇的正向效果」（*p.491*）。在兩位作者所引述的研究中，學生在學校出席率（*school attendance*）、學校行為（*school behaviors*）、學業成就（*academic achievement*）、態度（*attitudes*）、自我肯定（*self-esteem*）等方面均有顯著的改善。以下所列舉的是一些應用團體諮商於學生群體的研究。

Omizo, Hershberger and Omizo（*1988*）檢驗運用團體諮商於處理被教師認定為具有攻擊和敵意的學生。在此一研究中，學生被分派至實驗組或控制組，實驗組學生參與以認知行為技術、模仿、角色扮演和正增強為主的團體諮商。結果顯示，相較於控制組學生，參與團體諮商的學生很大程度上減少了攻擊和敵意的行為。

父母離婚是學生團體諮商的一項常見的主題。*Tedder, Scherman and Wantz*（*1987*）運用團體諮商處理四年級和五年級父母離婚的學生，這些學生係因遭遇父母離婚的調適問題而由教師或父母轉介而來。兩組學生各參與十一單元的團體諮商和輔導，在接受處遇之前和之後，父母和教師需協助完成兩份評量工具：「沃克問題行為指標檢核表」（*Walker Problem Behavior Identification Checklist*）

（*Walker, 1962*）以及「兒童行爲評定量表」（*Child Behavior Rating Scale*）（*Cassel, 1970*）。結果顯示，教師對學生行爲的評量並未改變，但父母則注意到學生在家中的表現較不會注意渙散、也出現較少的行爲問題。

Omizo & Omizo（*1987*）也探究使用團體諮商於處理父母離婚的兒童。來自於離婚家庭的六十位小學學童，被隨機分派去參與一個實驗組和一個控制組，以檢驗學生在抱負（*aspiration*）、焦慮（*anxiety*）、學業興趣（*academic interest*）和滿意度（*satisfaction*）、領導的主動性（*leadership initiative*）、認同（*identification*）和疏離（*alienation*）及制控感（*locus of control*）等變項上的差異。在實驗組的十個單元中，諮商師運用讀書治療、角色扮演和討論來探討離婚的問題。研究發現顯示接受團體諮商學生和控制組學生之間的顯著差異，在於抱負、焦慮、認同相對於疏離和制控感等。本研究證實團體諮商「有益於促進經驗到父母離婚的小學兒童之自我概念和內在制控感」（*p.51*）。

Myrick and Dixon（*1985*）以二所初中學校的二十四位對學校態度不良的學生爲對象，每所學校中有六位學生被分派接受團體諮商，其他六位則作爲比較組，在稍後才接受諮商。團體諮商包括六個單元，分別聚焦於與學校感受有關的主題、這些感受如何與行爲有關、行爲之後果、給予和接受回饋、開始著手改善問題以及正向積極的態度等。兩組的資料蒐集顯示，教師評定接受團體諮商組學生的態度及行爲有了顯著的改善。對男生和女生均然，這些參與團體的學生對自己具有較爲正向的感受，也能對其他人有更多的瞭解。

De Luca, Hazen, and Cutler（*1993*）以遭受過性侵害的小學女生爲對象，進行團體諮商效能的報告。七位女生參與了爲期十週、每

週九十分鐘的諮商方案，方案重點在於「對侵害者的感受、責任感、罪咎感、恐懼感、自我伸張、社會技巧、問題解決、性教育和預防」（*p.104*）。研究結果指出團體諮商對於焦慮感和自我概念具有正向的影響。研究者建議諮商師應評估使用團體策略於協助遭受性侵害學生的可能性。

在一項以酒精濫用兒童為對象的研究中，*Riddle, Bergin, and Douzenis*（*1997*）發現學生確能受益於團體諮商，在參與為期十四週的團體之後，自我概念分數增加了、社會技巧改善了、焦慮分數降低了。參與團體諮商的四十位學生也學到如何處理自己和家人的酒癮問題。

許多有關團體諮商和團體輔導的研究，也都提供了類似的結果。學校諮商師應該要熟悉這些研究發現，才能說服學校行政人員和教師團體工作之效能何在。此外，諮商師也應該建立一紮實的理論基礎，使用團體歷程以協助學生彼此學習、教導其社會技巧，使他們能夠成為關懷的、合作的社會成員。

學校諮商師藉由帶領團體諮商和團體輔導，能對教育所有學生的努力有所貢獻。尤其是團體輔導，藉由教師和諮商師將之統整於學校課程，使用班級作為社會場域，來探索與學生品格發展有關的議題和基本價值，更能對教育做出貢獻。這並非嶄新的概念。自從有學校開始運作之後，優良的教師就已將此概念應用於其和學生的關係中。所以，團體輔導和諮商都是有效的工具，藉此，諮商師得以協助教師使學生更能從教育中獲益。

延伸閱讀與網路資源

Corey, G.（1996）.Theory and Practice of Counseling and Psychotherapy（5th ed.）（Pacific Grove, CA:Brooks/Cole）.

Gerald Corey's popular text offers a comprehensive overview of the major theories of counseling. A readable guide, it gives clear descriptions of the philosopical and psychological foundations for each approach as well as their application and process.

Davis, T.E., & Osborn, C.J.（2000）.The Solution-Focused School Counselor: Shaping Professional Practice（Philadelphia, PA: Accelerated Development）.

An excellent resource for school counselors who want to take a fresh approach in helping students, teachers, and administrators try strategies that work.

Johnson, D. W., & Johnson, F. P.（2000）.Joining Together: Group Theory and Group Skills（7th ed.）（Boston: Allyn and Bacon）.

The seventh edition of this readable text helps counselors move from theory to practice by using experiential exercises and numerous examples throughout each chapter.

Kottler, J.A.（2001）.Learing Group Leadership: An Experiential Approach.（Boston: Allyn and Bacon）.

This practical guide is an introduction to the basic skills and knowledge needed to be successful as a group leader. Personal applications, reflections, and class activities offer numerous experiential opportunities to learn and practice group processes.

Purkey, W.W., & Schmidt, J.J.（1996）.Invitational Counseling:

A Self-Concept Approach to Professional Practice（Pacific Grove, CA: Brooks/Cole）.

A comprehensive summary of invitational counseling and its foundations of self-concept the ory and perceptual psychology.

The Counseling Web—*http://www.seamonkey.ed.asu.edu/～resource.kent.edu*

Cooperative Learing—*http:www.clcrc.com/pagescl.html*

本章作業

1. 找一天拜訪一所學校。目標是觀察學生和老師之間、學和學生之間、及學生和諮商師之間的一對一互動。注意這三組人的互動有何異同。在班上呈現你的發現，並討論其意涵爲何。

2. 在小組中，討論學校諮商師在其典型的一天中與學生、家長和教師的一對一互動型態。在一分鐘內列舉出小組的結論，愈多愈好。判斷清單上所列舉的這些互動中，哪些可被視爲「諮商關係」。你們依據什麼因素來界定這些互動是「諮商」？

3. 列舉出你現在所持對人類發展的五項信念。尤其是，想想看：（1）爲什麼人們會選擇他們所做的行爲（什麼導致行爲？）（2）什麼條件會影響一個人在生活上的成功與否？以及（3）人們如何改變？在你寫下你的信念清單之後和一位同學分享，並決定哪一個諮商理論最接近於你的假定。

4. 好多項研究發現團體輔導對於諸多學生變項有正向的影響效果。

檢視過去十年來有關團體輔導效能的研究，注意有多少團體是由諮商師所帶領的，有多少團體是由教師所實施的。總結你的發現，提出在課堂中討論。

5. 在小組中，想想看有哪些主題可能不適合於學校場域中的團體諮商。如果有的話，你會建議學校諮商師如何探討這些議題？

6. 一位新任的學校諮商師對於中等學校學生進行大團體輔導有所不解和疑慮。他在進入學校場域之前曾是一位心理健康諮商師，從來不曾和一大群學生一起工作。你會給他什麼建議，以減低其焦慮感，且增加其對於帶領大團體輔導的能力之信心？

第七章　協同合作與諮詢

王以仁譯

學校諮商師對於發展綜合性方案具有其基本責任，但若沒有學校系統及社區內專業人士的協助和支持，亦無法完全達成此一挑戰。爲此，學校諮商師必須有系統的與教育、醫療等其他專業人士建立良好的關係，以便能提供全校師生相關之服務。學校諮商師與其他專業助人者共同合作結盟，方可將綜合性學校諮商方案中的預定服務項目，能發揮更寬廣之效能，包括對尋求學校諮商師協助的學生、家長與教師等之適當服務。

成功的結盟必須對其在社區內相關服務的類型與知識，具備清楚地認識及了解；同時，這些在社區機構、健康部門、家庭服務中心及其他相關單位工作的專業人士，也必須能認識學校諮商師的角色與專業訓練。如此，彼此才能達到相互之間的了解，並產生協同合作的密切關係。

這種合作的關係也得包含由學校諮商師與家長之間，所建立的協同互動關係開始，父母參與（*parental involvement*）是學校諮商方案在各方面能成功的重要因素。唯有如此，學校諮商師得以盡力去建立與家庭方面的良好溝通，邀請父母共同訂定學童的教育目標，並讓其了解學校諮商方案所能提供的有關服務及相關之親職教育觀點。

就學校諮商師發揮諮詢功能的過程中，協同合作（*collaboration*）

是非常重要的一項因素。在本章中，將會論及當學校諮商師在幫助學生、家長與教師時，所需要協同配合的其他專業人士和相關機構；而有些學者專家正在針對諮詢與協同合作二者作區分之際，也有些人卻提出了各種不同的協同合作諮詢模式（*Brown et al., 2001*）。舉例而言，*Fishbaugh*（*1997*）曾提出三種協同合作的模式，包括一種諮詢模式（*consulting model*）、一種教導模式（*coaching model*）及一種團隊模式（*teaming model*），而每一種模式均有其特別之焦點與目的；其中，諮詢模式係傾向於採取傳統提供專家忠告的形式；教導模式係依照一種循環督導（*a cycle of superision*）方式（*Brown et al., 2001*）；而團隊模式則強調參與人員之間彼此互動過程，先確認問題再找出各種可能地解決方法。另外，*Dettmer, Dyck*與*Thurston*（*1999*）提出合作式學校諮詢（*collaborative school consultant*）取向，特別要求諮商師發揮溝通技巧、與學校人員之間彼此合作，以及相關服務間的整合。

各種不同的協同合作與諮詢觀點陸續不斷地出現（如：*Caplan & Caplan, 1993; Mostert, 1998; Pryzwansky, 1977* ）。逐漸地，學校諮商師也想要對協同合作與諮詢等相關文獻更爲熟悉，以便於他們能將這些觀點和家長、教師及其他學生服務團隊之成員相互溝通。在本書中，則將協同合作視爲一種諮詢的形式，且在學校內之運作具有相當的成效；因其強調要與家長、教師、學生服務專業人員，以及學校和社區其他相關人士，共同建立起一種夥伴關係。然而，針對協同合作與諮詢這二個名詞，不同的學者專家有其各自不同的見解；而學校諮商師對此也應有其定見，且據此在學校中進行其相關的專業服務。在此也建議讀者，可去翻閱本章末了所提出的進一步閱讀資料，以便能歸整出個人對協同合作與諮詢的清晰觀點。

在本章中，將呈現許多諮詢技術及其進行程序，以便讓學校諮商師能與不同參與人員之間，建立一種協同合作的密切關係。諮商師若能發揮有效的諮商技術，就能建立一個擴大其學校服務的絕佳環境；並且能與社區內有關機構相互結盟，如此方能造福於全體學生及其家庭。以下將一系列介紹，學校諮商師會與其合作來提供學生服務的各種團體和專業人士，而這些團體可簡要地分為學校服務（*school services*）及社區機構（*community agencies*）等二類。

學校服務

今天的學校與其系統包含許多專業人士及義工，他們能提供學生、家長和教師無數的服務。在綜合性方案中，學校諮商師直接或間接與這些相關團體成員彼此互動，以發揮更大之成效。

學校諮商師最基本的角色，在於提供學生直接的服務，同時還得強調他們對於學生諮商及諮詢方面的協助；也因為如此有時他們卻忽略了與其他相關機構與專業人士之間的協同合作，而導致其服務成效大受影響。因此，學校諮商師應重視以學校為主的各項服務，以及能執行和發揮其功能的專業人士，並顧及學生的父母或其監護人。

父母與監護人

雖然，在美國的家庭有許多不同之結構，但絕大多數仍有一到二位成人，在每個家庭中扮演著領導和監護的角色。在傳統雙親家庭中，這些角色必然是父親和母親；而在其他的情形中，則可能是由單親、繼親、祖父或祖母、叔叔或嬸嬸，甚至是父母的朋友來扮演這種類似角色。不論是學生的家長或其他監護人，學校諮商師都有責任去與他們建立一種協同合作的工作關係。

從本書第二章中可知，父母參與的程度在孩子小學時比其中學時來得強烈些；同樣也可預期這種協同合作關係，在小學要比中學階段要明顯得多。然而，父母投入在孩子青少年時期仍然十分重要，甚至在當代美國社會將延伸到孩子進入成年初期。究其原因，主要係有較高比例的學生會讀大學，甚至進入研究所攻讀更高的學位；同時在經濟方面也須父母協助，才能讓青年人過了二十歲以後仍能完成正規的高等教育。即使在就業初期，也需要父母提供住宿或是其他財務方面的支持，以幫助剛結婚的年輕人能穩定下來。

有鑒於在孩子發展過程中，父母投入的時期延長許多，所以學校教師與諮商師應和父母及監護人建立合作關係，來擬定學生的教育方案、選擇協助的策略，並對其未來的教育和生涯發展方向作規劃。在這過程中，要先評估父母所預期扮演的角色及其需求；隨後，再根據評估結果，學校諮商師方能決定提供父母哪些適當的服務，並邀請父母來校擔任志工。

而在綜合性學校諮商方案（*comprehensive school counseling programs*）進行中，必須顧及上述之相關範疇，包括：一、與父母及監護人進行諮商和諮詢；二、為父母安排資訊和教學的方案；三、邀請父母去扮演協助學生的家教、測驗的監試、生涯的輔導，以及提供其他的教育資訊（*Perry, 2000*）。

親師座談會和父母教育方案使得諮商師可讓父母明白其子女在學校中的進步情形，且告知父母有關發展性的議題，以及和子女建立良好關係的方式。

諮商師與父母、監護人建立之關係，對於學生的個別或小團體諮商，有相當重要的影響，尤其是在小學更是如此；因爲小學生對其周遭環境的控制力較低，父母對於較年幼孩子在學校的表現、生涯方向選擇、友誼的建立等方面，都會產生巨大的影響力。針對父母的諮詢，學校諮商師應建立支持網絡與溝通管道，以便能共同達成對學生的諮商目標。父母及監護人盼望能藉由與學校諮商師的互動機會中，獲得對孩子需求之了解，並擬定培養家中親子正向關係發展之策略。

在學校諮商師與父母、監護人建立協同合作關係中，必須訂定許多途徑以便提供直接或間接的協助；例如，藉由諮商師與父母的接觸，讓父母得知孩子在學校的表現，並對其在家中的教育學習提供諮詢建議。經由如此密切的協同合作關係，就能共同合作協助孩子充分發揮其潛能；也可消除稍一不慎，促使父母心理產生與學校或諮商師相對立的情結。諮商師相信學校與家庭若能有良好的互動溝通，必能建立父母與教師彼此之間的相互尊重。

另一個學校諮商師提供給父母的直接服務，就是教育訓練方案。如何教導兒女，對於一般父母都是頗大的挑戰；吾人所知的教導子女技巧，多半都是小時候觀看父母所做所爲之中學習而得。很不幸地父母的這些行爲，也未必都能帶來健康而正向之關係。所以，在協助父母的過程中，學校諮商師促使家長們集會、成立支持性團體，以及進行一些親職教育的方案。有時，這些都是非正式的聚集，卻也可藉此來交換彼此在家中與孩子之間的互動經驗。舉例而言，某一個學校諮商師就以「咖啡與甜甜圈的聚會」爲號召，藉以聚集家長們來進行相關之互動。這種家長間經驗的交流可產生腦力激盪的效果，足以協助家長對其孩子及青少年，產生有效能地溝通。學校諮商師藉著爲家長舉辦的這些交流和相關活動，可顯示出學校有意願與家長們共同合作，以便爲全體學生建立一個更佳的學習環境。

在本書第二章中，我們曾討論過某些適合家長的教育方案以套裝方式來推銷，查看這些方案都包含有爲諮商師預備的訓練者指引，以及爲家長預備的參與者手冊；親職教育(*parent education*)方案可將其歸納爲一系列特別的資訊單元，如：兒童行爲、領導策略，以及其他家長有興趣的主題等。然而，某些方案卻持續有好幾個單元，且包括一些有關兒童發展與教養子女技巧等方面之主題。

學校諮商師往往將親職教育的團體活動安排在夜間，以配合家長們的工作時間；但有時，諮商師也會在日間帶領家長團體，這時學生亦正好在學校中學習。當諮商師利用白天進行這些團體時，必須尋求校長及指導委員會的支持。若是正向親職教育技巧能增加學生的學習和參與程度時，諮商師就能去說服校長與教師們，在日間舉辦這些親職教育團體的必要性。

爲父母們安排支持性團體通常都集中於某一議題，例如是單親的團體則諮商師就要帶領團體成員，去討論其中共同的某些問題及探究如何解決平日生活中之困擾。而父母的支持團體會認可每一位成員都是其孩子的專家，這種觀點係基於沒有任何人對孩子的了解會超過其父母的假設，而經由團體討論所歸納之專家見解，則可由學校諮商師將其蒐集統整，並運用於協助那些急於去解決類似困擾之父母。所以，這些父母支持團體會讓成員明白在其教導孩子的困境奮鬥中並不孤單，並可從團體討論所產生的智慧火花中獲得支持。因此，在這整個的團體過程中，諮商師扮演團體討論的催化者、時間的掌控者，以及團體活動的整合者。

很少有學生在其適當的發展過程中，不需要父母或監護人的支持與鼓勵。在這種情形下，學校諮商師要設法讓父母們獲得某些可用的資源，其中的一種方法就是透過對父母的直接諮詢，諮商師提供最新的資訊、教導與基本的問題解決服務。

學校諮商師爲家長所呈現在資訊及教育方面的需求，必須朝向學校和家長對學生有相類同之目標；爲了確保此二者能平行的進行，諮商師就得與學校中的老師們協同合作並給予他們適當的諮詢。

教師

沒有學校教師的支持，學校諮商方案是不可能成功地。教師是情意教育與課程之間重要的連結者，也是學校諮商方案中的第一線助人者，並針對學生的需求介紹相關資源；為了這些原因，諮商師在教育的各種實務層面上，廣泛地與全體教師建立協同合作的關係。

諮商師與教師之間合作的第一步，是將學校諮商方案之內容及重點讓教師們明瞭；透過彼此間的相互尊重、接納與合作，使其各自能在學校扮演適當的角色。其次，諮商師與教師藉由彼此的諮詢以確定各別學生之需求，並蒐集資訊去評估這些需求，以及決定一些實際的策略去協助學生，最後評估這些策略所帶來的具體結果。

同時，諮商師在團體的運用方面也會與教師協同合作，就如同在初中的團隊會議和高中的各科會議中，諮商師因具備對教師角色相當深入地同理了解，而被他們邀請去參加這些會議；同樣地，諮商師也因尊重教師在課程與教學方法的專業知識，而邀請其對學生輔導提供具體的建議。

教師支持團體是諮商師與其他學校同事協同合作的另一種方法，就如同家長的支持團體相類似，教師的支持團體也需要專家提供意見，來進行相關議題之探討及運作；在這整個過程中，諮商師以其專業技巧可擔任此一團體的領導者，來帶領教師們共同討論，同時教師也可藉此觀察並學習諮商師的溝通技巧。

諮商師與教師之間的協同合作，也可藉學校教職員在職進修的相關活動當中呈現。其中，可由諮商師或極具經驗的資深教師來分別主講，或由其共同合作來訂定進修目標、計畫適當的活動，並追蹤考核最終的成效。

特殊兒童的教師

在學校中有些教導特殊兒童（*exceptional children*）的教師，與學校諮商師之間的合作也顯得格外重要。這些教師都經過相當的專業訓練，以提供需要接受特殊教育服務的兒童及青少年適當之教學。

從一九七七年起，「障礙兒童教育法案」（*Education for All Handicapped Children Act*）全面實施，使得在小學、初中、高中等相當範疇之生理與情緒方面有障礙的學生，都需要接受特殊教育。當然，特殊教育設計和安排的內涵，除了可教導的障礙學生外，也包括了資優生在內。針對障礙學生應提供最少約束的學習環境，要安排他們儘量與一般學生在同一班級來學習，這也就是要將特殊兒童設法接近於普通班級中（*Kirk, Gallagher, & Anastasiow, 1996, p.55*）。

隨著特殊教育的發展，教導這些學生之專業師資的培訓也日益被重視（有人稱之爲特教老師）。這些教師接受相關教育理論、課程與教學方法等訓練，以便能具備滿足特教學生需求之知能；舉凡可教育的障礙、學習障礙、情緒障礙、多重障礙、學術資優等兒童及青少年，都需要特教老師的教導。

學校諮商師要提供全體學生之服務，自然也包括了需要接受特殊教育的這些學生；此時特教老師就能協助學校諮商師，針對這類特教學生進行各方面的專業服務，並能了解最新的特教法規及有關的研究發現。同時，諮商師也能對特教老師提供支持和同理，使其能積極面對特教學生的各種挑戰。

學校諮商師與相關的教師也能共同合作，以協助特殊學生的家長或監護人，使其懂得要如何去養育、教導及照顧這些學童。他們大多具有心理、情緒或是身體方面的障礙，當其出生時父母爲此即抱有某種程度的歉疚感，這也會影響到他們每日生活中對孩子的照顧、督導與教養；在這種情形下，諮商師與教師就能適時提供家長們莫大地支持和協助。

學校諮商師與教師們緊密地結盟，更易於和特殊學生及父母們建立良好的助人關係。針對這些特殊學生的服務與介入時，諮商師也須具備特教方面的知識和技巧，但要如何去獲得這些呢？這就必須透過與特教老師的合作，才能逐步取得。

因此，學校諮商師在實施學校綜合輔導服務方案時，就應該將特殊教育包括在其當中。然而，卻因經常受制於不合理的諮商師與學生比例、沒有必要的行政工作負擔，以及誤認爲特教老師已提供這些學生足夠的個人照顧，而使其在整體的輔導工作上會忽略了這一群。而在與教師的共同合作中，學校諮商師在特教班級可提供某些輔導課程、將學生安排在適當的小團體中參與諮商及輔導相關活動，並安排特別有需要的學生進行個別諮商。諮商師爲這些特殊學生，訂定適當的個別諮商與輔導活動，就稱之爲「個別教育計畫」（*Individual Education Plan, IEP*），這個部分在後面的章節內容中會再詳細地加以介紹。

校長

學校是由經過教育行政、課程、法規等方面訓練之校長來經營，其所負責的部分包含硬體的各項建築和軟體的各種教育方案。因此，學校諮商師所進行的各項服務與活動，都直接或間接地由校長來督導；也因如此重大的責任，使得校長與學校諮商師協同合作，來設計相關的諮商方案、訂定重大目標、確認基本功能、評量各項的服務績效。基於校長與學校諮商師之互動關係，使得整體諮商輔導工作和計畫，與學校的行政主管人員之間亦產生密切的關聯。

學校諮商師所規劃的許多活動，都必須聚焦在符合學生、家長與教師的需求上，同時也得和校長相互配合，才能使這些活動發揮其適當之功能；因爲校長通常對於當地的教育政策、財務限制和其他的相關條件等方面，都能有非常清楚地了解。而透過與學校行政人員有效地溝通，學校諮商師可將對學生需求與學校氣氛之評估，能適當地表達和傳送出去。

諮商師在和校長合作而分享有關的訊息時，必須特別注意專業倫理與道德規範的問題。通常，諮商師透過諮商和其他專業服務而獲知學生某些訊息時，除非會對學生本人或他人造成立即的危險外，必須對其個人隱私加以絕對保密；因爲，諮商師不可在未獲得當事人的同意下，將其個人訊息透露給校長或其他人員知道。然而，從某種角度而言諮商師又有責任要將學校內的某些狀況，謹慎地一一向校長報告。例如，某一高中的諮商師從學生處得知，校內某些女生懷孕了，此時他必須將這個情形向學校的相關行政主管反應，但是諮商師仍然不可提及這些學生的姓名，只能將此情況告知校長了解，以採取必要的教育與諮詢措施，來提供有需要的學生適時的服務。

在與校長的協同合作過程中，學校諮商師仍須對所有的諮商方案負責。他應將年度計畫告知相關的行政人員，並保持與他們之間良好的溝通，同時得提供學生、家長與教師相關的必要服務。甚至，諮商師要成爲提供學生所有服務的協調者，針對護士、心理師（*psychologist*）和社工師（*social worker*）之間來加以統整。

護士、心理師及社工師

某些學校和學區針對學生的服務，除了必要的諮商方案之外，在其綜合性方案中還包括相當專業的護理、健康、心理與社會服務等項目；這些針對學生和其家庭在生理、情緒、社會及幸福等方面之服務，往往會有頗大的重疊性而必須彼此之間相互加以整合。在學校中，諮商師係屬於全時間的工作者，較適合於居中扮演整合學生相關活動之角色；尤其是當護士、心理師及社工師，在學校中都僅是部份時間工作者，全時工作的學校諮商師可負責排定團隊開會的時間，並安排提供學生適切之服務。

團隊工作取向是協同合作中的一種方式，由參與學生服務的人員透過定期的會議，使得學校諮商師、護士、心理師及社工師針對個案彼此交換最新的資訊、分攤責任、避免產生重複性的服務；他們同時也聚焦於某些特別的個案，以確定其是否由學校和社區相關資源中，能得到最適當的服務。

針對學生專業服務的有效合作，起始於對各別在學校中角色之相互了解與對其專業之尊重。在某些情境中，倘若沒能做到這些應有的尊重和關懷，則對學生的服務必然無法達到良好的合作，而其結果就是學生的需求無法獲得適當地滿足。在今天的學校、學生、家長與教師，共同面對各種專業的嚴峻挑戰；必須要有適當而適時的團隊協同合作，才能呈現最有效而妥適地服務成效。

學校系統中的協同合作可幫助諮商師，爲滿足學生的需求而選擇最適當的服務。有時，學校甚至會向地方社區、縣市或州政府相關機構，去尋求適當資源的協助；透過與前述這些機構的合作，諮商師幫助學校中的學生及家庭，能適時得到更多的服務。這對鄉下地區的學校而言是十分重要地，而在美國約有百分之六十的學校是位於鄉下地區（*Worzbyt & Zook, 1992*）。這些的學校及社區無法經常擁有足夠的資源與經費，來滿足學生和家庭的相關需求；所以，學校諮商師此時就要發揮其創意與領導能力，以設法協助其達成方案目標。以下將陸續介紹一些學校經常會運用到的社會、健康、心理與家庭等資源方面之服務機構。

社區機構

學校本身就是社區中一個非常重要的機構，然而僅靠單一的學校卻無法提供足夠的服務，以協助當地的市鎮來教育其居民、照顧其健康及增進其相關方面之成長。學校的基本任務，同時也是學校諮商方案的基本任務，在於確保全體學生在教育上的正常發展；在試圖達到這些目標時，學校必須得提供諮商、心理評估、健康照顧的諮詢與社會服務等項。靠著這些服務來協助學校完成其教育的基本任務，也因爲如此使得學生在教育上的進步，和其人生中獲得成功之機會大爲增加。

當學校的相關服務不足以解決學生與家庭的難題時，諮商師及教師就得轉向社區可利用資源方面去求助，並要設法與其合作和建立專業關係，方能確實造福於學生及家長。成功的協同合作關係，不但是學校必須將其負責的角色與任務，傳達給社區相關資源機構來了解，同時也要去主動認知這些社區機構的角色；並使學校與社區公私立機構相互合作，以發揮最大之服務功效。

健康部門

學校諮商師和其他爲學生服務之專業人士，與社區健康部門（*health departments*）間的合作有許多不同的方式。小學與初中的諮商師，依靠社區的健康服務來協助家庭在學生醫療方面之需求；例如：在某些社區健康方面的諮詢工作，在於配合學校進行一些有關學生生理成長、性、健康照顧等主題的輔導活動。當然，類似的活動也同樣在高中進行，只是會另外增加有關成癮、避孕、性病等其他重大議題。

學校與健康專業人士之間建立密切的合作關係，將對學生的幸福有重大之貢獻；當學校與健康專業人士有了積極的夥伴關係，對學生與其家庭可產生許多適當的服務。而針對生理以外健康的議題時，學校就得求助於社區心理健康方面的服務。

心理健康中心

學生在情緒與個人方面的問題，係諮商師、護士、心理師與社工師需要共同深入去介入的部分。通常對於這方面的處理，除了學校綜合性輔導方案之外，還需仰賴心理健康中心（*mental-health centers*）的協助。

心理健康諮商師、社工師、心理師，花費其絕大部分的時間在一對一及小團體治療上，以協助當事人解決其社會、情緒與行爲方面的問題。學校諮商師與心理健康專業工作者之間應密切合作，當學生在接受心理健康中心的治療時，卻也同時仍然在學校就讀，可透過學校諮商師來關切其在班級與學業方面之表現。在共同合作提供學生相關服務之時，心理健康中心諮商師與學校諮商師要特別留意，不可造成學生的矛盾衝突；通常由心理健康中心諮商師負責處理學生在社會、情緒及行爲的困擾時，學校諮商師得要鼓勵學生在校之學習建立導生制度的支持系統，並讓學校、老師和家長充分配合，以發揮整體合作之功效。

社會服務

面對現今社會重大挑戰的家庭，正遭逢經濟不景氣、失業及財政困難等的衝擊，並加上貧富之間差距更是日趨嚴重。學生及其家庭經常受困於失業、家庭破碎、缺乏暖氣燃料、糧食不足等嚴重困擾。學校諮商師與教師往往是最先知道這些經濟困難和家庭問題者，就得爲他們尋求社區社會服務單位之協助，以具體幫助其解決這些問題。

在如此嚴重的經濟問題下，許多家庭的兒童或青少年會遭到身體與心理方面之凌虐；當然除經濟壓力之外，酗酒及藥癮也會造成這些問題的產生。法律會要求學校相關單位，必須將這些可能受虐的兒童向有關機關報告（*Baker, 2000*）。而在大多數的社區，這些都是社會服務局（*Department of Social Services, DSS*）或類似機構的管轄業務。

因爲兒童受虐的議題十分敏感，爲防止其不愼被引爆，學校諮商師就必須與社會服務局審愼合作，來共同進行適當報告之相關過程；否則缺乏這種雙方的溝通及合作，將會造成某種程度的誤解、責任不明，反而危害到兒童的安全。因此，學校諮商師在基本上，必須熟悉聯邦及州政府有關受虐兒報告的所有法令、學校的有關政策，以及當地兒童保護機構對這類報告的相關規定。

家庭服務

當兒童及青少年在其教育發展中奮鬥時，常會受到家庭功能不良的影響，因學生教育問題往往出在家庭的壓力及艱困之上。通常，不可能將對學生的關懷與其家人間之互動加以區隔，因此學校諮商師必須與熟悉家庭諮商服務的臨床心理師等專家，建立良好的合作關係，來共同協助學生及其家庭。

往往，心理健康中心及社會局都會聘用諮商師、心理師及負責家庭介入的社工師等。而有關家庭諮商服務的資源，大都由聯合服務機構、教會、大學和其他一些非營利的機構來提供；所以學校諮商師需要熟識這些服務機構，以便進行適當的安排與轉介。

透過社區中家庭服務（*family servies*）方面之合作，學校諮商師認知到在兒童和青少年發展中，家庭動力所產生之影響。運用此一影響力在協助的過程中，可設立正向的目標及策略，並經由學校與家庭相關工作人員的密切合作關係，來具體完成協助學生和家庭之目標。

諮商師們可利用機會去建立學校與家庭相關人員之間的合作關係，例如：家庭諮商師可以教導學校人員有關家庭的需求及壓力，以鼓勵家長與學生在無任何壓迫的情形下投入學校的相關活動；同時，透過學校諮商師與家庭諮商師之間的諮詢，可使學校中的教師能深入了解影響學生日常生活的困難與壓力。

在某些情況中，學校諮商師會與整個家庭一塊兒工作（*Hinkle, 1993; Nicoll, 1984*）。學校中進行家庭諮商方面的服務，在一些諮商的相關文獻中亦可以見到。例如，*Williams, Robinson*和*Smaby*曾提到「採用團體技巧模式，納入了問題解決及人際溝通等方法於其中」（*170*頁）。他們設計了一個模式，爲那些失功能家庭中的兒童和青少年產生的問題作適當之介入。而*Amatea*和*Fabrick*（*1981*）介紹「家庭系統取向」（*family systems appreach*）來代替傳統上對學生的諮商；同時家庭服務中的另一學派－「阿德勒諮商」（*Adlerian counseling*），也被積極鼓勵運用在學校諮商實務及諮商師訓練中（*Nicoll, 1984*）。這些提倡家庭諮商和其他家庭導向服務的學校諮商師，建議要將這些設法加以統整，必要時可利用夜間或週末的時間來進行相關的學習（*Palmo et al., 1984*）。進一步而言，在綜合性服務方案中家庭介入應包括一些範圍較廣的服務，譬如：家庭諮商

（family counseling）、父母教育活動、父母支持團體等。

Colbert（*1996*）主張一種彼此合作的模式，鼓勵諮商師與家庭建立夥伴關係。他認為如此一來，學校諮商師的角色與在綜合性服務方案中的改革要求相互一致。*Keys*和*Bemak*（*1997*）也有類似地建議「學校諮商師若僅聚焦於學校，將會過於狹窄而無法因應長期變化中所需要的多元服務；針對現今的個別服務不論係家庭或是學生，必須要能以學校與社區結合的較大網絡為介入標的」（*259*頁）。

相較於傳統的服務，綜合性諮商方案計畫為家長或整個家庭，去安排一些聯結學生發展與家庭功能的活動。在大多數綜合性學校諮商方案中，家庭諮商和父母教育服務都是相當有限的；因此，學校諮商師在提供家庭服務方面，必須仰賴社區機構與私人單位的大力協助。在某些社區，當公立機構的服務不足以滿足學生們的廣大需求時，學校諮商師會轉向私人機構去尋求其心理師、臨床治療師、諮商師及其他治療師的幫助，以完成對學生和其家庭之協助。

私人開業者

私立相關機構的醫生、諮商師、臨床社工師與心理師，提供兒童、青少年及家庭一系列的服務，以協助其在教育、心理和社會的發展。藉由在社區中找出這些相關的私人開業者，學校諮商師也擴大了對學生、家長及老師們，可供參考運用資源的名單，這份參考名單列的愈長則可供選擇的機會也愈多！

當學校諮商師針對某些需求建議一些社區資源來協助學生和家長時，最好能夠提供其可以選擇的名單；在此情況下，必須仰賴當事人自己去做最後抉擇。而家長及學生在選擇進一步之機構或專業服務時，將會考慮到所需經費、個人喜好與其他等因素。諮商者最好都能提供充足的資訊，就如同提供給當事人作判斷要到哪兒尋求進一步協助時的參考名單，都要有二個以上的選項來作選擇爲宜。

學校諮商師要與家長、老師、行政人員、專家、社區機構及私人開業者建立成功的合作關係時，就必須透過他們平日在溝通和諮詢技巧上的種種訓練。而從不同的角度來看，這些相關諮詢技巧之發揮，與諮商師在個別或團體諮商中所運用的專業能力相類同（*Schmidt & Osborne, 1981*）。

諮商師即諮詢者

諮詢對學校諮商專業而言並不是新的部分。根據*Aubrey*（*1978*）提到，諮詢在學校諮商中最早被提及，是在一九六六年由美國學校諮商師協會（*ASCA*）與諮商師教育與督導協會（*ACES*）聯合發表的報告中。在六O年代的後期，*Faust*（*1968b*）在其著作《諮商師－在小學的諮詢》（*The Counselor/Consultant in the Elementary School*）中，特別強調學校諮商師的諮詢角色。同樣地，*Fullmer*和*Bernard*（*1972*）也論及學校諮商與諮詢，在其專業中扮演著一種緊急處理的角色（*1*頁）。從那時起，許多專業的論文與書籍都紛紛檢核學校諮商師針對學生、家長與老師等所使用諮詢技術與過程之成效。當學校諮商師在幫助學生、家長與老師們，如何去面對日益增加的複雜問題時，諮詢在這當中則被視為是一項重要的功能（*Dustin & Ehly, 1992*）。

有些研究指出，學校諮商師花了相當的時間，是在從事諮詢方面的相關工作（*Hett & Davis, 1985; Ibrahim et al., 1983*）。比較特別的是，諮商師對教師提供有關學生學習進步、動機與教室行為等方面的諮詢；就如同在本章稍前曾提過，學校諮商師提供的諮詢是為了老師能知道如何去尋找相關資源以幫助學生、教導學生及家長，以達成教育或生涯發展之目標。

在本書第四章中，曾介紹過學校諮商師藉由與學生、家長及老師的諮詢，來給予教導、協助解決問題、鼓勵課程改變、計劃全校性的事務等。這些不同諮詢角色中之過程及使用技巧，與學校諮商師在助人關係中的情形相類同，只是在結構上稍有差異。

諮詢歷程

Caplan（*1970*）在其心理健康模式中，定義諮詢是「二個專業人士之間的互動過程－諮詢者是一位專家，另一位要求諮詢者是為了解決目前工作上的問題而需要諮詢者之協助」（*19*頁）。這就如同*Bergan*（*1977*）描述諮詢的關係，有如問題解決的過程。

學校諮商師將諮詢運用於較廣泛的脈絡中，包含有教育、資訊及問題解決等關係中。例如，有些學校諮商師認為其諮詢的角色，係在於幫助學校預防某些問題的發生；另有些學校諮商師則認為對老師與家長的諮詢，是為了安排一些與學生發展有關之活動。這些諮詢建構了一個三角關係（*triangular relationship*），是分別由諮商師扮演的諮詢者、要求諮詢者，以及某一情境中的當事人所組成者。

有一種方法來想像諮詢的關係，將其視為一種三角聯盟，包括：一位諮詢者、一位要求諮詢者，以及一種情境。然而，有時在團體聚集中可能不只一位要求諮詢者，但是這種三角結構仍然存在。在某些預防性的諮詢中，通常會採取教導或是資訊的分享方式。例如，若是中學老師想加強溝通技巧方面的訓練，以便能強化其導師與導生間之關係時，諮商師就必須扮演成一位教導的諮詢者，同時在這個範例中的導師們就是要求諮詢者，而情境則為老師與學生間的溝通。如圖7-1所示，就是學校諮商師在發揮諮詢功能時的三角關係之結構圖，圖中的箭頭分別呈現出介於諮詢關係三因素間的溝通、發現事實過程及其產生的相關反應。

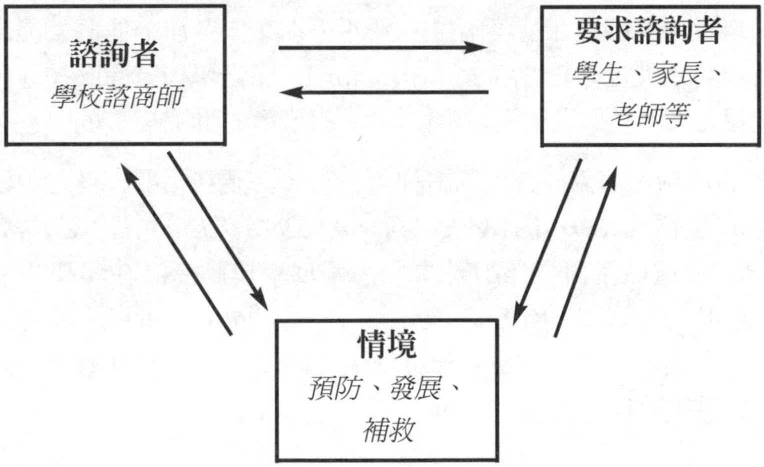

圖7-1 學校諮商方案中諮詢的三角結構圖

從諮詢的三角結構圖示中可以看出，諮詢與直接諮商之間的差異。要求諮詢者從諮詢者那兒獲得相關的資訊後，要回到其相關之情境去幫助當事者發揮其介入或調整的功能。相對而論，諮商關係就僅僅係諮商師直接去協助那位當事者做有關的直接改變。*Hansen*及其同僚（*1990*）曾經提到不同於諮商關係，「諮詢基本上並非爲了要求諮詢者個人自己的某些需求而來要求服務者」（*5*頁）。

在早期研究中，*Kurpius*和*Robinson*（*1978*）曾列出不同的諮詢模式包含各種相異的目標。近來，*Kurpius*和*Fuqua*（*1993a*）提出四種一般的諮詢方式，可供諮商師在發揮諮詢功能時來扮演不同之角色。第一是「專家」（*an expert*）的角色，提供相關專業的資訊給學生、家長及老師，以解決其困擾問題；第二是「規範的角色」（*prescriptive role*），諮商師經由資訊的蒐集、情境的診斷、提出解決之道來進行；第三是「扮演協同合作者」（*acollaborator*），諮商師在此與要求諮詢者建立夥伴關係，來共同訂定解決策略；第四是「調解者」（*mediation*）的角色，有時諮商師需要發揮協調的諮詢功能，以解決某些外在情境困擾。另外，本文作者加上他個人提出的第五項角色就是「教導者」（*instructor*），係當學校諮商師在介入父母教育方案、教師在職進修等情境時，所應發揮的諮詢功能。

諮商師扮演協同合作的諮詢角色時，必須在相關人員之中建立平等的關係（*Kurpius & Robinson, 1978*；*Kurpius & Fuqua, 1993a*）。這種協同合作的模式，普遍爲學校諮商師在與學生、家長、教師進行諮詢時所接受（*Brown et al., 2001*）。此種方式也在與學校行政人員、社工師及其他專業人士諮詢時，以強化學生受教的機會與個人發展之進步。

在學校中，教學資訊方面的諮詢與諮商之間有著相當明顯地差別，但在問題解決方面的諮詢就和諮商過程有些類似，因要求諮詢者的感覺仍在探索及研判各種可能的選項與策略。學校諮商方案中諮詢過程的運用在於傳達訊息、提供教導，以及思考解決較複雜的情境。通常，學校諮商師最後所選擇的角色和過程，仍依所需諮詢本身之目標來決定。

資訊性和教學性諮詢的過程中，會經歷四個階段分別是：準備（*preparation*）、發表（*presentation*）、回饋（*feedback*）與評鑑（*evaluation*）。而問題解決的諮詢就會有些不同，且需要各種不同的技巧及過程，諮商師在其中要蒐集資訊、確認主要問題、協助要求諮詢者做各項相關之探索、促使其做決定、達成協議且照著去做，最後則爲評量結果。

資訊性與教學性諮詢

在傳達資訊和提供教學之過程與技術，是頗爲相似的。學校諮商師在與教師共同設計方案、帶領親職教育團體、進行班級輔導，及其他的教學活動等行爲表現均十分類似。從各種角度來看，學校諮商師所運用的這些技巧和過程，與班級教師的教學方式相類同。這些教學可被區分爲以下四方面，也經常被學校諮商師所運用者。

1. 資訊處理（*information processing*）。學校諮商師可藉此方式，將一些教育及生涯的資訊提供給學生及家長。譬如：介紹課程訊息、討論財物補助機會、社區資源的告知等。
2. 社會互動（*social interaction*）。這是運用於教師的在職訓練、親職教育，以及學生的團體之中；在此關係下，特別鼓勵成員之間的彼此互動。透過社會互動的過程，學校諮商師依靠團體成員專長的結合，來共同找出答案、提供意見，並探索其他的可行方案。

3.個別化諮詢（*individualized consultations*）。藉著這類短暫的接觸，提供學生、家長、教師相關之訊息。在此諮詢的諮商師協助要求諮詢者，去選擇其當走的方向、找到合適的資源、學習必須的技巧，並達到理想的目標。例如：當一位高中生尋求諮商師的協助，來進行申請大學之抉擇時，學校諮商師就教導該學生如何去查閱相關的資訊，及檢視個人對大學科系之興趣，最後設法縮小範圍而作出最佳之選擇。

4.行爲改變（*behavior modification*）。此種策略常用於個別和團體的諮詢中，可協助教導學生某種技巧或在特定情境下之因應方式。有時用來教導家長和教師，如何在家庭或學校中發揮管理技巧，當然也可運用於問題解決的諮詢中。

上述每一方面對諮詢的諮商師而言，都有賴其相關的過程及技術，通常包括了準備、發表、回饋與評鑑等四部分，一一說明如後。

準備

成功的教學與資訊分享需要適當的材料及時間準備。當諮商師能審愼地選擇教學目標、計劃妥適的學習活動、安排合宜的時間表，就能成功地進行班級輔導活動、教師在職訓練與父母教育方案等。例如：當諮商師進行班級團體輔導時，必須爲全班學生安排合適的活動，其內容中所使用的詞彙和概念，必須考慮要符合學生的程度所能了解者。同時在時間方面，也需要配合小學、初中與高中生所能接受的不同時間長度。

發表

通常，學校諮商師能達到成功的輔導、在職訓練等，都賴於具備和有效教師相類同的技巧。根據相關研究發現，較佳的教學技巧與行爲包含以下六項（*Ryan & Cooper, 1988*）：

1. 設計課程並陳明目標，使學生知道他們將學習者爲何。
2. 藉由回饋與安排目標導向的作業，來監督學生的學習進度。
3. 掌控最佳進度的教學，以擴大課程所涵蓋的內容。
4. 運用高層次的發問技巧，以要求學生擁有分析、綜合及評鑑資訊的能力。
5. 透過溝通使學生產生較高的自我期許。
6. 結合正向增強、引發學習動機等適當之技巧，來進行有效的班級經營。

然而，針對諮商師與導師若要將發表有效地運用在班級輔導上，則需要特別注重下列的行爲表現：

1. 妥當地開始進行課程且有效地運用時間。
2. 清楚地說明發表之目的。
3. 給予明確的教導及方向。
4. 鼓勵全體學生來參與。
5. 運用適度地團體管理技術。
6. 依序使用傾聽、發問、反映、澄清、摘述等技巧。
7. 尊重學生的個別差異。
8. 增強並肯定學生所作的歸因意願表現。
9. 提供學生有效的回饋。
10. 運用評量來評估課程學習之成效。

通常，成功表達者之表現，包括：深深地融入其相關活動、鼓勵表達者與聽講者之間的角色互換、促進團體成員間的彼此互動、在不影響個人參與意願下運用管理技巧來維持秩序、適當表達以保持高度的學習興趣也不會因速度過快而使某些成員跟不上來。

回饋

在教學性與資訊性的諮詢中，諮商師會針對不同的聽眾而設定適合其學習的目標；並且創設相關的學習回饋環境，以得知學習者眞正習得的資訊與技巧爲何。如此一來，這些諮商師的發表不只是教導性質的演講，並可鼓勵聽講者能針對主題與其自由的交換意見與想法。班級輔導經常也包括了教授品格教育、公民品質，以及其他與社會有關的特質等；但同時也保留這種良好的互動形式，可使學生、家長及其他的參與者在聽發表之外亦得提出其見解，藉此來習得眞正的民主法則與精神。

評量

諮商師藉由詢問以下二個問題來測知其發表教導的成效爲何。(一)此一發表活動的資訊或內容，是否已被全盤接收？(二)參與學習者對此發表活動是否滿意呢？要了解第一個問題的答案，可觀察參與者所獲得的技巧或是評估他們是否習得其所欲獲得的資訊及知識，例如：諮商師教導中年級學生有關衝突解決之策略，其實際成效爲何就得靠班級教師去評估學生相關的行爲表現，或測量其到底獲得多少協商調解的技巧而定。另一方面，就是由諮商師要求學生藉由塡答問卷測知其了解程度及對團體的滿意度。表*7.1*即爲這類評量問卷的樣本之一。

非常感謝你參與我們這個衝突解決團體，請回答下列問題來評量我們這個團體。

你必須就每個問題後面的答案是、否、不知道三者中，圈出你的回答，謝謝！

1.你是否在本團體中，學得更多對自己的認識？	是	否	不知道
2.你是否在本團體中，學得更多對他人的認識？	是	否	不知道
3.是否在本團體中，能教導你更多關於衝突的認識？	是	否	不知道
4.你是否學會了處理衝突的方法？	是	否	不知道
5.是否在本團體中的諮商師，會傾聽成員的發言？	是	否	不知道
6.你是否在本團體中會提出自己的意見？	是	否	不知道
7.在本團體中，其他的成員是否會幫助你呢？	是	否	不知道
8.在本團體中，是否對你有所幫助呢？	是	否	不知道
9.在本團體中，諮商師的領導是否能有所助益呢？	是	否	不知道
10.你是否會向其他同學推薦本團體呢？	是	否	不知道

表7.1　團體評量型式之範例

經由學校諮商師進行的評估，可以使他們調整其實施方案，以便滿足學生、家長及教師的需求；倘若評量結果不如預期或是參與者表示不滿意時，諮商師就不會再繼續進行這項輔導活動。因為時間的有限性，諮商師必須透過評量來得知其方案與活動的實際成效，在本書的第十章將再進一步詳細地介紹方案與相關服務的評量過程。

問題解決諮詢

學校諮商師協助尋求諮詢者去釐清問題，探索可能的解答，選擇適當的策略，並評估其結果。目前已發展出不少的問題解決模式，可於相關的諮詢文獻中找到（*Brown et al., 2001; Kurpius, 1978c; Kurpius & Brown, 1985; Schmidt & Medl, 1983; Umansky & Holloway, 1984*）。

學校諮商師所運用的問題解決和情境的諮詢，其一般均爲四階段模式，分別爲介紹（*introduction*）、探索（*exploration*）、執行（*implementation*）與評鑑（*evaluation*）四階段，分別說明如後。

介紹

在此階段，諮商師扮演的諮詢者與要求諮詢者碰面，向其作介紹並說明諮詢碰面之目的。本階段的基本目標，是讓諮商師扮演的諮詢者與要求諮詢者之間建立良好的互信關係，並共同蒐集相關的資訊，以便能澄清其主要問題。

另一個蒐集資訊的理由，是爲了下一個探索階段所需，以便能找出問題的解決之道。諮商師扮演的諮詢者運用觀察、測驗、記錄、訪談及其他方式來進行無價值判斷之資料蒐集，只要是從要求諮詢者處提供的內容在此階段均一律接收。

探索

彼此關係建立之後，在此要釐清個別的角色和責任。例如：諮商師與要求諮詢的父母針對家中孩子的問題，雙方達成之共識即爲諮商師的角色並非進入家庭去操控相關情境，而是提供相關的資源、訊息及教導給家長，使其能選擇適當的策略來成功地解決孩子的問題。

在此探索階段，會將前一階段所蒐集的資訊進行進一步的檢證，並對可能採取之策略與方法之可行性加以討論。有時諮商師扮演的諮詢者會運用腦力激盪來針對每一種可能一一加以分析，在腦力激盪過程中將列出所有可能想到的點子，且不論其是如何的不合理、不切實際或不可能；當所有的可能全部羅列出來之後，諮商師扮演的諮詢者與要求諮詢者將共同去縮小這些選擇範疇，最後將確定一項或數項去付諸施行。

施行

若僅有探索而無行動將一無所得。一個成功的諮詢關係，是能在探索階段中達成的一致看法上，訂定出一套行動計畫、責任分配與共識，並藉此讓諮詢中的每一成員知道該做哪些事情且在何時完成。唯有清楚地制定計畫及實施，才能確保諮商師扮演的諮詢者可以適當地追蹤與評量其諮詢成效。

評鑑

一個完整的諮詢必須完成了追蹤與評鑑後才能算是成功。在此階段，諮商師扮演的諮詢者要與諮詢的相關人員接觸，並一一從其反應中去了解，依照計畫所安排的作業是否完成？倘若諮商師發現要求諮詢者並未完成作業，則整個諮詢就必須重回探索階段，去進一步釐清角色並檢討所選擇的策略是否得當。若是安排的作業都完成了，則將進行改變效果之評量，其結果若能發現原有的問題因完成行動計畫而解決，則整個諮詢關係也可就此完整地結束。

此四階段問題解決諮詢模式，提供了學校諮商師可與學生、家長、教師及其他專業人員透過訊息交換找出可付諸行動之計畫建構。在以下表7.2中，列舉出問題解決模式的四個階段，每個階段運用的技巧及其目標。這些技巧不僅只在該階段使用，亦可視實際需要而用在不同的其他階段。

這許多不同的技巧在各種諮詢中運用時，宜注意以下三點：

1. 諮商師扮演的諮詢者要熟諳這些技巧運用（*Brown, 1985*），否則會傷及諮詢中的彼此關係。
2. 某一技巧若過度重複使用也會危及諮詢的成效，致使要求諮詢者感到厭煩，甚而拒絕接受諮詢之協助。
3. 要能有效掌握運用技巧的時間點。成功的諮詢者不但要能知道如何去做，更要知道何時去做最適當；一個成功的諮詢要像變魔術一般，在最精確的時間呈現最佳之技術。

諮詢的研究

諮詢方面的相關研究篇數十分豐富，然而誠如許多研究者所提出的，方法論方面的問題使得這些研究無法找出共同明確的結論（*Brown et al., 2001*；*Froehle & Rominger, 1993*）；這是因為在學校諮商師所發表有關諮詢的研究文獻中，經常缺乏對其模式、結構做清楚地描述與定義所致。同時，針對諮詢的效果評估研究中，也未做不同專業介入之區別，最常見的例子就是諮詢的成效到底是來自於學校諮商師或是心理師的貢獻。

表7.2　諮詢的階段、技巧與目標

階段	技巧	目標
介紹	傾聽與專注 對內容與感覺作反應 澄清 對了解的內容作摘述	建立和諧的關係 確認問題所在 蒐集資訊
探索	發問 結構 聚焦 釐清角色 解釋資料 教導或告知 腦力激盪	縮小關注範圍 列出各種選項 針對各種可能尋 求一致性 採取行動
執行	協商 面質 排出優先順序 規劃	選擇策略 分配責任 設定目標與時限
評鑑	觀察 文書作業 評量 摘要	評鑑結果 追蹤 結束

同時，學校諮商方面的研究又往往會聚焦於一些不同的理論學派，如：阿德勒方案（*Frazier & Matthes, 1975*；*Jackson & Brown, 1986*；*Williams, Omizo, & Abrams, 1984*），及行爲學派方案（*Giannotti & Doyle, 1982*；*Henderson, 1987b*；*Weathers & Liberman, 1975*）。在諮詢成效的檢驗方面，也有一些研究報導有關特殊諮詢訓練方案的成果，例如：藥物濫用家長的支持團體（*Post-Krammer, 1988*）。

雖然，許多有關家長諮詢方案成效的研究報告已出版，然而在諮商師對教師諮詢方面的研究卻十分有限。*Cunningham*和*Hare*（*1989*）曾提出如何成功地教導老師去幫助喪親之學童，包括給予老師生命教育與兒童喪親等相關課程之訓練（*Hare & Cunningham, 1988*；*Molnar-Stickels, 1985*）。

當然，在針對家長諮詢方面的相關訓練也不少，最常見到的有父母效能訓練（*Parent Effectiveness Training, PET*）方面之探討（*Giannotti & Doyle, 1982*），以及有效父母的系統訓練（*Systematic Training for Effective Parenting, STEP*） 方面之探究（*Jackson & Brown, 1986*；*Williams et al., 1984*）。

另外，班級輔導也是一種由諮商師以提供資訊或教導來進行諮詢的方式，其詳細的內容與相關研究之介紹可參閱前面第六章。*Borders*和*Drury*（*1992*）提到在學校諮商朝向綜合性的方案發展過程中，特別強調將輔導與課程加以整合，設法將輔導的精神與技巧注入於每天的各項教學活動中，這些都有賴於學校諮商師與教師彼此之間更多的合作與投入。

雖然，針對諮詢確實成效有待更多研究去澄清，但在今天的學校諮商中諮詢仍保有其重要地位。透過個別或團體的諮詢，學校諮商師可將其相關的服務擴及學生、家長與教師；在這過程中最重要者就是要能藉由相互合作關係中去取得精確而可靠的資訊，以便在其相關方案或策略中能作最佳之決斷。

延伸閱讀與網路資源

Brown, D., Pryszwansky, W. B., & Schulte, A. C. (2001). *Psychological Consultation : Introduction to Theory and Practice(5th ed.)* Boston: Allyn and Bacon.

This text is a thorough yet understandable treatment on consultation. It provides historical and theoretical perspectives on consulting and presents information on important processes and skills to use with parents and teachers.

Caplan, G. (1970). *The Theory and Practice of Mental Health Consultation* （New York: Basic Books）.

This classic book is used as the foundation for much of what is called consultation today.

This is especially true for consulting models as applied in the helping professions such as counseling and psychology.

Kurpius, D. (Ed.). (1978a). "Special Issue: Consultation I," *Personnel and Guidance Journal, 56(6)*, 320-373.

This issue of the Personnel and Guidance Journal is a classic presentation of consultation models, roles and procedures of consultants, and issues related to consultation in various settings including schools.

Kurpius, D. (Ed.). (1978b). "Special Issue: Consultation II," *Personnel and Guidance Journal, 56(7)*, 394-448.

This is the second issue of the special series on consultation, and it presents a range of topical issues related to the theory and practice of consulting. It includes a section on training issues and approaches.

Kurpius, D. J., & Fuqua, D. R. (Eds.). (1993b). "Special Issue: Consultation : A Paradigm for Helping, I," *Journal of Counseling & Development,*

71, 593-708.

Kurpius, D. J., & Fuqua, D. R. (Eds.). (1993c). "Special Issue: Consultation : A Paradigm for Helping, II," Journal of Counseling & Development, 72, 113-198.

These two volumes by Kurpius and Fuqua repeat the focus on consultation and update models of practice.

Components of a Crisis Prevention Program- http://www.renew. Net/prevstat.htm

Global School Psychology Network- http://www.dac.neu.edu.cp/consult/

本章作業

一、探究在您的社區中有哪些相關的服務？可運用當地的電話簿、有關的網站，以及其他的資源，來編輯出一份可提供學生各項服務的一覽表。並試著將這些服務加以分類，如：家庭服務、藥物濫用治療服務等。

二、在您的班上以四人爲一個小組，並設計一種角色扮演的情境；其中有一人扮演諮詢諮商師，第二個人扮演家長，第三個人扮演教師，第四個人扮演觀察者。假設有一種情境，家長正在關心孩子在學校中的相關表現，由他們來進行角色互動的扮演，並由觀察者針對相關的角色與技巧表現提供適時的回饋。

三、在您的社區中接觸各級學校諮商師，以分別了解在其學校是否有任何父母教育方案正在執行中？並依照小學、初中、高中的不同，列出其最常運用的方案，其中有些可能完全係由諮商師自己創新設計者，向其要求拷貝一份並在您的上課班級中加以分享。

第八章 學生衡鑑

黃財尉譯

早期學校諮商專業的發展非常強調學生的評量，特別是標準測驗的使用。從一開始，這個專業就了支持與反對評量工具和程序在諮商關係中的使用而爭論不休，今日，這般的爭論依然持續，而且有愈來愈多的焦點著重在學校的責任以及公眾對較高學生成就的要求，這爭論似乎是沒完沒了。許多州正使用測驗的結果作爲學生進步、教學責任、以及個別學校表現評鑑的指標；很不幸地，這些目標很少眞正滿足教學與教育上的學生需求；相對地，學校諮商師應用評量技巧來幫助學生自我收集資料，以作成合適的教育計畫與決定也有一段歷史了。

學校諮商師經常整合校際間的測驗方案，對個別學生進行教育評量，以及解釋測驗資料給家長，老師和提供學生服務的專家們。學生衡鑑功能（*student appraisal functions*）—即收集與解釋有關學生能力、成就、興趣、態度與行爲資料的種種程序—依然是學校諮商師角色中不可或缺的部份。

之前，我們已經簡短地介紹學生衡鑑爲一個綜合性學校諮商方案中不可或缺的服務，現在，我們將更仔細地檢視這功能。本章將以心理異常診斷與統計手冊（*Diagnostic and Statistical Manual of Mental Disorder, DSM-IV-TR, American Psychiatric Association, 2000*）的簡要思考，以及什麼理解此手冊對學校諮商而言是有用的原理作結論。

這並不是一個學校中評量或衡鑑主題的綜合性處理，而是學生衡鑑如何落實到綜合學校諮商方案的一個簡短介紹，相關功能與程序的深入資訊，讀者可以參考本章中所引注的來源以及所列的參考文獻。

在回顧學校諮商師常見的衡鑑工具與評量過程之前，先解釋用來描述並定義諮商中評量用語是相當合適的，有許多用語描述諮商中衡鑑與評量的過程（*Drummond, 1996*），透過這些用語的了解，學校諮商師就能夠於學生的衡鑑中扮演合宜的角色。

衡鑑（*appraisal*）是同義於評鑑（*evaluation*），其含括評量學生特質、能力與興趣範圍，以及基於這些評量結果的專業化判斷之所有過程。學生衡鑑（*student appraisal*，有時亦指評鑑）涉及從多樣來源中收集資料，形成觀點與從事資料的比較，以及獲得可以指引學生和其他人於教育上與生涯上之決定的結論。

評量（*assessment*）包含蒐集學生衡鑑資料的工具與程序而言。教育測驗、心理評鑑、興趣量表、訪談以及觀察都是學校諮商師、心理師、教師和其他學校人員所使用評量程序的例子。

個別分析（*individual analysis*）是強調學生行爲強弱（*strengths and weaknesses*）的描述，是一個包括行爲觀察與解釋的過程，所以是學生評鑑的一個特別型式。

詮釋（*interpretation*）係指解釋並賦予諮商師從學生衡鑑中所收集到的資料、觀察以及資訊之意義的過程。特別的是，諮商師解釋行爲並賦予情境中所觀察行爲的意義與目的，學校諮商師解釋測驗分數與學校政策來幫助學生、家長和老師了解問題行爲。

測量（*measurement*）是一個決定所評量特質和特徵之程度與範圍的過程。測量會指定一個數字的值或者一個評鑑的描述給問題中

的特質或特徵；它像是告訴我們「多少？」或「多常？」的衡鑑面，但測量資料本身的使用有限，只有當在統計上或比較上的應用時才有其意義。

診斷（*diagnosis*）也是衡鑑的一面向，其是指對測量結果的特殊認定、分群與類別化，以對學生行為與表現作成最佳的猜測或判斷。對學校諮商師而言，診斷並非一個舒服、可接受的用語，或許是由於其「醫學的」（*medical*）與「分析的」（*analytic*）意涵；然而，診斷是衡鑑的一個面向，而且是學校諮商師對學生與其他當事人在選擇適當服務之決定過程中的一個重要元素。

標準化測驗

環繞在學生衡鑑的爭議中，沒有一個議題比標準化測驗（*standardized tests*）的使用掀起更多的關注、激起更熱烈的辯論、以及引起更多公眾的鼓噪。爭議的焦點集中在美國教育的困境，以及有些人將學生與其他已開發國家學生的成功競爭視為失敗。這種關注的結果，使得越來越多的政治人物、家長、學校董事會成員、以及其他決策者提出需要更多學生成就測驗與評鑑的要求。在這個國家的教育系統中，金錢與精力都已投入在發展、購買、施測以及分析測驗結果之上；儘管所有時間、努力與金錢的投入，至今只有少數有利的結果被注意到。而在諮商中，於測驗施測與測驗本身，測驗的使用並未對學生的發展產生影響。根據*Goldman*（*1982*）的說法，「測驗似乎並未使學生與當事人的決策、問題的解決與計畫的活動有所差別，也很少有研究證據指出諮商師所使用的測驗已使得其所服務人們的生活有很大的地不同」（*p.70*）。

在學校與其他機構中使用測驗的一個主要批評，在於測驗對文化上多樣族群的限制性以及可能的測驗偏誤（*bias*），*Lee*（*1995*）假定「文化上回應的諮商師在解釋標準測驗與其他評量工具的資料時，應該要有能力考慮文化/種族的動態性，[他們]應該要能理解評量工具中可能的文化偏誤，並能於作成學生的教育決定時，從文化差異的背景考慮此偏誤」（*p.194*）。許多關於少數種族學生測驗與評量的關注，持續與今日學校中評量工具的選擇和使用產生關聯。這些關注對諮商師與其他學校人員於評量時的使用提供了一些指導方針：

1. 當學生沒有被以其本國語言或優勢語言施測時，評量就成了不公平的歧視，測驗的目的是分辨，但是當有不公平的偏誤出現以及使用不適當的試題時，測驗的效度與結果的信度就值得商榷。

2. 當測驗是從白人、中產階級的樣本母群中發展而得，且是對文化上不同群體施測時，測驗就成了不公平的歧視。測驗所實施的學生群體應該是能反應該測驗發展時的設定族群。

3. 當學校諮商師在評量過程與學生特質文化差異的訓練不足時，學校諮商師就可能促成測驗的偏誤及歧視的實施。

4. 當某些族群被過度陳述於特定的教育計畫中（像可教育的心智遲滯計畫）而低度陳述於其他的教育計畫（例如資優或天賦優異）時，就有證據說明測驗的偏誤或不恰當評量的實施。

5. 允許學生留在無效率的教育計畫且沒有展現合理進步的學校教育中達數年之久的措施，正意味著文化上的偏差，以及不可靠的評量程序。

6. 家長的參與對合宜的評量實施是很必要的，當家長被排除在決策的過程之外或者未被告知關於測驗工具、測驗程序以及其子女的測驗結果時，完整與正確資料的使用就值得商榷了。

7.建立在有限測驗資料的決定會置學生於喪失進入教育與職業機會的風險，適當的衡鑑應包含廣大範圍的訊息與資料。

8.測驗與測驗的結果若用來強化偏見與刻板印象將違反法律上的權利，也是不道德措施的具體實例，學校必須使用測驗來強化學習的機會，並且創造學生發展的可能性，而不是去阻礙、降低與否定學生成長的潛能。

9.當測驗有意或無意限制學生在教育上與職業上的選擇時，就促成了既存的偏見，且與我們學校的任務互相矛盾了。

10.當學校使用測驗於隔離學生而沒有考慮其他型態的訊息與資料時，學校就違反了評量與公平性的基本原則。想要創造對所有學生都公正的程序，學校諮商師應試圖含括較大幅度的人員於決策之中，並確定評量工具的適當選擇與使用。（改編自*Oakland, 1982*）。

測驗的另一個爭議面涉及到測驗結果的誤用與誤解。對於尋找一種評量學業進步方法的熱忱，很不幸地已經被一些輕率的決定、不適當的程序、不可靠的分數以及不正確的解釋結果所澆熄了，這些情況無法增加學校對評量過程或測量工具的接受度。正如具備了測驗與其他標準化評量工具適當使用訓練的專家，學校諮商師有責任支持性地幫助其學校與學校系統於選擇、施測及使用測驗與其結果，而第一個步驟便是了解標準化（*standardization*）的意義以及知道不同種類的標準化測驗。

標準化

當一個測驗的施測與計分都根據一致性的程序時，這個測驗便是一個標準化的測量。在每一次施測期間，當測驗使用相同的程序於每一個別學生或每一組別的學生時，就可能比較跨越時間的表現或比較個人分數與其他學生的分數。因此，測驗的標準化要求給定的測驗於每一次的實施都須有一致的測驗條件。

適當標準化的責任繫於發展者與使用者，發展者明確地陳述某特定測驗的指導說明以當成標準化程序的一部分，而使用者必須確實遵守這些指導說明沒有偏差。標準化（*standardization*）包括給予口頭指導語、工具使用、時間限制、示範、處理學生問題的方法、以及施測的其他相關細節；此外，其他難以捉摸的因素可能改變測驗的實施而達到違反標準化的程度，例如，如果一位諮商師讀指導語時以一種快於標準程序的步調，則這樣的施測可能會報以不可信且無效的測驗分數。

另一個標準化的層面是常模（*norms*）的使用，其允許跨測驗實施分數的比較，或某一測驗中學生分數間的比較，標準化測驗是發展與施測於一大群具代表性樣本的受試者，即熟知的標準化樣本（*standardized sample*），從中測驗得以被設計。常模是代表性樣本內特定組群的平均分數，例如，設想在一個拼音測驗中（*spell test*），如果*10*歲年齡者平均可以從*30*道試題中答對*15*題，則*10*歲年齡的常模就是這*15*道答對試題的原始分數，當解釋測驗分數時，標準測驗不是使用年齡常模（*age norm*）就是年級常模（*grade norm*），而之前的例子就是一個年齡常模。

標準測驗分數是從常態曲線分配理論（*normal curve distribution theory*）中推導而得，也就是說在一個特質上，個別分數會往接近分數範圍的中心聚集，並隨著接近極端高低分數而逐漸降低，這個曲線的中心分數稱爲平均數（*mean*）、中位數（*median*）或眾數（*mode*），取決於所使用統計平均量數的類型。這三種不同的平均量數類型稱爲集中量數（*measures of central tendency*），而用以描述學生從平均分數變異程度的統計用語就稱爲變異量數（*measure of variability*），全距（*range*）與標準差（*standard deviation*）爲其中的兩種變異量數。圖*8.1*說明一個跨分數範圍的樣本百分比分配的常態曲線。

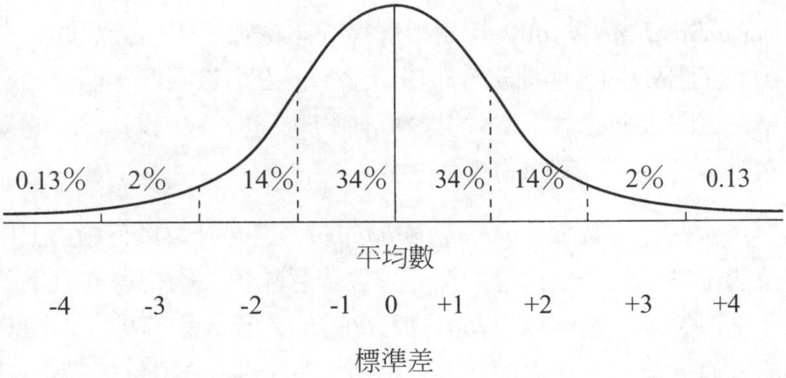

圖8.1 橫跨一個分數範圍受試者百分比的常態曲線分配

除了年齡與年級常模之外，學生的測驗分數也常以百分等級（*percentile ranks*）或標準分數（*standard scores*）的型式報告。百分等級（*percentile ranks*）係指低於某一特別原始分數且顯示出學生於代表樣本中相對位置的學生人數百分比，例如，百分位數分數45意味著樣本中的*45%*的學生得到相對較低的原始分數。雖然百分位數（*percentile*）相對上容易理解，但也經常被錯誤解釋與錯誤了解，所有解釋百分位數的測驗手冊都警告百分位數不是表示答對問題的百分比，因此，上述的百分等級*45*不是說學生答對*45%*的題目。百分等級不是指有多少道測驗上的試題或有完成多少個正確作答，這對學校諮商師於解釋百分位數分數給學生、家長與其他可能不熟悉測驗且可能將百分等級錯誤解釋爲正確答案數目的人時是很重要的。

另一種分數型態，標準分數，係指學生的表現高於或低於團體平均分數的距離，標準分數以離平均分數多少個標準差單位數來表示學生的表現，平均數（*mean*）是指樣本群體的平均分數，而標準差（*standard deviation*）則是指變異的測量數或組內分數的分布而言，如在圖*8.1*的常態曲線分布中所示，在平均數兩側一個正1或負1標準差之間大概包含了68%的樣本群體；於是，我們期待*68%*的學生分數會落在*-1*到*+1*範圍的標準差中。

不像百分位數帶（*percentile bands*），標準分數具有相對上相等單位的優點；因此，相等的標準分數帶意味著大約相等的表現差異分布，例如，一個測驗中*400*分與*500*分的差異大約等於*600*分與*700*分的差異，但百分位數帶就沒有這個性質，學生於第*35*與第*45*百分位數帶表現的差異不會等於第*75*與第85百分位數帶表現的差異。標準分數另一個優於百分位數帶的地方是可以用數學方式加以平均。

學校諮商師所使用且以標準分數報告的測驗例子是智力測驗（*intelligence test*）以及大學入學考試（*college admissions exams*）。使用離差智商的智力測驗設定*100*分爲中位數（即常態*IQ=100*），以及一個*15*分的標準差；如此，離常模正負*1*個標準差的分數範圍就爲85-115。大學入學考試，像大學入學考試委員會（*College Entrance Examination Board, CEEB*）所發展的「學術性向測驗」（*Scholastic Aptitude Test, SAT*）也是使用標準分數；因此，使用常態曲線分配時，我們便可假定有68%的學生其SAT的分數介於400-600之間。

標準9分數是標準分數的一個變形，標準9系統使用一個9點量尺，其中9代表高，1代表低，平均數是5；標準9中的第1等第與第9等第涵蓋常態曲線分配的兩側尾部，剩下的標準9中的每一個等第，2到8，則包括一個具半個標準差寬度的原始分數寬幅。

標準9是著名的分數，特別對於區域性常模的報告更是如此，因爲其可以輕易地轉化且解釋給學生和家長，且不同測驗的分數也可以標準9進行比較（例如數學與語言技巧間）；除此之外，由於其單數位（*single-digit*）型式特徵，標準9很容易被記錄，而且標準9的計算方式與百分位數相同，具有標準分數的算數優點（*Gronlund & Linn, 1990*）。

之前所介紹的標準化與不同形式之測驗分數並沒有作主題上的判斷，想要有更多深入解釋與訊息的讀者可以查閱這一節中所引注的參考文獻。此時，我們想要檢視學校中使用的兩種標準化測驗：常模參照（*norm-referenced*）與效標參照（*criterion-referenced*）。

常模參照測驗

比較個別學生表現與團體表現的測驗就是常模參照測驗。測驗上的分數，譬如百分位數與標準9，都說明一個學生在規範樣本中的相對位置。例如，在語言技巧科目中標準9分數的第6等第意味著學生的分數被評在團體平均數上一個標準差內；同樣地，數學科目中的一個百分等級*34*意味著該學生的分數高過代表性樣本（例如相同年紀或年級）內*34%*的學生。這些測驗的分數報告是基於區域的，州內的或全國性的常模，因此有此常模參照測驗的用語。

常模參照測驗在比較學生與其他同年齡或同年級學生間的表現及成就時相當有用，但受限於評鑑學生知識或科目的精熟度，舉個例子，如果以常模參照數學測驗評鑑十位學生，結果將顯示每個學生和發展測驗所用之規範樣本比較時的相對位置，但這些分數獨自無法幫助教師了解每位學生數學的強度與弱點，這十個學生可能有很強的數學能力，但其分數僅是將他們對照於一個樣本群體而進行排列而已；一個學生可能被排到最高的名次，另一個可能最低，而不管其對照的數學知識，欲評鑑這些學生的數學知識，教師需要使用第二種的評量--效標參照測驗（*criterion-referenced test*）。

效標參照測驗

這類測驗是設計以特定標準或學習目標來評估學生的表現。回到十個數學學生的例子，一個效標參照測驗能使學生、老師和家長識別每位學生精熟哪一種數學技能，以及哪一領域的知識和技能需要額外的注意。典型上，效標參照測驗的結果是以某一特定知識或技能領域答對試題的百分比作爲報告，在上述的例子中，譬如一個學生可能在算數計算的加法中做對*35%*，而在減法中答對*80%*，如果以*75%*的答對率作爲精熟的標準，則該生精熟了減法技巧但卻不精熟加法技巧。

常模參照測驗與效標參照測驗都對學生的衡鑑有其目的性與彰益處。一方面，效標參照測驗能使諮商師與教師描述學生之表現與學習目的和目標的關係，這些資訊對於設計或重建教學計畫來符合學生的需求是相當有幫助的，而在課程設計上這也有特別的好處；對照之下，常模參照的結果允許學校進行校內以及學區內、州內或區域內校際間的比較，這些比較可以幫助學校檢視學校內與學校系統中的學生安置、成績分配、廣泛教學議題以及背景條件的關注。兩種測驗都有其價值，但重要的是，諮商師、校長和老師應該要了解他們所選擇特定測驗的原因，以及該測驗是否是一個評量特質可信且有效的測量。

測驗的選擇

因為學校諮商師受過專業測驗與評量的訓練，他們經常幫助其他學校選擇於測驗計畫中所使用的測驗，此外，諮商師也選擇包括測驗在內的評量工具以對個別學生進行衡鑑，為了給予學校合適的幫助以及選擇適當的個人衡鑑工具，諮商師必須知識豐富並準備給予作最佳選擇時的指導。

諮商師利用各種不同來源學習新的測驗，並與時俱進地保持測驗的研究，一個重要的資訊來源是*Buros*心理測量機構的《心理測量年刊》（*Mental Measurements Yearbook*），每一年刊包含對不同測驗的描述、測驗專家所寫的測驗評論、發表在其他來源的測驗評論選擇、特定測驗的參考文獻以及測驗與測量專書的評論，*Buros*機構也出版《出版中的測驗》（*Tests in Print*），一個針對目前正出版中的特定測驗之設置訊息與描述的指引。《出版中的測驗》（*Tests in Print*）橫跨參考過去心理測量年刊的版本，以使諮商師能夠找到測驗與研究的過去評論。這個座落在*Lincoln*內布拉斯加大學（*University of*

Nebraska）的機構保存了「文獻尋取服務公司」（*Bibliographic Retrival Service, Inc., BRS*）所提供線上電腦服務中的資料庫，該資料庫須透過*BRS*所擁有的圖書館電腦服務方得進入。

其他測驗訊息的來源包括於紐澤西州*Princeton*的*ERIC*評量與評鑑資料中心（*ERIC Clearinghouse on Assessment and Evaluation*）；美國心理協會（*American Psychological Association*）所出版的《教育與心理測驗標準》（*Standards for Educational and Psychological Testing*）；美國諮商協會（*American Counseling Association*）所出版之《標準測驗使用者的責任》（*Responsibilities of Users of Standardized Tests*）以及一些專業的期刊，其中有一個美國諮商協會分部門所出版的期刊《諮商與發展中的測量與評鑑》（*Measurement and Evaluation in Counseling and Development*）。另一個資訊來源是測驗出版公司的目錄，其中包含測驗簡介、價格以及其他於選擇過程中有用的事實。在諮商師已經獲得有用測驗足夠資源之時，他們就準備好開始選擇的過程，這從確定潛藏於收集測驗訊息需求之下的目的開始。

確定測驗的目的

爲什麼需要測驗？這是學校、諮商師、行政人員以及老師在選擇適當評量工具時所必須回答的第一個問題。當選擇測驗並沒有清楚的目標時，報告就可能誤用或未加以充分利用，行政上處理的時間與花費都可能浪費了。在作適當選擇或給予特定測驗的的建議時，諮商師需要確定測驗過程的目標與目的。什麼是學校、老師、學生或家長想要找的？測驗結果將如何使用？基於既存測驗的研究，哪一個測驗可提供我們需要的東西呢？

如果學校想要評估三年級學生的閱讀水準，學校需要去了解閱讀水準到底是以學習目標所界定的，還是以與三年級學生的比較結果而認定的?回答這個問題將縮小介於效標參照與常模參照測驗間的決定；此外，聚焦於學生的閱讀水準將使諮商師與教師剔除一大堆成就測驗，而將其選擇限定在閱讀測驗。綜言之，了解測驗使用的意圖以及分數報告的種類將可幫助學校開始檢視與選擇的過程。

考量行政條件

在確定測驗目的之後，諮商師須進一步考慮行政上會影響特定測驗選擇的因素，有幾個問題須深思熟慮，例如測驗是要個別施測或團體施測呢?預算的限制是不是將特定測驗的選擇排除在外?施測需要多少時間?什麼樣的準備可以對老師或學生創造出一個適當的測驗環境?是否其他條件或材料會影響特定測驗的選擇?

選擇適當測驗的目的很少是僅爲了偶而的施測，因此，在做決定之前所有施測因素的正確性都應小心斟酌，如前所述，標準化過程要求嚴格地遵循已出版測驗的程序和指導語，任何從測驗程序和指導語的偏離都將違反標準化的過程，且將置測驗結果於危險之濱。

取得樣品套組

當學校縮小其決定於少數可能的選擇時，通常會向出版商訂購測驗的樣品套組，這些套組能以極少的花費購得，套組中包括操作手冊的複本、測驗小冊子以及計分與報告的相關訊息，檢視這些材料將有助於進一步縮小選擇。特別地，諮商師與教師須檢查測驗手冊以確定測驗所設計的使用、測驗施測者的訓練與資格認定、解釋測驗結果所需的知識與資格、效度與信度的證據、施測與計分的指導語、以及規範樣本的資訊。對測驗手冊透徹的檢視以及小冊子中特定測驗試題的評論，將提供作適當選擇時有價值的訊息。在此階段中，有必要特別注意出版商所提供的效度與信度資料，以及評論者的有用評論。

效度與信度

測驗效度（*ralidity*）係指關於評量工具能眞正測量到其所欲測量特質的程度。例如，一個數學成就測驗是測量數學知識與技能?或是測量學生於數學問題中的閱讀與作答能力？另一個效度的例子，是否*IQ*測驗眞正測量出稱作「智力」的迷人構念，或者這些測驗僅是測量到建立在經驗、背景與教育上的知識和技能？*Anastasi*（*1988*）總結出測驗效度的三種主要類型：內容、效標關聯以及建構效度。

內容效度（*Content validity*）係指測驗試題相當具有測驗所欲測量之知識或作業範圍的代表性。內容效度通常用來評鑑於特殊科目領域中評估學生表現的成就測驗。

效標關聯效度（*Criterion-related validity*）係指預測學生在某些情境中表現的測驗有效性（*effectiveness*）。細言之，學生於測驗上的表現是與某一標準進行比較所得，而該標準爲該測驗所欲預測特質的一個獨立測量結果。這樣的標準可能反應於同時或未來的情境中。例如，打字測驗可能呈現與公司目前所聘請秘書之平均打字速度與表現的比較結果；對照之下，大學入學考試委員會（*College Entrance Examination Board*）所呈現的「學術性向測驗」（*Scholastic Aptitude Test, SAT*）就是一個未來大學成功的預測項

目，此預測項目是基於過去受試者之大學表現的研究而得。

建構效度（*Construct validity*）與測驗所宣稱要評估的抽象心理特質有關。在學校中，諮商師和教師經常使用自我概念問卷以及其他量表來評估學生的自我知覺，這些工具的一個假定便是一個構念（*construct*），在此爲自我概念，是可測量的。在許多情況中，依靠建構效度的工具，其評鑑是以這些工具與其他宣稱測量同一構念且聲譽好的工具加以比較而得，類似的結果意味著工具間可能測量相同的本質或特性。

信度（*reliability*）是考慮選擇標準測驗的另一項重要因素，這個因素係指測驗結果與來自其他評量過程結果間的一致性。如果一位老師在短期間內連續兩次對學生實施一個閱讀成就測驗，可以預期兩次結果會相似。就此觀點，信度係針對得自特定測驗工具的結果而言，而非針對測驗工具本身而言。

有多種不同的信度類型，每一個都利用統計程序將不同測驗結果間的相關予以量化。當用數量表示時，這相關就會以一個稱爲「相關係數」（*correlation coefficient*）的統計量數而加以指定，諮商師與教師就可利用此統計量數檢視測驗的信度。當具體地應用到信度時，這個統計量數就稱爲「信度係數」（*reliability coefficient*）。信度係數是以從*-1*到*+1*的數字表示，範圍中的兩個極端值表示完美相關，而*0*意指完全沒有相關；因此，一個*+.95*係數意指兩組資料（例如相同測驗的兩次分開施測）具同方向（正向）的強烈關聯，如果我們檢視閱讀成就測驗的信度，這個係數值將是一個合理的發現。

另一方面，一個*-.95*的相關係數也說明了兩組資料間的強烈關係，只不過是方向相反（負的）罷了，而當檢視兩個結果矛盾的測量時，這個發現也是合理的。例如，如果發展一份低分代表最少焦慮的焦慮量表，並與機械技能測驗作比較時，我們希望能夠發現較低的焦慮分數會與較高的機械表現有所關聯；相反地，如果發現這兩個工具呈現負相關時，我們將可期待較高焦慮分數與較低機械表現有所關聯。

信度的最重要層面在於其與效度的關係，一個沒能提供可信賴結果的測驗是沒有效度的；但一個有效的測驗，根據定義，卻能產生可信賴的結果。同時，信度並非測驗效度的一個充分（*sufficient*）條件，一個能產生非常一致分數的高度可信工具可能沒有測量出其所欲測量的特質。例如，一個產生一致性分數的智力測驗，當其比較屬於教育與文化經驗的評量而非認知上的功能作用時，該測驗就無法被接受當成一個先天智力的有效測量。

決定測驗的實用性

測驗選擇的另一個思考層面是測驗工具的實用性（*usefulness*）。一旦學校決定了一個測驗的目的且評估了其實徵上的可靠性，所屬人員就須去評鑑此測驗工具對於整體教育計畫的實用性如何，這對諮商師檢視其學校諮商計畫中所使用的個別測驗與調查表也是一樣的。在評鑑測驗的實用性上，諮商師與教師應考慮以下的問題：

1. 花在計畫、施測以及解釋測驗的時間是否得當？學校是一個時間非常寶貴之地，要涵蓋全部課程與提供所有像諮商這般特別的服務是一種挑戰。結果，有時間作這個特別的評量嗎？
2. 該測驗能提供有用結果以發展合適的課程嗎？能改變教學以符合學生個別的需求嗎？或能使人們作重要教育與生涯的決定嗎？學校用以滿足當地或州政策而沒有產生可用結果的測驗將是浪費時

間、資源與金錢而已。

3. 測驗結果是否被清楚地報告以致所有讀到這報告的人都能了解其中意義？測驗結果應該是要清楚地對學生、家長、教師、諮商師以及其他學校中欲使用該訊息以創造出有利學習計畫與服務的人陳述。僅僅回收與歸檔測驗結果於累積之檔案夾中的測驗程序是不應被容忍的，不是該測驗應被丟棄，就是使用人應受適當的訓練以較佳地了解且恰當地使用測驗的結果。

使用標準化的測驗

諮商師與教師在選擇適當測驗與學習使用測驗結果以幫助個別學生發展和促進對所有學生的教學時，需要確定標準測驗的合宜使用。學校中，諮商師有責任於整合測驗中的一些服務，描述測驗程序的工作也就落於其肩膀之上。在這一段落中，我們將檢視諮商師於學校整合使用標準測驗時會考慮的一些步驟，這些步驟從選擇過程結束的地方開始，亦即從測驗的安全性開始。

測驗的安全性

所有的標準化測驗都應保存於安全之處，故意暴露給學生或學生偶然學習到的測驗訊息，將使測驗結果的信效度瀕於危險。基於這個理由，負責測驗整合的諮商師應有門路通往一個安全的儲存設施，且必須小心教師在他們的教學時使用到測驗中的訊息或試題。

當學校經常使用某些測驗時，特別是團體成就測驗，就有一些題目會爲教師施測時所熟悉，以致教師可能會非故意地納入該試題於教室上課之中，而成爲一種風險。爲預防這種測驗安全潛在性的違反，學校應定期地檢查測驗，且隨此安全性需求的提升而選擇新測驗或新型式的測驗。

測驗的實施

任何偏離所需測驗程序都將威脅到常模參照測驗與標準參照測驗的標準化，因此，測驗整合者應盡力協助那些實施測驗的教師學習適當的程序和符合特定出版的指導語，這對諮商師於實施學生個別測驗以檢視特別教育之目的或課堂教學之安置上來說也是眞的。諮商師必須毫不含糊地遵守測驗指導語，即使在個別評量期間也是如此，*Drummond*（*1996*）指出有三種描述適當之測驗程序而學校諮商師應該要熟悉的文件：《教育中公平測驗實施規則》（*Code for Fair Testing Practices in Education, APA, 1988*）、《教育與心理測驗的標準》（*Standards for Educational and Psychological Testing, AERA,1985*）以及《標準測驗使用者的責任》（*Responsibilities of Users of Standardized Tests, AACD, 1989*）。

除了遵循正確的程序與特定的指導語外，測驗實施者尙須創造出有利於產生可信與有效結果的測驗環境。找尋安靜教室以實施個別測驗，以及於團體施測之時停止所有干擾和無關緊要的噪音（例如鐘聲），將有助於形成合適的測驗環境。手邊備齊所有必須的材料、提供正確的計時器、檢查燈光照明，以及對緊急狀況的安排（例如學生於測驗期間生病了），是爲其他面向的考量。適當測驗整合的目的乃在於創造一個學生能達成最理想結果，以利作成正確決定與合宜教育計畫的環境。

諮商師使用各種評量工具與程序來收集關於兒童與青少年的資料，並協助教師、家長與學生作成合適教育與職業的決定

解釋

當學校收到測驗分數時，諮商師、教師與行政人員會以不同的方式使用這測驗結果。測驗結果的正確分析與解釋對測驗計畫達成所欲目標而言是必要的，學校諮商師應與學生、家長及教師一起解釋測驗資料，並與這群人一起使用測驗結果以提供適當的教學、合宜的安置以及教育與生涯上的幫助。

學生能從測驗的表現來界定其學習的強弱之處，且使用這些訊息作成讀書習慣、時間管理、私人指導或其他可以幫助其學習的決定。某些測驗，像性向測驗，可以揭露學生從前所不知的能力；結果，這些資料可以幫助學生注意其職業的方向，並應用這些性向而導趨於其終身的目標；其他學生可從方便比較同儕能力的學習而獲得好處，這知識將注入自信而達到更高的目標；同時，測驗資料能使學生接受從其本身而來以及從他們與學校諮商師所形成協助關係而來的實際期望，當然，這只是達到成功協助關係之連續評估過程的第一步。

對家長解釋測驗結果是學校諮商師的另一個責任（*Lyman, 1998*）。當學生完成團體成就或性向測驗，分數的報告通常包括給家長的一份摘要，諮商師於團體會議或個別聚會時間，藉解釋與詮釋這些報告而協助校方與家長；在團體會議之中，諮商師分發測驗報告並以一般用語解釋分數意義，以及解釋家長如何詮釋其孩子的測驗結果。在多數情況下，測驗公司會包含家長或家庭報告，其結果是同時以數字型式以及敘述式的解釋呈現。圖*8.2*顯示一份虛擬學校成就測驗（*School Achievement Test*）的家長報告樣本，在這份報告中，學生分數是以全國百分等級（*national percentile rank*）以及信賴帶（*confidence bands*）的方式呈現。一個百分位帶（*percentile band*）說明了分數的範圍，期望的「眞分數」（*true score*）就位於其間。諮商師通常保留特定個別學生分數的解釋於與家長和學生私人聚會的時間裡說明。

家長報告學校成就測驗

學生：史密斯　　　年級：三年級　　　學校：希望小學

在*2002*年三月*25*日你的孩子參加了三年級學生的學校成就測驗。你孩子表現的結果如下表所列印出來的。全部題庫分數展示你孩子的表現占百分之七十五等第，這意味著你孩子的分數比百分之七十五的三年級學生他們參與標準化的成就測驗來的好。在這個圖上除了全部題庫分數之外，還有一群X的記號來說明百分位數表。這百分位數在指出你孩子的分數可能落在一個範圍裡面，如果你的孩子參加這個測驗很多次的話。緊跟在全部題庫分數之後的是學校成就測驗不同部分的百分位數的分數，你的孩子在這些部分，分別是閱讀測驗*94*，語言藝術*87*，數學*55*，科學*67*，社會研究*70*。和這個全部題庫分數一樣，這些分數都是以百分等第作為報告。這些分數僅僅說明你的孩子與全國其他三年級學生的一個比較結果，要決定一個分數的好或不好，其他訊息是必須。學校中的教師與諮商師能夠分享額外的訊息，幫助你更了解評鑑你孩子的表現。

測驗	**全國百分等級**	**全國百分位帶** 1 2 5 10 20 30 40 50 60 70 80 90 95 98 99
總測驗	75	XXXX
閱讀	94	XXXX
語言藝術	87	XXXX
數學	55	XXXX
科學	67	XXXX
社會研究	70	XXXX

圖8.2 虛擬學校成就測驗的家長報告書

除了團體測驗結果之外，在個別性向測驗、成就題庫、職業興趣量表以及其他衡鑑工具上的分數，諮商師通常會於個別的討論會中解釋給家長與監護人；有時諮商師會與其他學校的專家一起計畫這些討論會，例如一位優秀的兒童教師或一位學校心理師，這對於特殊教育方案中處理例外性（*exceptionalities*）以及涉及安置性（*placement*）的情況尤然。

幫助教師了解測驗結果與鼓勵他們使用測驗報告來改進教學，是測驗解釋的另一基本面向。學校中整合測驗計畫的諮商師有責任幫助學校行政人員與教師適當地使用測驗報告，這個責任意味著不僅要對家長解釋測驗結果，而且要準備測驗報告給學區督學與地方教育董事會，並包括考試學生於學校課程與教學方案脈絡中的表現；如此一來，測驗結果不僅有助於學生衡鑑，也會影響方案的計畫與評估。

使用測驗結果檢查教學方案的過程，最好是配合標準參照測驗，或出版商會包括依學習目標分類所作之試題分析的常模參照測驗。有一趨勢顯示測驗出版商會發展一種提供常模參照資料以及標準參照訊息的合併式標準測驗（*Gronlund & Linn, 1990*），有了標準參照訊息，諮商師就能協助行政人員與教師檢視學生於學習目標上具體的強弱之處，圖*8.3*介紹了於虛擬學校成就測驗上，三年級閱讀測驗的學校摘要報告，這份摘要並以一份學校諮商師所發展的樣本工作表（圖*8.4*）作爲補充，以協助教師檢視其班級的考試結果與計畫其於教學上的改變；換言之，教師需要確認其學生於哪些學習目標上的表現低於學校平均學生的表現，並決定所需改變或新強調的教學方法。

適當使用測驗結果且合宜向學生、家長與教師作解釋，是測驗計畫整合者的基本責任。缺乏結果的適當使用，學校測驗計畫就變得沒有意義，這對所有學生的團體測驗以及對教育與職業決定的個別評估來說都是眞實的。學校使用多種標準測驗，如果諮商師也能負責地整合測驗計畫，則校方必能透徹地熟悉不同種類且有助於學生衡鑑的測驗。

評量工具的類型

諮商師與教師可得的測驗以及其他評量工具涵蓋了廣泛的設計範圍，有發展成常模參照或標準參照的測驗，也有針對團體或個別方式而進行的施測（*Drummond, 1996*）。此外，測驗與其他評量工具在性質上與結構上也不相同，例如，有些要求計時精確，像團體成就及性向測驗，然而其他則允許學生以大概的一段時間作答；有些測驗要求針對客觀的選擇題或配合題作答，而其他則要求主觀的答案與後來的主觀計分。諮商師在其協助學校選擇評量工具之時，以及當其選擇測驗與量表而使用於學生的衡鑑之時，其應考慮所有的因素。以下各段落將提供學校與學校諮商師所使用的測驗和量表之主要類別的簡短敘述。

成就測驗

也許學校中所使用最普遍標準測驗就是成就測驗（*achievement tests*）和題庫（*batteries*）。這些測驗相似於用來測量學生於特別科目領域理解的教師自編測驗。例如閱讀、數學、科學與社會等科目。成就測驗的使用最常出現在低年級到中年級階段，學生進步與基本技能成就的評量於早年的學校教育是很關鍵的。*Gibson & Mitchell*（*1999*）指出成就測驗的目的在於評量。

1.學生的學習量
2.學生的學習率
3.與其他學生的比較或同一人於其他學科領域成就的比較
4.學生於次領域學習的程度
5.學生於特定學習領域的強弱之處
6.未來學習的預測（p.246）

學校摘要報告
學校成就測驗

學校：希望國小
年級：三

閱讀	標準以下%	標準%	標準以上%
總分	35	45	20
文字分析	30	50	20
子音	45	35	20
母音	25	55	20
字彙	45	35	20
閱讀理解	25	45	30

圖8.3　虛擬學校成就測驗的部分學校摘要，三年級的閱讀測驗結果。

教室測驗結果 教師工作單				
學習目標	標準以上的學校%	標準以上的班級%	%差異	優先等第
總閱讀	65	57	-8	N/A
文字分析	70	63	-7	N/A
子音	55	45	-10	1
母音	75	69	-6	3
字彙	55	58	+3	4
閱讀理解	55	66	-9	2

圖8.4　用來檢視與分析虛擬學校成就測驗分數中閱讀測驗結果的教師工作單

註：圖8.4為一個教師工作單的例子，在實務上，一份標準成就測驗報告會產生比此處所呈現的具更多的學習目標，這個例子僅作為說明使用。

成就題庫（*achievement batteries*）--一種學科領域與學習目標範圍的調查--也許是學校中最普遍的測驗型式。這些可提供學生表現廣泛概觀的成就題庫是有效率且費用實際的評量，然而因其涵蓋領域的範圍廣大，一個缺點便是這些成就題庫被限制在所給定的任一學科評量之中；值此，諮商師與教師有時便使用某些指定學科領域的標準測驗，例如，一些在所有教育層級中最被普遍使用的測驗便是閱讀測驗，他們是用來評估閱讀教學的有效性、確認於閱讀需要特別注意的學生、預測學生於其他學科領域的成功、以及檢視可能的學習困擾（*Gronlund & Linn, 1990*）。

諮商師也使用個別成就測驗於學生的衡鑑過程中，這些測驗的種類不是調查式題庫，就是一次只對一位學生施測，且通常是要求學生以「口頭」或「指出」的方式回答問題的分開性學科測驗。由於針對殘障學生的特殊教育服務，以及須檢視所有被考慮安置於此方案中學生的需求，於是就形成了個別成就測驗的增加。學校諮商師也使用個別成就測驗來收集有關新進學生的資料，以及對那些很少有記錄可提供以協助教師進行適當教室安置與教學之學生的資料。如有必要，諮商師也可能使用個別成就測驗來證實學生在先前團體測驗實施中的表現。

性向測驗

第二種學校對學生施測的普遍測驗就是性向測驗（*aptitude tests*）。性向（*aptitude*）可定義為一種特質，該特質反應出學生於特定領域可以有所成就的能力，或於該領域表現時所需獲得知識或技能的能力。因此，性向假定個體賦有一種可以在正確方向下被發展至最大潛能的能力。傳統上，設計來測量一個人的學習能力稱為「智力測驗」（*intelligence tests*），當有一些心理能力測驗保留到今天依然在使用時，環繞在智力測驗與智力意義的爭議便促成減低這些用語的使用，而贊成使用能力與性向測驗。

性向測驗有時是以多重性向題庫的型式出現，像「區分性向測驗」(*Differential Aptitude Test, DAT*),使用於美國就業服務的「一般性向測驗題庫」(*General Aptitude Test Battery, GBTA*),以及「軍事服務職業性向題庫」(*Armed Services Vocational Aptitude Battery, GATB*),像這樣的測驗都會針對性向的範圍而提供分數,譬如語意理解、機械能力、書記的速度與正確性、語言能力、數字能力以及其他;一些學校中使用的團體性向測驗提供兩種以上的次領域分數以及一個總性向成績,一個例子是「認知能力測驗」(*Cognitive Abilities Test*),其可提供語意、非語意以及量化測驗題庫的分數;另一個例子是「學術性向測驗」(*Scholastic Aptitude Test, SAT*),其可提供語意與非語意的分數,並加總或分開使用於學院與大學的入學許可過程中。

有時,學校諮商師會使用個別能力測驗以獲得語意和非語意作用的快速估計,兩個例子是「*Peabody*的圖畫字彙測驗」(*Peabody Picture Vocabulary Test, PPVT*)和「*Slosson*的智力測驗」(*Slosson Intelligence Test*);而一些團體的能力測驗,譬如「*Henmon-Nelson*的心智能力測驗」(*Henmon-Nelson Tests of Mental Ability*),也能針對個別學生進行施測。

興趣量表

因爲學生衡鑑的組成不只是測驗而已,學校諮商師也可加入其他類型的標準工具於評估的過程中,這些標準工具就像職業問卷的興趣量表(*interest inrentones*)。藉由評估學生的興趣,並以這些結果比較於其成就與性向,諮商師可處於一個較好的位置以提供教育與生涯諮商的適當協助。有了從興趣量表而來的資料,諮商師與學生便能證實職業與教育的選擇，確認先前未知或未了解的興趣領域，連結興趣和職業與教育的選擇，以及鼓勵探索職業與教育的機會。

在某些情況之下，興趣量表是促使諮商師與學生建立初始協助關係的媒介。當學生於團體中受測時，這些量表工具就會產生諮商師於團體與個別學生中得以解釋與說明的輪廓；於此期間，學生與諮商師使用他們的描述側面圖而提升關注，通常可引導至團體的自我參照（*self-referrals*）或個別的諮商。

興趣量表使用在學校諮商方案的例子，包括「史坎興趣量表」（*Strong-Campbell Interest Inventory, SCII*），「自我指導搜尋」（*Self-Directed Search, SDS*），「俄亥俄職業興趣量表」（*Ohio Vocational Interest Survey, OVIS*），以及其他。*SCII*係建立在*Holland*的職業發展理論（*Holland, 1985*）之上，並根據學生所表現之興趣與特殊職業人們之興趣的相似性而為之計分與解釋；*Holland*發展「自我指導搜尋」（*SDS*）則是以其六項人格理論及與職業選擇有關的環境主題為基礎，學生使用*SDS*時可以自己施測、自己計分以及自己解釋；在計分之後，學生可以從SDS的子測驗中導出一個代碼，比較該代碼於超過450種職業的列表，進行該索碼與從*SDS*中具有相同代碼之工作的配對。當學生的代碼與工作的代碼配對確定之後，學生便可繼續遵循深層的職業計畫指導。

另一種針對高中學生所發展的調查表是「俄亥俄職業興趣量表」（*Ohio Vocational Interest Survey, OVIS*）。基於「職業名典」（*Dictionary of Occupational Titles*）所使用的職業模式，OVIS報告其結果於24種不同的量尺上，而該量尺是由學生問卷的作答、當地的訊息調查以及一份興趣量表所共同產生的（*Gibson & Mitchell, 1999*）。

「庫德一般興趣量表」（*Kuder General Interest Survey*）和「庫德職業興趣量表」（*Kuder Occupational Interest Survey*）是諮商師所使用的兩種額外工具，這兩個量表有許多種型式，不是電腦計分就是自我計分，且都提供學生於十個職業興趣領域的側面圖：機械的、科學的、說服力、文學的、藝術的、音樂的、社會服務、文書的、計算的以及戶外活動。

人格量表與測驗

有一些工具可以用來評估學生所謂「人格面向」（*aspects of personalities*）的特徵與特質。當然，人格（*personality*）的概念與構念定義得很模糊，也很少於評量領域中得到一致的因素；甚者，如果有一種像人格的特質，它能被測量嗎？人格評量工具的研究者與發展者會很肯定地回答這個問題，就如同許多實務諮商師與心理治療者的回答一樣。

基本上有兩種類型的人格評估：人格量表（*personality inventories*）與投射技術（*projective techniques*）。人格量表通常由一系列學生回答「是」、「否」、「不確定」或一些類似範圍之選擇的問題所組成，這些量表會將學生於一個或多個人格變項上的分數與一個樣本群體的分數進行比較。經由這些工具所測量到的變項種類，包括自我概念、社會調適、問題解決風格、性別調適以及其他特質。

雖然人格評量激起非專業與專業人士的好奇心，許多危險依然存在，尤其是自我報告過程（*self-reporting processes*）。首先，學生與其他作這些測驗的人可能精心地捏造其作答以使其能給人「好印象」之感，雖然有些量表試圖包含一些試題來控制這種可能性，但不可能除去全部的僞裝答案；隨之而來的結果是，自我報告程序在本質上就包括產生當事人不正確圖像以及所調查人格變項不正確評量的機會；其次，許多權威人士質疑是否所有的當事人都有個人的見解，且都能合宜地針對量表工具而作答，如果個體具個人的問題或貧乏的社會功能技巧，見解的缺乏可能深深地扭曲自我的想像以及對調查問卷的作答；最後，人格量表以及所牽涉問題的本質容許作答者作多重的詮釋，包含像「多半的」（*mostly*）以及「經常的」（*frequently*）修飾語會招來廣泛的解釋，而這些解釋會影響測量工具的一致性與信度。

學校諮商師使用的兩個人格量表例子是「慕尼問題檢核表」（*Mooney Problem Checklist*）以及「梅布類型指標」（*Myers-Briggs Type Indicator, MBTI*）。「慕尼問題檢核」展示一些學生待答的問題，學生可以對有些關心的問題劃底線，圈出最關心的題目，以及用自己的話寫出摘要。*MBTI*建立在榮格（*Carl Jung*）的人格類型理論之上，且包括高中學生可以使用的許多種型式，雖然設計得不像職業評量，*MBTI*卻被廣泛地使用在生涯發展的諮商與計畫之中。

第二種人格評量的類型爲投射技術，如果有，也是很少被學校諮商師所使用。比起量表，投射技術與工具比較沒有結構性而且計分比較主觀，投射技術的例子包括「主題統覺測驗」（*Thematic Apperception Test*）、「畫人測驗」（*Draw-a-Person Test*）以及「兒童統覺測驗」（*Children's Apperception Test*），這些評量工具要求特別的訓練，且於使用前須經諮商師、心理師以及其他的專家的指導。

所有之前的測驗與工具都對學校中學生的衡鑑有很顯著的貢

獻；然而，他們僅是廣泛衡鑑過程的一部分。爲了發展合適的學生衡鑑方法，學校諮商師與老師應納入其他不同的評量程序，而這正是現在我們所要評論的。

其他評量技術

學生衡鑑不只包含個別與團體測驗來測量成就、性向、或人格的某些面向，學校諮商師應使用多種評量程序來收集資料，以便在與學生的諮商關係中作成有效的決定，以及協助老師計畫和實施適當的教學。

合宜的學生衡鑑發生於諮商關係之始、之間與之後。評量是一個進行中的多向度本質過程，其可幫助建立決策過程的方向；經由這些不同的評量活動，學校諮商師收集資料與訊息才得以建立目標、計畫策略，以及評鑑其協助關係的有效性。

持續的學生衡鑑牽涉不同的活動，包括觀察（*observations*）、訪談（*interviews*）、兒童一學生集會（*child-student conference*）、自陳報告（*self-report*）以及社會計量方法（*sociometric methods*）。有時這些活動是正式的，而且包括結構的期間與工具，譬如評定量表（*rating scales*）；有時這些活動是非正式的且很自然地隨著事件的發生而發生。兩種很容易融入學校結構與學生衡鑑的評量活動爲觀察與訪談。

觀察

觀察「是我們所擁有來評鑑學生某些方面學習與發展的最佳工具」（*Gronlund & Linn, 1990, p.375*）；同時，它也是「在人類的評估中最易被濫用的技術之一」（*Gibsin & Mitchell, 1999, p.267*）。因爲觀察是如此自然地融入學校的機制中，且能因家長的報告而有所增進，這便可理解爲什麼觀察可以輕易地被使用與建議而成爲一種評量技術了。但是必須同時小心的是，觀察技術受限於知覺的偏差，且會產生觀察者的不正確觀察結果。人類的知覺是一個神秘且有力的現象，但當成評量的程序卻是不完美的。簡單地詢問任何一位警官有關其調查超過一位目擊者所陳述的交通事故時，將會發現人類的觀察用於收集正確一致的訊息時是多麼地受到限制。

從事學生衡鑑時，觀察會在許多場合中、許多不同條件下、以及無數的目的中發生。教師、家長與諮商師以個別的或團體的方式一致地觀察學生的動作、互動與反應。家長在家裡與其他場合觀察其小孩，並於討論會中與教師和諮商師總結其看法；教師於課堂中以及其他學校角落裡觀察其學生、並作成心理上與書面的記號，或使用評定量表來報告其行爲與表現；諮商師在學校不同的場合觀察學生並當成其諮商關係的一部分。所有的這些活動加入一個學生需求與表現的完全評估中，能促使諮商師建議出適當的服務與策略來協助並增進學生的發展。

學校中學生的觀察可以是正式的與非正式的，且可於不同場合不同時間以及不同的結構中發生。有時觀察很自然地於課堂中、操場以及學校生活的其他領域中發生。當教師與諮商師觀察學生正在做作業或與同儕互動時，就可以利用諸如評定量表或軼事記錄本之類的觀察工具；在其他情況下，諮商師可能於諮商中心建構團體活動以觀察特殊學生並記錄其互動與反應。在這樣的觀察之中，諮商師可能在活動中加入特定的條件以檢視學生如何處理其同儕關係、衝突決定、拒絕、或其他情況。其他觀察的方法包括調查收集特定行爲的資料，例如，家長可以完成一份有關其孩子在家裡或鄰近地區與其兄弟姊妹和朋友互動及相處的觀察調查。

學校諮商師依靠家長、教師以及自己的觀察加入學生衡鑑的過程中，並整理出相關於服務的決定。在使用觀察的技術時，諮商師得熟悉不同的方法、設置記錄過程與工具、並學習了解程序使用的優點與限制。一些學校諮商師所使用的方法與工具包括軼事記錄（*anecdotal records*）、檢核表（*checklists*）、評定量表（*rating scales*）、作品的直接測量（*direct measurement of products*）、次數計算（*frequency counting*）以及等距記錄（*interval recording*）和時間抽樣（*time sampling*）。

軼事記錄

能使教師、家長以及諮商師記錄某一情境中學生特別行爲之描述的觀察就是軼事記錄方法。從學校一開始，教師便已經記下有關學生行爲與學業進步的摘錄。經常，這些觀察是偶然被完成，且所形成的紀錄比起實際的資料而言，包含很多偏差的觀點與結論。今日，主要由於*1974*年的「家庭教育權利與隱私法案」（*Family Educational Rights and Private Act*）的結果，學生的記錄已包含較少這類的偏差訊息；然而，適當的軼事記錄程序仍然是有用的觀察技術。

我們發現在學校以及學校的諮商計畫中有兩種主要的軼事的觀察方法。一種方法是要求教師記錄正在發生的或發生後及時內的重要事件與觀察，這些觀察收集學生全面性作用的資料，或者追蹤特別界定行爲的發生。在訓練教師收集軼事資料時，諮商師應鼓勵作客觀的陳述而免於作解釋與結論。這類軼事紀錄背後的論點是儘可能地收集觀察結果以提供所關心特質或行爲的完整圖像，當報告用於作成關於教學或特殊服務的決定之後，這些軼事紀錄就要被銷毀，其使用性是有限的，且其長期的應用也是受質疑的。圖8.5舉例說明一個教師所完成的軼事記錄。

觀察筆記

學生：史密斯

日期：1998年4月 4日

史密斯被觀察幫助一位獨自站在操場的學生。老師觀察她走到另一個小孩面前，沒有經過一些暗示和鼓勵，而美麗莎也要求這個同學是否他要玩盪鞦韆，這是這個禮拜第二次美麗莎以一種正向態度走向另一個學生。

圖8.5 一位教師所完成的觀察軼事紀錄。

第二種諮商師所使用的軼事紀錄方法是在課堂中或在學校的其他角落裡，於幾段時間內來觀察特別學生。這個過程對已經接到從教師而來有關學生於課堂中行爲之委託的諮商師而言特別有用，學校諮商師將觀察學生當成其診斷程序中的一部分以決定何種服務最爲有益，而在發展觀察程序與技術時，諮商師可以發現以下有用的步驟：

1. 在每一學年開始之時通知教師有關接受委託與加入教室觀察的規定。爲了收集最正確的資料以作成服務的最佳決定，諮商師應於教師所相信最具訊息與幫助的時間地點來觀察學生。
2. 課堂中觀察學生必須準時。坐在教室一個不顯眼的角落裡，收集充分資料後無聲地離去，通常*40*、*50*分鐘的上課時間應該就有豐富的觀察結果。
3. 設計觀察表格以記錄學生的行爲，或利用邊界有時間間隔的筆記本。當有其他的軼事紀錄時，諮商師必須只記錄他們於這些觀察中所見到的，並避免這次所有的解釋與判斷。
4. 計畫一個與教師的後續會面，來分享觀察結果並接受教師針對教室所發生事情的反應。在這個會議期間，諮商師找出被觀察的班級，特別是被指定學生的行爲，是否是典型的。通常當觀察者進入教室時，學生會表現比平常不同的行爲，教師須確認在觀察期間該堂課是否如常。
5. 儘可能多觀察幾次或同時有其他專家觀察。比較這些觀察結果可避免偏差且可導致較精確的結論。

評定量表

收集觀察資料時，諮商師經常提供一個像評定量表的結構表，來幫助觀察者—教師、家長或諮商師—集中注意力於所要評鑑的行爲、特徵或特質之上。一般而言，評定量表包含一份所要觀察的特徵表或行爲表以及一個可以指出該特徵或行爲發生程度的評鑑尺度。設計收集有關學生屬性和行爲的評定量尺通常都有一個數字（*numerical*）或描述（*descriptive*）的格式，例如，在一個五點量尺上，數字可能對應地被指定給某些數值：1=非常不同意；2=不同意；3=有些同意；4=同意；5=非常同意。而每一個在使用描述格式（*descriptive format*）評定工具上的題目都緊隨著一個分別的敘述語量尺，觀察者可從一直線上的敘述語加以檢核，圖8.6展示了敘述量尺的例子。

1.學生完成家庭作業

從未　　很少　　偶而　　經常　　總是

2.學生對課堂教學的反應

從未　　很少　　偶而　　經常　　總是

圖8.6 行為評定表的敘述性量尺範例

有些商業製造的評定量表也於學校中使用；然而諮商師與教師經常會發現設計自己的量表可允許其調整工具以適合特殊的情境，並可輕易地修正以符所需。在設計評定量表之時，諮商師應

1.決定工具清楚的目的。
2.選擇可直接觀察的特徵與行爲。

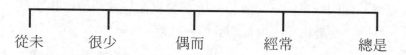

3.編寫清楚且直接關聯到所欲觀察屬性的試題。
4.決定量表的描述符號（通常以3點為最小量尺，5點為最大量尺）。

當設計一個新的量表時，使用「實際觀察者」檢視試題與方向清晰性的嘗試是很有幫助的；此外，諮商師應該(1)決定誰要評定這些屬性；(2)訓練評定者使用這份工具；(3)教導評定者忽略其感到無法勝任判斷的試題；(4)儘合理可能地請多位評定者進行評定。從不同評定者收集來的資料能增加過程的信度。例如，當評定學生的責任行為時，諮商師可能比較想要從父母與所有上過該生課的老師而來的評定結果。

檢核表

觀察者的檢核表與評定量表相似，其一差別在於要求觀察者判斷的類型不同。如上所示，評定量表要求評定者指出一個行為或屬性發生的程度或頻率；比較上，檢核表要求觀察者只註記「是」或「否」來指明其是否觀察到某一特質。雖然檢核表比較容易發展與使用，但這些工具提供一個基本與初步的評估，因此仍應經常與其他的衡鑑程序相互組合。

諮商師使用評定量表與檢核表來評估觀察行為以外其他類型的學生表現與訊息之，這些方法還包括作品的直接測量（*direct measurement of products*），例如學生的作業（*students' homework*）、次數計算（*frequency counting*）以及等距紀錄程序（*interval recording procedures*）。

作品的直接測量

學生會產生許多有助於衡鑑過程的項目與作品。此外，學校的記錄還包括能夠用來檢視與結合學生發展與需求之完全評估的資料。教師與諮商師可藉評定量表、檢核表或簡單敘述的使用而加以評鑑學生作品的例子，包括作業文章、藝術作品、課堂計畫以及日記。

而在其他學校，這些資料與作品尚包括學生的學習檔案（*portfolios*），其可用於學生的全面表現與進步之評估。諮商師與教師也可評估學校的記錄，譬如出席記錄、健康表、測驗記錄以及成績報告。

次數計算

有時家長與教師可以藉特別問題行為發生的頻率紀錄，而加入於該行為的評量之中。通常會有一個特別的時間架構來檢視該認定的行為（譬如早上9點與10點間，一堂課，操場的休息時間）。計數行為的方式可能包括紙筆記分紙以及電子或機械計算機；次數計算對已經定義好的行為特別有用，亦即，行為可藉清楚的起點與終點而加以認定。

等距紀錄與時間抽樣

當行為與特質屬性不能清楚地被定義與可觀察時，等距記錄和時間抽樣便是合適的評量技術。有幾種不同類型的等距與時間抽樣程序，最常用的是評鑑者決定觀察期間的長度並將其分割成相等的片段或間隔，當所界定的行為出現於一時段時，觀察者就記錄起來、計算有行為發生之間隔的數目、並算出該行為出現時間的百分比。

在使用等距與時間抽樣的程序時，諮商者應警覺不同時間抽樣的觀察。有些觀察要求所認定的行為須於整段時間內發生，這是一種全時距時間抽樣（*whole-interval time sampling*），適用在當觀察者覺得去了解不可干擾的行為是很必要的時候；其他觀察使用一種部分時距時間取樣（*partial-interval time sampling*）技術，這種技術僅要求行為只要有一次出現於給定的時間區間內即可；第三種過程，瞬間時間抽樣（*momentary time sampling*），則是觀察行為發生於特別時間間隔結束時的瞬間。

訪談

另外一種學校諮商師使用來收集資料與訊息的方法是訪談。在一個學生發展需求的完全評估中，與學生、家長以及教師進行訪談是很必要的；除此之外，諮商師亦可與學生之前年級的教師、幫助過學生與家庭的社會工作者、檢查過與處理過學生的醫生、以及其他可能加進學生發展側面圖的專家們進行訪談。

學生：<u>史密斯</u>　日期：<u>2002.9.17</u>
地點：<u>Mr. Juarez's classroom</u>　觀察員：<u>Karen Fox</u>（諮商師）
行為計數：<u>無關作業行為</u>
預定時間：<u>9：00A.M.-10：00A.M.</u>

時間	與作業有關	與作業無關
9：00-9：20	X（20分鐘）	
9：20-9：30		X（10分鐘）
9：30-9：45	X（15分鐘）	
9：45-9：50		X（5分鐘）
9：50-9：55	X（5分鐘）	
9：55-10：00		X（5分鐘）
	作業無關行為總數	<u>20分鐘</u>
	30%的時間與作業無關	

圖8.7 使用時間抽樣法的一個觀察紀錄。

社會計量法

社會計量法（*sociometric methods*）可協助教師與諮商師評鑑學生關係，並確定哪些學生最會被其同儕所圈選，而哪些學生最為社會所孤立；雖然社會計量方法容易被發展與實施，諮商師與教師在使用上還是必須小心。*Gibson*與*Mitchell*（*1999*）建議當使用社會計量法時，諮商師應考慮如下的條件：

1.一群學生在一起的時間長度會影響結果，一群學生在一起互動愈久，社會計量圖（*sociogram*）的結果就愈有意義。
2.學生的年齡會影響學生作答的信度，年齡愈長的學生其作答愈可靠。
3.組別人數太少或太多都可能提供較無幫助的訊息，太少或太多的選擇可能會出現沒有區別的組型。
4.有意義的組別活動可提供一個邏輯且自然的機會使學生得以選擇夥伴並誠實作答，在設計一個評量的社會計量方法時，諮商師與教師應選擇學生所熟悉的活動。
5.社會計量圖所選出的組群必須對特別的衡鑑程序是合適的。譬如假設評量是在調查某一特殊學生在群體中學習的舒適自在感則，班級就是教師與諮商師應該使用的一個社會計量圖之所在地點。

圖8.8是一個五年級社會計量圖的例子，在這個活動中，學生被要求選出1至5位他們最想與最不想與其分在一組的同學。圖中位於中間圓圈的學生即為那些最被同儕所選擇的學生，而位於外圍圓圈的學生則為不常被同儕所圈選的學生，他們是班上的孤單者與孤立者。班上有6位學生被拒絕，其中19號同學被兩位學生所拒絕。藉由學年中一段時間相同問題的使用，以及檢視學生選擇所產生的社會計量圖中的改變，諮商師與教師便能評量其所運用於幫助個別與團體學生在同儕關係與社會技巧上之策略與服務的效果。

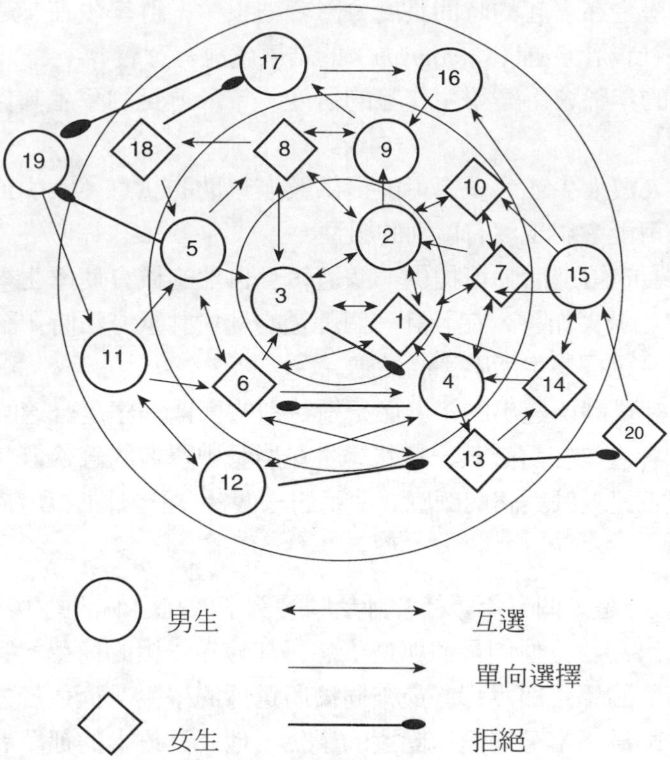

圖8.8五年級學生被要求圈選1至5為他們想要或不想要於一小組中在一起作業的社會計量圖範例。

兒童研究會議

另一種諮商師所使用，特別是在中低年級中，的方法爲「兒童研究會」（*child study conferences*），有時也稱爲「支持會」

（*staffing*）。在這些會議中，諮商師、教師、心理師、社會工作者、護士以及其他專家分享其知識與評量結果，以作成有關提供給學生及其家人服務的決定，有些學校定期舉行這些會議，並依據所討論的個案，邀請社區專業人士共同參與，這些專業人士可能包括心理健康諮商師、醫師、保護服務、個案工作者以及其他。這些會議中所分享的資訊能使諮商師、行政人員與教師規劃出有效的學校服務，並應用於適當的社區服務。

諮商師與其他的評量者通常和學生一起執行，或執行給學生所有進行中的學生衡鑑程序。在許多種情形下，像使用檢核表與評定量表，學生可能直接反應而提供關於其本身的觀點與觀察結果。舉個例子，檢核表與自我評定量表能發展來使學生評估其對學校的態度、自我價值感或有關學習者潛能的信念。此外，諮商師使用非正式方法也可使學生作有關自己以及與他人關係的自陳報告，這些非正式的技術包括短文的使用、日記的撰寫、遊戲以及藝術作品。當與其他種類的評量一起使用時，諮商師只有在對這技術有充足的訓練與了解，且對學生衡鑑使用時固有的道德責任具完全的覺察之後，才必須使用以下的例子。

傳記與自我表達技術

雖然自陳報告技術可能受到信度與效度的質疑，但在非正式的過程中仍能幫助諮商師收集資料並於其協助關係中建立和諧的關係。一種諮商師用於中、高年級學生的方法便是寫作作業（*writing excerises*），例如短文（*essays*）、自傳（*biographies*）以及日記（*journals*）。

寫作

具至少有限寫作技巧的學生可以經由短文寫作以敘述其本身、其家人、友誼以及學校而參與於評量的過程。學生能夠與諮商師分享其作品，並於諮商期間提供深入的描述與解釋，像這樣的寫作經歷並不是爲了評析文學和語言技巧的目的，而是簡單當成學生表達自我的工具，這些自我表達對諮商師於開始知悉學生以及了解學生如何看待自己上是很有價值的。

另一種學生可與諮商師分享的寫作型式是日記。日記活動允許學生持續記錄其想法與感覺，這比任何單一的評量更可給諮商師對學生的觀點有更廣、更完全的眼界。學生的日記也能提供一個發生於諮商關係間成長與改進的測量，學生生活的起起伏伏都於其寫作中說明了，學生與諮商師可針對諮商的整體目的與目標來評估這些趨向。

遊戲與戲劇

其他個別與團體學生所使用的非正式評量程序爲不同型態的遊戲（*play*）與戲劇（*drama*），小學諮商師經常利用遊戲建立與有限語言發展學生的關係，以收集學生於學校、家庭與朋友的觀點。玩具、玩偶、比賽以及於遊戲活動中當成評量工具的其他材料都可激起新的意義。

初、高中學生也可以參與不同型態的遊戲與戲劇，例如比賽、角色扮演、經驗練習以及其他諮商關係中的活動，這些活動允許學生於安全的環境中使用純眞的嬉戲以及戲劇去模擬眞實生活的經驗，並探索關懷、表達感情以及學習應付的技巧；有時，這些活動可配合戶外露營、攀繩以及鼓勵社會風險與合作之類似經驗的方式舉行。

藝術作品

如同使用遊戲、戲劇以及寫作，藝術作品（*Art Work*）是諮商師用以收集資料和建立與學生溝通關係的另一種型式。給年紀小的學生使用黏土、圖畫以及其他媒介，能釋放其以一種沒有語言技巧和能力限制的自我表達，而比較年長的學生也能從藝術作品中獲益，包括攝影、電影以及卡通（*Gladding, 2000*）。

*DSM-IV-TR*與學校諮商師

「美國精神醫療協會」（*American Psychiatric Association*）致力於心理疾病的分類與歸集已超過一世紀了，在*1980*的出版刊物中--《心理異常診斷與統計手冊*III*》（*Diagnostic and Statistical Manual of Mental Disorder III*）--，該協會開始於五個類別上建構其分類系統：

軸向I　臨床上的疾病以及其他臨床注意焦點（通常稱為「V」碼）所記載的疾病。

軸向II　心智遲滯與人格疾病，以及其他值得注意的人格特質。

軸向III　與健康訊息有關的一般醫學疾病。

軸向VI　心理社會與環境壓力的適應問題

軸向V　功能性整體評量（*Global Assessment of Functioning, AGF*）（*House, 1999, p. 18*）

這五類軸向是設計來指導並幫助臨床醫生以組織有關訊息、症狀、身體的問題以及其他於心理健康診療上所遇到的議題；今日，*DSM-IV*持續呈現此五類軸向，並成為美國最普遍的心理異常診斷系統（*Morrison, 1995*）。「美國精神醫療協會」更於*2000*年出版了文字版的*DSM-IV*而變成*DSM-IV-TR*，這文字版的目的包括四方面的需求：(1)修正於*DSM-IV*所界定的事實錯誤，(2)確認所有資料皆已更新，(3)促進DSM-IV的教育價值，(4)更新類別代碼。然而，其中標準並無重大的改變，且無新的疾病、次類型或附加的類別建議在這個版本之中。

因為學校諮商師經常站在與兒童及青少年一起工作之專業協助者的第一線，於*DSM*系統工作的了解就可能對其有很大的幫助，特別是當與社區心理健康諮商師、診療心理師以及精神醫師一起協同會診時特別有幫助，了解於診斷時專業使用的辭彙，能幫助學校諮商師更清楚地溝通其所參考的資料，因而能更有效率地整合學生與其家人的問題情況（*Geroski, Rodgers, & Breen, 1997*）。

熟悉*DSM*系統的諮商師必須特別準備而且也必須了解這份手冊的限制與需注意之處。當然，主要該注意之處為誤用的潛在性，如同*House*（*1999*）所警告的，「標籤（非正式與正式）可如武器般投擲出去，但所產生的情緒傷害卻正如身體疼痛般明顯」符（*p.197*）。*DSM*所引發的爭議與注意是關於兒童與青少年問題行為的歸類，當與社區機構及診療醫師溝通討論時，使用此手冊的學校諮商師必須注意這個利害關係。未來*DSM-IV-TR*的編輯可能要適當地介紹這個問題以及其他議題，如此才可給使用者額外的理由以跟上這些版本。

所有本章所述的技術與活動可形成綜合性的學生評鑑。在學校諮商計畫中，諮商師小心地計畫可促成清楚且有用之學生發展剖面圖的程序。學校諮商師須特別注意的是，沒有單一的評量工具、過程、或結果可以於方案決定或計畫介入策略中來使用，合適的學生發展評量與合適的學生個別需求的衡鑑總是包含多種測量，以合宜地設計出教學計畫，或選擇適當的諮商服務。

延伸閱讀與網路資源

Lyman, H.B. (1998). Test Scores and What They Mean (6th ed.) (Boston: Allyn and Bacon).

An up-to-date and easy reading guide to using test results. An excellent resource for counselors who interpret test results to parents and teachers.

House, A.E. (1999). DSM-IV Diagnosis in the School (New York: Guilford).

A usable guide and practical resource for counselors and other student services professional.

Morrison, J. (1995). DSM-IV Made Easy: The Clinician`s Guide to Diagnosis (New York: Guilford).

Another readable guide to help counselors learn the language of mental health diagnosis.

American College Testing－http://www.act.org/

Buros Institute of Mental Measurement－http://www.unl.edu/buros

Educational Testing Services－http://www.ets.org/

Research and Assessment Corporation for Counseling, Inc.－http://www.racc-research.org/

The College Board－http://www.collegeboard.org/

本章作業

1.在一小組中，每個人開放曾經參與測驗情境的一個經驗。當你的組別討論這些事件時，考慮一下是什麼因素或條件使得該經驗對你而言是很不同的，詢問小組成員並記錄這些評論以分享給全班。

2.複習本章中的社會計量圖並界定出你認爲可從諮商服務中獲益的學生。你認爲什麼型式的諮商可能對這些學生有幫助？你如何開始著手提供服務給這些學生？

3.與另一位學生，拜訪小學、初中或高中的一間教室，並觀察一個小時，使用在邊緣處具有時間間隔的筆記本，並記錄你的觀察結果。在你觀察之後，與其他同學比較筆記結果，並檢查你們觀察結果的一致性。

4.設計一份評量工具來評鑑物理環境，利用工具來評估上課所在的建築物，並討論你們的發現。這類的評量如何將你的角色調適成一位學校諮商師？

第九章 教育計畫與生涯發展

黃財尉譯

本書的前提便是一個綜合性學校諮商方案的必要服務要朝向兩個主要的目標：以教育計畫（*educational planning*）協助學生，並鼓勵學生探索寬廣的選擇，以做適當決定來滿足其生涯發展（*career development*）。第三章已經介紹了這兩個目標，以輔助學生發展個人（*personal*）和社會（*social*）這兩個目標。而實際上，所有這四個目標都很重要，而且在學生發展的寬廣範疇中彼此互相關聯。

當學生獲得基本技能與充分的語言、數學、科學、社會，及其他學業領域的知識後，他們便有機會可以從廣泛的生涯選項中做出選擇；同樣地，當學生個人的生活沒有阻礙，且其社會生活表現出合宜的、負責的，以及承擔的行爲時，他們便能增進其潛能，以達成學業上的成就。如之前幾章所言，諮商師提供直接與間接服務，來幫助學校規劃適當的教學，協助學生移除發展與學習的障礙，並諮商學生任何有關的議題。據此，學校諮商師以學生之教育、個人、以及社會的發展來協助他們達成學業成功，並選擇適當的生涯方向。這是專業諮商師於學校場域中工作的首要目的。

學校諮商的首要目的

本書所描述的所有服務將會整合在一個同時具諮商、諮詢、整合，以及衡鑑活動的綜合性方案之中，而這些活動能使全體學生都能發展其全部潛能、達成學業成功，以及選擇適當的生涯目標。*Gysbers*與Henderson（*2000*）將此描述為「生活生涯發展」（*life career development*）的觀點（*p.49*）。這個觀點第一次在*1981*年由*Gysbers*與*Moore*提出，包括學生成長與發展的四個領域：（1）自我知識與人際技能；（2）生活角色、場域與事件；（3）生活生涯計畫；（4）基本學習與就業準備。雖然這個不斷改變中的世界將會繼續影響生涯的選擇與發展，這四個領域仍然提供一個在綜合性學校諮商方案中可以檢視生涯活動的基模。

自我知識與人際技能（*Self knowledge and interpersonal skills*）可透過能增進學生自我覺察和他人接受度的諮商服務來達成。運用個別與小團體諮商、團體輔導活動，以及透過全校性事件，學校諮商師和教師能鼓勵學生進行自我探索的歷程，以及強化學生對其個人潛能和特質的覺察。同時，諮商師設計方案與活動來幫助學生學習適當的溝通技巧與問題解決策略。學生所達到的自我覺察程度，對其做適當教育選擇與生涯計畫上的幫助是很重要的，所有發生在學校場域中的事物，都有其作為終生教育發展和滿足個別生涯興趣的最終目標。學校諮商師透過必要服務的綜合性方案，對這個目標貢獻卓著。

生活角色、場域與事件（*Life roles, settings, and events*）強調不同生活角色間的相互連結，學生所居住、學習、和作息的場域，以

及會影響學生終其一生發展的情境或事件。學校所面對的一個連續挑戰，是將日常教學的學習目標連結到學生整體發展的較寬廣目標之上了，藉由設計活動與服務來幫助學生從事這樣的連結，諮商師與教師注入課程新生命，並賦予教育歷程以意義。但很不幸地，無法理解到學校與其未來生活目標之關連性的學生，終其發展階段都只是無目標地徘徊擺盪，而且更悲慘的是，他們很可能在尚未成熟之前便離開了這個教育歷程。相對地，能夠了解學校生活與其未來生涯成功之相互關連性的學生，當比較其終身志向時，會將在學期間視為一個相對短暫的挑戰。

生活生涯計畫（*Life career planning*）是另外一個整體教育歷程的必要部分。學校諮商師的一個主要目標便為協助學生精進做決定的技巧，使用該技巧探索寬廣的生涯興趣，以自身的特質與能力和興趣相配合，並一致地做出決定；由諮商師在綜合性方案中所設計安排的服務與活動，即以此作為焦點。例如，於諮商與諮詢關係中與學校諮商師進行的個別接觸，能促使學生探索其個人的潛能與特質，得到最新的資訊，並開始探索未來的目標。表格*9.1*是一個學生與諮商師於中學階段使用的教育與生涯計畫表格樣本。在與學校諮商師會談時，學生將能利用這個表格檢視他們的目標，並評估於學業與課外活動成就的進步情形。這些會談可發生於學生與其諮商師個別接觸，或於小團體中與其他學生接觸之時。

表格9.1計畫表樣本

Alexander 高中

學生計劃表

學生：________________ 日期：________

我的生涯興趣：

1.________________

2.________________

我的長程教育目標：________________

實現目標所需的課程：

	選修課程	完成年度	評定等級
溝通技巧			
專業閱讀			
文學			
外國語文			
數學			
統計和邏輯學			
科學			
社會			
藝術/音樂/戲劇			
職業課程			
其他課程			
課外活動經驗			

我與諮商師（或教師/顧問）的計畫研討會

日期	決定計畫	諮商師或教師

完成（大專院校申請、獎學金申請、入學考試、工作面試、履歷表撰寫等）所需的工作任務

工作任務	完成日期

在團體經驗中，像團體諮商和班級輔導，學生也有機會收集資料、增加其自我覺察，並學習做決定技巧。透過團體歷程，學生檢視自己與同儕的觀點，以考驗未來目標的適切性，像這樣的團體工作，如我們之前所見的，能使學生在安全的環境中，以最小失敗的風險從事「眞實性考驗」(*reality testing*)。無論是運用團體或個別諮商，生活生涯計畫活動均可幫助學生做出負責任的選擇，收集做決定必要的資訊，發展適當的互動技巧，以及規劃其未來。

基本學習與就業準備(*Basic studies and occupational preparation*)包含生活生涯發展的四個領域，即是學校課程中所揭櫫的所有學習目標。教師與諮商師在這個競技場中的挑戰為設計與執行一個有意義的課程，使學生能將明白其教育發展與生涯滿意之間的聯結。學生必須具備一些知識與技能，使其跟得上不斷改變的生涯發展的腳步；過時與陳舊的技能和知識，對於學生進入今日與未來的工作世界，是不具價值的。學校諮商師必須協助教師、行政人員及課程督導領先生涯趨勢，並嫻熟影響這些趨勢的先進科技。這些今日學校所教的技能與知識基礎不只對目前學生的發展與學習有用，而且有助於學生將來成為有貢獻且具生產力的社會成員。這在所有的教育層級都是如此，因此，學校課程必須隨時記錄演化的生活歷程，且符合所有學生的需求。

學校諮商師的角色顯然是協助教師與其他教育工作者建立聚焦於這四個領域的教學方案。學校中聘請諮商師來提供服務和活動的主要目的，是促使所有學生達成學業目標，提升其基本學習技能，評估學生的優勢與弱勢，以及收集有關生涯發展之適當資訊。有時候在諮商師能適當地提供這些服務與活動之前，諮商師需要協助學生個人與社會的發展，這是可理解的，因為理想的學習與生涯發展不太可能發生在個人與社會的障礙依然存在之時；因此，個人調適諮商（*personal adjustment counseling*）經常是一座橋樑，使學生能藉助於此來實現其教育和生涯目標。

雖然生涯計畫與發展被廣泛地宣稱爲學校諮商方案焦點的必要領域，但是教育計畫卻比較少受到注意。也許這是因爲學生接受教育必然涉及學校，所以計畫被假定一定會發生；然而實際上，大多數的教育計畫是由負責教導、輔導、及督導學生的成人所完成的。家長、教師、諮商師以及其他人分享資訊、評量學生能力、設定教學目標，並將學生置於教育方案之中。雖然這些計畫程序大多數是適當的，但學生卻經常被遺漏在這個歷程之外；很少有（即使有的話）學校諮商的教科書注意到應該將學生包含進這麼重要的歷程之中。然而，卻如我們所見，教育計畫是學生在學校中成功和生涯發展的一個關鍵成份，有鑒於此，我們特別強調學校諮商師協助全體學生擬定其教育計畫的角色。

全體學生的教育計畫

終其一生，人們做了許多會影響他們發展與學習的決定。有時，所做的決定是依據部分設計良好的計畫，但有時所做的決定是危險與碰運氣的。重視學習與教育發展的人，根據其教育與生涯的目標而形成有目的的計畫，因而展現了高度的自我關照。「有明確意圖的人體認到學習的重要性，並且樂意接受教育的挑戰，他們在正式的學校教育及終其成人生活的時間全程中證實了這一觀點」（*Schmidt, 1994b, pp. 103-104*）。

在學校中，教師與諮商師觀察學生及其家長對教育的廣泛承諾。某些剛進入小學的學生充滿了求知的渴望，及對學習的熱忱和好奇心。他們受益於健全的家庭環境中，父母經常與之溝通、在學前數年便大聲唸書給他們聽、且經常鼓勵他們追求廣泛的受教機會。但令人難過的是，並非所有兒童在他們易受影響的時期都經歷過這般的關係，他們沒有方向、也缺乏教育目標的引導，他們並不熟悉其他兒童所學到的有關知識與成功生活之間的關係。

學校的挑戰來自於這些位於光譜兩端與介於之間的學生。對學習懷抱熱情、充滿好奇與興奮的學生，必定會因接受適當的課程與教學而促成本身發展；當聰明與資優的學生被允許去自由探索、加速學習且選取能擴展其潛能的教育計畫時，他們在學校中與在生活上便已超越他人。在這同時，來自較不利環境的學生便需要特別關照，設計適當的計畫與活動，以激發其教育抱負且將之結合爲其生活目標。全體學生，無論是最優勢與最渴望學習、或是最弱勢與最不感興趣的所有學生，都需要個別和團體的服務，以鼓勵教育計畫、學習做決定技巧、以及爲終身學習與成就設定目標。

對於學業資優學生，學校有時會因爲這些資優學生已經做好充分的準備來學習，而忽略他們的適當教育計畫需求，這可能是一個錯誤的態度。學校對這類學生所形成的錯誤是假定這些學生不需要特別的注意，因爲他們是這麼聰明，且不管有無教育計畫來提供適當的課程與教學，他們都能獲得學業成就。然而正好相反的是，當學校依然維持其刻板僵化的課程與教學歷程時，這些學生就會覺得無趣、缺乏鬥志、且無法專注，而這些行爲會削弱其帶來學校的正向特質，並且會造成家庭與學校間對立的關係。

在這光譜的另一極端，則是學校有時要花費很大的力氣爲那些來自疏於啓發、鼓勵，及規劃未來可能性的弱勢家庭（*disadvantaged families*）學生，設計且提供補救性教學。雖然基本教育很重要，但缺乏樂觀歷程來檢視與探索未來目標的基本教育，並未能將弱勢學生從目前的狀態中提升出來，朝向成功的生涯發展。這個幾乎四十年前*Shertzer*與*Stone*（*1966*）所指出的挑戰，於今日依然如舊時一般地眞實，適當的計畫與安置服務必須提供給「弱勢的年輕人，以移除其經濟與社會改善中的阻礙...。教育必須以新穎且更有效率的方法，使年輕人的理想得以實現。除非這些年輕人獲得計畫與安置的協助，否則許多人將依然與教育和社會保持疏離。藉由規劃未來，這些年輕人可學習管理其難題、累積其資源、以及持續自我增進的能力」（*Shertzer & Stone, 1966, pp. 327-328*）。

學校諮商師有義務幫助學校發展與執行以全體學生爲對象的有意義的教育活動。一個綜合性學校諮商方案中所有必要服務的目標，是要來幫助學校爲全體學生提供適當的學習活動、設計個別的教育計畫，及進行充分的生涯探索。本質上，不論是服務於小學、初中或高中的學校諮商師，其角色均是爲全體學生倡導適當的教育計畫與方案。

學生權益維護

所有學校諮商師的一個主要的責任便是協助學校行政人員與教師，來設計及執行能公平地支持所有學生之教育與生涯發展的政策、方案以及歷程。這已經成爲學校聘請諮商師的一個基本目的，因而學校諮商師已被視爲「學生權益維護者」（*student advocates*）；這並不是說其他的學校專家不支持學生的福利；正好相反，所有受聘來服務學生的人員在其工作的學校各層面生活中，「學生權益維護」（*student advocacy*）均是不可或缺的，而這個團體的最前線人員就是班級教師（*classroom teachers*），其負責學生的教育、社會以及個人的福利。

不像負責評定學生進步的教師，學校諮商師並不那麼典型地涉入在與學生的評鑑關係之中；因而，相較於教師的「學校導向」（*school-oriented*）—或「課程導向」（*curriculum-oriented*），學校諮商師可能被視爲比較是「學生導向」（*student-oriented*）的。從此一觀點，學校諮商師對於學生權益的維護擔負特別的責任，並與教師和行政人員密切地合作，以確保學生的福利且維護學生的權利。

學校諮商師藉由將學生安置於教學方案與特別服務中，與家長、教師和行政人員商討有關個別學生的教育進步情形，並協助學校避免出現歧視個別學生與團體學生之刻板與偏見。這類學校諮商師經常扮演諮詢的角色，對學生權益的維護特別適合（*Kurpius & Brown, 1988*）。相對於家長、教師及其他提供服務的專業人員，諮商師企圖確保每一個兒童與青少年在其教育計畫、教學活動，及其他能達到理想學習與發展的服務上，都受到適當且合宜的注意。有時，因爲教師面對許多挑戰且擔負提供必要教學的許多責任，他們需要從諮商師處得到協助，以確保學生沒有在這個系統中被遺忘。

沒有單一的服務或活動可以使諮商師從中實現其維護學生權益的角色。學校提供給學生、家長、與教師的每一項服務，都有其改進學習環境與學業成功的目的，諮商師可藉由定期與教師商討有關其教學方案及學生在班級中的安置情形，而達到對學生權益的維護。他們也參與特殊的教育安置歷程，而且更特別的是，他們藉由與家長的接觸維護弱勢學生的權益。例如，以易瞭解的語言爲家長解釋政策與程序，使其能做有關將孩子安置於這些方案中的決定。

諮商師具備技巧可協助處理這個歷程，並且能夠幫助家長為這些學生的個別教育計畫（*Individual Education Plan, IEP*）來作準備。

當協助學校行政人員檢視以及修正政策時，學校諮商師也在維護的學生權益。一些規則與程序可能是過時的，且在無意間對特定學生造成歧視。例如，一所小學因為愈來愈多學生沒有父親而無法參與，不得不改變其傳統一年一次的「父親午餐會」（*fathers' luncheon*），且以「貴賓午餐會」（*visitors' luncheon*）方案取而代之，使得所有學生都能邀請一位成人來校與其共進午餐。藉由稍微改變一下事件的焦點，更多的學生被包含進一個有價值的活動中，而不是被排除出去。諮商師有許多機會得以檢視學校的方案，諸如運動、課外活動與特殊服務，而與行政人員和教師一起確保學生的權利。諮商師使用其觀察技術評量學生在學校生活的特定層面，並提供行政人員和教師如何更正面地影響學生發展的建議。

諮商師、教師與學校其他人士在社區會議中也能藉由鼓勵政府、官員及商界領導人贊助一些能使兒童與青少年獲益的方案來維護的學生權益。休閒活動機會、創造性表達及教育性的經驗等，都能有所貢獻。藉由倡導這些種類的方案，學校以協同合作的夥伴關係來改善兒童與青少年的學校與社會的生活。以此方式，教育計畫與發展變成社區的目標與責任，而不僅僅只是學校的義務。

諮商師運用其職位來維護學生權益並與社區專業人員相聯結的方式之一，是透過重視個別學生需求的委員會來運行。這些有時被稱為「兒童研究委員會」（*child study committees*）或「學生協助團隊」（*student assistance teams*）的團體，包含學校、健康、社會服務、法律執行以及其他社區專業人員如諮商師、教師、護士、心理師以及社工師等。這些委員會的優先目的是確定已探索了所有幫助兒童或家庭的通路，同時預防學生免於教育體系所疏乎。經由這種由許多相關專業人員所組成的努力，學校比較有可能去檢視情境、產生解決教育問題的適當想法，且聚焦於學生被服務的需求。

除了諮詢的角色之外，學校諮商師也透過其諮商服務與輔導活動來維護學生的權益。透過個別與團體諮商，以及班級輔導歷程，諮商師幫助學生學習他們有關自己本身，習得行為技能－例如學習技能與放鬆技術－以改善其教育表現，並瞭解其在學校與社會中的權利。透過所有這些服務，諮商師幫助學生達成價值感與自我價值，並發展自我伸張的行為，以尋求適當的教育方案及有益的生涯方向。在此一歷程中，諮商師的目標在於教導學生瞭解教育計畫和生涯發展並不會在其高中或大學畢業後就嘎然而止；相反地，它們是終身的歷程（*lifelong processes*），奠定於學生在學校學習的根基之上。如此，此一目標即是終身學習（*lifelong learning*）的目標。

終身學習

美國與其他國家的正規教育（*formal education*）起源於教育公民以管理其自身、更為自我充實，及對國家整體生產力有所貢獻等等的需求。貫穿過去數十年的各種歷史與經濟紀元，各類歷史文件中不斷地記載著改善教育體系的需求。雖然我們已進入21世紀，對在所有社區的所有人而言，改善教育（*improving education*）的焦點仍繼續成為報紙所強調、電視所評論、從客廳到國家會議各種場合所爭議的醒目政治與社會主題。

暫且不論輿論對於學校教育的關注，在美國和其他國家的教育狀況仍是令人質疑的。這是許多因素所造成的，大量針對教育無法達到預期進步情形的譴責，也隨處可聞。社會大眾控訴學校無效能的教學與雜亂無章的計畫；而學校卻指責社會與家庭情況才是壓制教師無法發揮功能且嚴重影響教育歷程的元兇。同時，工商業界挑剔政府領導單位未能提供充分的引導、支持及績效責任系統；而政府卻回應說每個人和每個機構都應該要被譴責。

在所有這類的爭議及所有教育重建、教育改革的努力中，有一個元素持續遭到忽略。教育並不是一個以完成限定目標爲目的的孤立或個別歷程，而是一種始於出生而終於死亡的持續不懈的努力；它是終其一生的追尋，具有無止境的目標和多樣化的目的。當我們檢查美國教育的結構與政策時，可以很清楚地發現教育計畫者、領導者，以及決策者都忽略了這個終身學習的想法。證據無須遠求，只要看看我們學校的設計和課程安排便得以知曉。

美國教育的結構持續奠基在有限的時間區塊（小學、初中、高中、大專院校及研究所等等）之上，運用特別的基準來將學生從一個學習層級移動到另一層級。學生得到成績、修得學分、並獲得文憑，卻終其一生都沒有眞正精熟學習或將學習應用於眞實生活中。這類結構的最大危險是，人們會相信一旦完成了時間表中的一個特別時段，未來的學習與精熟便不重要了，而個人也滿足於以其目前所學來因應未來終身的生活。例如，每一年有數以千計的學生完成高中學業，而學生、家長、及學校的普遍態度爲「恭喜!你已經完成了學業」；同樣地，許多專業高等教育機構的研究生也錯誤地相信，其學位是已學得所有其研究領域之全部知識的證明書。

一個被我們正規教育結構所遺漏的關鍵元素爲，學習是生活之統整部分的哲學觀。教育並不只是達成目的的手段而已；它是足以點燃靈感、渴望與熱忱的燃料，也是情緒及其他人類層面的主宰，使我們能盡其在我地生活著。誤以爲個人或團體只需要這麼多學習就夠了的普遍態度，就如同誤以爲人們一旦吃飽就不再需要食物與水一般地荒謬。除非我們重新思考學習的目的，以及學習在人類發展中的角色，否則不管我們做了多少改變，或提撥了多少金錢來改善學校，我們依然必須在這些努力中辛苦掙扎著。

學校諮商師透過其綜合性方案所提供的服務，在這項努力中扮演一個關鍵角色。第一步是鼓勵學校聚焦於學校氣氛（*school climate*）、父母參與（*parental involvement*）、學習精熟（*mastery of learning*）以及其他被證實與有效學校（*effective school*）相關的條件。*Purkey*與*Schmidt*（*1996*）指出這些元素爲人（*people*）、地方（*places*）、政策（*policies*）、方案（*programs*）以及歷程（*processes*）。當學校注意到這些有助於營造健康的教育環境及促進終身學習之期望的元素時，他們便能促進學生的發展，並增加學業及個人成功的機會。要達成這個目標，一個廣角度的視角是必須的，諮商師可透過其所有的服務來催化這個歷程。尤其，諮商師可藉由鼓勵其學校執行以下的策略來促進終身學習：

1. 將情感教育（*affective education*）融入於日常教學（*daily instruction*）之中。如先前章節所見，輔導並非發生在孤立的情境之中，而是統整於課程之中；將生活技能（*life skills*）整併入其日常教學之中的教師，能將其所教的科目領域帶到生活之中，且能證實所有的學習是如何有助於成功的生活。

2. 檢視評分方式（*grading*）、升級（*promotion*）以及其他建立此一逐級移動之結構的政策（*policies*）。學校的政策究竟是有助於終身學習，或是有所貶抑？藉由達成學業的里程碑，像升級或畢業證書，學生獲得了多少知識？教育應該不僅只是「學習、儲存、遺忘」的程序而已，但即使如此，學生也必須被納入於學校參與及活動的決定之中。

3. 邀請父母的參與（*parental participation*）。有效的學校研究證實了父母與家庭於學生發展中所扮演的重要角色。許多研究一致地顯示出當父母涉入學校與其孩子的學習之中時，會使教育的品質與學生的成就有所差異，學校諮商師藉由建立父母志工方案、設計與帶領父母教育團體、與父母會商其子女的發展與進步，以及訓練教師基本諮商技巧及歷程以順暢其與家長關係等方面，來協助這些努力。許多本書中所描述的必要服務都促成這項努力。

4. 藉由闡示成人如何發展其一生，以體認學習的價值。學校諮商師教職員規劃適當的在職進修方案（*in-service programs*），尋求獎學金協助教師或其他人回到學校中，並藉由表彰教職員參與多樣的教育追求來鼓勵學習。例如，可將參與專業與個人發展活動的教職員名單張貼於學校佈告欄中，讓學生或其他人去看。

5. 聚焦於生涯發展及其對終身學習的關係。教育計畫與終身學習是和人們所選擇的生涯與職業息息相關的，開始於其學校生涯並持續到終其一生。在學校諮商師所設計與執行的所有服務之中，生涯規劃（*career planning*）與做決定技巧（*decision-making skills*）是關鍵的元素。

生涯規畫與做決定

縱其發展，學校諮商專業已經與職業輔導和生涯發展緊密地聯結在一起了。*1800*年代後期的工業主義快速且廣大地改變了社會的工作條件與職業需求（*Zunker, 2002*），如第一章所述的，這些改變影響早期*Jesse B. Davis, Frank Parsons*， 與其他人所發起的職業輔導運動（*vocational guidance movement*）。在近代數十年中，具焦於職業選擇（*the selection of an occupation*）的職業輔導焦點已經大大地擴展到包含所有層面的生涯發展；除此之外，教育計畫、個人發展、生涯選擇，以及成功的生活等之間的相互關連變得更為明確，且受到許多在科技上、工業上、社會上以及政治上正快速傳遍全球的改變所影響。

*Gibson*與*Mitchell*（*1999*）強調工作世界改變本質的許多層面，對處於許多不同專業場域、特別是學校諮商中的諮商師，尤具意義。這些層面包括職業機會的多樣性、性別與文化刻版化的危險性（*the dangers of gender and cultural stereotyping*）、教育與生涯發展間的關係，以及職業機會的未來性等。一個與學校課程及教學方案協同合作的綜合性學校諮商方案，應該專注於每一個層面。

生涯發展是一個機會與可能性的終身歷程。未來大多數人提供了眾多的職業機會。人們在年輕時選擇一項職業並終身遵循該項選擇的時代，已經過去了；二十一世紀之後進入學校的學生，將被快速變遷的、推陳出新的發現所疲勞轟炸，改變了工作世界的樣態及工作所要求提供的服務範圍。對人們來說，多次生涯的改變是很平常的，有時是在一個廣泛職業領域的範圍之內，但有時甚至是從一個職業轉換至另一個不相干的職業。

學校諮商師需藉由呈現廣泛的生涯可能性與鼓勵長期的教育計畫，來協助學生做成未來的決定。因為很難精確地預測科技的進步會引領我們至何處，所以教育的準備應有助於增加職業的彈性（*vocational flexibility*）與生涯的選項（*career options*）。

生涯選擇上的性別與文化刻板化必須排除。雖然仍有更多進步的空間，但現代社會中男性與女性在生涯發展上成為平等的參與者和夥伴關係，則是不爭的事實；雖然在朝向平等化的過程中仍有許

多頑抗的勢力，女性也繼續受到同工不同酬的待遇，但平等化的發展趨勢是不會走回頭路的。在最近數十年裡，女性已經進入從前被相信「只接受男性」的職業中，譬如建設工作、卡車駕駛、飛機飛行、政治、工程方面，以及無以計數的其他行業；同時，男性也正進入曾經專爲女性設置的職業軌道，如護士與秘書就是兩個明顯的例子。

當我們所熟知的世界正持續地透過擴張的傳播系統而快速地收縮時，文化統整（*cultural integration*）便勢不可免了。面對多樣的族群以及分歧的文化，刻板化的思考（*stereotypical thinking*）持續是一種對生涯發展的障礙。學校諮商師與教師有責任幫助來自不同文化的人們，移除從其本身思想歷程與信念系統的障礙，並教育多數團體有關破壞整體社會福利的偏見、刻板化觀點和行爲。

學校對社會中性別與文化族群的持續統整作出了主要的貢獻。介紹生涯選擇的教科書及多媒體必須爲女性和男性描述多種非傳統的職業機會，並透過與行政人員及教師針對有關教科書和課程教材的選擇進行諮詢，以及規劃生涯覺察、生涯探索和決定活動等，促使學生體驗廣大範疇的生涯可能性，來支持這個歷程。

高等教育並不必然等同於較大之生涯滿意。雖然大學教育可能是未來許多職業的要求條件之一，但一些技術性的職業可能只要求具備中等學校或大專教育程度即可；若此爲眞，則學生計畫其教育生涯以符應其職業興趣，且不關閉未來可能性之門，便是相當必要的。在所有教育層級的技術訓練雖然可能適合於廣泛的學生，但如前所述，這個決定必須緊繫於終身教育的追求（*lifelong educational pursuits*），不僅止於生涯目標，也包括成功生活（*successful living*）之個人目標。雖然在二十一世紀，四年的大學教育或許對許多工作者而言並不需要，但這並不意味著大學畢業生會發現她們所接受的

教育是無用的；相反地，這可能意味著他們的生活包含了透過廣泛的職業與休閒活動所滿足的平衡目標。教育的目標必須包含促進個人滿意（*personal satisfaction*）及生涯滿意（*career satisfaction*）的目的。

現在不再能預測未來。諮商師及其他助人專業要去預測個人所能掌握的未來，經常是相當危險的。在今日及未來，這不只是危險而已，這也是不可能的。如同*Gibson*與*Mitchell*（*1999*）所警告的，「推陳出新的科技影響了工作世界，再加上國際市場的劇烈變化，及人力結構上的改變，都使得藉由檢視現在與過去而欲適當地預測未來，變得愈加困難，即使並非完全不可能發生」（*p.315*）。唯一可以確定的是，依據今日現有的科技、科學及醫學上的進步而言，未來必然會迥異於現在，而這包括職業的需求和機會。

因爲生涯的預測是這麼的困難，學校諮商師最好能提供學生有關溝通與做決定的技巧，奠基於現在的知識和未來的眼光，來設定生涯目標。這意味著增進自我了解的能力、取得有關生涯可能性的資訊、發展與人正向互動的技巧，並增加生涯選擇的機會，這取決於他人和自己，這是生涯發展的最後一個層面。

生涯發展是一個互動的歷程。過去，個人可以決定自己要走的路線，並創造自己的命運；但在今日世界中因爲有如此複雜多樣的變項與力量相互作用，個人的命運已幾乎無法決定和預測了。在今日，僅靠自己而沒有其他人的支援，做的是充滿「風險的生意」（*risky business*）。基於此理，學生必須學會如何尋求支援、取得正確的資訊，以及爲生涯發展奠定良好的基礎。在這歷程中，學生須學習人際關係技巧與因應機制，以便克服成功路上的阻礙。在大多數的情況下，人們無法達到其個人與專業目標的原因，並不見得是其所受的正規教育與訓練的結果，而是他們沒有能力與他人建立健

康且關懷的關係。透過和他人之間的關係，人們學習因應生活中的難題，並克服生涯上的阻礙。

前述援引自*Gibson*與*Mitchell*（*1999*）所謂「工作世界的變化性」（*the changing nature of the world of work*）（*p. 314*）症候群，是綜合性學校諮商方案與適當的學校課程所應強調的。透過適當的課程與綜合性諮商服務，學生學習到關於自己、生涯機會，以及適配其生活目標的教育要求。在小學、初中和高中的學校諮商師便能藉由設計聚焦於學生特殊需求的服務，而對這個歷程有所貢獻了。此外，學校諮商師將其服務奠基於特別的生涯發展理論之上。

大部分生涯諮商與發展的教科書強調並區分生涯發展的各種理論（*Herr & Cramer, 1996; Zunker, 2002*），不熟悉生涯諮商與發展廣泛領域的讀者應該尋找一些資源來學習與生涯覺察（*career awareness*）和做決定有關的生涯理論。就本書的目的而言，此節強調不同教育層級的學校諮商師如何將諮商與輔導活動統整於綜合性方案之中，以增強學生的覺察能力、引導其生涯探索、並鼓勵做出適當的決定。

許多諮商師專精於職業或生涯諮商，且以「生涯諮商師」（*career counselor*）或「職業諮商師」（*vocational counselor*）的頭銜，來界定其在學校中的特別角色。我們很可能在聘用多位諮商師的大型高中學校諮商部門中發現此一專門領域。在許多情況下，生涯諮商的角色是受到聯邦與州政府職業方案的經費補助辦法所規範的；大多數的學校諮商師均被賦予廣泛的責任，包括針對所有學生的生涯諮商與發展活動。結果，諮商師須和其教學同仁協同合作，以設定優先順序、發展學習目標、規劃活動，以及提供以促進學生覺察、生涯探索與做決定技巧為重點的服務。

學生覺察

典型上，學校諮商文獻多探討生涯發展的數個層面，如覺察、探索及做決定等，來組織生涯活動，並小學、初中與高中層級的方案設計生涯的焦點。這個結構與焦點通常在小學階段強調生涯覺察（*career awareness*）動與服務，在初中階段強調職業選擇或生涯探索（*career exploration*），以及在高中階段強調工作安置（*job placement*）與生涯決定（*career decision making*）。但正如*Zunker*（*2002*）與其他學者所提的，這些生涯焦點並不設限於教育或發展的任何單一層級。眞是如此，小學生可能需要協助其進行自我覺察（*self-awareness*）與生涯覺察，但是增進其對個人興趣和生涯目標的熟悉與了解，卻是一個連續性的歷程，會影響其後所有學校教育層級的學習目標和活動。小學兒童透過探索性的經驗，會對自己、他人及其所處的世界，包括工作世界，有更多的覺察和理解。因此，課程與學校諮商方案中的探索活動，在所有教育層級都是適當的。同樣地，做決定技巧也是人生各階段都需要具備的，因而不應只限定於單一學習階段。

與生涯發展取向有關的一個差異點，是不同教育層級的諮商師與教師如何幫助學生增進其對自我與生涯興趣的覺察。例如，在小學階段，自我覺察與生涯覺察的目的與目標應該統整融入於課程之中，而非由一位專家（例如學校諮商師）所執行的分離且孤立的實務。這種輔導目標的統合，在小學、初中與高中等所有教育階段都是很重要。爲了說明這個觀點，*Herr*與*Cramer*（*1996*）針對這三個教育階段，提供涵蓋廣泛認知與情意技能，及與職業選擇和生涯發展有關知識的學習目標實例，學校諮商師使用這些目標來幫助班級教師發展課程目標，並設計教學策略來催化學生的生涯覺察。學校課程與學生發展的知識，對諮商師教師提供合宜指導的努力是必要的。

在初中與高中階段，將生涯輔導融入課程是持續進行的，並透過學校諮商師的協助，與學生進行個別諮商與小團體工作。如前幾章所述，諮商師利用個別與小團體諮商的單元，促使學生能–藉由保密的關係–挖掘其內在的自我，並獲得更深入、更個人化的了解。透過這些自我發現的歷程，學生更能從處理不同生涯覺察和發展層面的班級與小團體輔導中獲得益處。

爲了促進學生的自我覺察，學校諮商師使用評量的程序作爲其助人關係的一部分。正如第八章學生衡鑑中所討論到的，這些評量程序包括性向測驗（*aptitude testing*）、生涯興趣量表（*career interest inventories*）以及其他協助學生學習有關學業優勢、個人特質，及與生涯興趣和決定有關特質的眾多測量方式。學校諮商師還可運用許多電腦化的生涯評量方案來幫助學生獲得中肯的資訊，引導學生朝向適當的生涯決定。電腦輔助生涯資訊系統（*computer-assisted career information system*）提供學生一個尋求特定職業的結構，並爲所搜尋到的職業提供背景資訊（像是教育條件等）。有了這些系統，像測驗分數般的評量資料就能被當成搜尋適當職業的起點了。

過去幾年，電腦輔助生涯資訊系統的發展是由美國勞工部（*Department of Labor*）與全國職業資訊整合委員會（*National Occupational Information Coordinating Committee, NOICC*）贊助基金所支持的，鼓勵美國許多州都發展了生涯資訊系統。在今日，這些生涯資訊系統提供在地性與區域性的資料和資訊，*NOICC*也有各州的分支機構（*SOICCs*），協助州政府與地區學校系統以及學校諮商師，可透過網址*http://www.noicc.gov/*進入*NOICC*網站，且所有*SOICC*的網址都能經由國家的網站連結，這網絡尚包括無數其他生涯資訊的網站，例如，國家職業安全調查委員會（*State Employment Security Commission, SESC*）以及美國勞動市場資訊系統（*America's Labor Market Information System*）（*Isaacson & Brown, 2000*）。

協助學生取得正確的資訊，以利做出教育決定和生涯計畫，是學校諮商師角色的一項重要內涵。

其他使用於學校諮商方案的電腦資訊系統尚包括*Riverside Publishing Company*的《諮商資訊系統》（*Guidance Information System, GIS，I，II，Jr.*）、*ISM System Corp.*的《選擇》（*Choice*）以及*Chronicle Press*的*C-Elect*。 隨著電腦科技與軟體的高度發展，可用的生涯資訊系統也持續地改變擴充；因而，諮商師需要透過其專業協會、期刊及其他媒介來取得這些資訊。

第二種電腦輔助方案是「生涯輔導系統」（*career guidance systems*）。比起單純的資訊傳播，此一系統具有更廣泛的焦點，使學生不只是搜尋可能的職業，更涵蓋了自我評量歷程（*self-assessment process*）、教學模組（*instructional modules*）、生涯規劃活動，以及做決定的步驟等領域。一個廣爲使用的電腦輔導方案是紐澤西州普林斯頓教育測驗服務社（*Educational Testing Service*）所出版的《互動式輔導與資訊系統》（*System of Interactive Guidance and Information, SIGI-Plus*），這個*SIGI-Plus*涵蓋了九種模組來協助學生與其諮商師：（1）介紹此一歷程，（2）自我評量，（3）搜尋可能的職業選擇，（4）有關可能職業的資訊，（5）技能，（6）準備，（7）所需具備的因應技能，（8）做決定，（9）發展行動計畫（*Gibson & Mitchell, 1999*）。

另一項著名的電腦評量系統，爲美國大學測驗服務社（*American College Testing Service, ACT*）所出版的*DISCOVER*，爲一種互動式電腦輔助系統，設計來提供（1）自我評量，（2）探索工作世界的機會（3）界定興趣職業的策略，（4）職業的詳細資訊，（5）有助於生涯規劃的教育條件。

在這個科技的年代，把電腦輔助系統當成告知學生有關生涯選擇的一種方法是非常普及的。*Baker*（*2000*）曾指出越來越多電腦科技在學校諮商方案中使用的普遍性，已經引起了許多重要的爭議，其中是有關電腦輔助方案的效率問題；雖然這只是一些系統效率上的初步研究，但電腦科技似乎很顯然會成爲學生未來學習的一個統整部分；因此，學校諮商師必須了解可用的系統、計畫如何將系統加入諮商方案之中、效率如何，以及熟悉電腦輔助系統使用的相關研究。

另一項被學校諮商師與教師用來加強學生對生涯機會之覺察的通路，是學年中的特殊事件。這些事件可能包括初中與高中階段的「生涯博覽會」（*career fairs*）；到公司、工廠、大學以及其他地點的戶外教學；班級輔導邀請的來賓演講；以及許多其他的活動。而在小學階段，可邀請家長進入班級中談談有關他們如何從事其工作的經驗等。

學校諮商師透過多樣化的教學活動、電腦輔助方案、諮商服務，以及學年中的特殊事件，來協助其教學同仁促進學生的覺察。這些服務與活動可以幫助學生學習有關其自身、其興趣與能力，以及其目前或未來可得的生涯選擇。這個與發展自我覺察及對生涯機會瞭解有關的歷程，是學生探索工作世界及其無數可能性的必要手段。

探索

生涯探索開始於小學階段，可作爲班級輔導活動的一種延伸，也可當成像到有興趣地點戶外教學的特殊事件。適當的生涯探索反映在仔細地選擇圖書、影片、及其他教學媒體。不受性別與文化刻板印象所框限，且鼓勵所有學生尋求廣泛的生涯可能性的教學媒體，對學生的發展與學習是迫切需要的。當年幼學生覺察到其自身及環繞在其週圍的機會時，他們在青少年時期就能有更多的準備來探索其生涯選擇。

在初中與高中階段，生涯探索變得更爲明確，也更爲學生所注意。現在，他們的興趣、能力及強弱之處開始成形而且更加清晰，在這些年中，學校可讓學生設計與其個人與專業興趣及能力相識配的活動。在初中階段，於一般課程中加入生涯課程來幫助探索歷程是很普遍的；在高中階段，生涯探索很可能在特殊事件或個別及小團體諮商中發生。理想上，高中課程，應該像小學與初中階段一樣包含班級生涯輔導，以便教師在日常教學之中加進學科領域的生涯層面。例如英文課中學習詩篇時，學生可以討論詩人或其他作家的生涯，同時，班級與學生個人也可探索未來科技對這些文學專業的影響，如由聲音啓動的列印或錄影是如何改變詩歌及文學藝術的創作？ 同樣地，在化學或其他科學課中，未來生涯機會也可能被討論並進一步考量。經由於課堂中加入這些生涯探索，中等學校的教師便可將學科領域帶到對學生具眞實意義與目的的生活之中。

在個別與小團體諮商中，以及課堂的發表，學校諮商師使用電腦輔助方案來鼓勵生涯探索。他們也利用媒體及資源來幫助這個學習歷程，有兩個資源的例子：美國勞工部出版的《職業名典》（*Dictionary of Occupation Titles, DOT*）與《職業展望手冊》（*Occupation Outlook Handbook*）。在*1994*年，勞工部開始以《職業資訊網路》（*Occupation Information Network, O*NET*）取代*DOT*，這個資料庫可透過網路（*http://www.doleta.gov/programs/onet/*）取得，並且也提供新科技如何改變學生未來取得資訊途徑的另一個例子。

尚未有研究指出有哪一個單一的生涯探索方法顯著優於另外一

個。工作世界的快速變遷及未來科技的推陳出新，都使純粹依賴任何單一方法或途徑以支配生涯選擇的可能性變得不切實際；也因此，在所有層級的學校諮商師必須確定課程、其直接的服務，以及特殊的方案都能擁有多樣化的機會，使學生可以在廣大職業光譜中學到現在與將來的趨勢及方向。只有透過適當的評量及廣泛的探索活動，學生才能對其未來生涯做成明確的計畫與合適的決定。

做決定

在所有教育階段的兒童與青少年都必須在教育計畫中接受適當的引導，透過這個發展歷程使學生可以增進其做適當決定的可能性，並獲致成功的生涯抉擇。*Zunker*（*2002*）解釋做決定是一個習得的技巧，且必須是每一位學生教育計畫的一個成份。生涯諮商與做決定技巧是彼此相輔相成的。許多決定理論與模式都已被提出，這對諮商師瞭解如何選擇或設計其方式上而言是很重要的。諮商師可以運用簡單的步驟來教導學生做決定技巧，但當個體開始利用所學到的步驟並加入其本身的價值觀與獨特特質來選擇時，做決定歷程的複雜性也顯現出來了（*Zunker, 2002*）。

在協助學生做決定的技巧與歷程方面，學校諮商師經常發現團體單元可以促進學習與技巧的發展。這可能對生涯決定特別爲眞，從其中，團體裡的學生可以分享資訊、省思每一位成員的個別評量結果、給予有益的回饋、以及支援個別團體成員做出決定。如第六章所提及的，當個人特質與其他私密性資訊是此一分享歷程的一部份時，團體諮商便爲一個適當的組合，因爲其可提供一個安全、無威脅性與保密的關係；另一方面，當學生需要詢問生涯資訊或學習新技巧之時，教導式的活動（像團體輔導單元）則是適切的助人歷程。例如，當諮商師即將教給學生做決定之模式時，團體輔導則是一個合適的歷程。爲了確保適當的程序和媒介可用以教導做決定的技巧，諮商師要能覺察當前的研究和文獻 （*Herr & Cramer, 1996; Zunker, 2002*）。

學校諮商師與教師選定來促進做決定及規劃生涯發展的方法，理想上要能提供給學生大範圍的選擇，同時在歷程中也要能鼓勵未來的彈性。因爲未來生涯趨勢是很難絕對地肯定預測的，藉由界定許多生涯選項、達到所界定目標與獲得滿意生活經驗之路徑的資訊與技能，所有學生便能得到最佳的協助。限制選項與生涯選擇的方法及途徑，也會限定學生的發展，且會引起有關道德實務的爭議。綜而言之，教導做決定技巧的方法與模式應該爲學生開啓許多扇門，而不是將門關閉起來。綜合性學校諮商方案的必要服務與初始目的，是要求大範圍的諮商與諮詢方法、專業技能、哲學信念，以及諮商師帶到其助人關係的專業特質。以下的案例扼要說明有關這些方法、技能、信念如何與學校諮商的角色相融和。

*Johnny*的案例研討

*Johnny*是在一間具廣大社經學生群分佈的小學就讀的三年級學生，兩年前他進入這間學校開始其一年級的生活。他在這期間就以「行爲問題」 聞名遐邇，根據來自其一年級、二年級的老師的軼事紀錄所載，*Johnny*的行爲問題包括離開座位、過度多話、沒有完成作業，與其他同學尋釁打架，以及單純是一個「討厭人物」。

三年級一開始，Johnny在學校遇見一位新的諮商師，這位諮商師從Johnny之前的老師與校長之處已風聞Johnny過去的種種，而且Johnny的三年級老師也根據去年的學業表現，於學期初將Johnny轉介給這位諮商師。這位諮商師爲與其熟識而和Johnny個別見面，並且爲Johnny學習有關學校中諮商師的角色。

這位諮商師發現Johnny與其外祖母一起住在城鎮對面鄰近區域，從該區來到學校需要45分鐘的公車路程；Johnny的父親因偷竊而入獄，母親則住在另一個城鎮。Johnny偶而因母親的探視才能見到母親，他不記得父親，而僅從相片裡得知父親的容貌。在第一個學期結束之時，這位諮商師告訴Johnny有關學校中的諮商服務，並指出如果Johnny願意，他們可以談談有關未來的事。

之後，這位諮商師也安排與Johnny的老師在教室觀察Johnny。觀察期間，諮商師注意到雖然Johnny有注意到老師在做什麼，以及課堂上發生什麼事，但Johnny在教室中卻非常好動。當老師於教室前使用寫字板或圖表時，Johnny最容易分心，諮商師也注意到Johnny似乎很有幽默感，但很不幸地，當他在課堂上開同學或老師的玩笑時，就遇上麻煩了。
觀察之後，諮商師與教師一起討論這個個案，並檢視Johnny的紀錄。他們發現Johnny在二年級時有被建議作視力檢查，但該建議並沒有後續下文；這位諮商師也注意到並沒有標準化的評量資料可以指出他資質的層級，於是詢問老師對Johnny能力的看法。老師的回答是「我想Johnny比其他人所認爲的更聰明」。諮商師分享其觀察到Johnny的幽默感，而老師也贊同這個看法說「Johnny相當機靈，而這有時候便造成老師與其他同學的困擾了」。於是諮商師與老師同意轉介其接受教育評量與檢視。

諮商師聯絡Johnny的外祖母並詢問Johnny過去有無作過視力檢查，很明顯地並沒有。所以諮商師詢問Johnny的外祖母可否爲

*Johnny*作一次檢查，外祖母雖然同意，但也關心費用的問題，於是諮商師就聯絡學校社工與護士，看看有無經費補助或其他可用的奧援。最後，安排了視力檢查，也發現*Johnny*的視力需要矯正，於是配了一副眼鏡。

在兩次由學校諮商師與心理師分別施測的教育評量中，發現*Johnny*眞的很聰明，而且可能足以被認定可接受特殊教育方案中的資優服務。*Johnny*的外祖母被告知這個結果，而且被邀請來與老師召開會議，以發展*Johnny*的個別教育計畫（*Individual Education Plan, IEP*）。

諮商師開始個別地與*Johnny*見面，討論所有這些新的資訊，以及他面對其生活改變的種種感覺–從三年級開始，有新眼鏡以及被安置到資優方案中。雖然*Johnny*曾經被資源教室的一些其他學生威嚇過，他似乎相當高興被安置在資優方案中，他喜歡他的新眼鏡也不介意帶上它，他得意地宣稱「我可以讀到老師黑板上所寫的字了」。

最後，諮商師詢問*Johnny*有關與其資優班同學組成小團體的想法，*Johnny*也歡迎這個想法，他們選了一些學生（經由特殊教育老師推薦與贊同）並邀其加入這個團體，這個團體的目的是要來幫助*Johnny*學習更多有關他自己，並從與其他同學的關係裡獲得支持。在一個團體單元裡，*Johnny*表達了喜歡與動物一起玩，結果，諮商師與教師便計畫一次附近大學農業系有關動物農事的户外教學。

隨著幾年的進步，*Johnny*在學校變得更成功且比較少給老師帶來麻煩，他依然是一個機靈好動的男孩，但卻有更清楚的方向且更滿意於自己與學校，證明三年級眞是成功的一年。

Gertrude的案例研討

當Gertrude與其諮商師第一次見面時，她是一個18歲的高中部高年級學生。她那時正站在諮商室中間，一副憂鬱且蓬頭垢面的模樣。而當諮商師進來時，Gertrude便說「我叫Gertrude，你是我的諮商師，如果別人不停地找我麻煩，就會有人要倒楣了」。諮商師早已從校長以及諮商部主任處瞭解Gertrude的情況，他們都指出「今年必須對Gertrude進行處理了，我們不能再允許打架和敵意繼續發生」。

在第一次見面之後，諮商師檢視Gertrude的檔案，發現眞是包羅萬象。簡言之，Gertrude被認定爲可教育的心智遲滯者，在回到高中之前已經在庇護所待了超過一年的時間。有癲癇發作的紀錄，也有進行藥物治療，重讀過兩個年級，和母親、繼父及弟弟住在一起，繼父在市府的衛生部門上班，母親沒有上班。身爲一個非裔美籍的女性又有這麼多的挑戰，Gertrude的未來似乎有些黯淡。

在檢視過這些檔案並與Gertrude訪談過之後，諮商師擬定了一些可以嘗試的計畫：

1. 與Gertrude建立關係，以便她能作出停止打架的承諾，並挑出在一年中可達成的一些目標；
2. 與神經科醫生檢查其所服用過的藥物；
3. 評估其學業紀錄，包括在庇護所的時間；
4. 聯絡家長，以評估親子關係的情形；
5. 與校長及老師合作來決定適當的教育方案；
6. 與曾經接過Gertrude案例的職業復健諮商師確定適當的生涯服務。

在其關係剛開始之時，Gertrude與學校諮商師一個禮拜見一、二次面，諮商師利用個人中心取向建立融洽關係，並發展信任感。在關係初期，Gertrude說她想從高中畢業，因為能畢業的起碼要求條件包括州政府的能力測驗，而這將成為Gertrude需要完成的很大目標；而且由於情況特殊，諮商師懷疑這是否是一個實際的目標。最後，他們決定朝向完成所有的要求而努力，包括參與州政府的考試、以及完成文憑或出席證明。

在幾次見面之後，Gertrude帶給諮商師她所寫有關他們諮商關係的一首詩，諮商師被這個來自可教育障礙者寫詩的想法吸引了，於是將詩集張貼在布告欄上。Gertrude則流露出喜悅的神情，並在下一次見面時，帶來一本落葉的筆記本，裡面都是她寫了好多年的詩，這些形式上原始但精神上豐富的抒情詩，充分顯示出Gertrude很樂意並很想學習且改善其生活。

在個別見面期間，諮商師探知Gertrude並不清楚自己到底吃了多少藥，聯絡其母親卻所知有限，於是諮商師計畫了與神經科醫生見面並帶著Gertrude赴約，發現Gertrude已經超過兩年沒有作檢查，而且自從小學開始，癲癇症就再也沒發作過。在這次檢查之後，醫生決定降低一半藥量，諮商師也告知其注意到Gertrude在學校的改變。這一週之內，大家都注意到變化了。Gertrude變得較少暴戾，雖然脾氣依然有些急躁，但她變得更加能夠調適自己而且和氣了。

諮商師與校長於是檢視Gertrude在庇護所所修的課程，以決定是否有任何的高中學分可以抵免。經檢視之後，校長准予抵免6個學分，並將Gertrude升到高等班級。這個狀態的改變使得Gertrude的態度有了重大的改變，因為Gertrude現在知道完成高中學業的夢想不再遙不可及，而且變得更切實際了。Gertrude現在所要做的只剩得到文憑，為了得到文憑，她必須通過州政府的能力考試。

諮商師和學科教師與技能教師會面來設計行動的計畫。於年初之時，*Gertrude*在行為上已經跨出了一大步，而這些老師們也熱心協助。技能教師同意*Gertrude*待在他們之中的一個治療團體，諮商師並計畫與課堂上的所有學生見面，以幫助*Gertrude*建立同儕關係。運用這種方式，這個技能班對*Gertrude*與其他同學而言，變成一個溫馨的團體。

諮商師持續與*Gertrude*個別見面，並藉電話、家訪或在校面談與其家長聯絡。在這些期間，諮商師整理出*Gertrude*所選擇的目標，並報告這一年來她所達成的進步。除了要求支持*Gertrude*努力完成學校生活之外，諮商師並沒有對其家人有特別的要求。料想不到的事發生了！當*Gertrude*聖誕節過後回到學校，已經完全判若兩人了。她穿了媽媽從百貨公司帶回來送她當成禮物的絲質洋裝，看起來是如此乾淨清爽且吸引人，以致從前和她在學校打架的男生都對其外表發出了讚美之聲。

職業復健諮商師與*Gertrude*見面，並與之討論未來的計畫與選擇，班上的老師也提供其日後畢業有關的諮商。在年終之時，*Gertrude*畢業了，且得到州政府發給的畢業證書，她已經完成所有的要求，且通過州政府數學與英文的能力測驗。

以上兩個案例說明了學校諮商師在協助學生、家長，與教師上所傳遞的廣泛服務，且陳述了多項的議題。在*Johnny*的例子中，諮商師與教師、祖母、心理師、社工以及護士合作來安排服務，諮商師也使用個別及團體諮商來幫助*Johnny*改變其生活，並與當地大學合作鼓勵其生涯探索；同樣地，在*Gertrude*的例子中，個別諮商使得*Gertrude*與諮商師建立一種信賴的關係，從中可以界定特定目標與作成承諾，而與教師、校長、家長、醫生，以及其他人的合作關係則促使*Gertrude*不斷向前邁進；團體的歷程則建立在與教師和學生的技能班級之中，學校的政策則是用來檢視*Gertrude*在庇護所所完成的教育紀錄與授與學分。以這種方式，綜合性服務調和聚焦於特定目標，也因而締造了成功的成果。

在本章與之前幾章，我們探討了綜合性學校諮商方案的內涵，並描述學校諮商師所提供的必要服務。我們強調教育計畫、與生涯發展是綜合性學校諮商方案的最終目標，因為綜合性方案中諮商師所提供的服務範圍是如此廣泛，因此方案的評鑑就成了一個必須受到關注的問題。諮商師如何得知所提供的服務是最需要的?又如何證明這些服務的有效性？ 在下一章中，我們將檢視評鑑與績效責任在學校諮商方案中的角色。

延伸閱讀與網路資源

Herr, E. L., & Cramer, S. H. (1996).Carrer Guidance and Counseling through the Life Span: Systemic Approaches (5th ed.)(Boston: Scott, Foresman).

Isaacson, L. E., & Brown, D. (2000). Career Information, Career Counseling, and Career Development (7th ed.) (Boston: Allyn and Bacon).

Zunker, V. G. (2002).Career Counseling: Applied Conceps of Life Planning (6th ed.)(Pacific Grove, CA: Brooks/Cole).

These popular texts offer a comprehensive view of career counseling and development for school counselors. They also provide an overview of the important theories that have created this field of counseling and student development.

Purket, W. W.(2000). What Students Say to Themselves: Internal Dialogue

and School Success.(Thousand Oaks, CA: Corwin).
This brief treatise on internal dialogue or 〝self-talk〞 offers counselors and teachers insight into the nature of students' inner voice and its impact on educational planning success.

A C ollege and Career Planning Page—http://www.users.massed.net/～cgood/

Career and Educational Guidance— http://www.namss.org.uk/careers.htm

Career Planning and Counseling (for assessment)—http://www.assessment.ncs.com/assessmwnts/career/index.htm

Educational Resource Information Center—http://www.accesseric.org/index.html

National Career Development Association—http://www.ncda.org/

National Occupational Information Coordinating Committee(NOICC)—http://www.noice.gov/

*Occupational Information Network(O*NET)—http://www.doleta.gov/programs/onet/*

Welcome to Mapping Your Future—http://www.mapping-your-future.org/

本章作業

1. 想想你學習諮商專業的決定。列出促成你做出這個決定的因素或經驗。與同學或小組成員討論這些因素，並討論其中異同。

2. 訪談任何專業領域或工作線上的一位工作者。經由你的問題，邀請這位工作者談談他如何選擇其生涯軌跡；評估這個人對其選擇的滿意度；並詢問其是否有想要改變的生涯選擇。在課堂討論時，比較這些訪談的發現。

3. 在小組中，列出過去十年來科技進步所帶來的生涯改變。之後，各組預期哪些改變在下一個未來十年將會有再度出現顯著的改變。

4. 檢視*Johnny*與*Gertrude*的案例。並以小組方式討論每一位諮商師所用於每一案例中的方法。在兩種案例的情境中，諮商師需面對哪些挑戰？處理哪些危機？以及做了哪些重要的決定？

第十章 學校諮商方案的評鑑

黃財尉譯

早期學校諮商專業強調學校諮商師的角色以及與學生的個別協助關係，當這個專業進入到*1950*到*1960*年代時，文獻提供更多注意在實務的諮商理論與模式之上；此外，學校諮商中的團體過程在這個時期中也表現突出，從*1960*年代開始一直持續到今日，「績效責任」（*accountability*）的議題浮現，已成爲一種學校諮商師角色與功能的要素（*Aubery, 1982b; Crabbs & Crabbs, 1977; Hohenshil, 1981; Schmidt, 2000*）；細言之，定義與描述學校諮商師角色的嘗試已經包括了證實有效實務的急迫性。

在許多層面上，促成學校諮商擴展的相同歷史事件也對方案評鑑與諮商師績效責任的呼求有所貢獻。*1957*年蘇俄第一顆人造衛星（*Sputnik I*）升空以及*1983*年《瀕臨危機的國家》（*A Nation at Risk*）的報告，是兩個國家級的警示例子，也都是專業從政府活動中獲得好處的例子；在此同時，學校諮商師經歷了需要證實做了什麼與做得多好的壓力。

多年之後，有些作者注意到諮商師爲一個不情願參與朝向績效責任運動的族群（*Aubery, 1982b; Baker, 2000; Lombana, 1985*），其典型的反應爲諮商本身是一個非常個人化的關係，且諮商師做了很多相關的活動，以致於要測量諮商師的效能或要評鑑服務的方案是不可能的，這些方案評鑑以及專業績效責任的規避，持續成爲公眾認知與接受學校諮商師成爲有效教育方案貢獻者的一個主要障礙；

如同本書之前所提的，「許多諮商師相信他們對其學校是有價值的，因為他們總是『很忙』，為了奮力成為一位學校諮商師，你要超越『很忙』的記號，而朝向能提供使學生、家長與老師生活變得不一樣之服務的真實方向移動」（*Schmidt, 1991, p.16*），未來這個專業的信用與效能取決於諮商師能否取得引領的地位，並證實他們對學校共同體與教育過程的貢獻。

Lombana（*1985*）列出了幾項為什麼諮商師不情願證明其績效責任的解釋，這其中包括（1）諮商師缺乏時間來規劃及評鑑其方案；（2）抗拒在協助關係中作為的評量；（3）對研究與績效責任感到困惑；（4）害怕收集資料評估其效率的結果。這每一個這些理由都有其效度，而時間是一個關鍵，對每個人而言時間都是珍貴的日用品，因為學校諮商師對這麼多的服務有其績效責任在，如果不能接受也可以理解，他們花了所有時間在傳遞一些服務，而非分配一些時間在評量其效率之上。測量諮商與諮詢服務的效果真的很難，充其量也是不精確的，這個不精確--證實因果關係的困難一可以理解諮商師會對評鑑結果的產生造成焦慮。而這信心的缺乏有一部分是源於學校諮商師在研究與評鑑上缺乏充分訓練的結果，當這些知覺與感受是可理解的時候，諮商師便能不受妨礙而取得必要的技能，以證實他們對那些使用其服務的公眾以及聘用他們的決策者而言，是深具價值感與重要性的。

一個較為鮮明的注解是*Fairchild*（*1993*）的報告，從這個第一次在*1986*年實施的重複性調查中發現，學校諮商師的績效責任活動有顯著的增加現象，最值得注意的是，在績效責任活動上有增加報告的諮商師傾向指出其州政府教育部有較多績效責任的要求訊息；同時，「作答者評論指出，該州的法令強制其必須將某一百分比的時間投注於諮商的活動之中」（*p.371*）。

然而，當這個專業在二十一世紀開始之時，卻很少有學校諮商的新文獻證據指出績效責任方法被廣泛地應用，一個例子是從*1997*年*10*月初到*2000*年*12*月，僅有兩篇有關方案評鑑的文章發表在《專業學校諮商》（*Professional School Counseling*）期刊中，美國的教育改革很少鼓勵諮商師投入綜合性服務方案以及建立績效責任方法之中；正好相反，學生檢測的強調變成首要的改革，且經常打散諮商師從事設計、傳達以及評鑑綜合性方案的努力，這窘境已持續質疑到學校諮商師的專業性與認同感了，正如*Johnson*（*2000*）所告誡的，「沒有績效責任的表現，提升學校諮商師的專業認同就如煙霧一般不切實際了」（*p.39*）。

綜合性方案的評鑑與諮商師的績效責任是由許多第五章開始所描述的需求評量活動所構成；此外，活動評鑑，學生、家長與老師的調查，自我評定量尺，以及表現衡鑑的過程，都是評鑑學校諮商方案與評量諮商師傳達服務效率全部過程的一部份。

本章中，我們將檢視諮商師績效責任的兩個層面：方案評鑑（*program evaluation*）與諮商師效能（*counselor effectiveness*）。在這些評鑑過程中訓練諮商師的目的有三方面：（1）協助諮商師收集規劃其自身專業發展的資料；（2）促使諮商師成為對規劃學校方案與服務的決策者而言，是具價值與重要的一個案例；（3）邀請諮商師參與能夠增添被接受實務以及其專業未來發展之信賴感與效度的研究努力。

許多績效責任的模式與方法已於諮商文獻上展現出來（*Atkinson, Furlong, & Janoff, 1979; Fairchild, 1986; Gysbers, Lapan, & Blair, 1999; Krumboltz, 1974*）。一般而言，有以下的原則與指導方針被建議：

1. 學校諮商方案的目標必須被定義而且必須取得所有參與評鑑過程者的一致看法。諮商師從學生、家長與老師方面尋求資料，以及被學區督導與校長所評鑑，就必須清楚地描述其方案目標，且這些目標必須被參與該方案的人所了解與接受；很可惜地，許多系統的諮商師是根據班級教師的標準與實務而被加以評鑑的；而諮商師如果實際上是被聘來爲學生、家長與老師提供綜合性諮商與諮詢服務的話，這些評鑑很可能就不正確了。從班級教學中區隔出學校諮商的目標必須反映在這些服務之中。

2. 所有參與在、或是被學校諮商方案所服務的人必須納入在評鑑的過程。諮商師是來服務學生、家長以及老師的；同時，教師在學校諮商方案中透過班級輔導活動以及成爲學生的導師而呈現主動的角色。方案目標的評量與有效服務的評鑑，需要包含來自這些群體以及諮商師、上級督導和校長的意見。

3. 用來收集評鑑資料的工具與過程必須是服務與學校諮商方案有效的測量。例如，調查工具必須反應方案的目標與方針；同時，學校諮商師的功能與能力應該以「與諮商師訓練及工作期望有關」的「可信且有效工具」加以評量（*Schmidt, 1990, p. 92*）。

4. 方案評鑑是一個能識別有益服務與有效諮商傳達方法的連續過程。在學校諮商中，評鑑的策略應該被發展與成爲一個綜合性方案的完整部分；如此，在關鍵時刻，評鑑的程序就不是僅用來取悅決策者與懷柔公眾而已，而是被視爲在設計、發展以及傳達服務給學生、家長與學校老師的過程中充滿活力的成分。

5. 州與當地政府的強力領導是絕對必要的（*Gysber et al., 1999*）。學校諮商師若沒有得到當地督導/整合者以及州政府清楚提議鼓勵綜合性方案、對學生直接服務與合理績效責任方法的支援，學校諮商師將得面臨克服來自執行行政、職員以及其他無關功能，看起來無法超越的壓力的挑戰。

6. 衡鑑諮商師表現的中心目的，是在協助諮商師達成幫助學校的任務。對諮商師的評鑑定義上必須能使學區督導與校長證實綜合性諮商方案所提供的服務確實能對學校教育學生的能力有所貢獻。

　「評鑑是一個決定受雇者或方案目標已達成持續促進教育機構能力完成其任務程度的一個過程」(*Stronge & Helmm, 1991, p.22*)。

7. 同樣重要的相關目的是加強諮商師專業發展，以及鼓勵其技術精進，來幫助學校達成其目標。啓蒙與教育有關諮商師之優缺點以及其專業發展決定的評鑑，將遠勝過僅指出其缺點以及免除或重新指派諮商師的人事動作需求，人事評鑑的目的著重在「促進...能聯結到個別教育者以及學校或機構中集體教育者之專業發展的表現」(*Stronge & Helmm, 1991, p. 23*)。

8. 方案評鑑與諮商師表現的衡鑑，意味著評量過程中所收集到的發現結果將有所用途。當學校諮商師透過學生、家長與老師的評論來評量其服務方案時，他們便已約定檢視這個研究的結果，並於方案中做了許多改變，而這些改變是基於發現的基礎，專業上屬合理且在倫理上也是合宜的；同樣地，當學區督導與校長利用可信與有效的方法來考評諮商師時，在評鑑結果上的建議便能進行到底。爲達成這些目標，學校系統應提供專業與財務上的支援給諮商師，以協助其進修、參加工作坊，以及追求發展與強化其知識及技能的其他途徑。

9. 當強調正向的目標時，評鑑是最有幫助且最有效率的。方案評鑑強調學校諮商師與教師所提供服務的益處與不足處；同樣地，諮商師表現的衡鑑能找出諮商師需要協助的弱點，以及諮商師應該被表彰強調的優點，而作爲一個表彰認可的例子，且透過內部服務活動，諮商師可以被邀請與同仁分享特別的知識與技巧；經由正向與負向層面的強調，評鑑方法提供了一個平衡的觀點，且鼓勵了方案的改進與人事的發展。

方案評鑑的種類

方案評鑑包含許多強調綜合性學校諮商方案不同層面的程序。*Baruth*與*Robinson*（*1987*）提供「諮商方案的評鑑通常包含兩大類，即歷程評鑑（*process evaluation*）以及成果評鑑（*outcome evaluation*）」（*p.345*）。所謂「歷程評鑑」係指方案中所規劃的服務與策略是否帶出並回答諸如「服務多少人？」、「花了多少時間傳達服務？」以及「舉辦多少活動場次？」等問題；而所謂「成果評鑑」，如其名所指，係指諮商師於綜合性方案中所提供之服務結果的評量而言。如本書所示，綜合性學校諮商方案包含許多相互關聯的服務，而這些服務的整體目的是要協助學生於教育、社會、個人以及生涯上的發展；因此，成果評鑑係調查這些特定服務協助學生達成所規劃目標的程度。故而，成果評鑑的執行是在評量朝向目標進步的介入過程中，以及在服務結束決定目標是否達成之時完成。

以下章節將檢視四種方案評鑑的方法，這些方法涵蓋了評鑑學校諮商方案中可得之歷程與成果程序的範圍。其中第一個是目標達成（*goal attainment*），強調符合政府方案目標之策略與服務的履行。

目標達成

學校諮商服務的根本，是能有一個最終可貢獻於學校廣泛教育使命有意義目的的信念。這終極目的可於學校諮商方案的目標與方針中發現。如前所述，這些目標與方針經常被選來當成諮商師與學生、家長、和教師所作需求評估的結果。方案的目標可以兩種之一的方式加以評鑑：（1）與學習有關的目標（*learning-related goals*），或（2）與服務有關的目標（*service-related goals*），而這兩者於之前第5章已有說明。

與學習有關的目標

評鑑這一類的目標須要求評量工具與評量過程的發展，以測量受服務族群期待的特定學習。例如，對於參與生涯覺察活動的學生，諮商師可以創造問卷來評量其參與方案之前與之後的知識。在許多時候，測量的特質可以透過商業生產的測驗或其他種類的工具加以評量。表格*10.1*是一個針對參與生涯覺察方案學生問卷的例子。

與服務有關的目標

有三種方式可以評鑑與服務有關的目標，第一種是簡單報告提供服務時機的數目，第二種是計算參與給定服務的人數，第三種方法調查人們對於某一特別服務的觀察結果，最後的方法是一種顧客滿意度的測量。

表格10.1學生生涯覺察調查表

學生：請回答下列敘述句，並指出你對所參與過生涯覺察團體的感覺和想法，從每個敘述句中選擇一個選項，謝謝。

1.該團體能幫助我學習自己過去不知道的部分。	是	不是	不確定
2.該團體能幫助我學習不同的職業。	是	不是	不確定
3.能更了解若要得到我喜愛的工作需要什麼教育。	是	不是	不確定
4.該諮商師傾聽並了解我所關心的事情。	是	不是	不確定
5.我會向其他學生推薦該團體。	是	不是	不確定

學生：請寫下一些你有興趣的職業以及你追求這些職業所要達到的教育目標（例如：高中、技術學院、二專、大學、研究所或研究所以上）。

職業興趣	教育目標
______________	______________
______________	______________

表格10.2　諮商團體的報告樣本

月份：四月
1. 本月份小團體諮商舉行次數_____ 2. 本月份參與團體諮商的學生總數_____ 3. 本月份團體輔導單元的次數(小團體和班級輔導)_____ 4. 參與團體輔導的學生總數_____ 團體諮商的討論議題： ______________________________ ______________________________ ______________________________ 團體輔導的討論主題： ______________________________ ______________________________ ______________________________

表格*10.2*是一個有關小學使用來計算團體諮商活動場次與參與人數合併方法的報告例子。在這個表格中，諮商師報告其所帶領的團體數目以及該月中參與的學生人數，如前所述，「歷程評鑑」計數諮商師花了多少時間，以及顯示所提供服務的數量和所服務過的人數，當諮商師想要展示他們是如何使用時間、服務中個案的負荷，以及包含一個綜合性學校諮商方案之不同服務與活動所使用的時間時，量化的分析就很重要。

表格*10.3*是一個教師被要求報告關於團體諮商服務觀察的調查例

子，調查的結果指出諮商師如何使用其時間以及教師滿意的程度，表格*10.2*與表格*10.3*都是報告團體的諮商服務，但卻從不同的觀點檢視其執行情形；因此，諮商師所選擇的這類評鑑程序是取決於什麼問題需要被回答。

表格10.3 團體諮商之教師評鑑

老師們：請完成下列問題以幫助我們評鑑這學期學校諮商方案中的諮商團體。請圈選適當的號碼回答每個項目，1代表強烈不同意、5代表強烈同意。謝謝。

	強烈不同意				強烈同意
1.參與團體諮商的學生有從服務中獲益。	1	2	3	4	5
2.我觀察到參與團體的學生其行為已有改變。	1	2	3	4	5
3.諮商師有給我關於參與團體學生的適當回饋。	1	2	3	4	5
4.我希望更多學生有機會參與諮商團體。	1	2	3	4	5
5.本學期諮商師有提供充足的團體數目。	1	2	3	4	5
6.基於諮商師所得的訊息，團體諮商活動的焦點似乎是合適的。	1	2	3	4	5
7.學生對有關參與團體諮商的回饋大多是正向的。	1	2	3	4	5
8.團體計畫不會被學生的課業所干擾。	1	2	3	4	5
9.父母有表達對孩子參與此團體的關心。	1	2	3	4	5
10.我需要更多有關這些團體要進行什麼的資訊。	1	2	3	4	5

測量受服務參與者的人數或投注在一個特別活動的時間，可以確保諮商師有提供廣泛的服務以符合廣大族群的需求，如果諮商師僅提供少許的服務或僅符合少數定義族群的需求，他們就沒有設計綜合性方案來傳達廣泛的服務。藉由量化所提供的服務，諮商師開始決定如何調整其方案以及放置其重點來符合大多數學生、家長與教師的需求。以下是一個諮商師如何使用歷程評鑑來評量以及重新調焦其方案服務的例子：

有一位諮商服務的新主任很關心諮商師如何使用其時間。於是諮商師與這位主任發展了一個月報告表，發現小學與中學經常使用團體諮商歷程，但高中實際上卻沒有團體諮商。在與諮商師討論這些結果時，這位主任了解大多數的高中諮商師在面對團體諮商歷程時並不舒服，而且對團體的領導技巧並不精熟；於是，這位主任雇用了一位顧問來爲所有的諮商師作團體諮商工作坊的領導。在隔年後續的調查就發現許多高中諮商師開始在他們的方案中執行團體諮商，一位之前從未帶領過團體的諮商師也熱情地報告其在高中所作團體諮商的成功結果。

能使諮商師與其主管檢視時間花在什麼地方，以及有多少學生、家長和教師受到服務的報告，對方案的評鑑而言是很重要的；然而，這些報告並不適合用來陳述服務的效率，若要來陳述服務的效率。諮商師必須檢視所提供服務的結果；細言之，他們必須評鑑學生的成果（*student outcomes*）。

學生的成果

學校諮商服務幫助學生獲得資訊、發展競爭技能、調適行爲以及達成其他目標。在所有情況下，諮商師所提供來達成這些目標的服務，應該要產生某些可測量或可觀察的結果，換句話說，如果諮商服務能作爲學習歷程的補充，我們就可以透過學生的成果評量其影響力，有時候，這些成果可以概化至不同的族群；例如，某一學校強調涵蓋整個學生團體的成果，且目標是「降低*10%*的學生缺席率」，這個目標可僅以考量比較所提供服務開始之前與服務完成之後學生缺席率的結果而加以測量。

這類成果評鑑的一個問題是不能界定個別學生如何運作；它僅檢視整體大目標是否達成。從先前的例子中，我們可能因爲出席狀況相對較好的學生增進其更高的出席率，而發現學校的缺席率已有改善；然而，在另一方面，有較高缺席率的學生可能還是持續地缺席，而且僅僅因爲學校整體出席率的提升，這些原本缺席率較高的學生，如果有，也將很少被注意。

要陳述個別學生的需求，個別案例與小團體成果的資料應該要加以檢視。譬如說，一位小學諮商師看到一位有輕微懼校症的學童，這位諮商師利用個別遊戲治療、與教師諮詢有關的班級策略、以及早晨時與其父母商討有關如何處理好「到校準備」等方式來幫助這位學童。所有這些服務的結果都透過以下三種指標加以測量：要求家長報告該學童在家裡高度焦慮的例子、從教師處獲得有關該生留在教室而沒有哭泣的次數的回饋、以及觀察該生對學校時間表與教室環境的適應情形。

評量學生成果的方案評鑑方法有許多不同的型式，例如評鑑可以建立在先前決定或先前安排好的標準，譬如：「至少有85%的八年級學生都能正確地完成課前紀錄卡」，這一類型的結果通常是建立在教師與諮商師認爲可以達成的最小可接受程度之上。

另一類型的成果程序則是針對特定方案中的學生與未參與該方案的學生進行比較，這一類型的研究或評鑑設計是利用「控制組」的型式來證實該服務爲一個帶來所欲變化的可能因素。這裡有一個這一類型評鑑程序的例子：

在學年剛開始之時，一位諮商師規劃了一個中年級學生參與九週的「學習技巧團體」，在這期間之後，學生相較於其前年的成績報告，表現出較高的學業成就；而第二組的學生，稱爲「等待組」，則在第一個九週學校生活結束與第一個報告卡發出之後才開始這個「學習技巧方案」。這第二組配對的學生樣本，其前年的成績報告與第一個九週的成績報告並未顯示出有顯著的差異情形。在第一個九週的學校生活之後，這個配對組被安置在此學習技巧方案之中，而實驗也在第二個年級期間重複實施。於此重複實驗中，第二組別學生之成績，類似於第一組別學生的發現，在兩個年級時期之間發生了顯著的改變。有了這些結果，諮商師便能合理地確定學習技巧方案對協助學生改善其成績方面有其正向的影響力。

第三種成果程序是詢問學生有關其反應以及於特定方案的投入情形，或是請家長與老師觀察並記錄學生行爲與學習改變的發現。當透過調查、行爲檢核表、評定量表或個案研究報告測量時，這一類的評量可能檢視學生的態度、知識以及行爲的改變。如第8章所述，這些評量工具的信度與效度對評鑑程序的適當發展以及發現的後續解釋而言是很重要的。

第四類成果評量使用了前測（*pretest*）與後測　（*posttest*）的比較。在此程序中，諮商師收集資料示出學生的目前所在情況，然後爲學生施以特定服務，譬如團體諮商，一段時間之後，重複操作前測中所使用的相同工具或過程，並將所得結果與之前結果進行比較。例如，幫助懼校症兒童的小學諮商師可能使用前測與後側的程序，而這些前後側的程序牽涉到觀察與記錄該兒童於諮商與諮詢服務之後被指出或注意到的行爲改變；另一個前後測設計的例子高缺席率的中年級團體諮商方案例子，學生的缺席率可於團體諮商方案開始前的幾週先調查一次，然後在團體諮商活動結束之後再調查一次；兩次之間缺席率的正面差異則可證實團體的經驗可鼓勵學生在校的正常作息。

學校諮商師都可以得到所有這些評鑑學生成果的方法。測量學生的成果雖然是必要，但同等重要的是能滿足那些尋求學校諮商服務的受輔者，消費者滿意度是（*consumer satisfaction*）另種證實諮商師績效責任的方法。

消費者滿意度

收集資料測量個別學生的成果對一個於綜合性服務方案中承攬所有職責的學校諮商師而言，可能是一件不可能的任務。雖然一些結果的研究對證實諮商服務的效能而言是必須的，但如果所有的諮商師都這麼做，他們將沒有時間傳達其想要評鑑的服務；在評鑑學校諮商服務時，方案可以用實徵的（*empirical*）測量或知覺的（*perceptual*）測量，尤其是後者－知覺的測量－即落入消費者滿意度的領域。

學校諮商師使用不同方法從學生、家長與老師處收集資料，來評量其對方案服務的整體滿意度。在非正式的情況下，諮商師可以和學生及教師有後續的對話，或者打幾通電話給家長；比較正式的情況是，諮商師設計調查問卷給學生、家長與老師來完成，以表達其對於諮商服務的觀點與見解。*Myrick*（*1997*）曾建議從學生、家長及教師—諮商服務中的消費者—的觀點，認爲什麼是重要的詢問很重要且很明智；基於此理，學校諮商師應使用方法來收集有關這些消費者對學校諮商方案服務如何感受的資料，圖*10.1*爲一個高中學生問卷調查的例子。

圖10.1　高中學生諮商服務的調查

報告摘要

說明：請描述今年你對諮商服務的滿意度，並將你對每個陳述的答案圈出來。感謝您的幫忙。

	是	否	不確定
1. 今年當我需要幫忙的時候，諮商師都能來看我。	*77%*	*15%*	*8%*
2. 諮商師有傾聽我所關心的，且似乎了解我。	*70%*	*20%*	*10%*
3. 諮商活動幫助我將焦點放在我所關心的事情上，並做成決定。	*67%*	*25%*	*8%*
4. 諮商師保密在諮商歷程我所分享的資料。	*98%*	*1%*	*1%*
5. 我將會推薦這位諮商師給其他需要服務的同學。	*85%*	*5%*	*10%*

在圖10.1所現結果的基礎上，我們可以結論說大多數學生相信這位諮商師是可以隨伴於側、傾聽學生所關心以及維護秘密關係的人，這位諮商師可能會關心有33%總數的學生並沒有感受或不確定諮商活動曾幫助他們做決定（問題3）；雖然如此，但仍有很強比例的學生說會建議該諮商師給其他需要服務的學生。

學校諮商師利用消費者回饋（*consumer feedback*）而影響其諮商方案與服務決定的一種方式，是彙整從所有諮商師而來的結果，並摘要這些發現給學區行政單位與學校董事會。來自學生、家長及老師的評論，對證實綜合性諮商服務的價值以及說明諮商師於學校中實現其實質角色與功能而言是很重要的；有時，行政督導與董事會成員並不知道諮商師所提供的所有服務，藉由分發年度評鑑的摘要，諮商師就可掌控自己的角色，並在協助學生達成其教育、個人與生涯目標時提供該有的服務。

年度的評鑑也可使諮商服務的督導、校長與諮商師作出哪一些服務可以延伸，而哪一些服務可以降低其重要性的決定。所有跨越學校系統諮商方案的適當評量都應將行政督導置於一個對人事、預算、員工發展以及方案改變之決定比較有利的位置；相對地，若缺乏適當的評鑑，這類的決定便顯得主觀與隨意，且很少或沒有研究證據的基礎，以這種方式所決定的方案或人事反映了一種童話式的管理風格，而且類似假定諮商是一種沒有特定知識基礎、協助技巧或專業實務之有效率模式的偶發過程，這樣的境況會對諮商的專業性以及對那些期待信用可靠服務的學生、家長和老師造成傷害。

藉由從學校諮商服務的消費者處收集資料，諮商師與其督導就能於一個較佳的處境，對方案的未來方向作出重大且與有意義的決定。這種有目的且有方向的光景被稱為是「諮商師的意圖性」（*counselor intentionality*）（*Schmidt, 2002*），當與評鑑歷程有關時，其特徵是想要從其他人處獲得回饋並且使用該回饋以改變行為，發展計畫以及改變方向來符合受服務者需求的一種覺察或意願。透過這類從學生、家長與教師所得的內在回饋對學校諮商師而言是很有價值的，而有時一個方案的外部檢視也能有所助益。

專家評量

地方督導，包括學校校長，以及來自學生、家長和老師的觀點，可以提供諮商師一個擴展評量有效率服務，以及所需新式服務的機會；然而，如果僅使用這些內部的觀點，諮商師與其督導將把年度評鑑限制在「應該是什麼」的嚴格反覆觀點中；此外，他們也冒了漏失反映在學校諮商專業中國家和國際的趨勢與議題的廣博洞察力。為了防範這類的狹隘觀點，諮商師與其督導偶而應從外部專家處尋求協助，這些學校諮商專家可為此評鑑歷程提供其外部的觀點（*Schmidt, 1996; Vacc, Rhyne-Winkler, & Poidevant, 1993*）。

學校諮商服務的專家評量（*expert assessment*）範圍廣大，包括從觀察在個別活動中的單一諮商師，到收集有關橫跨整個學校系統或州綜合性方案中所有服務的資料（*Gysbers, et al., 1999*）。藉由利用外部專家收集資料，諮商師與其督導能增加評鑑歷程的客觀性，並因而確保更可信賴的結果，由於聘請外部顧問進行這類評鑑的花費昂貴，這個方法並不經常使用；基於此理，內部評鑑（*internal evalvation*）應該被用來連結外部評論，並以為比較之用。

在設計學校諮商方案的外部評鑑（*external evalvation*）時，諮商師與其長官應構思幾個問題，藉由詢問適當的問題且給予深思的回答，諮商師與其督導便能確定外部評論的潛在價值，並能決定時間與成本的花費是否會產生強化其服務方案的效果。一些諮商師與其督導可能需要考量的問題如下：

1. 我們要知道什麼？一個合適的評鑑開始於詢問有關諮商師與諮商督導想要了解方案服務的清楚問題。這些問題可於諮商師、行政人員與教師會談的時候產生。通常，問題集中於所關心的特別領域，諸如：諮商師所提供的必要服務是不是以有效率的方式滿足我們學校中學生的需求？是否給予可用的人事？學校所指派的工作以及諮商師對學生的比率在所有層級中是否適當？與當前所為相比，有無更有效率與更有效能提供服務的方式？

2. 在設計評鑑時，誰應該被納入？因爲學校諮商服務是教育方案的一個完整部分，廣泛的學校族群代表應該被包含在設計一個外部的評論之中，學校諮商師應該聯結督導、校長、教師、其他學生服務的專家，以及家長以確保關注的領域都有被考慮到。而在高中階段，學生代表也應被納入。

3. 誰是實施評鑑的外部專家？這取決於學校系統的位置以及外部資源與內部經費的可得性，評鑑委員會可向總督學（*the superintendent*）建議邀請於此評論中的評鑑者；藉由計畫階段中清楚地陳述問題，委員會可以縮小所需評論者的領域。可能外部評論者的例子包含從地方和州的學院及大學的諮商師教育家、來自州教育部的顧問、來自鄰近學校系統的諮商師與諮商督導、以及州與國家層級學校諮商協會的官員。潛在評論者的資格以及成本因素在向總督學與當地學校董事會作成建議時也應該加以考量。

4. 何種工具與歷程將被發展成爲這個評鑑的一部分？在大多數的情形下，當一位外部顧問被聘來從事評鑑工作時，研究的設計，包括使用的工具，都是契約的一部分。評鑑委員會展示所要評論的主要的問題與議題，而顧問則設計工具與歷程來收集資料；在許多情況，評鑑委員會也可能要求顧問設計一個研究與抽樣工具，作爲選擇外部評論者過程的一部分。

5. 誰會收到研究的結果？而這些結果如何被使用？當有其他類型的評量過程時，譬如測驗與觀察學生，方案評鑑便要求小心且適當地使用資料。評鑑委員會須負責決定如何報告結果以及是爲誰報告，而這些決定是由外部評論的整體目的以及包含在研究設計中的特定問題所引導；在大多數情況下，外部評鑑的報告將透過總督學辦公室與地方學校董事會分享。

作者參與學校諮商方案的外部評論以及與其他評鑑團隊交換意見已有數年之久，在大多數的情況下，這些評論是出於總督學需要一份學校諮商方案外部評鑑的邀請，通常這些要求都是決定是否於系統中增加新諮商師的序曲；典型上，這些外部評論係由學校系統合作設計的調查所組成，對學生、家長與教師進行施測，並專程到學校訪問面談校長與諮商師。表格*10.4*介紹使用於這些評論中典型的學生調查，類似的家長與教師問卷則用於收集配對題目的觀察結果，在專程的訪談部分，結構化的訪談通常是需要的。表格*10.5*展示出在對校長的專程訪問期間，可以使用的一些範例問題。

之前的評鑑過程，從與服務有關的計數方法到外部評論，都以幫助諮商師、督導與學校校長來評量一個完全學校諮商方案的方向與利益爲目的。像本節中所建議的評鑑方法，提供一個方案的整體觀點，並評量特定諮商與諮詢服務的價值，而評鑑過程中一個同等重要的層面是學校諮商師的表現衡鑑（*performance appraisal*）。

表格10.4 針對外部訪談的學生調查表格

學校諮商方案檢視
對學校諮商方案學生評鑑

親愛的同學：這份問卷是有關你學校諮商方案的調查。我們很感謝你的幫助及回答這些有關諮商活動的問題，感謝你對這份調查的協助。

學校：_______________ _________ 年級：_______________

性別（選一個）：男_____ 女_____

請仔細回答下列每一問題：

1. 你知道你的學校諮商師是誰嗎？ 是 否 不確定
2. a. 今年你是否曾經個別會見你學校的諮商師嗎？ 是 否 不確定
   （如果答「否」，請掠過2b；如果答「是」，你會見過諮商員幾次？_____）
   b. 如果你今年曾經個別會見諮商師，有幫助嗎？ 是 否 不確定
3. 當你的朋友需要找人談談的時候，你推薦過這位諮商師給他們嗎？ 是 否 不確定
4. 這一年中諮商師會見過你的父母嗎？ 是 否 不確定
5. 在這一年內諮商師跟你的班級訪談過，或做過活動嗎？ 是 否 不確定
6. 這一年你有參加你的諮商師所領導的小團體嗎？ 是 否 不確定

如果這一年你有參加你諮商師的小團體，請回答問題*7*及*8*；如果沒有，請掠過這兩個問題。

7. 這個團體對你有幫助嗎？ 是 否 不確定
8. 你相信這個團體對其他同學有所幫助嗎？ 是 否 不確定

學校諮商師做過許多事，你認為你學校諮商師所做的服務中哪三項是最重要的？請在下列選擇中選出這3項並打[˅]。

___處理學生的個人問題	___幫助學生決定學校	___提供暑假活動的方案
___幫助師生相處	___提供社區資訊	___協助學校與社區機構作轉介服務
___學生團體的運作	___辦理班級展示	___幫助學生父母
___協助同學間相處	___協助老師	___協助班級安排活動
___提供職業生涯資訊	___提供大學資訊	___做文書工作（表格等）
___協助處理問題家庭	___提供獎學金財務資訊	___監督及提供測驗

有無學校諮商師沒做到有而你希望其做到的事嗎？如果有，是什麼？

____

____

____

有無你認為學校諮商師花太多時間在不重要的服務上呢，如果有，是什麼？

____

____

____

學校諮商師評鑑

隨著學校表現越來越受到重視，教育團體也愈加強調專業人事的評鑑與績效責任，其中受到最多強調的是班級上教師的評鑑，而幾乎很少焦點放在其他學校中的專家與專業人士身上。*Stronge*與*Helm*（*1991*）曾經評論說「很少有屬於專業支援人事—行政人員以及服務學生、教師，和/或其他受輔者之專業人員顧客專家的評鑑文獻出現」（*p.3*）；大體而言，有關學校諮商師的評鑑甚少，而當諮商表現的衡鑑出現時，也少有文件充分顯示所使用的評鑑歷程；甚至更糟的是，用設計給教師的評鑑工具與歷程來評定諮商師的表現。在一個州的研究結果中發現，僅有*17%*的學校諮商師是以書面的標準以及特別爲學校諮商師表現衡鑑所發展的標準而受到評鑑（*Gorton & Ohlemacher, 1987*）。

諮商師評鑑的重要性高度受到*Wiggins*（*1993*）在其十年追蹤諮商師效率的研究中所強調，超過*230*位參與原來十年研究的諮商師先完成人口背景調查，並允許其督導完成一份「表現滿意度調查表」（*Satisfaction with Performance Blank, SWPB*），從可用的*193*份問卷中發現僅有*12*位諮商師自從原來的研究之後，其評定成績有所增進；令人更心痛的是，有33位諮商師在第一個研究中被評爲低等第，在十年之後依然維持一樣的等第類別，這後者的發現不僅強調對低表現諮商師評定的一致性而已，更是悲慘地強調出幾乎沒有作爲來幫助諮商師成長。

在*1990*年代，已有一些跡象顯示學校諮商師正受到比較認眞的注意，一些州與地方的學校系統發展特定的標準並設計特別適合學校諮商實務的過程（*Breckenridge, 1987; Housley, McDaniel, & Underwood, 1990; Schmidt, 1990*）；通常，評量學校諮商師的標準包括與方案規劃及組織有關的基準、團體與個別諮商技巧與歷程、包括團體指導演示的諮詢技巧與歷程、服務的整合、倫理實務以及專業發展。用在諮商師表現衡鑑的評鑑目標，類似於在本章之前所提方案評量的歷程與成果目標；然而，收集這些標準和目標相關資料的特定程序還沒有被系統地發展出來；甚至，即使歷程已被開發出來，對於誰是收集資料和判斷學校諮商師表現的最適當觀察者與評鑑者也不清楚。這些爭議正好幫助我們整理出一些環繞在學校諮商師評鑑的主要關注議題。而第一個便是來決定要評鑑什麼。

表格10.5 外部檢視的結構訪談表格

學校諮商方案檢視
結構性訪談

當事人：______________

學校：____________

1. 學校諮商方案的整體滿意度。這個課程的方案和缺點各是什麼？
2. 諮商師在學校所要履行的最重要服務是什麼？諮商師最不重要的活動是什麼？有什麼是你覺得諮商師不應該做的事？如果是這樣，誰應該做這些事情？
3. 這些諮商方案如何和學校目標結合呢？（這個方案是否為學校完整的一部分嗎？諮商師是否列在學校的改善團隊上？教師如何將輔導融入其班級中？）
4. 這些方案是否能符合所有學生的需求呢？如果不是，諮商師必須克服的阻礙有哪些？（對特別的小孩、瀕臨危機的學生、以及職校學生等又是什麼呢？）
5. 諮商師如何受監督呢？（諮商師的評鑑呢？資料蒐集的方法呢？總結性的評定如何進行呢？）
6. 學校諮商師如何與其他學生服務的專家溝通？例如：心理師、社工人員和護士等等。（尋找團體方法、協同合作的努力等等。）
7. 身為學校的領導者，在諮商方案中你投入的什麼？
8. 學生、家長和老師們對這方案的觀感為何？
9. 對於這個方案，你還有想要分享嗎？

要評鑑什麼?

雖然文獻與研究的延伸範圍解釋了學校諮商師的角色、發展了實務的模式以及創造了諮商理論，但有關諮商師在學校的角色與目的依然不確定，正如*Ficklen*（*1987, p.19*）指出「行政人員的基本問題為：什麼是諮商師被期待應該完成的？」這個問題不僅對決定學校諮商師的整體角色與主要服務至為關鍵，也是界定說明有效率作用實務的要素（*Schmidt, 1990*）。

發展針對學校諮商師適當評鑑程序的第一個步驟是決定其必要的功能，以及識別出闡述這些功能的特定活動。在本書中，一個綜合性學校諮商方案的必要功能已有界定了，一些服務的廣泛項目包括（1）針對個人或團體的諮商；（2）與學生、家長及教師個別化或小團體的諮詢；（3）衡鑑學生的興趣、能力、行為以及整體的教育進步；（4）整合學校中的學生活動。除了這些必要功能之外，諮商師評鑑也檢視這些實務在道德上及法律上表現，以及諮商師對自己本身專業發展的關心程度。

一旦我們描述了學校諮商師的必要功能與實務之後，評鑑歷程的下一個步驟，便要決定用來評量表現的測量本質。這裡，我們考慮三種可能的方法，第一、如我們在方案評鑑中所見的，是諮商師用來說明所界定關注特殊實務與活動的成果（*outcomes*）。例如，一位使用團體輔導幫助中年級學生發展友誼的諮商師，可能會部份以問卷的方式被評鑑，而該問卷中學生可以指出他們在團體中所學到的東西，以及已經嘗試了多少的新友誼。第二種評量諮商師成功的方法，正如方案評鑑，是檢視表現與一致標準的關聯程度。一個這樣的例子是當諮商師選擇個別諮商幫助學生降低其缺席率時，達成所有參與活動的學生降低50%的無藉口性缺席的目標。於此方法中，諮商師不僅是以成果本身被評鑑，更是以可觀察到成果的程度加以評鑑，例如，如果大部分接受缺席諮商的學生都能降低50%或更多的缺席現象，這個服務就非常成功了。第三種方法是藉由合併前兩者程序來測量諮商師的表現。也就是說，藉由陳述應該被觀察到的成果是什麼，以及這些被期待的成果到達何種程度。

界定主要功能與必要活動，以及決定表現的標準，提供了評鑑歷程的拱形架構。下一個步驟是設計與創造收集資料的特定方法，並以之作出服務是否有助益以及所傳達表現層級的判斷。

評鑑如何實施?

因為學校諮商師提供廣泛的服務與活動，因此很難縮小與限制評鑑其表現的方法，不像教師評鑑與班級觀察關係密切，學校諮商師的衡鑑依靠資料收集與文件形成的多樣方法，這些方法包括觀察、訪談、模擬活動、自我評量、作品發展、錄音與錄影、時程安排、消費者回饋、服務的紀錄以及人事行動備忘錄等。這些學校諮商師所期待活動的多樣性，以及學校諮商方案中一些活動的保密性質，引起了有關收集資料衡鑑表現方法的質疑；職此，諮商師與其督導一起規劃與同意所使用的方法就很重要了。理想上，這個規劃歷程應發生在學年開始之時，督導與諮商師就可決定要強調哪些主要的功能，以及決定如何收集資料評量其表現。

觀察

雖然有些諮商服務因其保密的本質不能被直接觀察，但諮商師所使用的其他活動卻可透過觀察而加以評鑑。大、小團體輔導、父母教育方案、以及教師內部服務的展示，都是督導可以觀察並評量一位諮商師教學與溝通技巧活動的例子，這些活動通常具有教導與資訊的目的，但並無機密的成分在內；有時候，觀察也可以在協助的關係中，譬如於家長或教師的諮詢中發生，但這些觀察必須小心規劃，且最好能得到所有參與者的允許。

*Stronge*與*Helm*（*1994*）曾經檢視專家（例如諮商師）用來收集資料的兩種觀察方法，其一為系統觀察法（*systematic observation*），這是一種有結構且有計畫的觀察法，通常會伴隨著特定活動而發生，並且強調是一種觀察前督導與諮商師都同意的特殊技能或實務；第二種觀察法，偶發觀察（*incidental observation*），比較缺乏結構化也比較不正式，偶發觀察可能包括一位諮商師與學生及辦公室同仁的互動、走廊上的對談、教職員會議的參與、以及與行政人員的交流等。這些種類的觀察所強調的重點，都必須多少要與諮商師表現出一個或以上之主要功能的事實資料與資訊有關。當偶發訊息與本質實務無關或關係很少時，且既不能由正式觀察所記錄也不能透過額外的訓練或其他協助所改變時，這些偶發資訊就不是學校諮商師評鑑的一部分。

錄音與錄影

當觀察變成協助關係中的干擾時，就應該用其他的評鑑方法。一種收集資料的替代方法是透過錄影或錄音方式的使用。在訓練之時，學校諮商師利用錄影或錄音來證實基本的協助技巧，且督導與諮商師也以相同的方法評估工作上的表現；當影音帶被用於評鑑歷程時，當事人必須授與許可並了解這些帶子將如何被使用，尤其小學諮商師應該尋求家長的許可，這是因爲法律上小孩子沒有明確的授與許可能力。

至於以聽或看帶子方式評量諮商師表現，並協助其專業發展的督導應該高度地被訓練這種他們想要評鑑的技巧，而沒有受過諮商訓練的督導，譬如校長，就不能提供很多協助與指導來幫助諮商師認清替定的目標以及進一步的發展，由於表現衡量的一個主要目的是幫助個體識別專業成長與發展的領域，因此不能提供這些資訊的督導就不是很有幫助，像這樣的評量充其量也是不完全的。

訪談

另一種有關諮商師表現的資料收集方法是訪談該諮商師有關方案計畫、特定服務以及學生變化的結果。最有效使用訪談的方式是利用強調特定議題、技巧或學校諮商方案其他層次的結構化格式，而沒有特定焦點的一般性訪談並不能產生有關優點與缺點評量的清楚訊息，此外，單一訪談也可能不是很有效；理想上，一系列針對相同主題的結構化訪談可能是最令人滿意的格式。

模擬情境

當情況不適合觀察或影音錄製不可行時，諮商師與督導可能要找出適合收集資料的模擬單元，例如，一位觀察者坐在一個個別測驗單元中將是令人不自在的，且這位觀察者的出現將破壞結果的效度，藉由請求學生其他人參與一個「實際」的考試，諮商師可以介紹說明適當的測驗程序，而且觀察可以不干擾到眞正的測驗，在這種情況之下，測驗單元與結果就不能解釋自願受測的人；因此，觀察者可以減少干擾且不冒影響測驗結果的風險，且諮商師也能夠證實實務上適當的測驗技巧與知識。

自我評量與檔案

一個評鑑如果沒有考慮到諮商師的觀點，這個評鑑就不完全，自我評量（*self-assessment*）是一種可涵括諮商師觀點的方法，一份誠實的自我評量可以幫助督導與諮商師確認年度表現衡鑑強調的原始領域，諮商師可以施行的一種自我評鑑是收錄資料、成果以及有關其一年來表現材料的文件檔案（*portfolio*），圖*10.2*介紹學校諮商師可以收集與放在其檔案中的種類與證據。隨著今日科技的發展，諮商師可以以一些包含*PowerPoint*展示、影音片段、相片掃描以及其他描述不同服務表現的電腦程式，來編輯並管理其檔案。

自我評鑑的歷程可以使諮商師了解其自身的優缺點，並識別到其專業實務的層面，藉由識別進一步發展，諮商師可以處於一種較有利位置，以便尋求督導與財務上協助，並且可以發展行動計畫來增進其表現。此外，自我評量的程序也允許諮商師收集適當且合宜的實務證據，在貫穿整個評鑑循環的表現衡鑑研討中分享給督導者與評鑑者，在次頁上的表格*10.6*是給諮商師的簡短問卷。

成果

學校諮商師爲其學校與方案創造了許多成品與報告。這些項目可以當成整體表現衡鑑歷程的一部分，這些透過檢視學校諮商師所做材料與報告而可以加以闡述的特定能力包括寫作、規劃以及公眾關係。督導者與諮商師可以檢視的成品例子可以是學校諮商方案的年度計畫，開發來宣傳特定服務的手冊、設計來評量方案功能的評鑑表格、給老師的備忘錄樣本以及寫給家長的信。

諮商師也可以發展使用於班級輔導、團體諮商以及其他給學生、家長與教師服務的教學與資訊材料，這些材料都可以證實一位諮商師於發展階段的知能，於不同活動中使用多種媒介的了解力，以及設計有用展示材料的創造力，這樣的材料都可包含於評量的歷程中。

圖10.2　學校諮商師檔案的樣本證據／諮商師職責與樣本證據

■方案規劃（*Program Planning*）

* 需求評估（例如：工具與結果）
* 撰寫年度計畫（目標、策略、分派以及時程表）
* 與諮詢委員會的工作證明
* 週／月的活動安排
* 評鑑工具與程序

■諮商（*Counseling*）

* 個案研究（匿名）
* 對學生使用的介入樣本
* 成果的資料（例如：老師與家長的回饋、學生的調查）
* 結構化的訪試摘要
* 追蹤（*follow-up*）的證據

* 團體諮商的主題與進度表

■**諮詢**（*Consulting*）

* 與老師、家長諮詢的摘要
* 演示時的觀眾回饋（例如：教師工作坊）
* 使用評量資料的證據
* 團體演示的進度表（例如：班級輔導與父母教育）
* 與學生服務團隊成員會面的摘要

■**整合**（*Cooordinating*）

* 書面的溝通樣本（例如：計畫說明手冊與時事簡訊）
* 整合學生服務的文件紀錄（例：會議議程）
* 協助教師有關輔導的統整（例如：全校教職員會議的札記）
* 轉介機關所做的成果資料（例如：心理健康）

■**學生衡鑑**（*Student Appraisal*）

* 對學生、家長、教師使用評量結果的證據
* 以說明幫助教師在全校性測驗的使用
* 個別學生的評量摘要（匿名）
* 與家長及學生會面以說明測驗結果

■**專業表現與發展**（*Professional Performance Development*）

* 投入學校活動（例如：教職員俱樂部或活動）
* 出席專業工作坊和研討會
* 專業研討會的報告
* 發表在專業期刊上的論文
* 加入專業的諮商協會並參加活動
* 獲得專業諮商師身分的頒獎與表揚

表格10.6 學校諮商師自我評量表

	完全符合	部分符合	不符合
1. 今年學校諮商課程所包含的服務範圍：個別諮商、團體諮商、親師諮詢會議、轉介、大團體輔導和學生衡鑑。	______	______	______
2. 今年我花費適量的時間於學生個別協助的關係上。	______	______	______
3. 我每星期舉辦許多和學生的團體聚會。	______	______	______
4. 我和老師們合作規劃班級輔導課程。	______	______	______
5. 我今年為這個方案發展了一個書面計畫。	______	______	______
6. 顧問委員會協助發展計畫、設計需求評估以及評鑑方案。	______	______	______
7. 學校的測驗方案、文書工作以及行政工作，並沒有減損我對學生、家長和教師們的服務。	______	______	______
8. 今年我成功地的幫助大型團體的學生、家長和教師們。	______	______	______
9. 今年我花費在危機介入的時間充足。	______	______	______
10. 我使用適當的評量程序為學生作專業服務的決定。	______	______	______
11. 我今年參與有關自我專業發展的工作坊、協會以及課程。	______	______	______
12. 我今年參加專業的諮商協會。	______	______	______

消費者回饋

在學校諮商方案的整體評鑑中，詢問學生、家長、及教師於評鑑特定功能與活動中的回饋是很重要的，而這些觀察也可從幫助諮商師評量其表現中獲得。之前展示的圖*10.1*便是一個學生回饋如何用來評量特定方案功能以及諮商師表現的例子。

有時，諮商督導者、校長以及諮商師會接收到來自消費者的回饋。這些關於學校諮商師表現之非正式的評論與建議可以提供可信的訊息、爲文件證據所支持、以及實際實行上可帶來適當改變的時候，這些評論與建議將會非常有用。但某些與實際呈現之證據相左的評論便不是很有用，如果督導者與校長不能以其自身的觀察或其他資料有效證實或支持這些自發的回饋，在表現衡鑑歷程中使用這樣的訊息就非常不明智。最後，如果自發的回饋用於諮商的評鑑之中，就隱含將要採行一些負面矯正以及正面獎賞的行動，如果沒有可行的動作，自發的回饋就不應包含在這個評鑑的分程之中。

時程安排與服務紀錄

學校諮商師的角色在一個由不同活動組成的規劃方案中，是幫助特定族群達成所認定的目標，則評鑑的一部分應該包括諮商師所寫的計畫、所設定的目標、所作成的時程安排以及所收集的紀錄。在這些證據之中，以紀錄是最難包含在表現衡鑑的歷程之中。由於諮商師所形成與受輔者的關係是保密的，如果開放給督導者或校長將變得不適當，除非有特殊的限制設定或指導方針可遵循。

如果諮商師做了必要的留心，就有兩種諮商師可以分享作爲其表現衡鑑的紀錄，分別爲諮商師所提供服務種類的決定紀錄以及成果的紀錄，當諮商師分享這些紀錄時，受輔者的身分必須刪除，且受輔者必須匿名。分享這些種類資料的目的不是找出誰得到服務，而是要評量諮商師所關注的重點是什麼、為什麼諮商師要選擇特定的服務與技術來協助這些關注重點、以及這些服務所提供的結果是什麼；藉由檢視這些種類的紀錄，督導者能建議並支持學校諮商師所作有關受輔者與方案的決定。也正是經由這些評鑑，諮商師與督導者可以評量用來決定給學生、家長與老師服務的診斷技巧和決定歷程。

人事備忘錄

最後，包含表現衡鑑的其他文件，是用來舉證諮商師於特定案例未達表現標準的人事備忘錄（*personnel memos*）。這類備忘錄是用在當諮商師表現未達滿意標準，且某一改善計畫必須被建立與被實踐之時。在改善計畫未能產生最大滿意表現的情形之下，人事的終止動作或重新指派諮商師的情形可能是需要的；訪問、研討會、行動計畫、以及在表現衡鑑歷程階段中所記錄文件的備忘錄，對保護個別諮商師的權利、確保學校諮商計畫的整體性、以及證實督導者及學校系統提供來矯正情況的支持，都是必要的。

誰要評鑑?

學校諮商師設計一個表現衡鑑歷程所要考慮的最後問題是「誰要進行評鑑？」，在大多數的情況下，學校諮商師直接向校長報告，他是最能對諮商師評鑑負責的人選，這對要創造可信與有效表現衡鑑歷程的諮商師與校長而言是相互衝突的。一般而言，學校校長幾乎沒有受過被界定爲專業學校諮商師基本職責的實務與職能訓練，「當關鍵職責無法適當地加以評量以使優點被表揚、缺點被矯正時，諮商師表現衡鑑的效能將受到危害」（*Schmidt, 1990, p.91*）給了這個警告，現在的挑戰是找出諮商師可以獲得合適督導以及正確評鑑其在學校所提供服務的方法（*Borders & Leddick, 1987*）。

*Roberts*與*Borders*（*1994*）的研究發現「支持了現存學校諮商師督導的行政本質」（*p.155*）；而在此同時，諮商師卻報告了更低發生率的諮商督導功能。這個實例中的諮商師表達了較少行政督導的需求，但需要更多方案發展與對學生、家長及老師直接服務的督導。

所有諮商師於學校場域中所提供的必要服務，大多數都由勝任的觀察者與評鑑者所評量，而這些人員可能很少或沒有受過諮商技巧方面的訓練。一位了解學生服務（包括諮商服務）廣泛目的的校長便能夠評量諮商師規劃綜合性方案的能力；在此同時，一位有效率的行政人員應該要能評量一般員工諸如守時、同仁關係以及溝通技巧，這些對有效方案很重要的行爲。學校校長與非諮商師在評量專屬於諮商專業的技巧與職能時可能會有困難；偶而，校長可能在這些領域中的一些部分受過適當的訓練，但大多數教育行政研究所都不朝向人類發展與基本協助技巧的理論；職此，有效諮商師表現衡鑑的模式應該要包括觀察、訪談以及其他藉由受過學校諮商方案訓練督導者所收集和分析資料的方法。

一種創造適當表現衡鑑程序的方法，是校長及諮商督導在學校諮商師的評鑑歷程中一起合作。在此合作模式裡，校長與督導者一起評量諮商師，以提供充足的方案督導；設計諮商師評鑑合作模式的學校能確保校長合適的行政督導，並且可以同時鼓勵適當的臨床與技術督導，以及能從勝任諮商督導者處獲得支持。

在許多學校系統中，由於財政上的限制，擁有一位受過諮商師訓練的督導者，是奢侈且不切實際的。在此情形下，其他督導的模式就應該被挖掘出來，這些模式可能包括同儕督導法（*peer supervision approach*），亦即學區裡的「領導諮商師」有幫助其同仁評量臨床與技術表現督導的義務；其他模式包括利用附近大專院校諮商師的教育者來協助諮商師的督導，或協助學校與和學校諮商師及校長有諮詢關係之諮商師定訂私下實務的契約，並幫助其設計適當的表現衡鑑歷程。所有這些替代方法的目標，都是要設計能幫助諮商師促進其服務與改善其專業發展的評鑑歷程。

當用在專業改善以及經由勝任評鑑者收集與分析的時候，所有收集資料評量諮商師表現的方法就都有其價值；在某種程度上，在評量歷程中，評鑑者的職能不是經由歷程與工具的效度所強化了，就是被消除了。

學校諮商師運用資料收集方法，以評鑑其全年度的服務方案，並在表現衡鑑會議中向校長和其他督導者報告。

表現衡鑑的歷程與工具

學校諮商師不僅幫助發展有關其表現衡鑑的適當程序，他們也參與設計精確評量的合適工具；細言之，設計來收集學校諮商師表現衡鑑資料的工具，必須與諮商訓練的特定領域、實務以及工作期待有關。例如，一種創造來評鑑諮商師團體諮商技巧的工具便對抑制團體程序的學校沒有益處；同樣地，一種本來是用在觀察教師班級教學的工具，對評量個別諮商活動便沒有幫助。設計來評鑑諮商服務的工具，通常必須與被接受作為特殊專業實務指標的特定途徑及行為有關。

設計合適與適當工具的第一個步驟，是界定學校諮商師所預期的必要服務；之後，諮商師、督導者、校長以及其他適當的人，便將要觀察的特定實務羅列在判斷這些服務的滿意表現之中。在本章先前段落，針對方案評鑑，我們已經學過有關調查以及其他收集資料的方法，而相似的工具也能被設計或改編來收集諮商師表現的資料。表格*10.7*是一個設計來評量諮商師於班級輔導、父母教育方案、或教師內部服務的團體展現技巧例子，此工具隱含著以下的理解，即使用這工具的觀察者/評鑑者必須要受過訓練，而且要對這些教導方法與有助益的實務熟練才行。

雖然有些諮商功能很難藉由觀察評量，但握有受輔者的允許時，這就變得可能了，而且也可以設計適當的工具；先前描述的訪談方法，也是一種可避免觀察保密困難的方法，例如一位於諮商方案有訓練的督導者便能與諮商師設計出一份有關方案中諮商服務的結構性訪談，藉由一系列簡短、有結構的訪談，督導者便能給予諮商師有關評量與診斷程序使用、諮商途徑知識、以及協助歷程理解的貢獻性回饋；雖然這樣的訪談並沒有評量到特定的諮商技巧與技術，但卻能提供有關諮商師知識以及使用特定途徑諮商的訊息，從這樣的評量，督導者便可決定特定諮商技巧是否有需要更透徹加以評鑑。表格*10.8*是一個設計來評量諮商師使用個別諮商的問卷樣本。

表10.7 諮商師觀察團體演示之表格

大團體觀察表格（註1）

說明：當演示團體教學或提供資訊的聚會時，使用此表格去觀察學校諮商師。使用以下的觀察規則以及任何您的額外評論，在團體演示期間，記錄諮商師的行為。

規則說明：

#	適當的實務使用
+	強力的實務指標
−	薄弱或消極的實務
N/O	沒觀察到

職能與實務

觀察

1. 時間使用

1.1 所有資料準備周全 ____

1.2 按時開始演示 ____

1.3 有效的使用演示時間 ____

1.4 按預期計畫結束演示 ____

評論：

____

____

2. 教學的演示

2.1 陳述目的及設立清楚的團體目標 ____
2.2 給予清楚的教學和指導 ____
2.3 口齒清晰 ____
2.4 傾聽團體成員的評論及意見 ____
2.5 使用適當的團體技巧（例如：詢問、結構化、連結等） ____
2.6 接受團體成員公開的評論及建議 ____
2.7 使用適當的媒介及教學方法 ____
2.8 總結演示中的要點 ____

評論：____

____

3. 團體行爲及經營

3.1 鼓勵所有團體成員參與 ____
3.2 保持參與者的注意力 ____
3.3 展現適當的團體管理技巧 ____
3.4 尊重參與者的個人特質 ____

評論：____

____

4. 領導者反應

4.1 肯定團體成員 ____
4.2 增強參與者分享意願 ____
4.3 回答問題清晰簡潔 ____
4.4 給予全體成員適當的回饋 ____

評論：____

____

5. 團體成果

5.1 演示期間邀請參與者回饋 ____

5.2 使用評鑑工具和方法去評量成果 ____

評論：

____

____

註1. *Adapted from Counselor Group Observation Instrument developed by John J. Schmidt, Ed. D., for the North Carolina State Department of Public Instruction, Raleigh, NC, 1988.*

表10.8 諮商關係的結構性訪談

和諮商師的訪談

說明：這個結構性的訪談形式通常會問諮商師有關特殊個別諮商的關係。理想上，這份問卷應要使用在一系列相同事件的訪談中。

1. 了解受輔者的憂慮並適當使用診斷方法和歷程。

   問題：告訴我有關你所見到的學生的憂慮。這個學生是如何察覺到這個重要的議題、問題以及憂慮的範圍。

   問題：描述你所使用的評量程序以及這些方法的結果，如何使你決定挑選這些介入策略。

2. 了解助人歷程和諮商關係的階段。

   問題：此時你和這個學生的諮商關係是在哪個階段？敘述你在這個助人關係階段的進步。

   問題：若你已知學生憂慮的本質，你對於此時的助人關係滿意嗎？

3. 諮商方法和技巧的理解。

   問題：告訴我你在這個諮商關係中所使用的特定技巧、策略和介入。

   問題：你選擇這些步驟的基本原理是什麼？

4. 使用評鑑方法評量進步情形。

   問題：你期望花多久的時間來了解這個學生？

   問題：你對諮商關係的最後目標是什麼？

   問題：你計畫用什麼方法去評鑑這個介入的整體性成功。

當諮商師評鑑其服務方案時，有許多方法可用來陳述其目標、規劃新策略以及再次強調其方案。沒有單一的評量方法在收集資料作成關鍵決定時是合適的。在學校諮商師的表現衡鑑中，這警告甚至更是關鍵，督導者應該尤爲小心避免在無充足證據情況下形成牢固的結論。在倫理與法律上，學校諮商師表現衡鑑必須提供最佳可理解的歷程與工具來判斷諮商師的效能，而被評鑑的學校諮商師應與校長、督導者以及歷程中涉入的其他人分擔這個責任。藉由確定學校諮商方案以及諮商師所展現職能的合適評鑑，學校諮商師與那些對其督導有責任的人應該以專業倫理與負責的方式表現出來。本書下一章的主題便是環繞在學校場域中諮商實務的倫理與法律議題。

延伸閱讀與網路資源

Lusky, M. B., & Hayes, R.L. (2001). Collaborative consultation and program evaluation. Journal of Counseling and Development, 79, 26-38.

In this article, the authors call for new methods and models of evaluating school counseling programs. They promote a collaborative model present a case example.

Stronge, J. H., & Helm, V.M. (1991). Evaluating professional Support Personal in Education (Newbury Park, CA: SAGE Publications).

This text gives the reader a comprehensive view of the issues and problems involved in performance appraisal of nonteaching personnel such as school counselors. It provides a conceptual framework to evaluate school counselors and other student services professionals.

CAREI Research and Evaluation —

http://www.education.nmn.edu/carei/programs/

Competencies in Assessment and Evaluation for School Counselors –
http://www.aac.uc.edu/aac/Resources/documents/atsc_cmptncy.thm

Research and Assessment Corporation for Counseling, Inc. –
http://www.racc-research.org/

本章作業

1. 於小團體中討論一下你的表現被評鑑時的情形；分享這次的經驗並談談已經變爲正面事件的評鑑層面；你所控制的什麼層面可能已經被調整而使評鑑變得更有幫助？
2. 假裝你是一位學校諮商師，而你的校長已經指出他/她要你整理出你諮商關係的效能；在規劃這樣的文件時你會做些什麼？造出課堂上你要使用且分享給他們的文件。
3. 造訪並訪談一位學校諮商師有關其用來評量方案效率的評鑑方法。如果這位諮商師有任何的表格分享，把它們帶到課堂上來，並比較你同學參訪所帶回來的表格；利用這些造訪，模擬討論諮商師正在做的事是不是對其學校有績效責任可言？
4. 比較非學校機構諮商師所做績效責任的方法，拜訪機關裡或高等教育機構中一位諮商師，並詢問與第3題相同的問題。

第十一章　專業倫理與法律議題

黃財尉譯

學校諮商師執行工作的依據，是來自於專業社團、州與聯邦政府、法庭與其他機構所訂定的標準、規則、法律與法規。這些機構對於正確服務與適當行爲的決策是基於下列資料來源的考量：現行文獻、研究發現、訓練標準、認證與證照標準、聯邦與州法律、當地學校董事會政策、管理規則與專業倫理。大部份的學校諮商師都是遵循美國學校諮商師協會（*ASCA, 1998*）（見附錄*A*）與美國諮商協會（*ACA, 1995*）所採用的倫理標準（*ethical standards*）做爲指導方針。

對於避免衝突、爲全體做最佳決策、在法律約束中保有自由等項，倫理標準並非總是替諮商師提供了明確的抉擇。倫理標準，依其名稱是給予諮商師一個專業的執行標準，諮商師再依此標準將他們的專業與個人判斷應用到個別情況上。倫理標準提供了一個大框架，諮商師在框架下詮釋各種情況、了解法律與專業意涵，並爲受輔者選擇正確合理的判斷。就其本質而言，倫理標準提供的是基本原理，而此原理是很難應用在每個特定情況下的（*Eagels, Wilborn, and Schneider, 1990, P.115*）。基於這些原因，學校諮商師必須充份了解其專業標準，熟悉州與地方聯邦政策，並與學校與諮商執行的相關法規齊頭並進。*Davis*與*Mickelson*（*1994*）在t其關於學校諮商師倫理體認與諮商法律面之研究中發現，諮商師應該比聯邦與州法律更熟悉諮商倫理標準。

在本章中，我們會檢視由美國學校諮商師協會所發展的倫理標準，以及與學校諮商實務相關的法律議題（*legal issues*）。在某些方面，現在的諮商師會遇到和三十年前諮商師一樣的倫理難題（*Christiansen, 1972*）。保密性、施測程序、學校記錄的使用、適當的轉介過程，對於諮商師而言還是像數十年前一樣重要。舉例來說，現在的學校諮商師一方面要努力幫助出現反社會行爲的孩子，並與他們建立互信關係；同時也需要服務學校與社會。他們的目標是讓父母能參與孩子的教育決策過程。同時，學校諮商師也要與社區代理機構、學校老師及其他關心兒童與青少年教育的人員保持專業的關係。

現今社會的快速變遷與科技發達，使得倫理議題更形複雜。雖然基本架構與過去幾年相同，但現在的倫理與法律問題讓諮商師感到愈來愈棘手。有人認爲家庭結構的改變讓父母的權利難以界定。舉例來說，在混合家庭裡，繼父母負有孩子的監護責任，而生父生母對孩子有法律監護權，哪一方該寫在學籍紀錄裡、哪一方能到學校探視孩子、學校該對哪一方討論孩子的進步等等問題都難以界定。

電腦科技的迅速發展也將倫理執行帶入一個新紀元（*Bloom & Walz, 2000; Sampson, 1990*）。學籍紀錄的使用、電腦輔助說明程式、諮商師使用電腦科技的適當訓練，都是當下關心的議題。使用電腦來保存紀錄、呈現電腦輔助說明、管理成績編製、電子郵件往來、管理學校諮商資料等等作業項目，諮商師必須熟知倫理標準與相關電腦科技的法律條文。因爲電腦應用是無限的，所以諮商師的倫理標準與法律慣例知識對於專業執行來說還是同樣重要。學校諮商師應與全國合格諮商師協會（*NBCC*）與美國諮商師協會（*ACA*）

所開發的「線上諮商倫理標準」步調一致。諮商師也應遵循專業機構，例如是全國生涯發展協會（*NCDA*）（*Bloom & Walz, 2000*）所訂定的標準，使用網路來處理學生的諮商資源。

根據這些現在與未來的考量，學校諮商師的第一個步驟是要了解他們的倫理責任，以及這些責任如何影響著日常工作。根據之前所提過的，學校諮商師一般都是遵循美國諮商師協會（*ACA, 1995*），以及美國學校諮商師協會（*ASCA, 1998*）所訂定的標準。*ASCA*標準尤其被視爲學校諮商師倫理執行的基礎與架構。

學校諮商師的倫理標準

倫理標準提供了專業執行與責任態度的架構，同時也提供了管理專業身份的執行方法。諮商師執行日常決定時，這個標準並不是絕對的。相反的，對於諮商師而言，倫理標準是可以讓諮商師在倫理態度上建立基礎的指導方針。對於受輔者服務、需求評估、資訊分享、展示多方面的服務等項目，諮商師必須找尋其他的標準來補充知識，並增加自己對倫理標準、法律限制的了解。數年前，*Mabe*與*Rollin*曾提出警告：諮商業界的成員必須了解各種標準的來源。我們擔心許多專業諮商者對於其成員的義務闡述只基於某種單一標準上。他們提出的意見對於今日的諮商師而言仍是相當珍貴的。

雖然倫理法規的執行在定義專業責任時佔了很重要的角色，但它仍非足夠的指導方針。學校諮商師的部份責任是要了解這些專業標準的限制，並且轉介各方的資訊與學習活動以補充自己對於倫理標準與法律執行的認識。諮商師必須使用這些資訊幫助自己獲得關於研討會、會議與出版刊物的知識。

除了對學生、家長、老師三類主要的對象提供諮商服務，學校諮商師也必須完成學校校長或諮商督導指派的工作。關於這個部份，學校諮商師要和其他專業人員合作，例如學校社工師、護士、心理師、社區專職人員。由於這項工作必須與如此多的受輔者與專業人員合作，諮商師必須根據不同範圍的職責與服務來闡述倫理標準。因此，由美國學校諮商師協會（*ASCA*）推動的倫理標準將諮商師的服務對象分成數類：學生、家長、老師、學校與社區、諮商專業人員與諮商師本身。學校諮商師可以根據*ASCA*訂定的美國諮商協會（*ACA*）倫理標準，拓展對於倫理態度與專業工作的觀點。

在接下來的章節中，*ASCA*倫理標準所列舉的職責提供了學校諮商師倫理執行的定義與解釋，本文結尾的附錄*A*可供轉介。除此之外，你也許想知道其他倫理執行的專業法規，例如針對學校社工師與學校心理師，再拿這些其他的標準與學校諮商師的標準做比較。學校諮商師倫理態度的第一部份就說明了他們對學生的責任。

對學生的責任

學校諮商師的首要任務，就是確定他們提供的諮詢服務與學校教育計劃，確實顧及到每一位學生在教育、職業、個人與社會方面的整體發展。再者，關於諮詢的目的與過程、適當的評估、諮詢前的診斷等事項，諮商師也負有通知學生的責任。

倫理標準指出學校諮商師應避免影響被諮詢者的價值觀。因此，諮商師應鼓勵學生，不論是就學計劃或生涯目標，都應發展自我的價值觀與信念。對於諮商師而言，此項職責並不容易達成。因為諮商師在處理青少年，尤其是未成年人的案例時，本身也會有強烈的價值觀，即使諮商師成功地隱藏自己的想法，這點還是很難忽略或掩飾的。這種行為可能會破壞諮商關係裡的信任感。學校諮商師應透過對學生的了解，來平衡諮商的目標與目的來解決這個問題。諮商師可以允許學生一方面考慮諮商師提出的觀念，並同時發展他們自己的想法。讓學生表達自我的想法與影響學生的價值觀之間有很大的差別。當諮商師的價值觀與看法和該學生的情形相抵觸，甚至到無法維持健全與有益的諮商關係時，諮商師必須幫助該學生尋找另一位可建立互惠關係的專業人員，並對這位專業人員提供協助。

倫理標準規定學校諮商師應注重諮商關係中學生資料與學生資訊收集的保密性。在實務上，學生在接受諮商之前已經了解保密性的觀念與限制。由於服務的對象主要是年齡較小的學生，諮商師在保密性所佔的地位是很特別的。法庭不認為未成年人擁有了解與建立諮商保密的能力（*G. Corey & M. S. Corey, 2002*）。因此，學校諮商師不只要了解他們的倫理專業法規，也要清楚與保密性相關的法律責任。首先，諮商師要了解保密（*confidentiality*）與特許溝通（*privileged communication*）之間的差異。

「保密」一詞的解釋是諮商關係中固有的個人隱私權（*right to privacy*）。倫理執行標準已經說明了保密的必要性與適切性。相對的，「特許溝通」是一個法律專有名詞，代表個人在公開聽證會或法庭中享有個人保密性不被洩露的權力。換句話說，隱秘資訊是學校諮商師與學生之間在諮商關係中達成的協議。而特許溝通是由州政府提供給學生的特權，保護學生在諮商關係中的隱私權。

*1987*年，只有二十個州政府提供某些形式的特許溝通給接受諮

商的學生（*Sheeley & Herlihy, 1987*）。目前大部份的州都在推動諮商師專業執照，這樣也許會擴大未來特許溝通的實施範圍。學校諮商師不只要遵循關於保密的專業倫理法規，還要注意學生所享有的特許溝通權（*McCarthy & Sorenson, 1993*）。諮商師要知道這些法律限制保護的是學生而非諮商師。舉例來說，除非法官要求公開，否則學生享有法律給予的特許溝通。如果此時學生本人放棄特許溝通，在這種情況下，諮商師無法保護學生的隱私權。關於放棄特許溝通的決定，某些州規定必須要有家長的參與，所以學校諮商師要注意關於家長同意權的法律規定。

關於保密與特許溝通的另一項要點是提到諮詢關係與團體歷程。一般而言，法庭不允許超過兩人的特許溝通。因此，當諮商師向第三人分享資訊，或是學生在團體諮商中自我揭露，這些都不在州法令的保護範圍之內。如有疑義，這些議題會在法庭中由法官裁定。

保密的最後一項要點，是提到那些非常可能發生在學生或其他人身上的立即危險。在諮商過程中，如果學生明顯地表示出傷害自己或他人的意圖，或是當他們已經被虐待時，諮商師不能因爲保密而隱瞞事實。很糟糕的是，兒童或青少年有時被迫受到包括身體傷害、性侵害、被疏忽、心理騷擾等虐待情況。諮商師必須了解關於兒童虐待與疏忽的相關法令與程序，並完成這些法令與規章賦予他們的責任與義務。如果發生了虐待、疏忽或立即危險，學校諮商師必須立刻放棄保密的責任並通知相關單位。對學生的保護是最重要的，所以必須及時通知。如果學生有自殺的傾向，其人身安全更是不容輕忽。

*ASCA*標準所制訂的倫理責任，在本章節中還有另一個範疇：適當諮商方案的訂定、轉介的運用、工作資料的安全維護、篩選可能

的團體諮商成員、保護成員免於生理與心理的傷害，與轉介資源、評量、解釋等項之適當使用。除此之外，學校諮商師應盡量避免可能降低其專業客觀性的雙重關係（*dual relationships*）。如果雙重關係無法避免（例如你是學校裡唯一的諮商師，卻必須在學校裡諮商某位自己的親戚），每位諮商師都有責任去保護受輔者免於可能的傷害。

倫理標準提及的責任還有兩方面：電腦設備的適當使用，以及訓練、監督、保護同儕協助方案內的學生。當學校逐漸廣泛地使用電腦科技，諮詢師有義務要確保：（1）運用各種方案符合學生的個別需求，（2）諮商師對於該方案有充分的了解，（3）給予學生適當的協助，（4）學生可以公平地使用電腦科技與設備。在同儕協助方案中，諮商師必須保護同儕助人者以及尋求協助的學生之福利。

對家長的責任

如同第四章提及的，諮商師在諮商或諮詢的情形下，有時會和家長有互助關係。在倫理標準*A*部份（對學生的責任）中提及的大部份職責都可適用於這些互助關係。通知家長應遵循的步驟與目的，並且維持家長的信心，這兩項工作可以應用於建立家長與學生的互助關係。

倫理標準B部份特別提到諮商師的責任：通知家長關於學生可獲得的服務與家長的適當參與。雖然維持諮商師與學生保密性的倫理標準部份已經詳細說明過，但關於諮商師與家長之間的互助關係，其法律責任仍不夠清楚。倫理標準與法律要求之間的差異有時會困擾者諮商師，並讓他們陷入應該保護學生權利或是取悅家長兩難的窘境。

一般而言，學校諮商師可以透過以下的方法以避免這樣的情況發生：將諮商方案裡所提供的服務知會家長、製作諮商手冊、使用媒體來宣傳諮商服務、與家長有公開的意見交流。如果諮商師與家長有公開的往來，並坦白地說明學校對學生提供的服務，這樣就可以兼顧家長的信任與學生的隱私。

在學校諮商裡，尤其是小學階段，父母的參與是很重要的。因為如此，學校諮商師鼓勵學生在適當時機裡要求父母或監護人參與諮商活動。兒童或青少年諮商成功與否端看父母的參與是否能改變他們本身的態度，以及是否能幫助孩子達成教育、生涯、個人與社會的目標。年紀很小的學生對於生活裡的各種決定，以及遇到困難的適當解決方法還沒有足夠的掌握能力。在這種情況下，父母的支持是非常重要的。

鼓勵父母的參與、說服學生表達意見和參與諮商是個棘手的工作（*Salo & Schumate, 1993*）。諮商師再一次地尋找法律義務與倫理責任之間的平衡點。沒有任何一個單獨的方針指示諮商師每種情況的正確處理方法。因為倫理標準深受判決影響，而且法律也因各種解釋而有所不同，所以每一種諮商情況都是獨特的。在促進學校與家庭溝通時，對諮商關係的理解，以及保護學生關鍵方法的選擇，可以讓諮商師衡量社會與文化議題的輕重，再做出最後決定。採取合理且負責的行動，並證明其行為符合倫理標準與法律慣例的諮商師是正確的。相反地，因為怕犯錯而原地不動的諮商師才是怠忽職守。

對家長的責任最後部份，是對家長提供正確與客觀的資訊。諮商師以相等且客觀的態度，與家長分享評鑑資料、學校政策與其他資訊，如此可以增強家長對孩子需求以及學校替學生所提供服務的認識。於是，諮商師必須摒除偏見與歧視，公平且正確地將學校與社區的服務資訊提供給家長。

對同事與專業社團的責任

本書的前幾章已說明諮商師在學校與社區系統與其他專業人員合作的責任。專業執行的倫理法規透過合作、公平、尊重、客觀的品質提升來說明這部份的學校諮商。秉持高度倫理標準的學校諮商師展現了對教育專業與教學同仁的注重與尊敬。少了教職員與諮商師之間的合作，學校諮商方案無法成功且有效地存在。

除了校長與老師之外，學校諮商師還有其他教育專家一同對學生與家長發展與傳達有效的服務。如同之前所提到的，這些專業人員包括學校護士、社工師、心理師、特殊教育教師等等。因爲社區機構與私人執業者的貢獻，他們所提供的服務獲得擴展與加強。應用與精準衡量這些服務的有效性，爲學生、家長以及老師們選擇適當的服務，都能幫助學校諮商師的工作融入倫理風氣裡。透過與許多學校與社區專業人員建立合作關係，學校諮商師可以防止本身的過度擴展，並且避免從事超過他們能力範圍的工作。

本章節的倫理標準是要介紹諮商師對於資訊與協助等附加資源的認識。爲了達成此項工作，學校諮商師必須轉介學校專業人員與社區機構的意見。審視學生、家長或老師對於其他專業人員的服務滿意度是必要的後續過程。諮商師可以由此決定未來要與哪些專業人員與社區機構合作。

在保密性與特許溝通的限制之下，倫理諮商師與這些專業人員保持公開的意見交流，並透過分享與接收資訊，來評鑑他們所提供的服務。經過轉介與評鑑的連續歷程，諮商師可以從他們所處理的案件中找出有學問的、能勝任的、有效率的轉介資源、專業人員與社區機構。

對學校與社區的責任

因為學校諮商師的工作主要是針對學生的教育發展，他們必須要維持課程與教學方案的完整性。身為學生福利的代言人，諮商師同時也是學校教育理念的擁護者。當外在壓力與特殊利益剝奪了學生受教的權利，諮商師必須挺身而出抵抗可能的傷害。諮商師必須評估學校風氣，並知會學校教職員此種對學生福利、教學方案、學校環境等等潛在的傷害。舉例來說，為特定的學生設計的補救服務可能會無意地將學生孤立在學校主要活動之外。此種程度的標記會降低以學生全面發展為主的廣大目標。學校諮商師應適時負起監督的責任、對全體學生提供服務、與校長和督導定期溝通，以便對於學校環境與特殊方案的衝擊執行評鑑與提出建議。

本章節的倫理標準是要定義與描述諮商師在學校裡的角色，與對諮商服務的系統性評鑑。值得注意的是，如果學校環境影響了他們的工作效率，學校諮商師應通知校長或督導。這部份的標準也提到了一個學校諮商師在執行諮商工作時常會遇到的問題。諮商師常被要求從事與諮商無關的工作，而減少了學生、家長及老師的諮商時間。

因為學校常會接受到來自中央辦公室、州政府與其他外部勢力所交付的任務或期待，校長需要足夠的人力來執行這些工作。通常這些任務的範圍都和專業人員的工作內容無關。舉例來說，學校老師負責收費、整理資料、或從事和教師專業領域不相關的工作等情況是很常見的。同樣地，校長偶爾也會指派諮商師從事行政或文書處理工作，而減少了學生、家長及老師的諮商時間。根據*ASCA*的倫理法規，諮商師必須向學校相關單位反映這樣的情形。可惜有太多的學校諮商師已經逐漸習慣這些例行公事、規則與行政工作，而無意地減少了對學生、家長或老師的情感及心理與社會問題的諮商時間。諮商師的倫理標準與諮商專業水準會因此而降低。

對學校與社區責任的最後部份談的是諮商師代表學生與其他專業人員、機構的合作。學校諮商師不以自身的利益為前提，代表學生、家長或老師與其他專業人員與機構建立關係。於是，諮商師簽定的學校服務系統契約，是直接或間接提供服務給學校師生，諮商師不要求報答或酬勞。

對自己的責任

在閱讀倫理標準時，我們有時會忽略執行此倫理標準的主角。學校諮商師倫理標準說明了諮商師必須在專業權限內執行工作，並且對他們提供的服務負責。諮商師必須選擇適當的方式，並且運用他們的專業知識、訓練、技能，以及對文化差異的認識來執行工作。學校諮商師必須理解本身的修養與社會身份是如何影響著諮商關係。為了達成此項標準，諮商師必須隨時注意諮商話題及潮流，參加會議及研討會，重拾書本增加知識，閱讀專業期刊，並找尋其他可以提升表現與效率的方法。

學校諮商師常會遇到與本章節所述標準有關的難題：是否要停止對某位學生的諮商關係，並將他轉介給另一位專業人員或機構。倫理標準針對這點有做出說明，但沒有對轉介至其他協助單位做深入探討。這個問題並沒有清楚且明確的答案，做決定時，諮商師必須考慮以下幾點問題（*Schmidt, 1991, pp. 249-250*）：

1. 我是不是有足夠的知識與技能來協助這位學生拓展觀念、檢視選擇、做適當決定並依決定行動？
2. 另一位專業人員是不是比我更能夠幫助這位學生，更符合這位學生的需求？
3. 我是不是應該讓家長參與此諮商關係？如果學生拒絕父母的介入，我應該怎麼做？
4. 如果我固定且持續地會和這位學生、家長或老師見面，我是否會拒絕給予其他學生諮商的協助，或是忽略我在學校的基本工作？
5. 這個協助關係是否有進展，我可以提出進展的證據嗎？

在學校裡有某些學生需要與他們所信賴的人固定地會面。這類學生大都不需要密集的諮商或治療；他們只是需要與諮商師建立穩定的關係，可以向諮商師傾訴與諮詢意見。學校諮商師必須謹慎地注意學生在學校的表現。同樣地，諮商師也要評估從事這類諮詢工作的時間，並與其他工作所花的時間做比較。

對諮商專業的責任

學校諮商師是美國學校諮商師協會（*ASCA*）的成員之一，並且遵守*ASCA*所訂定的倫理標準。他們的模範行為代表了所有同儕與專業人員。這種模範行為包含了研究報告的發表，專業團體的參與，對於地方、州與聯邦法律的遵守，以及自我觀念與身為學校諮商代表所堅持觀念的區分。

諮商師必須從事研究工作，並且適當地報告符合心理與教育研究方法的成果。第十章已談論過方案評鑑。諮商師所做的研究可以是方案評鑑的一部份，或是試著在專業期刊中發表研究成果。研究成果必須依循完整的執行程序並正確地公佈結果。

諮商師專業責任的另一部份是參與諮商與教育協會。如果沒有加入諮商與教育機構，學校諮商師很難與諮商話題及潮流並肩而行。藉由加入與參與這些機構，諮商師可以透過會議、研討會與專業出版物吸收最新的資訊。只要諮商師加入專業機構、與全國各州的諮商同仁合作、閱讀最新的諮商訊息、認同諮商協會的領導地位，在拓展他們的專業能力與執行高品質諮商服務時佔了很大的優勢。

如同前面章節所敘述的，學校諮商師有時會面對到加深倫理執行難度的法律規則。一方面來說，倫理標準要求諮商師嚴格遵守地方、州與聯邦的法律；而另一方面，諮商師也應該替受輔者捍衛最佳利益。這個問題可以輕易地在忽略學生最佳利益的學校政策中找到。舉例來說，如果學校為了部份教職員的便利或學校的主張而剝奪了學生的福利，諮商師應該挺身而出。在這種情況下，諮商師的選擇與提供服務完全取決於個人價值觀與判斷能力。法律規定與倫理標準並不同，只是有一些相同的觀點。如果兩者的觀念產生衝突，諮商師的個人價值觀是最後的決定關鍵因素。

在本章節所提及的法規中，有一部份說明了諮商師如何公開且明確地發表他們個人的專業看法。倫理標準要求諮商師必須要區別表達自我觀念與身爲學校諮商專業人員代表兩者間的不同。諮商師不能在代表學校諮商專業人員時做出自我的評論。

標準的維持

身爲遵守倫理標準法規的專業成員，學校諮商師必須確認自己、專業同仁、督導與任用他們的機構都已嚴格遵守標準。因此，如果學校諮商師遇到被迫違反標準的情形，必須將問題知會直屬長官，並且採取適當的應變措施。如果沒有任何的回應，諮商師會面對是否在違反標準的情形下仍要堅守崗位的難題。

當諮商師發現有違反標準的情形時，倫理標準建議諮商師應該透過學校系統，將問題通報給相關單位。如果提出的意見被忽略或拒絕，諮商師的下一步是將實際情形傳達給學校諮商協會的倫理委員會。先通知當地機關，再通知州政府，最後傳達至國家級機構。當學生、家長或老師通知諮商師，有某位諮商同仁或專業人員違反倫理標準時，諮商師在採取行動前必須先了解問題的癥結點。舉例來說，如果接到對於工作同仁的刑事訴訟，例如販賣毒品，諮商師必須與當地的法律執行單位連絡。相對地，如果家長透露另一位學校諮商師持續地破壞保密協定，將私人資訊提供給校長。這種情況下諮商師首先應與告知該位諮商師有關家長的抱怨，並著手解決問題。如果找不到解決之道，諮商師可採取學校建立的方法與系統。如果還是不能解決，諮商師應將問題回報給當地的諮商協會。在大部份的違規案件中，最標準的案例是由當事人提出報告。所以諮商師應該對受輔者給予撰寫報告的協助。

倫理標準是由專業組織（*professional organization*）訂定的工作業務指導方針。而法律規定是由政府機構（*governing agencies*）制訂、立法機關審核通過與法庭管轄的。倫理標準如我們所知，應該是具有一般性與理想性，不是為了執業者的特殊問題而制訂的（*Remley, 1985, p. 181*）。執行專業法規對諮商師而言是相當重要的指導方針，但它們並不能代替對於地方、州與聯邦法律規範的知識與了解。在本章的後續部份會討論關於學校諮商工作的法律層面。

法律的本質

學校是社區裡不可或缺的機構，也反映了公民對於法律標準的需求。哪些法律是應用在學校，哪些法律和特定的學校方案與服務有特殊相關，在決定這些法律標準之前，我們先來了解法律的本質（*the nature of law*）。

美國有一套習慣法（*common-law tradition*），地位在特殊執行法規的簡易聲明之上。這個習慣法包括了地方、州與國家政府制訂法律的發展過程，解釋法規所經過的立法與司法程序，以及收集來自特殊法庭案件的法令。後者即為大家所知的法官制訂法或判例法，也有人稱做「習慣法」（*common law*），是由社區公民的一般想法或經驗引申出來的（*Fischer & Sorenson, 1996*）。社會上的法律來自於聯邦與州立法規、法令、判例法與習慣法。除此之外，當地學校董事會的政策與規定也可以應用在學校諮商上，但必須符合州與聯邦法律。當地教育董事會必須符合該州立法機構所制訂的法律來制訂學校的規定與規則。

法律與學校

當法律牽涉到學校與教育時，其解釋與應用與許多因素息息相關。只要是和教育相關的特殊法律議題，學校諮商師必須轉介適當的法庭案件、當地學校董事會政策、州與聯邦法律、政府規定與憲法。這些都是美國社會的法律根源，所以諮商師必須使用現行的法律規定來找尋資訊，再做適當決策。因爲美國社會的法律是經由一連串的過程而形成，諮商師必須考慮所有的法源。不是遵從某個絕對的方法，而是考慮特別法或指導方針的法律根源。了解法源之後，諮商師更能根據法律來決定應該改變或廢除。

John Dewey，舉世聞名的教育家之一，他對於美國司法過程與法律發展有著舉足輕重的地位。他認爲法律的制訂過程富彈性又具有適應性，不是僵硬地從歷史衍生出來的規定或原則，也沒有忽略現今問題的影響與重要性。*Fischer*與*Sorenson*（*1996*）深深地被*John*說服，認爲這樣的敘述既實用又富有思想。當諮商師在學校工作時，過去的規定不斷地影響著他們，諮商師有時必須試著挑戰與改變這些舊規定以滿足學生、家長或老師的需求。在此同時，學校諮商師要在學校董事會的法律要求、州與聯邦政府的法律、專業倫理標準三者中找出一個平衡點。只要充分了解法律的歷史與本質，諮

商師就有足夠的能力來改變與倫理標準抵觸的規定，或是根據案件性質而改變倫理指導方針以符合法律慣例。

美國憲法是法律資訊與協議的最初根源。雖然在這份歷史文件中沒有提及教育或諮商，但憲法是國家最高法律，地位超越了所有地方與州定法律。因爲如此，所有由地方學校董事會、學校行政人員、郡管理人員、州立法委員或其他人員所訂定的規定、規範、政策與法律，都必須遵從美國憲法，否則視爲無效（*Fischer & Sorenson, 1996*）。諮商師具有教育法的專業知識，可以幫助學校訂定適合並且符合美國憲法的政策與規定，尤其是關於學生服務方面的規定，例如使用學校記錄、保護隱私權與禁止歧視。

諮商師獲得資訊的來源另外還有州定法令、地方政策範本、網站與法律簡介。至於包括校長在內的學校行政人員，他們的資訊是來自於專業時事與其他出版刊物，這些刊物的來源是法庭議程項目內現行法律規範的概述。除此之外，與學校教育運作相關的一般法令通常是由州政府轉介學校教職員的意見而訂定的。

諮商師必須透徹地了解當地的政策與規範，尤其是應用在諮商與學生服務上的。當地學校董事會的政策簡介通常可以在學校各處取得。有時諮商師必須自己留一份複本。諮商師必須注意的不只是可能會與現行州或聯邦法律抵觸的學校政策，還有學校系統政策忽略的部份，尤其是涉及保護學生的項目。學校會無意忽略的政策中，報告可疑虐童案件的專業責任與義務就是個例子。雖然定義不斷地改變，所有州定法律都對報告可疑虐童案件的責任有所規定。學校必須制訂清楚的政策與程序來支持這項法律，如有任何可疑的虐待案件必須確實且適當地依法告發。

學校諮商師也可以從包括學校董事會律師在內的專業協會與教育法律專門律師獲得法律資訊。在某些學校系統中，諮商督導協助諮商師搜集資訊、籌畫研討會與尋找法律諮詢。舉一個例子，諮商師偶爾要以證人的身份出席兒童監護權聽證會。諮商督導可以建議諮商師出庭作證時該注意的事項，包括以諮商師身份出席時，如何在提出證詞時同時維護受輔者的保密。因爲保密與特許溝通相關法令的改變，諮商督導所提供的文件與資訊也許與其他州不同，但諮商督導對於諮商師法律責任的告知才是重點。

隨時注意相關法律資訊與接受適當訓練可以讓諮商師在法律的範圍內執行工作與獲得知識，而法律是學校與學校系統內常感到困擾的議題。了解判例法是如何影響法庭系統與教育運作，可以加強諮商師的法律知識學習。

法庭

美國的法律系統是由聯邦與州法庭組成的。兩者都負責民事與刑事案件，但聯邦法庭的管轄權是隸屬在憲法之下（*Fischer & Sorenson, 1996, p. 7*）。聯邦法庭只審議有關憲法爭議的案件，例如憲法第十四號修正案通過的平等保護法。相對的，州法庭的責任就比較廣，包括民事與刑事案件的審議以及與聯邦和州相關的憲法議題。

教育運作和規範相關法律的疑義通常被列入聯邦法律議題。所以人民可選擇聯邦或州法庭系統來處理他們的案件。由原告與其諮商師決定要交由哪個法庭執行訴訟。這個選擇的步驟就是司法過程的第一步。

州法庭

典型的五十個州法庭系統是由四個階級或領域的權力組合而成（*Alexander & Alexander, 1992*）。這四個階級包括地方法庭、特殊司法法庭、小額索償法庭與受理上訴的法庭。特殊司法法庭包括地方關係法庭、遺囑認證與遺產管理法庭與少年法庭。地方法庭審理除了特殊法庭之外的所有案件。小額索償法庭處理金額較小的訴訟，而在某些州小金額訴訟是由治安法庭的法官審理。受理上訴法庭負責的上訴決議是來自於較低層級法庭所審理的一般案件。這類受理上訴法庭通常被稱為上訴法庭或是最高法庭。而且在比較大的州同時設有上訴法庭與最高法庭。受理上訴法庭的名稱在各州都不一樣，所以在某一州稱做高等法庭而另一州則是上訴法庭。而且在設有超過一個上訴層級的州情況就更不一致了。舉例來說，在紐約州，處理一般案件的最低層級初審法庭被稱做「最高法庭」，而該州地位最高的法庭則是「上訴法庭」（*Court of Appeals*）（*Fischer & Sorenson, 1996, P. 8*）。

聯邦法庭

美國的聯邦法庭系統是由將近一百個地方法庭、特殊司法法庭、十三個上訴法庭與最高法庭組成的。十三個上訴法庭中的十一個是負責審理美國境內與美國領土的司法案件；第十二個法庭負責華盛頓特區；而第十三個法庭處理特殊版權與專利權的案件。每一州至少都設有一個聯邦地方法庭，其負責處理的案件包括：（1）來自不同州人民的訴訟；（2）與聯邦法令或憲法相關的訴訟（*Alexander & Alexander, 1992*）。特殊司法法庭包括哥倫比亞特區法庭、稅務法庭、海關法庭與領土法庭。

當案件進入上訴階段，先由美國地區法庭系統之初審法庭，根據其案件性質移交至上訴法庭，然後再送達最高法庭。除此之外，根據「調取案件令狀」（*writ of certiorari*）的形式，各州司法系統的案件可以從該州的最高法庭移送至美國最高法庭。如果訴訟當事人在該州地位最高的上訴法庭敗訴，可以向美國最高法庭遞交再審申請書。如果九個最高法庭其中有四個贊成再審，法庭會發出「調取案件令狀」將繼續審理案件。這通常都發生在當州定法令的憲法效力受到質疑時。大部份的學校法律訴訟都屬於這個範疇。所以「調取案件令狀」是將學校或教育案件送往最高法庭之前最常見的形式（*Alexander & Alexander, 1992*）。

學校董事會政策

學區對於發展與實行法規負有很大的責任，而這些規定都應遵守州定法令所制訂的限制與指導方針。之前已提過的，沒有任何一間學校或學校系統可以不理會州定法令的限制而獨自制訂法規。舉例來說，如果州定法令給予諮商關係中的學生特許溝通權，則學校不能否認當地政策所提供的特權，除非州定法律有另外特別的規定。

雖然學校諮商師需要注意州與聯邦法庭關於學校與專業諮商的規定與立法，諮商師還應特別留意由當地學校董事會與行政人員通過的特別政策與規定。實際上，這些都是指導諮商師行為與偶爾對倫理與法律問題有幫助的日常規定。

學校諮商師必須熟悉當地的董事會政策，與了解這些規定如何管理他們對於學生、家長與老師的服務方案。當政策似乎與州定法律相抵觸時，諮商師必須負起公開這些議題的責任。大部份的例子都是向學校校長、諮商督導與州諮商協會的官員呈報這些議題。

在觀察學校董事會政策之後，會發現幾個可能有爭議的範圍，其中有幾個主題特別引起諮商師的注意，包括：學生隱私權（*students' rights to privacy*）、家長權利（*parents' right*）、兩性平等議題（*issues of gender equity*）、學校記錄的使用、兒童虐待報導、潛在責任與特殊學生權利。在下一部份會簡單地討論這些議題。

學校諮商師的法律議題

由於學校諮商師在學校裡負責廣泛的學生服務活動，許多學校裡的法律議題都間接地和諮商運作產生關聯。本節將探討學校環境裡與法律議題和諮商運作相關的主題。這些主題有些是由當地政策管理，有些則是由州與聯邦法律管轄。諮商師需要對學校政策與當地法庭規定有一定程度的背景知識，方能做出適當的決策。因爲法庭規定隨時會依據現今思想或現行政策做改變，諮商師必須清楚最正確且最新的資訊。合時的學校法律轉介書是最好的資料來源。除此之外，《法律與教育期刊》（*Journal of Law and Education*）、《西方教育法規報告》（*West's Education Law Reporter*）之類的法律轉介書都有助於了解最新的法庭規定。全國教育法律問題處理協會（*NOLPE*）也定期出版相關刊物以及其他與現今教育和法律議題有關的資料。

學生權利

學生權利的許多層面都與學校相關，諮商師應該時時注意最新的相關法令。一些常見的話題包括言論自由（*freedom of expression*）、公平訴訟權利（*due process*）、適宜的補救教學與隱私權。在這些議題裡，學生在諮商關係的隱私權是諮商專業中最具爭議性的。之前我們已經討論過保密與特許溝通權兩者所提供法律權利之間的關係。學校諮商師需要知道在倫理與法律方面，學校與州提供給學生什麼樣的權利。

對學校諮商師而言，最重要的法律與倫理議題是在諮商關係中維持保密以及篩選向老師和家長分享的資訊。

保密關係的本質與學生的年齡都會影響隱私權。舉例來說，對於墮胎的輔導諮商，現今法律仍允許當事人保密，除非該州對於未成年墮胎案件要求家長法律同意書。某些州的確要求家長同意書。在*1990*年，美國最高法庭通過俄亥俄州亞克朗市與明尼蘇達州霍金森市的家長同意法案（*Fischer & Sorenson, 1996*）。

學生隱私權也影響著學籍記錄與學生調查的政策。列在*Buckly*修正法案的條文之下的*1994*年家庭教育權利和隱私法案(FERPA)，詳細地闡述了學生與家長對於學籍紀錄所擁有的權利。關於學生隱私權的其他層面，法庭也禁止不具理由的學生調查，以進一步的保護他們的憲法權。諮商師必須熟悉此項法令，才能了解合法學生身家與財產調查的構成因素是什麼。

Remley（*1985*）提到兒童在學校的法律權利最好是不確定的。考慮到隱私權層面時，這個想法尤其正確。雖然學校諮商師對於兒童的保密性負有倫理責任，如果學生還未成年，諮商師通常需要其他成人的參與。*Kaplan*（*1996*）提到：根據一般法律與州定法規，未成年人參加諮商或提供資訊的同意權是屬於其父母或法定監護人（*p. 167*）。所以，兒童對於隱私權的期待是比通知家長、監護人或其他成人更重要的（*Remley, 1985, P. 184*）。在大部份的案例中，除非對於當事人有立即的危險或傷害，否則這是由諮商師裁定的。當諮商師決定通知父母與法定監護人，或是要求他們參與諮商關係，必須在事前先告知當事人，並且建議要讓學生參與告知父母與法定監護人的過程。諮商師必須在保護學生權利，以及尊重家長參與孩子教育的倫理法律責任間保持維妙的平衡。

公平訴訟程序是另一項學生權利的領域，它包含了從紀律到最少能力測驗的一系列的議題（*Fischer & Sorenson, 1996*）。實際上，第十四號修正案提出的公平訴訟程序，其目的是爲了讓學生避免受到不公平的待遇或規定。最高法庭在*1975*年審理的*Goss v. Lopez*案件是定義公平訴訟程序的先例，而且各學校必須將此程序納入學校紀律規定之內以保護學生權利。公平訴訟程序的步驟應包含下列三項基本要素：（1）學生必須對於被違反的規定有適當認識；（2）必須給予學生召開聽證會的機會；（3）必須公平地處理聽證會（*Alexander & Alexander, 1992*）。

公平訴訟程序的第二個類型是稱做「實際公平訴訟程序」（*substantive due process*）。要求各州在制訂限制或處罰規定時，必須出示具體的目標，以及達成此目標的合理方式。實際公平訴訟程序要求各州政府不得對學生提出專制、反覆無常或不公正的處罰方式（*Fischer & Sorenson, 1996, p. 5*）。舉例來說，如果學校只是因爲家長沒有定期與學校面談而剝奪了學生受教的權利，這樣明顯地違反實際公平訴訟程序。學生無法掌控家長的行爲，不應該爲了他們所不能控制的事情而處罰他們。

家長的權利

學校透過與家長的合作來提供學生最適當的教育方案。因爲如此，學校必須尊重家長對於每位孩童與青少年教育方案與決策的權利。要在學生與家長權利，以及學校教育責任之間劃清界限是很困難的，尤其在學校諮商服務方面。在*Issacs*與*Stone*（*1999*）所發表的「保密性對於學校諮商的影響因素」一文中提到，各州之間關於家長權利的規定都不相同。他們也指出諮商師的責任是超越了對學生的協助關係。這些責任包括了尊重家庭的權利、尊重學校老師與其他學生，以及遵循當地政府與學校系統所訂定的過程與政策。

*Issacs*與*Stone*（*1999*）指出，包括美國最高法庭在內的所有法庭，都必須尊重家長根據其價值觀與方法對其子女提供輔導協助的法律權利。同時，這兩位作者也指出，在諮商關係中，諮商法律機構並沒有完全同意家長對於子女所公開資訊的被通知權。（*Fischer & Sorenson, 1996*）。

現今的學校諮商師面對著一系列的兒童、青少年與成人問題，這些問題都需要超越教育或生涯輔導的特殊關係以尋求解決之道。財產濫用、家庭暴力、性行爲問題與未婚懷孕都是諮商師在學校裡遇到最棘手的問題。諮商師必須對現行法律以及當地與州政策有充分的了解，才能決定家長何時與如何參與。家長參與的權利根據案件與情況而有所不同。舉例來說，如果兒童遭受來自某人的立即危險或傷害，學校和諮商師必須立刻通知家長。然而，如果家長就是加害人，情況也有所不同。如果兒童受到虐待，學校必須通報適當的兒童保護機構。

當最高法庭在少年法庭訴訟案件中爲未成年兒童制訂了基本公平訴訟程序，憲法也將兒童視爲單一的個體時，反而沒有對家長的憲法權利做出清楚的解釋（*Kaplan, 1997, p. 337*）。根據之前提過的，各州不一致的規定常讓家長與學校感到困惑。學校諮商師應該與家長密切合作，知會家長其子女的服務計畫，以及教導家長關於子女的教育需求。

州與聯邦法庭規定學校必須制訂教育課程，並且要求學生參與這些課程（*& Alexander, 1992*）。在某些例子中，家長也許基於某些理由，例如宗教信仰，而反對子女參與特殊活動。對於輔導與諮商活動，以及家長替子女決定是否參與此類活動的權利，迄今仍然沒有聯邦法院有特別的解釋。所以學校諮商師應將州定命令與當地董事會政策視為完整的教育方案與學校課程，不論其中是否包含諮商服務。根據法庭的規定，父母沒有權利剝奪子女受教育的權利（*Alexander & Alexander, 1992*）。法庭將決定適當課程與教育服務的責任交給學校，學生接受校內諮商服務的權利也包含在此範疇內。目前還不能確定法庭未來是否會改變規定，但學校諮商服務是否對教育方案如此重要，以及州與當地系統的書面文件是否能證明了兩者間的關係，才是關鍵因素。

法律與法庭規定有助於解釋學校裡的家長權利範圍，包含了取得兒童與未滿十八歲青少年的學籍資料，以及家長替子女選擇特殊教育計畫的權利。接下來將詳細地討論這兩個權利範圍。

*Buckley*修正案

本書第四章已大略介紹過「家庭教育權利和隱私法案」（*FERPA*），也就是「*Buckley*修正案」。這套法律賦予未成年兒童（以及十八歲或以上之青少年）的家長權利，讓家長可以檢查所有和他子女或他本身（如果子女也有檢查的權力）相關的學校紀錄，包括文件檔案、學業成績單、測驗資料、出席紀錄、懲戒紀錄與其他相關資訊。在檢查紀錄的過程中，家長與有檢查權的學生也許會質疑紀錄的正確性。如果學校不理會他們的質疑，或是拒絕更改他們認為有問題的資訊，家長與學生可以要求召開聽證會。最後，如果學校持續地拒絕他們的更改要求，家長（或有檢查權的學生）可加註不同意聲明，當其他人或學校教職員需要查閱此紀錄時，學校都必須公開進行（*Fischer & Sorenson, 1996*）。

*FERPA*對於公開學籍紀錄也有所規定。除此之外，根據當地政府賦予學生的權利，學校必須將學籍紀錄的使用告知學生或家長。學校必須確認使用過程都依循適當的規定，在公開紀錄之前必須獲得學生或家長的書面同意。

學校諮商師應了解*FERPA*法案、倫理標準與現行的法院規定，以執行學生紀錄的處理。諮商師個人紀錄與檔案的保密性也必須遵循*FERPA*法案。一般而言，*FERPA*法案、立法委員之後的解釋與法院規定都認為私人的諮商紀錄毋需公開。學校諮商師必須了解*Buckley*修正案中關於諮商服務與活動的解釋與規定。學校諮商師最受關注的服務與活動包括但不限於下列幾項：

1. 以學生身份撰寫建議書
2. 諮商過程的錄音
3. 學籍紀錄錯誤資訊的更正
4. 測驗結果的使用
5. 身心障礙學生的紀錄
6. 過期學籍紀錄的銷毀
7. 根據學籍記錄發展或修訂學校政策

持續注意這些諮商服務的最新規定可以讓諮商師避免自己或學校的訴訟。再強調一次，諮商師可以透過以下的行動以隨時注意最新與最重要的議題：參與專業協會、參加研討會與會議、閱讀本章所提到的最近資料來源。

*94-142*公法

在*1975*年國會通過了現今非常有名的「美國障礙兒童教育法」，一般稱做*94-142*公法。從那時開始，爲了闡明其規定與責任，並且擴展所保護的族群，這個法案經過數次的修訂，也改過幾次名稱，舉例來說，1990通過的修正案是稱做「身心障礙者教育法」（*101-476*公法，*IDEA*）。實際上，提及特殊兒童教育時，大家還是會引用*94-142*公法。最原始的法案，不論身心障礙的程度或性質，保障了所有特殊兒童的自由與受教權。其後的修正案與規定可以協助州與學校系統發展法規，爲特殊學生評量、鑑定與安置適合的學習計畫。

雖然這個法案對於諮商師的角色並沒有特別說明，但學校諮商師卻是許多特殊兒童的服務提供者。諮商師必須與老師家長一同討論，爲每一位兒童撰寫個別化教育計劃（*IEP*），適當地將兒童安置在計畫之內，提供*IEP*規定的諮商服務，對家長提供諮商服務，並幫助他們處理特殊兒童的個人特殊情況。

身爲學校裡學生服務的整合者，諮商師必須了解聯邦法律與管理規定會如何影響學校財務款項、學生轉銜政策與校外代理機構的轉介。根據法院規定，特殊兒童教育成本的最大責任取決於該州的政策（*Fischer & Sorenson, 1996*）。換句話說，諮商師、老師與其他學校職員必須注意當地學校董事會所訂定的教育建議相關政策，通常包括發給特殊兒童家長與監護人的財務款項。

兒童虐待

美國所有州與哥倫比亞特區都通過了兒童虐待的法案，並規定學校教職員通報可疑案例的責任。兒童虐待涵蓋的層面很廣，包括身體傷害、性侵害、被疏忽、心理或生理騷擾、遺棄與不當管教。絕大部份的州針對未通報可疑案例都訂有處罰條例，而且美國所有州都規定學校負有此通報責任。學校諮商師也包括在內。政府極力保護兒童遠離虐待，這是比特許溝通條款更強勢的政策。

調查兒童虐待與疏忽通報案件的責任是與該州對於兒童保護服務的特殊法令息息相關。學校與諮商師的責任是是通報可疑的虐童案例。學校教職員應該與調查虐童案件眞實性的保護服務調查員合作。學校系統應有詳細的政策與步驟來指導教職員如何根據州法律來通報兒童虐待案件。

諮商師責任

諮商師對許多學生、家長與老師提供諮商服務，偶爾也會受到不當執業或專業能力的質疑。*1985*年，*Remley*指出大部份的學校諮商師不會接到不當執業（*mal practice*）的告訴，因爲他們受雇於政府機構，或是學校已經替諮商師投保了責任險。最近*Fischer*與*Sorenson*（*1996*）列出了幾項可能會產生法律問題的諮商行爲：

* 藥物施用
* 給予節育建議
* 給予與墮胎有關的建議
* 發表可能會破壞名譽的聲明
* 幫助學生尋找鎖具
* 破壞保密性以及紀錄的隱私（*p. 51*）

所以諮商師應該知道他們受到什麼樣的保護。學校諮商師應該了解學校爲他們投保的責任險是否涵蓋了他們的責任範圍。如果諮商師發現諮商責任範圍沒有包括在內，他們應該透過專業機構，像是美國諮商協會（*ACA*）或美國學校諮商師協會（*ASCA*）來自行投保。

對學校諮商師提出的不當執業訴訟是很少見的，但由於現在學校環境的變遷以及學生、家長與老師對於諮商的高度重視，讓諮商師執行諮商服務時面對著更高的風險。典型的不當執業訴訟有兩種類型：民事責任與刑事責任。民事責任的起因有二：一是由於諮商師的不適當或錯誤行爲，例如諮商師違反了倫理標準，洩露諮商學生的資料；二是諮商師沒有對諮商問題做出負責任的回應，例如在學生有自殺意圖時，諮商師沒有通知家長。以上這兩個例子說明了不當的專業執行。相對地，刑事責任的起因是諮商師的違法行爲，例如成爲共犯、違反善良風俗或協助未成年人犯罪（*Anderson, 1990*）。

刑事責任的舉證是由當地、州或聯邦政府的檢察機構執行；而民事責任是由對諮商師提出告訴的原告舉證。成功的訴訟必須說明某人所受到的直接傷害是由於諮商師的怠忽職守或惡意疏失造成。再者，原告必須提出證據，證明其他的諮商師在遇到相同情形時不會如此處理（*Remley, 1985*）。

做出專業諮商不當執業的判決是不容易的。某些原因是各州沒有訂定管理學校諮商執行的證照制度，諮商師也許會因爲這樣而提供私人或是專業外的服務，例如精神治療或臨床生理治療。如果各州對於學校諮商師的責任以及專業執行的制度標準沒有明確的規定，陪審員與法官就不能找出諮商師的業務過失。再者，之前曾經提過而且本章一直強調的是，諮商執行目前受到各界重視，而且各種鑑定與認證機構已訂定出執行標準。未來諮商師必須避免這些可能引起法律訴訟的行爲。下面舉出幾項預防措施：

1. 詳細敘述學校諮商與諮商師工作，眞實呈現諮商師的每日工作清單。學校諮商師應在方案說明書、學校介紹手冊與學校系統說明手冊闡述他們的工作內容。如果諮商師偏離該標準，對學生、家長或老師提供工作內容外的諮商服務，將會引起可能的訴訟。同樣地，如果沒有達成工作內容所列出的服務項目，對諮商師而言也是很危險的。
2. 提供綜合性服務時，應信任其他專業諮商師的輔導與建議。雖然諮商師都是經過高度訓練的專業人員，但他們還是無法對學校全體人員提供所有的服務需求。所以，透過轉介適當的資料或向專家諮詢，可讓諮商師在工作上更得心應手。
3. 對於倫理執行專業標準的知識與了解。如果諮商師沒有遵循法律或諮商專業標準，其工作行爲當然就不受保護。只要了解並依循專業執行標準就能夠避免法律訴訟的困擾。
4. 法律規定與倫理解釋的相關知識與資訊。法律與倫理議題幾乎天天都有新的發展與改變。諮商師可以透過下列預防措施來避免不當行爲：閱讀現行相關案例、參加法律與倫理標準的研討會、加入專業協會。

下列行爲是諮商師最應避免的：

1. 藥物施用（*administering drugs*）：有愈來愈多的學生在上課時間服用藥物。根據明確的成文政策，在沒有護士的學校內，學校行政人員負有管理藥物的責任，應有醫師開立的處方單與家長同意書才能提供學生藥物。

2. 調查學生（*student searches*）：學生受到憲法第四號修正案的保護，有不接受無理由調查的權利。*1985*年*New Jersey v. T. L. O.*的案例中，美國最高法庭聲明學生的合法隱私權與接受調查的需要是互相抗衡的（*Fischer & Sorenson, 1996, p. 177*）。調查學生背景與財產必須有正當的理由，而且也要注意到這樣調查學生的行爲勢必會違反學校政策或法律。諮商師應避免參與無理由或不正當的調查。

3. 節育與墮胎諮商（*birth control and abortion counseling*）：節育與墮胎諮商也許是學校諮商業務裡最受爭議的部份。因爲大眾看法持續地改變，以及州與聯邦法庭訂定的新規則，關於這個話題的法律與答案也將有所不同。社會輿論始終搖擺不定。現行法律允許未成年少女墮胎，但之前提過的，由最高法庭通過的一些州法律規定未成年少女墮胎必須要有家長同意書（*Fischer & Sorenson, 1996*）。當地學校董事會應通過關於節育與墮胎諮商的政策，學校諮商師也應注意所有相關的現行法律、法庭規定與當地政策。

4. 使用學籍紀錄與破壞隱私權（*use of student records and violation of privacy*）：學校諮商師必須遵守當地、州與聯邦政府對於公開學籍紀錄的規定。如同我們所知道的，這項工作的執行是根據*1994*年訂定的家庭教育權利和隱私法案（*FERPA*）。一般而言，學校重視的是取閱學籍紀錄的人員。兩個最受爭議的範圍是：沒有監護權的家長對於查閱學籍紀錄的權利，以及專屬於學校教職員的「特別檔案」。*Fischer*與*Sorenson*（*1996*）指出，除非法官另外規定，否則分居或離婚家庭中的家長，無論有沒有監護權，都有查閱學籍資料的權利。至於第二個受爭議的話題，法律不允許學校有任何只爲學校教職員保存的特殊教育檔案。至於之前提過的諮商師私人紀錄，*FERPA*並沒有特別解釋，所以由諮商師自己決定是否要不公開地進行（*Fischer & Sorenson, 1996*）。

5.誹謗（*defamation*）：使用學生隱私權的紀錄或內容時，學校諮商師與其它心理健康專業人員，都必需非常了解沒有經過學生同意的保密資訊。學校諮商師有時會接到提供關於對學生的建議或評量的要求。這種諮商師對於他人名譽中傷或損害的行爲，也許有誹謗他人的可能。一般而言，當有良好信譽且行爲得當的諮商師發表對他人的負面評價時，是受到法律法護的。

Title IX 第九號法案

*1972*年教育法案之第九號修正案（*Title IX of the Education Amendments*）的主要目的是保護學生不受性別歧視。這個法案規定美國境內的所有人民，在任何由聯邦政府補助的教育方案或活動，不論性別，都有參與、受益與不受歧視的權利。如果學校違反此法案，聯邦政府將停止經費輔助（*Fischer & Sorenson, 1996*）。

法庭對第九號法案的應用是：學校裡的運動校隊與所有課程，全校學生不論男女都有權利參與。這個法案保障了每位學生，不論性別或背景，都有參與學校所有活動的平等權利。所以懷孕的少女也同樣擁有受教育的權利。此外，第九號法案與十四號修正案也解決因爲男女標準不同而造成爭議的的入學政策。

各級學校的學校諮商師應對第九號法案的規定以及適當的法院規定有所認識。身爲學生的保護人，諮商師應該檢視學校政策與方案，並且保護學生免於遭受任何性別歧視。諮商師的角色是教育學校同仁與行政人員，並指導他們發展兩性平等的教育衣方案與政策。

諮商師用以避免違法行爲或一陳不變的第二個方法是協助學校選擇適合的教育用具與活動。轉介書、媒體與教學活動都會潛在地影響學生的學習、生涯規畫或發展，所以要避免使用不公平或老舊的教育方式。與第九號法案或性別歧視相關的老師研討會與其他學校教職員都是學校諮商師資訊的來源。藉由這些資訊的協助，諮商師應替所有學生發展與實踐適當的方案、政策與教學。

第九號法案也對於學校諮商師與學生、家長和老師之間的專業關係做更進一步的說明。諮商師不得和有性別歧視的民間機構或個人合作。第九號法案將某些機構視爲例外，例如男童子軍團與女童子軍團。除非是這些機構提出邀請，否則諮商師必須同時引薦男生與女生。舉例來說，如果某公司徵求假日工讀生，不論這個工作的性質爲何，或是該公司認爲這個職位特別要男生或女生來做，學校諮商師必須將這個工作機會同時介紹給學校的男同學與女同學。

本章已經完整地介紹現今的學校諮商領域，包括諮商簡略的歷史、必要服務的描述、學校諮商師的專業背景與所受訓練、協助諮商師執行諮商工作的倫理與法律標準等等。以上所提供的資訊詳細描述了過去與現在的學校諮商工作。本章最後一章是探討未來學校諮商師的專業趨勢問題。

延伸閱讀與網路資源

Anderson, B.S. (1996). The Counselor and the Law(4th ed.) (Alexandria, VA: American Counseling Association).

This resource for counselors uses the most recent edition of the ACA Code of Ethics to provide guidance in marking sound ethical and legal decisions.

Corey, G., & M. S. (2002). Issues and Ethics in the Helping Professions (6th ed.)(Pacific Grove, CA: Brooks/Cole).

This book is a contemporary guide to counselors in all professional settings. It presents typical cases with comments by the authors.

Fischer, L., & Sorenson, G. P. (1996). School Law for Counselors, Psychologists, and Social Works(3rd ed.) (New York: Longman).

This text is a comprehensive guide to legal issues that counfront school counselors and other student services professionals on a daily basis. Written in clear and understandable language, the book presents each topic through a series of related questions and answers.

EdLaw, LLC and the EDLAW Center—http://www.edlaw.net/frames.html

Ethics Committee of the American School Counseling Association, American School Counselor Association— http://www.schoolcounselor.org/ethics/

(See also the American Counseling Association, American School Counselor Association, and the National Board of Certified Counselors listed elsewhere in this text.)

本章作業

1. 調查最近法院的判決以及其他的法律資料，來決定什麼樣的學校學生輔導活動規準已經形成。並找尋會影響學生權利、家長權利，以及學校提供良善課程義務的法律判決。
2. 訪視專攻教育法律的地方辯護律師，並詢問屬於學校諮商實務最重要的法律議題。以決定這些議題的地方觀點與一般規準。
3. 創造一個學校諮商師可以發現道德標準與政策或規範衝突的虛構情境，並於課堂討論中表達你的立場。

第十二章　學校諮商的今天與未來

王以仁譯

美國因重視概念發展與行動研究，促使綜合性學校諮商方案因而應運產生；學校諮商師必須針對各州、全美、甚至於全球的變遷，在其專業角色上也要隨之調整。同時，學校諮商因著美國國內外受到教育及社會方面的種種衝擊，在聯邦與州相關法律的改變之下，諮商的專業內容也難免要隨著而有所更動。在美國早年曾積極地推動職業輔導，是因爲當時在工業化過程中產生許多社會問題，再加上勞工也有這方面的需要；隨後爲了因應第一、二次世界大戰，在軍隊中甄才亟須有效的評量工具，也促使學校諮商人員大量地使用心理測驗。同樣地，因著五O年代末期蘇聯搶先發射人造衛星，造成全美的恐慌而導致一連串在教育方面的改革，尤其是針對數學與自然科學領域的重視，亦牽連到對學校諮商師之訓練和聘用；從那時起至今一連串相關的法令修訂和研究報告，都分別影響著學校諮商專業的發展方向。

五O與六O年代期間，*Carl Rogers*大力提倡諮商關係與助人歷程的重要性，係首先從概念與理論角度切入而帶給學校諮商頗大之影響。並提出「受輔者中心諮商」(*client-centered counseling*)，後來被稱爲「個人中心取向」(*person-centered approach*)，在其論及建立助人關係時特別強調全人觀點，而非將個體的多種需求分別安置於教育或職業等不同領域中。這種較新且有發展性的取向，也使得學校諮商專業方面產生一系列新的反應；例如諮商師與教育學者都認爲，應該在學生早年生活中就提供他們相關的諮商服務，隨後則將此類專業服務實際運用到初中與小學階段。

在此同時，有許多教師也呼籲－在學童初入學的低年級時，遠較初、高中階段來得更需要諮商師，使他們在剛遇到不適應狀況時就能得到協助，方能預防往後產生更嚴重的問題。事實上，在人生發展的各個階段，都需要諮商專業的服務，而學生在受教的全部過程中，也都會遇到不同的發展障礙和挑戰；所以，在受教的期間與整個人生當中，都宜提供其諮商服務。

雖然，今天諮商專業的發展往往係針對社會、經濟與政治的議題做出回應，但此同時諮商也發展出屬於自己未來發展的新方向。全美諮商機構團體在許多父母專業組織與美國諮商協會（*ACA*）的大力支持下，針對州和聯邦政府在相關的社會及教育議題上施壓，爲建立全美諮商專業的證照標準制度來立法，並設立了「諮商和相關教育方案考核局」（*Council for Accreditation of Counseling and Related Educational Programs*，簡稱*CACREP*），藉著給予諮商師們特別而清楚的專業認證，可促使他們接受更完備之訓練。同時，經由美國諮商協會的最大分支部門－美國學校諮商師協會（*ASCA*）的倡導，針對鄉下地區學校諮商師僅有百分之三十者，屬於美國諮商協會或其分會（*Gazda, 1991*）。由這二個單位設計提出一套未來（*future*）的進修課程，以提昇他們達到被認證的專業水準。

在本章中，將針對未來學校諮商實務層面需要繼續持守及調整改變的部分，分別加以探究。預測未來是相當冒險的作法，但專業助人的諮商師卻應準備好面對快速變遷世界所帶來的各種挑戰！影響學校未來諮商發展的正、負面因素有許多，且每一個因素都有其不可忽視地力量；整體而言，未來學校諮商探究的重點在於某些爭論的重大議題、科技上的進步、不斷浮現的全球經濟問題等（*Bloom & Walz, 2000; Drury, 1984; Hays, 1978; Hays & Johnson, 1984; Walz, Gazda, & Shertzer, 1991; Welch & McCarroll, 1993*）。本章將針對其中最重要的二項根本因素，就是明日未來的學生與學校，分別加以探討如后。

未來的學生

未來的學生會如何？他們何以會尋求學校諮商師的協助？在二十世紀當中，學校諮商的專業由最初重視職業訓練與就業安置，而逐步發展到關心學生個人、社會、教育及生涯等方面的服務。而二十一世紀的學生是否仍然需要這一系列的諮商服務，以獲得完善的教育並藉此擁有成功的人生？倘若目前美國的家庭與文化能提供任何暗示的話，則針對前述問題的回答將是相當地肯定！今日的學生，在其發展過程中遭遇到許多的困境，至於未來也不可能會有所減少。

面對未來學生的服務，學校諮商師必須提供一系列有關發展過程中之需求、克服學習困難，及矯正一些會阻礙其成長與發展的情境。與今日的學生相比，未來學生需要的專業服務包括：發展相關技巧、擷取資訊，並獲得有關知識，以便面對其人際關係、教育目標、生涯發展等問題時，能做出最適當的決策。

同樣地，因爲吾人無法精確地預測未來，明日的學生要能具備修改目標、適度調整，以免產生重大困擾而阻礙其進步。未來的學生將無法避免在其個人生存和打造成功生涯過程中，所要面對的諸多挑戰；因此將來的學校諮商師要爲學生設立更寬廣的願景，以符合他們在各種學習方面的相關需求。諮商的關係在過去經常忽略了各種發展中之障礙，而一味強調追求自我實現的不切實際；未來將重視其在各項衝突、焦慮、冷漠，或其他不幸遭遇上的補救措施（*Purkey & Schmidt, 1996, p. 158*）。我們可以預見，未來的學生會要求學校諮商師提供一個更寬廣服務的脈絡，不但要能協助其認清問題，同時也能進一步做到預防與發展等方面之考量。

補救性的考量

在現今變動的美國，對於家庭有著不斷更新的定義與建構，包括：離婚、再婚、同居、雙生涯家庭、重組家庭、同性戀家庭等。因此，在不同類型家庭中成長的孩子，會帶著其獨特的文化、態度與信念到學校來；而學校諮商師也必須面對學生來源家庭的多樣性，來建立適應學校生活的多元方案，以符合這方面的重大挑戰。

隨著家庭結構的改變，明日的學生將表現出在其個人、社會與教育方面不同的考量，同時也會產生某些社會的嚴重問題。例如：在美國的毒品戰爭，長久持續下來僅獲得小部分的勝利，絕大部分都是失敗（*Schmidt, 1994c*）。每天都有許多藥物濫用（*drug abuse*）父母所生的孩子，長大到進入幼稚園或小學就讀，面對這類全國性的危機，發現有些學生在很年輕時就染上了酒癮或毒癮的問題（*Schmidt, 1994c*）。倘若這種情況無法有效改善，未來的學生將會要求由諮商師那兒獲得更多的協助，以便對抗家庭的失功能和預防酒精與藥物之濫用。除非在短時間內能有效控制這類濫用問題，否則學校及學校諮商師將面臨極嚴重的挑戰，得設計相關的方案去協助學生脫離這些成癮的困擾。

暴力（*violence*）也是未來影響學生學習的另一個難題。有許多的學生爲了維持自己的面子或解決其衝突，不計任何代價地採取攻擊行爲（*Fatum & Hoyle, 1996*）。當這個社會正標榜其崇尚自由與人權之際，卻有許多兒童遭受到生理、心理及性方面的虐待和侵害；若是社會無法去除兒童這些侵害並保障其基本人權，則未來的學校諮商師將得處理更多這方面的個案。

某些家長及成人以強制地暴力手段對待孩子的情況日增，導致其學會以暴力方式解決個人與社會衝突的學生人數也不斷上升；打鬥（*fights*）、殺人（*homicides*）與自殺（*suicide*）的情形，在今日的學生當中相當普遍。若是僅以通過更多針對攜帶武器到校或打架學生之懲處辦法，將不可能是一個有效的解決方法。如何協助未來的學生能採適當的方式控制其怒氣，並維護個人應有的權益和幸福，這些都是在其學校生活及相關課程中需要教導者；學校諮商師在此方面，將無可避免地要扮演其應有之領導角色。

自殺是一種針對自己個人私下的暴力方式，試圖將自己從心理或情緒的痛苦、恐懼等困境中解脫出來；當學生們無法找到適當的方法來解決其社會及個人危機時，就可能採取傷害自己或他人的冒險行動。教師與諮商師經常是青少年學生遭遇困境時的第一線協助者，要準備及時將其由危機當中拯救出來！

根據調查預估，在美國大約有七百萬兒童和青少年，係心理異常或具有嚴重失能與社會困擾等問題者（*Gladding, 2000*）。學校諮商師只注重那些需要獲得相關資訊和教導之學生，並提供其這類需求的服務，卻往往忽略了前述幾百萬不利學生所面臨的困境。倘若學校諮商師僅重視運用發展性的輔導概念，必會忽略了那些需要被個別關注的學生。因此，未來的學校諮商政策應針對學生，採取全方位且平衡的作法，當然也包括了對學生嚴重問題之處遇；在諮商師協助有問題的學生改變與調適之際，也應同時教導多數學生如何去避免嚴重問題之發生。

預防的議題

要去準確預測二十一世紀的兒童與青少年，會有哪些個人與社會方面的嚴重困擾，將是一件相當困難的事。譬如：藥物與酒精的濫用、青少女未婚懷孕、如何教導避孕及使用保險套等議題。如何幫助青少年建立健康的人我關係，以及選擇採取負責任的行爲反應，這些都是學校功能中的重要角色！有關濫用的問題、性行爲與暴力反應等，仍將是學生、家長與老師所關心者，也期待學校諮商師可以針對這些議題，能有些預防服務（*preventive services*）與相關配套措施。

未來的學生與今日的學生一樣，需要獲得如何預防濫用、性病、懷孕等相關方面之資訊和教導。如同舊的問題能夠解決之後，必會出現新的議題，以及新的預防策略。將來的學校諮商師要能準備好隨時提供學生協助，以便他們面對各種挑戰時，能做出健康而正確的重大決策！

未來在學校綜合性諮商方案中之預防服務，將與今日相類同，就如：協助學生學得做決定的技巧、獲得有關性發展的正確知識、建立良好的同儕關係、發展出一套因應生活壓力的行爲調適；爲此學校諮商師將與家長、老師及其他專業人員共同合作，以便爲學生安排一個絕佳的家庭和學校環境。

將來學生在發展過程中面對的壓力之一，就是因人們彼此互動機會減少所造成日益嚴重的寂寞問題；其他挑戰性的議題還包括：對核戰危機的恐懼、*AIDS*的快速流傳、環境的污染、病毒的擴散，以及其他自然或人爲的災難。同樣地，因著科技不斷地快速進步，職業發展範圍的緊縮，更增加了生涯抉擇的不確定性。未來的學生勢必擴大其生涯抉擇選項，才能適應即將全自動化的世界！而第一步就是要先去確認二十一世紀工作者所需具備的知識與技術，第二步則是設計相關課程讓學生去習得這些知識與技術。

學校與諮商師必須維持一個正確的未來願景，並擬定相關方法教導學生懂得去修正目標、學會新技術、因應情境的改變與處理危機事件。總之，預防服務必須協助學生察覺家庭、學校、職場所發生的潛在變化，並能儘快習得新的技巧和行爲來平順地處理這些危機與變化！

發展性需求

未來不可能忽視學生在發展上的各種需求。二十一世紀的學生與過去一樣，具有相同生理的、情緒的、社會的、教育的期望。過去學者專家所提出個人發展的各階段現象，在未來的學童及青少年世代，也有相類似的情形。學生在發展階段不會在生理、社會與其他方面，產生和過去世代有著顯著不同的改變；然而因著外在世界迅速地變遷，也不可避免地會造成學生在發展過程中產生一些重大的調整。

自動化與科技化必然會對學生的發展產生不小的衝擊，特別是在其生涯探索與決定方面；另外，在學生的生活上也會受到科技化及科學發明的重大影響。例如在醫藥科學方面的飛躍進步，使得人類壽命延長許多，但諮商師不可將此視為一個單一現象，因為這些與未來學生的發展都是息息相關的。教師和諮商師必須透過設計活動、提供服務、計畫教學，來協助學童及青少年克服發展上的重重關卡。

在二十一世紀有一重大的議題，就是要加強個人責任感的信念，來平衡過去極端的個人主義；要能強調以共同團結合作，來融合個人價值與責任感。也就是在其行為表現上，要將個別價值和責任感相結合，以相互合作的方式來增進全人類之福祉。

透過發展性的輔導與諮商活動，可以加強學生的個人價值及責任感。其實，過去*Dreikurs, Dinkmeyer, Glasser, Purkey*等諮商大師的相關著作中，都大力提倡對自我責任感的提升，這些都是未來學生要在學校中好好學習者。

此外，還有另外二個議題會深深影響未來的學生，其一是貧窮（*poverty*），另一項則是多樣性（*diversity*）。倘若未來整個財經政策運作不佳，貧窮的問題將嚴重影響到教育；而多樣性亦是未來的學校與學生，必定會面對的現象。

貧窮

社會均等與個人責任感的訴求，正受到美國全民財富分配不均的嚴重威脅。根據美國政府*1998*年所做的調查統計發現，有百分之十三的人屬於貧窮者；雖然在過去四十年來，貧窮者的百分比已快速下降，卻仍有些地區之貧窮情形反而更加惡化。例如：在*1998*年有百分之二十五的非裔與西裔美國人家庭收入屬於極度貧窮，而在白人美國家庭僅有*8.2%*；在所有兒童中，有百分之十九者屬於貧窮（*Institute for Research on Poverty, 2001a*），但同樣是非裔與西裔美國兒童所佔的比例卻較爲偏高些。貧窮所造成的結果之一，是有相當高比例的兒童因著養育不良、缺乏健康照顧等不利條件，使得他們在教育及發展上遭到頗多的限制（*Howe, 1991*）。

依據*Joint Center for Poverty Research*（*2001*）的研究發現，在九O年代經濟相當景氣之際，城鄉之間的差距卻仍然存在，約有超過百分之十四居住在非都會地區的居民屬於貧窮者；鄉下地區提供較少的工作機會、女性爲主的單親家庭失業率過高，算算鄉村地區僅能提供全國勞動力的百分之三！針對學校與學校諮商師，當考慮到不同地區經濟條件因素差異時，應該設法讓全體學生都有接受教育均等的機會。

倘若未來學生家庭貧富差距仍然過大，學校諮商師則應設法與社工師、護士及其他能提供有利條件的社區人士共同合作，以實際協助這些貧困的學生；然而，當諮商師的重點工作都集中於補救性的服務時，有關學生發展和預防性的服務工作，恐怕在整體優先順序上就得擺在較後面啦！

窮困的學生往往受到健康、學習、家庭與鄰居等不利因素之影響，就如同*Howe*（*1991*）曾解釋到「貧窮是學校失敗、工作失敗、情緒不平衡與社會歧視的搖籃」（*p.201*）。未來的學校諮商工作，將受到美國經濟政策是否能改革成功，以減少全美貧窮學生數的重大影響。

多樣性

某些專家預測，美國於二十世紀結束時，在其處理泛文化與各項種族問題上，將可達到相當的平衡狀態（*Ibrahim, 1991; Lee, 1995*）；然而，因著移民政策、全球經濟衰退、非預期出生率的改變等因素，而打破了這方面的預測。學校及其諮商師要思考如何將多元文化的觀點，融入於課程中來教導學生，並提供學生、家長與老師們種族平等方面的相關服務。

針對來自不同文化背景的學生，要特別注意其個別的需求，並要教導他有關生活中的多元文化議題。未來的學校諮商師要能去協助一般老師，積極覺察到班級中之文化差異，並促使學校重視文化的多樣性。學校對於不同文化不應該在整個學年間，只以某一天、一週或一個月來介紹；而是必須要能將多元文化以政策發展和課程設計的方式，融入於辦學理念或其學校發展之願景中。

面對未來的學生，多樣性必會影響到學校諮商師的某些角色表現（*Lee, 1995; Pedersen & Carey, 1994*），包含了如何去進行有效的評量與評鑑；這在本書第八章中，也曾提醒過諮商師要注意使用適宜的評量及測驗工具，以免因文化與社經地位的差異而產生了嚴重偏差。未來的學校諮商師要能將多元文化的活動與材料，融入其發展性的輔導和諮商服務，以帶動學生及老師們在這方面的覺察。同時，學校諮商師在此情況下要扮演教師與行政人員的諮詢者角色，並為全體學生創造一個有利於多元文化學習的環境。在此可以運用團隊工作方式，諮商師將教學與治療同時融入於學校文化的變遷之中。*Coleman*（*1995*）曾鼓勵學校諮商師應設法維持「評估其所在學校與辦公室的文化現況，協助每位學生了解其個人面臨的實際情況，並能建構有效的策略來面對文化上的各種挑戰」（*p.185*）。

總之，未來的學生為因應差異性文化及社經地位不同而帶來的衝擊，勢必需要這方面諮商與教導性的協助，方能在學校中建立自我認同方面有利之角色，這些都是未來的學校諮商師所要擴大服務的範圍。在這過程中，諮商師要不斷檢核自己對多元性的覺察及接納程度、鼓勵學校與社區提供多樣文化的選擇、監督學校在政策上是否有歧視、更積極的投入不同文化的團體，以及提昇各項諮商技巧以適應不同及多樣性質的需要（*Lee, 1995; Pedersen & Carey, 1994*）。

Pedersen（*1991*）曾詮釋「多元文化主義」（*multiculturalism*），有如專業諮商中的第四大勢力，「其彌補了解釋人類行為三大勢力的不足，分別是心理動力論、行為主義及人本主義」（*p.6*）。從這個觀點來看，多樣性文化所包括的變項應包括：個人變景變項、社經地位、種族、宗教及性別等；未來的學校諮商師除了要熟悉傳統的諮商理論，同時也應對前述這些多元文化變項有深入之探究，如此方能真正提供學生各方面的需求與協助。

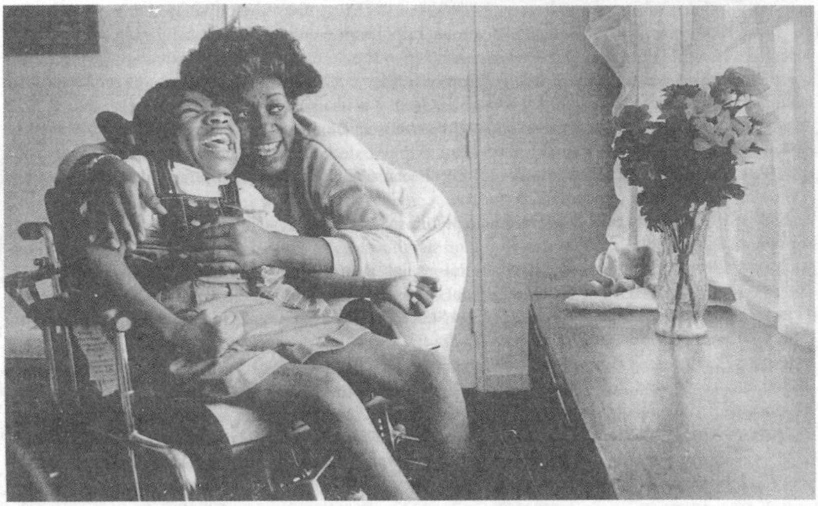

未來學校諮商方案應服務愈來愈多樣化的人口，包括面臨不同程度之生理、情緒、社會與教育挑戰的學生。

未來的學校

學校不僅僅是建築、方案與策略的考量，也不是有了行政管理人員和老師就可設立者，其最重要的是學生因素之考量。因此吾人可以預測，未來的學校必然會反映美國社會的多樣性；其中包括有：對於科技變遷的因應、生命的長壽與死亡之延後、多元文化主義是教育中的新興勢力、對於醫療保健及新型疾病的關注、貧窮是學校與社會中的一股分隔勢力、僱用與工作形式的變革、社區中暴力增加及安全感之消失等。

十年前，*Walz*（*1991a*）曾指出美國未來的九大發展趨勢。在此，參酌其觀點並加上一些對未來諮商工作中與就業有關的預測（*Population Reference Bureau, 2001; U.S. Department of Labor, 2001*），以及對社會和經濟方面的推估，針對未來的學校諮商提出以下十項發展趨勢。

一、美國未來十五年的人口成長率將達百分之十四（*Population Reference Bureau, 2001*），可算是一種適度的人口成長情形。這時，從幼稚園到高中的入學人數，可維持相當地穩定；大學卻因為受到非傳統學生與年齡較長者在攻讀學位，使其人數持續地成長。美國企業界仍然迫切需要較高學歷的人力，尤其是具備科技知識與高階思考技巧的應用科學人才。同時，在幼稚園也需要各種不同上課時間及學制的班級，因而在幼教方面也需要諮商師提供相關之服務。

二、如同前面提過的，多元文化的分歧現象將不斷擴大；倘若移民美國的情形持續成長下去，必會形成一個多元語言及多元文化的社會。學校也得教育這些多樣性來源的學生，使其能充分適應這種新社會，並各自在其生活中獲得自我滿足。

三、持續對教育與諮商服務的大量需求，將增加聯邦與州政府的預算支出，這時一些私人資產也需出面資助解決社會與教育的種種問題。可以預期在這方面政府與企業界會緊密合作，這也使得學校難免不會被捲入與企業界之間緊密的互動關係。

四、通訊科技不斷地進步，也會影響到個人生活及工作上的溝通情形。學校為維持科技進步的水平，需要在教學及學生學習過程中，加入更多這方面的教材。同時，在家上班的機會增加，家庭個人電腦數量也隨之成長，因此在家學習與遠距教學的現象，將大為增加。

五、美國原來扮演經濟、工業、軍事等方面領導大國之角色，隨著世界步入全球化之後，也得強調世界經濟與全球的視訊溝通；在此同時也有一些為保護其文化和資產，而反抗統一者所產生的反動勢力。反動勢力所造成的衝突，學校會首先感受到，這也是未來學校的潛在困擾之一。

六、有關醫藥與健康照顧的議題，一方面可藉此增進個人健康品質，另一方面也因著個別經濟情況的不同，而接受這方面不同標準之服務。個人健康也與其負責任的行為息息相關，譬如：*AIDS*或病菌污染的傳播，以及環保責任與個人安全之間的衝突，都將會不斷地增加。社區之間將會為在哪裡蓋垃圾場、焚化爐、電廠等而爭執不休，同樣學校要教導學生有關這方面爭論的議題時，也很難站在絕對中立的立場來談論。

七、隨著經濟、科技與政治的變遷，也會造成全球工業和經濟方面的改變。同時，消費者市場也因著主要消費群在年齡、文化上的差異，而有著不同的行銷策略。這些都會衝擊到未來的學校，要如何教會學生在生涯發展及職業選擇上能保持充分的彈性，同時也要多多教導學生有關科學和科技方面的知識與技術。

八、在家庭方面，離婚率預期將會降低一些，但雙薪家庭的百分比必定持續成長；新科技與高科技的服務，將會改變傳統家庭的一些行為，譬如：用餐時間、電視觀賞、房間清掃，以及其他家庭活動等。而兒童照顧方面也會更加被重視，一般學校都會考慮納入學齡前幼兒之教育方案，未來的學校諮商師都需要具備一些有關照顧幼兒的知識與技巧。

九、當政府較多關注全球議題時，地方社區則關心到暴力、貧窮與無家可歸者等弱勢議題。學校將扮演地方上溝通與教育的核心角色，就如同二十世紀初期在許多社區中也是如此，協助居民去解決相關的地方爭議。

十、美國勞工部曾預測，未來學校諮商師的僱用將會「遠遠超過其他行業的平均數，直到二OO八年」(*2001, p.5*)。然而，若是學校諮商師的需求增加，但學校當局不懂得使用諮商師，去提供學生、家長與老師們直接的服務，則其被需求的重要地位將無法繼續維繫下去。有些研究預測，新被僱用的學校諮商師將在服務幾年之後，因著學校未能在綜合性學校諮商方案中確實運用其專業而離職（*Schmidt, Weaver, & Aldredge, 2001*）。

如果上述這些預期完全實現，則未來的學校將在某些部分產生頗大的變化。這些未來學校的改變，包括有：投入許多社會需求的運作方面、與許多社區及高等教育機構相互合作，以及爲多樣性的學生們提供不同的服務方案等。就未來學校的重整方面，學校諮商師將特別重視科技、父母參與、教師協同合作、學校本位的社區服務，以及對青少年服務等，分別詳細加以探討如后。

科技

如同在本書第二章曾提及者，電子與電腦科技的廣泛知識，將被運用於全體學生學習的背景脈絡中。新而寬廣的科技將會影響到學習及溝通的每一層面，包含著輔導活動和諮商服務（*Hohenshil, 2000*）。當然，學校諮商師將主動運用這些新科技，以提供學生、家長及老師們更有效的服務。正如未來的學校將科技置入重新調整的學習環境及過程，諮商師也應將新的系統與服務一起統整於諮商方案中；相較於未來學校需要重新調整之際，學校的諮商服務也必得有所改變。

未來學校諮商師將如何使用科技，端視其對於這些新工具潛在價值之觀點。倘若他們將其看做是促進學習的有用工具，則科技會成為他們的有利資產；反之，則無法發揮其應有之功能。就如同我曾經與*Purkey*在另一本書中所提及「電腦輔助」（*computer-assisted*）與「電腦化」（*computerized*）二者之差異，我們特別解釋「一個電腦輔助方案允許諮商師與受輔者之間，維持著非常重要的人際互動，而電腦科技在此僅係用來當作一種儲存資料、提供教學、協助量表計分的工具，以發揮其補助性與支持性之功能」（*Purkey & Schmidt, 1987, p. 148*）。相反地，「電腦化」服務卻拉開了人與人之間的接觸，使得諮商師與受輔者之間缺少了良好的互動關係，完全是透過電腦及其相關程式來進行服務。

因此，如何適當使用電腦科技牽涉到諮商倫理的部分，在本書的第十一章對此有詳細的討論。未來的學校諮商師在運用電腦及其他電子科技，來提供諮商服務、貯存資料、評估學生的能力和興趣時，都務必遵守諮商倫理之相關規定才是。這些諮商倫理的規定，均經由美國諮商協會（*ACA*）及其分會，以及全國合格諮商師委員會（*NBCC*）等之專業認可。

父母參與

在過去許多教育研究及其相關文獻中，均特別強調父母參與在教育中之重要性（*Marcon, 1998; Solomon, 1991*）。這些研究都顯示出：學生的成功往往來自於家中父母或監護人大力的支持，並配合著學校適當的教學。家庭與學校之間的相互支持關係，在對未來學生之教育成功上，仍是極度必要之條件。「有效的家庭與學校夥件關係，是協助學生達到國家所設定之教育目標過程中，相當基本的一項要件」（*Solomon, 1991, p. 359*）。

未來的學校諮商師將在家長與學校之間，扮演一個建立彼此溝通與強化其關係的重要角色。這種角色的內涵是學校綜合性諮商方案中的基本要素，包括有：協同合作、諮詢、教學，以及諮商等服務。接著諮商師要能協助學校去評估家長的各項需求、設定家長參與的目標，並藉著鼓勵家長參與更多的相關活動來提昇彼此的夥件關係。這些活動包括：邀請家長參加學校管理諮詢委員會、召募家長在教學中擔任義務指導老師、邀請家長參與學校的基金募款及校務發展方案、讓家長接受親職教育以協助其明瞭兒童及青少年發展等。同時，未來的學校諮商師可針對家長在家中面臨的困擾，提供其直接的諮商與諮詢服務。

某些關於未來家庭生活型態變遷之預期，例如：父母的雙生涯角色及在家上班的情形，都將改變家庭與學校原有之關係。二十一世紀中將有更多的學生，會與在家工作的父母一起待在家中，以透過網路遠距教學的方式來學習；當然，這種情形必須由學校的教師與在家擔任教學監督者的父母相互協同合作，才能達到眞正有效之學習。而未來的諮商師也將扮演，促進與維持這種家庭與學校良好關係之角色。

教師協同合作

當未來的教師們與家長接觸更為密切時，他們之間就得積極地彼此協同合作，使所有的學生都能依據其學業表現獲得適當的教育及成就。同樣地，進步的科技、學校多樣化的教學方案、彈性的進度表及在家學習等因素，在在都會影響到教師間如何發揮協同合作，以便能創造出有效的教學方案與激發學生良好反應的學習環境。

教師間的合作要能成功，必須得到學校方面的支持和人際互動技巧的訓練，而學校諮商師正好具備這方面的背景及角色，去協助教師們獲得這方面的需要；如何幫助教師透過其協同合作以滿足全體學生的需求，將是未來學校諮商師的一項重大挑戰。諮商師可規劃教師工作坊及帶領其支持團體，來強化教師之間的協同合作；一旦教師們建立了彼此同仁間的積極合作關係，也必然能提昇老師與家長間的互動關係。

倘若如預期所言，父母參與是未來學校發展之基本要件，教師們就會成為與家長協同合作的第一線夥伴；要想成功地扮演好這項角色，教師必須具備豐富的溝通技巧，以及對父母在學校、學童與學習過程等方面的認知，表現出高度的同理心；教師不再是單單教導學生而已，也將成為家長互動團體的領導者。這樣發展出來的夥伴關係，將會是未來學校與教育改革的重點工作。

學校本位服務

在未來將會出現學校諮商師與社區其他助人的專業人士，形成彼此協同合作的緊密關係。過去，當學生和家長面對各方面的挑戰時，都是由學校諮商師結合地方上有關的公、私立社福及醫療機構，以提供其相關之服務作爲因應；同時在此方面的需求將日益殷切，這些服務也將由諮商師、醫師與其他專業人員來共同合作。

上述這些協同合作之服務，目前大多在校外進行。然而面對多樣化來源的學生與家庭，未來以學校本位結合其他相關單位所提供的服務，將會取代過去的校外模式；學校諮商師將安排綜合性的服務方式，透過適當地安排讓醫生、護士、社工師、心理健康諮商人員及其他助人專業人士，依需要分別進入學校來直接提供學生與家長相關之服務。

學校本位的服務（*school-based services*），同樣允許諮商師保有諮商、諮詢及整合的角色，諮商師除了繼續提供發展性、預防性與補救性的服務外，還需結合其他相關專業服務的提供，以符合未來學生及家庭的需要。

青少年服務

在美國學校發展的趨勢之一，就是建立一些將班級教學與社會服務等活動相互結合的方案，例如：青少年服務方案（*youth service programs*），透過對環境的清掃與照顧，都在許多學校積極地實施中

（*Kleiner & Chapman, 2000; Nathan & Kielsmeier, 1991*）。美國各州都在大力地推動青少年服務方案，且會適時地加以評鑑（*Carter, 1998; Warren & Fanscali, 1999; Veale & Morley, 1997*）。由其結果得知，青少年服務與預防學生輟學及其他非學業的需求方面，有頗密切之關係。同時，也有研究發現當青少年服務方案包括較明顯的教育目標時，也能對學生的學業發展帶來極佳成效（*Warren & Fanscali, 1999*）。

其實，結合教育與服務的觀念並非現今新創立者，在以往的公民教育、社會科課程及其他相關領域，早就要求學生主動投入社區服務及政府的相關計畫，以便能從第一手經驗的接觸過程中，學習社會責任方面的功課。從第一次世界大戰起，一連串政府的倡導、大學的報告，以及教育類的書籍，都積極鼓勵將青少年服務融入學校的相關教育過程之中（*Boyer, 1983; Conrad & Hedin, 1991; Goodlad, 1984*）。同時，青少年服務的鼓吹者也定期地推動這些活動，以符合「學校應該諄諄教誨學生有關社會改革的價值，以及教導其這方面相關的知識、態度與技巧」（*Conrad & Hedin, 1991, p. 744*）。

由近年來學校諮商的研究文獻發現，青少年服務常被反映運用於同儕協助方案內（*Myrick, 1997*）。在此青少年服務方案中，同儕助人者的投入經驗可激發學生的社會意識、促進其對人類價值的了解，以及創造一個這方面有利的學習氣氛。如同*Lewis*（*1991*）在其書中所強調的，學生參與社會性的服務活動，從幫助他人的過程中也學會了掌控自己生活的相關方法；也可從中建立解決個人教育、社會與生涯發展危機的自信心。

社會服務的參與對學生有頗大的助益，值得未來學校諮商師大力去提倡。諮商師可藉著鼓舞及建立同儕協助方案、從事社區服務等方式，來擴大青少年服務的範疇；把青少年服務與一般教育課程相結合，將可產生最佳的功效。

在此所描述與討論有關未來學校的內容，僅是學校諮商師因應未來發展趨勢所要改變的諸多角色中之一小部份，也就是關於科技、父母參與、教師協同合作、學校本位服務以及青少年服務等，這些都會深深影響到諮商師在學校的角色。學校諮商師能否有效地適應這些角色，將會決定了未來學校諮商發展的大方向。

未來的學校諮商

當學校與學生進入二十一世紀，面對許多新的挑戰時，學校諮商師必須準備好去協助他們。過去諮商師所運用的方案與服務活動，都需再次的加以評鑑；因傳統的輔導和諮商活動，將無法滿足未來學生與家長的眞正需求。無論是小學、初中、高中的學校諮商師，都必須去調整其目標、建立更寬廣的服務內容、學習新的專業技術，方能因應未來多樣性學生之需求。爲了面對這些挑戰，未來的學校諮商師必須符合以下六大條件。

1.擁有更寬廣人生全程發展的知識。

可以明顯看出，當學校諮商師要協助學生成功的發展時，將會接觸到一大群的家長與教師；這時，成人學習及發展的溝通技巧與知識之獲得，將會有益於其工作關係的建立。尤其是當吾人預測，未來的學校將變成「家庭中心」（*family centers*）成眞之時（*Paisley*

& Borders, 1995）。

2.要能適應新的科技。

隨著近年來科技爆炸對其他專業的影響，諮商專業也同樣因此而有極大的改變。譬如：電腦輔助學習、互動式媒體運用、透過網路的電腦諮商，以及其他的種種創新，將對諮商情境中由資訊傳遞到治療的互動關係等服務，都會造成頗大的衝擊。

3.增加對團體歷程的運用。

面對父母參與、教師協同合作、青少年服務等方面的改變，學校諮商師都須積極增加其團體工作（*group work*）上的知能與方法。同樣地，要將未來學校中多樣性的學生聚集起來彼此互動，也都需要運用團體才成。

4.擴大學校諮商師的專業發展

從諮商師的訓練方案內容，可以反映出未來學校的具體需求。爲了加強與其他專業間的合作，諮商師必須去增進其評估需求之技巧、選擇介入的有效策略，以及如何幫助個案去獲得其他適當的有利資源。如同前面所強調者，科技在協助諮商師發揮這些功能的過程中，扮演著極重要的角色。

5.評量學校諮商師服務的成果。

學校諮商專業的存活，不能再靠過去相關知能來維持。今天，各級學校都有其不同的財力限制，因而諮商師必須要能證明其所作之服務，對於學生的教育、福利與發展等方面有何價值？這也就是要求諮商師要能具體說明，他是如何對學生、家長與教師們做服務，同時這些服務是否對其產生實際的果效。然而，評量結果不僅僅只在針對諮商服務的成效，更須考慮到專業的效能。就如*Walz*（*1991b*）所提出的「有極大的壓力要求建立學校諮商工作績效的評比制度，如此才能使學校與其他相關的機構能夠繼續去支持它」（*p. 72*）。

6.透過各州或全國諮商協會，促使學校諮商的表現更為專業。

在吾人要去釐清學校諮商師價值之同時，所重視的不應只是在於對學生的直接服務，而是要去強調測試其合作能力、如何去進行某些特殊教育的計劃、日常文書工作績效如何等功能。未來學校諮商師必須要多方加強其能力與曝光率，以不斷的進修及得到專業協會的認證，來獲得更多專業上的肯定。

在本章中針對學校諮商的過去、現在到未來，作了一番扼要的說明。當身為一個諮商科系的學生，在建立個人專業肯定之前將經過無數考驗，在此同時也要與工作夥伴共同合作去面對開創未來的重大挑戰。我個人有幸花了三十年，參與學校諮商專業工作的發展，以身兼諮商師、督導及諮商教育工作者的身分，可以作證具高度技巧的諮商師，對學校的確有其相當重要之貢獻！我眞誠地歡迎您加入未來學校諮商師的行列，去服務學生、家長與老師們。在此誠心地預祝您能成為一位成功的專業諮商師！

延伸閱讀與網路資源

Paisley, P. O., & Borders, L. D. (1995). "School Counseling: An Evolving Specialty," Journal of Counseling and Development, 74(2), 150-153.

This article reviews school counseling as a professional specialty and discusses its historical development, standards of preparation and certification, and future trends and issues for counselors to consider.

Pedersen, P., & Carey, J. C. (Eds.) (1994). Multicultural Counseling in Schools: A Practical Handbook. Boston: Allyn and Bacon.

This edited volume consists of several interesting chapters about how counselors can enhance multicultural awareness in their schools. The chapters are written by different authors and cover a range of topics from dropout prevention strategies to family-based approaches.

Walz, G. R., Gazda, G. M., & Shertzer, B. (Eds.) (1991). Counseling Futures (Ann Arbor, MI: ERIC/CAPS). This book offers some thought-provoking ideas about the future of counseling. While directed at counselors in general, many of the topics are relevant to the practice of counseling in school settings.

Center for the Study and Prevention of Violence—http://www.colorado.ed/cspv/

Institute for Research on Poverty- http://www.ssc.wisc.edu/irp/National Center for Children in Poverty—http://www.cpmcnet.Columbia.edu/dept/nccpl/

National Multicultural Institute—http://www.nmci.org/

Southeastern Equity Center- http://www.southeasternequity.org/

U.S. Office of Migrant Education—http://www.ed.gov/offices/OESE/MEP/

本章作業

一、進入一所學校並要求校內一小群學生，去規劃設計一間未來的學校。在其進行過程中，你可以建議他們想想未來學校的建築會是什麼樣子？將來上課的教室與現今的有何不同？未來的學生又會是什麼樣子？

二、在本章中針對未來學校諮商的發展作了許多預測。想想你個人的未來將如何？試以腦力激盪法去思考並列出十件你未來生活與這些預測所不同的事項，同時將其內容與一位同學相互分享；在這當中有哪些事情是你已經克服者？有哪些事情是你無法避免而必須面對者？這些改變對於身為一個專業諮商師的你，有何意義及啓示？

附錄A
倫理標準
美國學校諮商師協會

黃財尉譯

前言

美國學校諮商師協會（*ASCA*）是一個專業機構，其成員均基於行為科學來執行獨特且特殊的準備工作，並接受過適用於所有學校環境的實務訓練。學校諮商師在學校系統的架構下，協助每位學童成長與發展，並且用他們的專業技能保護接受諮商學生的利益。學校諮商師必須同意下列諮商程序的基本信念，專業責任也是由這些信念衍生而來的：

- □ 每個人都有被視為一個獨立個體的尊嚴與權利。提供輔導服務時必須一視同仁，摒除對人、角色、信仰的偏見，並捨棄年齡、膚色、身體殘障、倫理團體、性別、種族、宗教、性別傾向、婚姻狀況或社經地位的不同。
- □ 每個人都有自我引導與自我發展的權利。
- □ 每個人都有選擇的權利與達成目標的責任。
- □ 每個人的隱私權都受到保護，這也延伸到諮商師與被諮商者的關係上，必須依照所有與保密相關的法律、政策與倫理標準。

在這份文件中，*ASCA*詳細地說明了維持其協會成員正直行為、領導才能與職業精神的高尚標準與倫理行為原則。學校諮商師倫理標準說明了學校諮商專業人員所應遵守的倫理責任本質。這份文件的目的如下所述：

- □ 做為所有學校諮商專業人員倫理執行的指導方針，不論其地位、服務範圍、服務對象或在專業協會中的地位為何。
- □ 針對諮商師對諮商學童、家長、同事或專業同仁的責任，為其自我評量或同儕評量提供標準。
- □ 將諮商師工作執行的可接受範圍與所期待的專業行為提供給接受諮商服務者。

A.對學生的責任

A.1.對學生的責任

專業的學校諮商師：

a.應視被諮商者為一獨立個體，這是基本的義務。

b.應關心每一位被諮商者的教育、生涯、情緒與行為需求，並且鼓勵他盡其所能的發展。

c.應避免將自己的個人傾向灌輸予被諮商者，包含價值觀、生活方式、計畫、決定或信念。

d.必須隨時注意與被諮商者相關的法律、規定與政策，並且適當地提供與保護被諮商者的權利。

A.2.保密

專業的學校諮商師：

a.在執行諮商關係時，或開始諮商之前，應通知被諮商者此次諮商的目的、目標、專業技巧與過程中的規則。公開說明與保密相關的議題，例如向另一位諮商師諮詢的可能需要，特許溝通權與法律或官方限制。

被諮商者也經由一份公開的書面聲明詳細地瞭解保密的意義與限制。

b. 應維持資料的保密。除非是為了避免可能發生在被諮商者或其他人身上明確且立即的危險，或是根據法律規定必須公開的保密資料。

c. 在與被諮商者的諮商關係中，如果被諮商者患有傳染性或致命疾病時，諮商師應通知屬於高危險群的第三人。在告知第三人之前，諮商師需確定被諮商者並未將其疾病告知第三人，而且最近也沒有告知他人的意圖。

d. 如果沒有經過被諮商者同意而公開的資訊，會對被諮商者造成潛在的傷害，諮商師應要求法庭不得公開資訊。

e. 應保護被諮商者紀錄的保密性，除非法律或學校政策的規定，否則不得公開其私人資料。電腦中學生資料的維護方式必須與學生資料的傳統保存方法相同。

f. 應根據聯邦與州法律、書面政策與適當的倫理標準，注重諮商關係中所收集資訊的保密性。如同諮商師的倫理義務，這些資訊的公開都需要被諮商者的同意。在團體諮商中，諮商師應對於保密設訂高標準，並強調它的重要性，然而諮商師也必須說明團體諮商中的保密是很難做到周全。

A.3. 諮商計畫

專業的學校諮商師：

應與被諮商者密切合作，並根據諮商師與被諮商者的能力與環境來發展完善且有效的諮商計畫。諮商師應尊重被諮商者的選擇，定期檢查這些計畫是否持續地可性且有效。

A.4. 雙重關係

專業的學校諮商師：

應盡量避免可能降低其專業客觀性與提高客戶傷害風險的雙重角色（例如諮商自己的家庭成員，熟識的朋友或同事）。如果雙重關係無法避免，諮商師應盡量保護客戶免於可能的傷害。此類防護措施包括通知同意書、諮詢、監督與文件。

A.5.適當的轉介

專業的學校諮商師：

應在被諮商者有轉介需求或適當的時候，將他轉介至外面的機構。諮商師必須對轉介制度的可使用資源有適當的知識，並且訂定最少干擾的適宜轉介計畫。被諮商者保有隨時停止此種諮商關係的權利。

A.6.團體工作

專業的學校諮商師：

應根據團體的目標，保護團體內的預期成員與維護各參與者的需求與目標。諮商師應採取適當措施以避免成員在團體互動中受到身體或心理上的傷害。

A.7.自己或他人的危險

專業的學校諮商師：

如果被諮商者的情況暗示著他本人或其他人將有明確且立即的危險，諮商師應通知相關單位。這項決定需要審慎的考慮，或是盡可能的與其他諮商專業人員討論。諮商師應通知被諮商者即將採取的行動，將對他的困擾減至最少，並闡明諮商師對被諮商者的期望。

A.8.學生紀錄

專業的學校諮商師：

如果法律、規定、機構程序與保密性指導方針要求諮商師必須將資料提供給專業服務機構時，諮商師應維護並確保學生的紀錄的保密性。

A.9.評量、評鑑與解釋

專業的學校諮商師：

a.應遵守所有關於選擇、管理與解釋評量措施的專業標準。諮商師也瞭解電腦測驗程式的管理、評分方式與解釋必須受過特別的訓練才能使用，這點是和傳統評量方式不同的。

b.對於評量/評鑑的本質、目的與結果，應使用被諮商者可瞭解的表達方式來解釋。

c.應避免錯誤引用評量結果與解釋，並且採取合理的方式以避免其他人的誤用。

d.當諮商師使用標準工具配上非標準方式來評鑑技術、評量與解釋團體表現時,應事先提出警告。

A.10.電腦科技

專業的學校諮商師：

a.應推廣適量電腦應用的益處，並且認清電腦科技的限制。諮商師應確認：（1）電腦應用能夠符合被諮商者的個別需要；（2）被諮商者知道如何使用電腦科技；（3）後續諮商協助的提供。諮商師也應對弱勢族群的成員提供平等的使用電腦權利，並排除電腦應用資料與價值的差別待遇。

b.諮商師如果透過網路與被諮商者溝通，應遵守*NBCC*的網路諮商標準。

A.11.同儕協助方案

專業的學校諮商師：

在同儕協助方案中，諮商師負有專業的責任。學校諮商師應確保同儕協助方案中隸屬於被諮商者的利益。擔任訓練或監督工作的學校諮商師應參考專業諮商師協會對於準備與監督工作所訂定的標準。

B.對家長的責任

B.1.家長權利與責任

專業的學校諮商師：

a.應尊重家長對其子女固有的權利與義務，並嘗試與家長建立適當的合作關係，以期促進被諮商學生的最大發展。

b.諮商師應遵守法律與當地政策以協助家長解決可能阻礙被諮商學生的能力或利益的家庭難題。

c.必須注意各家庭間文化與社交地位的不同，並且瞭解所有的家長，不論有無監護權，基於父母親的角色與法律的規定，對於學生的利益皆負有權利與責任。

B.2.家長與保密性

專業的學校諮商師：

a.應告知家長諮商師所擔任的角色，並特別強調諮商師與被諮商學生兩者諮商關係中的保密性質。

b.應本著客觀與關心的態度，提供家長正確、相關與全面的資訊，以符合對被諮商學生負有的倫理責任。

c.如果被諮商學童的家長或監護人對於學生有任何期望，諮商師應在允許的情況下盡力實現家長的期望。

C.對同儕與專業社團的責任

C.1.專業關係

專業的學校諮商師：

應與學校教職員、工作人員與管理階層建立與維持專業關係，以提供最好的諮商服務，且這關係是建立在諮商師其專業角色之要素與程度的定義與描述上。

a.以尊重、禮貌與平等的態度對待諮商同事。他們的能力、觀點與研究結果都是正確的，而且代表著專業人員的形象。

b.應隨時注意並適當地使用可能轉介被諮商學生的相關專業團體與機構。

C.2.與其他專業人員分享資訊

專業的學校諮商師：

a.應注意並遵守與保密相關的適當指導方針。

b.如果其他專業人員必須評鑑、輔導或協助被諮商者，諮商師應提供專業人員正確、客觀、簡明與有意義的資料。

c.如果被諮商者同時接受另一位諮商師或心理衛生專業人員的輔導諮商，諮商師應在徵求被諮商者同意的情況下，將此情形告知另一位諮商師並與他達成協議，以避免對於被諮商者造成衝突與困擾。

D.對學校與社區的責任

D.1.對學校的責任

專業的學校諮商師：

a.應支持與維護教育計畫，以共同抵抗被諮商學生利益的可能傷害。

b.對於可能發生在學校任務、人員與財產的潛在傷害或破壞，諮商師應通知相關人員，但同時也應維護與被諮商者之間的保密性。

c.應向服務對象說明並推動諮商師的角色與功能。如果在服務範圍內發現有限制或減少他們專業能力的情事，諮商師應將情況告知相關單位。

d.只接受下列專業資格所允許的職位安排：教育資格、訓練資格、管理經驗、州與國家證書與適當專業經驗。諮商師應建議管理階層聘請具有專業資格與能力的人來擔任諮商專業職位。

e. 協助發展下列事項：（1）適合學校與社區的課程與環境；（2）符合被諮商者發展需求的教育過程與計畫；（3）爲全面性學校諮商計畫、服務與人員制定系統化的評鑑程序。諮商師應根據評鑑成果來制定計畫與服務。

D.2. 對社區的責任

專業的學校諮商師：

應與學校和社區內的機構或個人合作，不以個人利益或報酬爲前提來幫助被諮商者尋求最佳利益。

E.對自己的責任

E.1. 專業能力

專業的學校諮商師：

a. 應在個人專業能力之內從事諮商工作，並對自己的行爲結果負責。

b. 應監督自身行爲與能力，並避免參加可能導致不當專業服務或對受輔者造成傷害的活動。

c. 自動自發地提升自己的專業能力，並且隨時吸收專業資訊。專業與個人成長在諮商師的職業生涯中是從不停歇的。

F.對諮商專業的責任

F.1. 職業精神

專業的學校諮商師：

a. 爲了維護美國學校諮商師協會的成員資格，諮商師應根據政策或程序來處理違反倫理標準的事項。

b. 應注意自身的態度以提升個人的倫理執行與專業行爲。

c. 應根據適合教育與心理學研究從事適當的學術研究與報告。如果爲了該計畫的研究目的而需要使用到受輔者資料或相關數據，必須確保被諮商者的資料不會外流。

d. 應遵守專業的倫理標準、諮商相關的官方政策聲明，以及由聯邦、州與當地政策制訂的相關法令。

e. 對於私人或身為專業學校諮商師此兩種身分所發表的陳述或行動，兩者之間應有明確的界限。

f. 不應使用自己的專業地位來招攬受輔者或被諮商者而從事私人執業、尋求非法利益、賺取不當收入、從事性行為或接受不屬於自己的財務或服務。

F.2. 對專業的貢獻

專業的學校諮商師：

a. 應積極參與當地或州與國家機構以協助學校諮商的發展與進步。

b. 透過與同事分享技巧、意見與專業知識而對諮商發展有所貢獻。

G. 標準的維持

專業學校諮商師、協會成員與非成員需隨時注意自己的倫理行為。如果諮商師對於同事的倫理行為產生嚴重的疑問，或是諮商師被迫在未遵守學校諮商師倫理標準的環境下工作，必須採取適當的行動來改善此情況。下列的步驟可供參考：

1. 諮商師應私下與專業同事諮詢，以討論該問題的性質是否違反了倫理標準。
2. 如果可行，諮商師應直接與該名產生問題行為的同事接觸，一同討論這個問題行為並尋求解決之道。
3. 如果該問題無法私下解決，諮商師應透過學校、學校行政區、州立*SCA*與*ASCA*倫理委員會的管道來尋求幫助。
4. 如果問題還是無法解決，應依照下列程序送交倫理委員會審查並採取適當行動：

□ 州立學校諮商師協會

□ 美國學校諮商師協會

5.*ASCA*倫理委員會負責對成員提供倫理標準之教育與諮詢，也定期地對法規提出審查與建議。另外，委員會透過接受與處理問題來闡明該標準的應用。任何抱怨應以書面方式送交*ASCA*倫理委員會主席。最後，委員會將依據倫理標準來處理該項可能違反標準的抱怨。全國各地的相關抱怨都應以書面方式送交*ASCA*倫理委員會，並轉交執行主管－美國學校諮商師協會（*801 North Fairfax, Suite 310, Alexandrai, VA 22314*）。

H.資料來源

American Counseling Association. (1995).Code of ethics and standards of practice. Alexandria, VA.(5999 Stevenson Ave., Alexandria, VA 22034) 1 800 347-6647 www.counseling.org.

American School Counselor Association. (1997). The national standards for school counseling programs. Alexandria, VA. (801 North Fairfax Street, Suite 310, Alexandria, VA 22314) 1 800 306-4722 www.schoolcounselor.org.

American School Counselor Association. (1998). Position Statements. Alexandria, VA.

American School Counselor Association. (1998).Professional liability insurance program. (Brochure). Alexandria, VA.

Arrendondo, Toperek, Brown, Jones, Locke, Sanchze, & Stadler. (1996). Multicultural counseling competencies and standards. Journal of MulitICUtural Counseling and Development, 24 (1). See American Counseling Association.

Arthur, G. L., & Swanson, C. D. (1993). Confidentiality and privileged communication. (1993). See American Counseling Association.

Association for Specialists in Group Work. (1989). Ethical guidelines for group counselors. Alexandria, VA. See American Counseling Association.

Corey, G., Corey, M. S., & Callanan. (1998). Issues and ethics in the helping professions. Pacific Grove, CA: Brooks/Cole. www.thomson.com.

Crawford, R. (1994). Avoiding counselor malpractice. Alexandria, VA. See American Counseling Association.

Forrester-Miller, H., & Davis, T. E. (1996).A practitioner's guide to ethical decision making. Alexandria, VA. See American Counseling Association.

Herilhy, B., & Corey, G. (1996). ACA ethical standards casebook (5th ed.) Alexandria, VA. See American Counseling Association.

Huey, W. C. & Remley, T. P. (1988) Ethical and legal issues in school counseling. Alexandria, VA. See American Counseling Association.

Joint Committee on Testing Practices. (1988). Code of fair testing practices in education. Washington, DC: American Psycholoical Association.

Mitchell, R. W. (1991). Documentation in counseling records. Alexandria, VA. See American Counseling Association.

National Board for Certified Counselors. (1998). National board for cerified counselors: Code of ethics. Greensboro, NC.

National Board for Certified Counselors. (1998). Standards for the ethical practice of webcounseling. Greensboro, NC.

National Peer Helpers Associations. (1989). Code of ethics for peer helping professionals. Greenville, NC. nphaorg@aol.com.

Salo, M., & Schumate, S. (1993). Counseling minor clients. Alexandria,

VA. See American Counseling Association.

Stevens-Smith, P., & Hughes, M. (1993). Legal issues in marriage and family counseling. Alexanlems. (Videotape). Alexandria, VA. See American Counseling Association.

參考書目

ACES-ASCA Joint Committee on the Elementary School Counselor. (1966). "The Elementary School Counselor: Preliminary Statement, "*Personnel and Guidance Journal*, 44, 658-661.

Alexander, K., & Alexander, M.D. (1992). *American Public School Law* (3rd ed.) (St. Paul, MN: West Publishing).

Alexander, W.M., & George, P.S. (1981). *The Exemplary Middle School* (New York: Holt, Rinehart and Winston).

Allen, R.D.(1931). "A Group Guidance Curriculum in the Senior High School," *Education*, 52, 189-194.

Amatea, E.S. (1989). *Brief Strategic Intervention for School Behavior Problems* (San Francisco: Jossey-Bass).

Amatea, E.S., & Fabrick, F. (1981). "Family Systems Counseling: A Positive Alternative to Traditional Counseling," *Elementary School Guidance and Counseling*. 15, 223-236.

American Association for Counseling and Development (AACD). (1989). "Responsibilities of Users of Standardized Tests," *Guidepost*, 31(6), 11, 16, 27-28.

American Counseling Association(ACA). (1995). *Code of Ethics and Standards of Practice*, (Alexandria, VA: Author).

American Educational Research Association (AAERA). (1985). *Standard for Educational and Psychological Testing* (Washington, DC: Author).

American Psychiatric Association (APA). (2000). *Diagnostic and Statistical Manual of Mental Disorders* (4th ed.). DSM-IV-TR(Washington, DC: Author).

American Psychological Association. (1988). *Code of Fair Testing Practices*.

(Washington, DC: Joint Committee on Testing Practices, American Psychological Association).

American School Counselor Association (ASCA). (1981). ASCA role statement: "The Practice of Guidance and Counseling by School Counselors," *The School Counselor*, 29, 7-12.

American School Counselor Association (ASCA). (1984). *The School Counselor and Developmental Guidance* (ASCA position statement) (Alexandria, VA: Author).

American School Counselor Association (ASCA). (1997). "ASCA Publishes National Standards for School Counseling Programs," *The ASCA* Counselor, 35(1), 1, 7.

American School Counselor Association (ASCA). (1988). *Ethical Standards* (Alexandria, VA: Author).

Anastasi, A. (1988). *Psychological Testing*(6th ed.) (New York: Macmillan).

Anderson, B. (1996) *The Counselor and the Law* (4th ed.) (Alexandria, VA: American Counseling Association).

Atkinson, D.R., Furlong, M., & Janoff, D.S. (1979). "A Four-Component Model for Proactive Accountability in School Counseling," *The School Counselor*, 26, 222-228.

Aubrey, R. (1977). "Historical Developments of Counseling and Guidance and Implications for the Future," *Personnel and Guidance Journal*, 55, 288-295.

Aubrey, R.F. (1978). "Consultation, School Interventions, and the Elementary Counselor," *Personnel and Guidance Journal*, 56, 351-354.

Aubrey, R.F. (1982a). "A House Divided: Guidance and Counseling in 20th Century America, "*Personnel and Guidance Journal*, 61, 198-204.

Aubrey, R.F. (1982b). "Program Planning and Evaluation: Road Map of the 80s." *Elementary School Guidance and Counseling*, 17, 52-50.

Axline, V.M. (1947). "Nondirective Therapy for Poor Readers," *Journal of Consulting Psychology*, 11, 61-69.

Baker, S.B. (1994). "Mandatory Teaching Experience for School Counselors: An Impediment to Uniform Certification Standards for School Counselors," *Counselor Education and Supervision*, 33, 314-326.

Baker, S.B. (2000). *School Counseling for the Twenty-First Century* (3rd ed.). (New York: Merrill).

Bruth, L. G., & Manning, M.L. (2000). "A Call for Multicultural Counseling in Middle Schools," *Clearinghouse*, 73, 243-247.

Baruth, L. G., & Robinson, E. H. (1987). *An Introduction to the Counseling Profession* (Englewood Cliffs, NJ: Prentice Hall).

Beers, C. (1908). *A Mind That Found Itself* (New York: Longmans Green. Republished by Doubleday. 1953).

Bergan, J. R. (1977). *Behavioral consultation* (Columbus, OH: Merrill).

Berliner, D. C., & Biddle, B.J.(1995). *The Manufactured Crisis: Myths, Fraud, and the Attack on American's Public Schools* (Reading, MA: Addison-Wesley).

Blocher, D.H. (1966). *Developmental Counseling* (New York: Ronald Press).

Bloom, J. W., & Walz, G.R. (Eds.) (2000). *Cybercounseling and Cyberlearning: Strategies and Resources for the Millennium* (Alexandria, VA: American Counseling Association).

Bonnington, S.B. (1993). "Solution-Focused Brief Therapy: Helpful Interventions for School Counselors," *The School Counselor*, 41, 126-128.

Borders, L. D., & Drury, S.M. (1992). "Comprehensive School Counseling Programs: A Review for Policymakers and Practitioners," *Journal of Counseling and Development*, 70, 487-498.

Borders, L. D., & Leddick, G.R. (1987). *Handbook of Counseling Supervision* (Alexandria, VA: Association for Counselor Education and Supervision).

Borgers, S.B. (1980). "Using Reality Therapy in the Classroom with Gifted Individuals," *Gifted Child Quarterly*, 24, 167-168.

Bowman, R.P. (1987). "Small-Group Guidance and Counseling in schools: A National Survey of School counselors," *The School Counselor*, 34, 256-262.

Bowman, R.P., & Campbell, C.A. (1989). "Positive Peer Influence: A Powerful Tool for Middle School Counselors," *American Middle School Education*, 12(3), 5-16.

Boyer, E.L. (1983). *High School: A Report on Secondary Education in America* (New York: Harper & Row).

Brammer, L.M. (1994). *The Helping Relationship: A Process and Skills* (5th ed.) (Englewood Cliffs, NJ: Prentice Hall).

Breckenridge, A. (1987). "Performance Improvement Program Helps Administrators Assess Counselor Performance," *NASSP Bulletin, 71*, 23-26.

Brewer, J.M. (1932). *Education as Guidance: An Examination of the Possibilities of Curriculum in Terms of Life Activities in Elementary and Secondary Schools and Colleges* (New York: Macmillan).

Brown, D. (1985). "The Preservice Training of Supervision of Consultants," *The Counseling Psychologist*, 13, 410-425.

Brown, D., Pryzwansky, w.B., & Shulte, A.C. (2001) *Psychological Consultation: Introduction to Theory and Practice* (5th ed.) (Boston: Allyn and Bacon).

Brown, D., & Srebalus, D. (1972). *Contemporary Guidance Concepts and Practices* (Dubuque, IA: Wm. C. Brown Co.).

Bruce, M.A. (1995). "Brief Counseling: An Effective Model for Change," *The School Counselor*, 42, 353-363.

Bruce, M. A., & Hooper, G.C. (1997). "Brief Counseling Versus Traditional counseling: A Comparison of Effectiveness," *The School counselor*, 44, 171-184.

CACREP. (Summer, 1997). *The CACREP Connection* (Alexandria, VA: Author).

CACREP. (winter, 2002). *The CACREP Connection* (Alexandria, VA: Author).

Campbell, C.A. (ed.) (1993). "Counseling through Play: An Overview," *Elementary School Guidance & Counseling*, 28, 2-75.

Campbell, C. (2000). "K-12 Peer Helper Programs," In J. Wittmer (Ed.) *Managing Your School Counseling Program: K-12 Developmental Strategies* (pp. 229-241) (Minneapolis, MN: Education Media Corporation)

Campbell, C. A., & Dahir, C.A. (1997). *Sharing the Vision: The National Standards for School Counseling Programs* (Alexandria VA: American School Counselor Association).

Caplan, G. (1970). *The Theory and Practice of Mental Health Consultation* (New York: Basic Books).

Caplan, G., & Caplan, R.B. (1999). *Mental Health Consultation and Collaboration* (prospect Heights, IL: Waveland).

Carkhuff, R.R., & Berenson, B.G. (1967). *Beyond Counseling and Psychotherapy* (New York: Holt, Rinehart & Winston).

Carter, K.G. (1998). *Hooking Out-of-School Youth through Service Learning: Linking Learning with Life* (Clemson, SC: National Dropout Prevention Center, Clemson University).

Casey, J.A. (1995). "Developmental Issues for School Counselors Using Technology," *Elementary School Guidance and Counseling*, 30, 26-35.

Cassel, R.N. (1970). *Child Behavior Rating Scale* (Los Angeles: Western Psychological Services).

Cecil, J.H., & Comas, R.E. (1987). *Development of Strategies for the Preservation of School Counselor Preparation Programs, Monograph* (Alexandria, VA: American Association for Counseling and Development), ERIC No. ED 288111.

Christiansen, H.D. (1972). *Ethics in Counseling: Problem Situations* (Tucson: The University of Arizona Press).

Colbert, R.D. (1996). "The Counselor's Role in Advancing School and Family Partnerships," *The School Counselor*, 44, 100-104.

Coleman, H.K. (1995). "Cultural Factors and the Counseling Process: Implications for School Counselors," *The School Counselor*, 42, 180-185.

Combs, A.W. (ed.) (1962). *Perceiving, Behaving, Becoming* (Washington, DC: Yearbook of the Association for Supervision and Curriculum Development).

Conrad, D., & Hedin, D. (1991). "School-Based Community Service: What We Know from Research and Theory,"*Phi Delta Kappan*, 72(10), 743-749.

Corey, G. (1995). *Theory and Practice of Group Counseling* (4th ed.) (Pacific Grove, CA: Brooks/Cole).

Corey, G. (1996). *Theory and Practice of Counseling and Psychotherapy* (5th ed.) (Pacific Grove, CA:Books/Cole).

Corey, G., & Corey, M.S. (2002). *Issues and Ethics in the Helping Professions* (6th ed.) Pacific Grove, CA: Brooks/Cole.

Corey, M.S., & Corey, G. (2002). *Groups: Process and Practice* (6th ed.) (Pacific Grove, CA: Books/Cole).

Cormier, W.H., & Cormier, L.S. (1991). *Interviewing Strategies for Helpers: Fundamental Skills and Cognitive Behavioral Interventions* (Pacific Grove: Brooks/Cole).

Crabbs, S.K., & Crabbs, M.A. (1997). "Accountability: Who Does What to Whom When, Where, and How?" *The School counselor*, 25, 104-109.

Cunningham, B., & Hare, J. (1989). "Essential Elements of a Teacher In-Service Program on Child Bereavement," *Elementary School Guidance and Counseling*, 23, 175-182.

Dagley, J.C. (1987). "A New Look at Developmental Guidance: The Hearthstone of School Counseling," *The School Counselor*, 35, 102-109.

Dahir, C.A. (2001). The National Standards for School Counseling Programs: Development and Implementation. *Professional School Counseling*, 4, 320-327.

Dahir, C. A., Sheldon, C.B., & Valiga, M.J. (1998). *Vision into Action:*

Implementing the National Standards for School Counseling Programs (Alexandria, VA: American School Counselor Association).

Davis, J.L., & Mickelson, D.J. (1994). School Counselors: Are You Aware of Ethical and Legal Aspects of Counseling? *The School Counselor*, 42, 5-13.

Davis, T.E., & Osborn, C.J. (2000). *The Solution-Focused School Counselor: Shaping Professional Practice* (Philadelphia, PA: Accelerated Development).

De Luca, R. V., Hazen, A., & Cutler, J. (1993). "Evaluation of a Group Counseling Program for Preadolescent Female Victims of Incest," *Elementary School Guidance &* Counseling, 28, 104-114. de Shazer, S. (1985). Keys to Solution in Brief Therapy (New York: Norton). de Shazer, S. (1985). *Keys to Solution in Brief Therapy (New York: Norton).*de Shazer, S. (1991). *Putting Difference to Work* (New York: Norton).

Dettmer, P., Dyck, N., & Thurston, LP. (1999). *Consultation, Collaboration and Team Work for Students With Special Needs* (Boston, MA: Allyn and Bacon).

Dinkmeyer, D., & Dinkmeyer, D., Jr. (1982). *Developing Understanding of Self and Others, D-1 & D-2* (rev. ed.) (Circle Pines, MN: American Guidance Service).

Dinkmeyer, D. C., & McKay, G.D. (1989). *Systematic Training for Effective Parenting* (Circle Pines MN: American Guidance Services). [Original work published in 1976.]

Dougherty, A.M. (Ed.) (1986). "Special Issue: Counseling Middle Grade Students," *The School Counselor*, 33(3), 167-239.

Driver, H.I. (1958). *Counseling and Learning through Small group Discussion* (Madison, WI: Monona Publications).

Drummond, R.J. (1996). *Appraisal Procedures for Counselors and Helping Professionals* (3rd ed.)(Englewood Cliffs, NJ: Prentice Hall).

Drury, S.S. (1984). "Counselor Survival in the 1980s," *The School Counselor*, 31, 234-240.

Dugan, W.E. (ed.) (1958). *Counseling points of View*. Proceedings of the Minnesota Counselors Association Midwinter Conference, 1958 (Minneapolis: University of Minnesota Press).

Duncan, J.A. (1989). "The School Guidance Committee: The Counselor's Support Group," *The School Counselor*, 36, 192-197.

Dustin, D., & Ehly, S. (1992). "School Consultation in the 1990s," *Elementary School Guidance & Counseling*, 26, 165-175.

Eckerson, L., & Smith , H. (1966). *Scope of Pupil Personnel Services* (Washington, DC.: Office of Education , O.S. Department of Health, Education, and Welfare).

Edmonds, R.R. (1979). "Effective Schools for the Urban Poor," *Educational Leadership*, 37, 15-24.

Egan, G. (2002). *The Skilled Helper* (7th ed.) (Pacific Grove, CA: Brooks/Cole).

Elias, M.J., &Hoover, H.V.A. (1997). Computer-facilitated counseling for at-risk students in a social problem-solving "lab," *Elementary School Guidance and Counseling*, 31, 293-310.

Ellis, A. (1962). *Reason and Emotion in Psychotherapy* (New York: Lyle Stuart).

Engels, D., Wilborn, B.L., & Schneider, L.J. (1990). "*Ethics Curricula for Counselor Preparation Programs*." In B. Herlihy & L.B. Golden (eds.), Ethical Standards Casebook, pp. 111-126 (Alexandria, VA: American Association for Counseling and Development).

Epstein, J.L. (1991). "Pathways to Partnership: What We Can Learn from Federal, State, District, and School Initiatives," *Phi Delta Kappan*, 72(5), 344-349.

Eysenck, H.J. (1961). "The Effects of Psychotherapy." In H.J. Eysenck (Ed.), *Handbook of Abnormal Psychology* (New York: Basic Books).

Fairchild, T.N. (1986). "Time Analysis: Accountability Tool for Counselors," *The School Counselor*, 34, 36-43.

Fairchild, T.N. (1993). "Accountability Practices of School Counselors: 1990 National Survey," *The School Counselor*, 40, 363-374.

Fatum, R.W., & Hoyle, J.C. (1996). "IS It Violence? School Violence from the Student Perspective: Trends and Interventions, "*The School Counselor*, 44, 28-34.

Faust, V. (1968a). *History of Elementary School Counseling: Overview and Critique* (Boston: Houghton Mifflin).

Faust, V. (1968b). *The Counselor-Consultant in the Elementary School* (Boston: Houghton Mifflin).

Ficklen, E. (1987). "Why School Counselors Are So Tough to Manage and Evaluate," *The Executive Educator*, 9, 19-20.

Fischer, L., & Sorenson, G.P. (1996). *School Law for Counselors, Psychologists, and Social Workers* (3rd ed.) (New York: Longman).

Fishbaugh, M.S. (1997). *Models of Collaboration*. (Boston: Allyn and Bacon).

Foster, c.M. (1967). "The Elementary School Counselor: How Perceived?" *Counselor Education and Supervision*, 6, 102-107.

Frazier, F., & Matthes, W.A. (1975). "Parent Education: A Comparison of Adlerian and Behavioral Approaches," *Elementary School Guidance and Counseling*, 19, 31-38.

Froehle, T.C., & Rominger, R.L., III. (1993). "Directions in Consultation Research: Bridging the Gap Between Science and Practice," *Journal of Counseling and Development*, 71, 693-699.

Fullmer, D.W., & Bernard, H.W. (1972). *The School Counselor-Consultant*. (Boston: Houghton Mifflin).

Gallassi, J.P., & Gulledge, S.A. (1997). "The Middle School Counselor and Teacher-Advisor Programs." *Professional School Counseling*, 1(2), 55-61.

Gazda, G.M. (1989). *Group Counseling: A Developmental Approach* (4th ed.) (Boston: Allyn and Bacon).

Gazda, G.M. (1991). "What Recent Survey Research Indicates for the Future of Counseling and Counselor Education." In G.R. Walz, G.M. Gazda, & B.Schertger (Eds.), *Counseling Futures*, pp. 11-26 (Ann Arbor, MI: ERIC/CAPS).

Gazda, G.M., Ginter, E.J., & Horne, A.M. (2001). *Group Counseling and Group Psychotherapy: Theory and Application* (Boston: Allyn and Bacon).

George, P.S. (1986), "The Counselor and Modern Middle-Level Schools: New Roles in New Schools," *The School counselor*, 33, 178-188.

George, R.L., & Cristiani, T.S. (1995). *Counseling Theory and Practice* (4rd ed.) (Boston: Allyn and Bacon).

Gerler, E.R. (ed.) (1990). "Special Issue on Multimodal Theory, Research, and Practice," *Elementary School Guidance and Counseling*, 24(4), 242-317.

Gerler, E.R. (1995). "Advancing Elementary and Middle School counseling through Computer Technology," *Elementary School Guidance and Counseling*, 30, 8-16.

Gerler, E.R., & Anderson, R.F. (1986). "The Effects of Classroom Guidance on Children's Success in School," *Journal of Counseling and Development*, 65, 78-81.

Geroski, A.M., Rodgers, K.A., & Breen, D.T. (1997). "Using the DSM-IV to Enhance Collaboration among School Counselors, Clinical counselors, and Primary Care Physicians," *Journal of Counseling & Development*, 75, 231-239.

Getson, R., & Schweid, R, (1976), "School counselors and the Buckley Amendment-Ethical Standards Squeeze," *The School counselor*, 24, 56-58.

Giannotti, T.J., & Doyle, R.E. (1982). "The Effectiveness of Parental Training on Learning Disabled Children and their Parents," *Elementary School Guidance and Counseling*, 17, 131-136.

Gibson, R.L. (1990). "Teacher Opinions of High School Counseling and Guidance Programs: Then and Now," *The School counselor*, 37, 248-255.

Gibson, R.L., & Mitchell, M.H. (1999). *Introduction to Counseling and Guidance* (4rd ed.) (Upper Saddle River, NJ: Prentice Hall).

Gibson, R.L., Mitchell, M.H., & Basile, S.K. (1993). *Counseling in the Elementary school: A Comprehensive Approach* (Boston: Allyn and Bacon).

Gladding, S.T. (1999). *Group Work: A Counseling specialty* (3rd ed.) (Columbus, OH: Merrill).

Gladding, S.T. (2000). *Counseling: A Comprehensive Profession* (4th ed.) (Upper Saddle River, NJ: Prentice Hall).

Glasser, W. (1965). *Reality Therapy: A New Approach to Psychiatry* (New York: Harper & Row).

Glasser, W. (1984a). "Reality Therapy." In R.J. Corsini (Ed.). *Current Psychotherapies* (3rd ed.), pp. 320-353 (Itasca, IL: F.E. Peacock).

Golden, L.B. (1988). "Quick Assessment of Family Functioning," *The School Counselor*, 35, 179-184.

Goldman, L. (1982). "Assessment in Counseling: A Better Way," *Measurement and Evaluation in Guidance*, 15, 70-73.

Good, T.L., & Brophy, J.E. (1994). *Looking in Classrooms* (6rd ed.) (New York: Harper Collins).

Goodland, J.L. (1984). *A Place Called School* (New York: McGraw-Hill).

Gorton, R., & Ohlemacher, R. (1987). "Counselor Evaluation: A New Priority for the Principal's Agenda," NASSP *Bulletin*, 71, 120-124.

Greene, K, (1967). "Functions Performed and Preferred by Elementary School Counselors in the United States" (Doctoral dissertation, Ohio University, 1967). *Dissertation Abstracts International*, 28, (University Microfilms No. 67-14 780).

Gronlund, N.E., & Linn, R.L. (1990). *Measurement and Evaluation in*

Teaching (6th ed.) (New York: Macmillan).

Grummon, D.L., & John, E.S. (1954). "Changes over Client-Centered Therapy Evaluated on Psychoanalytically Based Thematic Apperception Test Scales." In C.R. Rogers & R.F. Dymond (Eds.), *Psychotherapy and Personality Change* (Chicago: University of Chicago Press).

Gysbers, N.C., & Henderson, P. (Eds.) (1997). *Comprehensive Guidance Programs That Work-II* (Greensboro, NC: ERIC/CASS).

Gysbers, N.C., & Henderson, P. (2000). *Developing and Managing your School Guidance Program* (3rd ed.) (Alexandria, VA: American Association for Counseling and Development).

Gysbers, N.C., Lapan, R.T., & Blair, M. (1999). "Closing in on Statewide Implementation of a Comprehensive Guidance Program Model," *Professional School Counseling*, 2, 357-366.

Gysbers, N. C., & Moore, E.H. (1981). *Improving Guidance Programs* (Englewood Cliffs, NJ: Prentice Hall).

Haas, C. (2000, January). "Entangled in the 'Net: Online Counseling Can Turn 'You've got mail' Into 'You've got help', "*Counseling Today*, 42(7), 26-27.

Hadley, H.R. (1988). "Improving Reading Scores through a Self-Esteem Intervention Program," *Elementary School Guidance and Counseling*, 22, 248-252.

Hansen, J.C., Himes, B.S., & Meier, S. (1990). *Consultation: Concepts and Practices* (Englewood Cliffs, NJ: Prentice Hall).

Hare, J., & Cunningham, B. (1988). "Effects of Child Bereavement Training Program for Teachers," *Death Studies*, 12, 345-353.

Harrison, T. (2000). Brief Counseling in the K-12 Developmental Guidance Program. In J. Wittmer (Ed.), *Managing You School Counseling Program: K-12 Developmental Strategies*, pp. 85-94 (Minneapolis, MN: Educational Media Corporation).

Hays, D.G. (1978). "2001: A Counseling Odyssey," *The Personnel and*

Guidance Journal, 57, 17-21.

Hays, D.G., & Johnson, C.S.(1984), "21st Century Counseling," *The School Counselor*, 31, 205-214.

Henderson, P.A. (1987a). "Terminating the Counseling Relationship with Children," *Elementary School Guidance and Counseling*, 22, 143-148.

Henderson, P.A. (1987b). "Effects of Planned Parental Involvement in Affective Education," *The school Counselor*, 35, 22-27.

Henderson, P.A., Kellby, T. J., & Engebretson, K.M. (1992). "Effects of a Stress-Control Program on Childre's Locus of Control, Self-Concept, and Coping Behavior," The School Counselor, 40, 125-130.

Herr, E.L. (1986). "The Relevant Counselor," *The School Counselor*, 34, 7-13.

Herr, E.L., Cramer, S.H. (1996). *Career Guidance and Counseling through the Life Span: Systemic Approaches* (5th ed.) (Glenview, IL: Scott Foresman and Co).

Hett, G.G., & Davies, A. (1985). *The Counselor as Consultant* (ERIC Document Reproduction Services No. ED 262-348).

Heuchert, C.M. (1989). "Enhancing Self-Directed Behavior in the Classroom," *Academic Therapy*, 24, 295-303.

Hill, G., & Luckey, E. (1969). *Guidance for Children in Elementary Schools* (New York: Appleton-Century-Crofts).

Hinkle, J.S. (1993). "Training School Counselors to Do Family Counseling," *Elementary School Guidance and Counseling*, 27, 252-257.

Hitchner, K.W., & Tifft-Hitchner, A. (1987). *A Survival Guide for the Secondary School Counselor* (West Nyack, NY: The Center for Applied Research in Education).

Hitchner, K.W., & Tifft-Hitchner, A. (1996). *Counseling Today's Secondary Students: Practical Strategies, Techniques & Materials for the School Counselor* (Englewood Cliffs, NJ: Prentice Hall).

Hobbs, B.B., & Collison, B.B. (1995). "School-Community Agency

Collaboration: Implications for School Counselors," *School Counselor*, 43, 58-65.

Hohenshil, T.H. (1981). "The Future of the Counseling Profession: Three Issues," *Personnel and Guidance Journal*, 60, 133-134.

Hohenshil, T.H. (2000). "High Tech Counseling," *Journal of Counseling and Development*, 78, 365-368.

Hohenshill, T.H., & Brown, M.B. (1991). "Public School Counseling Services for Prekindergarten Children," *Elementary School Guidance and Counseling*, 26, 4-11.

Holland, J.L. (1985). *Making Vocational Choices: A Theory of Careers* (2nd ed.) (Englewood Cliffs, NJ: Prentice Hall).

Hollis, J., & Wantz, R.A. (1993). *Counselor Preparation 1993-95: Programs, Personnel Trends* (8th ed.) (Muncie, IN: Accelerated Development).

House, A.E. (1999). DSM-IV: *Diagnosis in the Schools* (New York: Guilford).

Housley, W.F., McDaniel, L.C., & Underwood, J.R. (1990). "Mandated Assessment of Counselors in Mississippi," *The School Counselor*, 37, 294-302.

Howe H.,II (1991), "America 2000: A Bumpy Ride on Four Trains," *Phi Delta Kappan*, 73, 192-203.

Hoy, W.K., Tarter, C.J., & Kottkamp, R.B. (1991). *Open Schools/Healthy Schools* (Newbury, CA: Sage Publications).

Huber, C.H., & Backlund, B.A. (1992). *The Twenty Minute Counselor*. (New York: Continuum).

Humes, C.W. (1978). "School Counselors and PL 94 142," *The School Counselor*, 25, 193-195.

Humes, C.W., & Hohenshil, T.H. (1987). "Elementary Counselors, School Psychologists, School Social Workers: Who Does What?" *Elementary School Guidance and Counseling*, 22, 37-45.

Hutchinson, R.L., Barrick, A.L., & Groves, M. (1986). "Functions of

Secondary School Counselors in the Public Schools: Ideal and Actual," *The school Counselor*, 34 87-91.

Hutchinson, R.L., & Bottorff, R.L. (1986). "Selected High School Counseling Services: student Assessment," *The School Counselor*, 33, 350-354.

Ibrahim, F.A. (1991). "Contribution of Cultural Worldview to Generic Counseling and Development, *Journal of Counseling and Development*, 70, 13-19.

Ibrahim, F., Helms, B., & Thompson, D. (1983). "Counselor Role and Function: An Appraisal by Consumers and Counselors," *The Personnel and Guidance Journal*, 61 597-601.

Institute for Research on Poverty. (2001a). *How Many Children Are Poor?* (Madison, WI: University of Wisconsin). Retrieved January 3, 2001 from the World Wide Web: *http://www.sscwisc.edu/irp.faqs/faq6.htm.*

Institute for Research on Poverty. (2001b). *Who Is Poor?* (Madison, WI: University of Wisconsin). Retrieved January 3, 2001 from the World WideWeb:*http://www.sscwisc.edu/irp.faqs/faq3.htm*.

Isaacs, M.L., & Stone, C. (1999). "School Counselors and Confidentiality: Factors Affecting Professional Choices," *Professional School Counseling*, 2, 258-266.

Isaacson, L.E., & Brown, D. (2000). *Career Information. Career Counseling, and Career Development* (7th ed.) (Boston: Allyn and Bacon).

Ivey, A.E. (1991). *Developmental Strategies for Helpers* (Pacific Grove, CA: Brooks/Cole).

Ivey, A.E. (1993). *Intentional Interviewing and Counseling: Facilitating Client Development in a Multicultural Society* (3rd ed.) (Pacific Grove, CA: Brooks/Cole).

Jackson, M.D., & Brown, D. (1986). "Use of Systematic Training for Effective Parenting (STEP) with Elementary School Parents," *The School Counselor*, 34, 100-104.

Jacobs, E.E., Harrill, R.L., & Masson, R.L. (1988). *Group Counseling: Strategies and Skills* (Pacific Grove, CA: Brooks/Cole).

Johnson, C. (Ed.) (1983). *Microcomputers and the School counselor* (Alexandria, VA: AmericanSchool Counselor Association).

Johnson, D.W., & Johnson, F.P. (2000). *Joining Together: Group Theory and Group Skills* (7th ed.) (Boston: Allyn and Bacon).

Johnson, L.S. (2000). "Promoting Professional Identity in an Era of Educational Reform," *Professional School Counseling*, 4, 31-40.

Joint Center for Poverty Research (2001). *Rural Dimensions of Welfare Reform* (Chicago, IL: Northwestern University/University of Chicago). Retrieved January 3, 2001 from the World Wide Web: *http://www.jcpr.org/conference/ruralbriefing.html#selectfindings.*

Jourard, S.M. (1964). *The Transparent Self: Self-Disclosure and Well-Being* (Princeton, NJ: Van Nostrand).

Kameen, M.C., Robinson, E.H., & Rotter, J.C. (1985). "Coordination Activities: A Study of Perceptions of Elementary and Middle School Counselors," *Elementary School Guidance and Counseling*, 20, 97-104.

Kaplan, L.S.(1996). "Outrageous or Legitimate Concerns: What Some Parents Are Saying about School Counseling," *The School Counselor*, 43, 165-170.

Kaplan, L.S. (1997). "Parents Rights: Are School Counselors at Risk?" *The School Counselor*, 44, 334-343.

Kerr, B.A., Claiborn, C.D., & Dixon, D.N. (1982). "Training Counselors in Persuasion," *Counselor Education and Supervision*, 22, 138-140.

Keys, S.G., & Bemak, F. (1997). "School-Family-Community Linked Services: A School Counseling Role for Changing Times," *The School Counselor*, 44, 255-263.

Kirk, S.A., Gallagher, J.J., & Anastasiow, N.J. (1996). *Educating Exceptional Children* (8th ed.) (Boston: Houghton Mifflin).

Kleiner, B., & Chapman, C. (2000). *Youth Service-Learning and*

Community Service among 6th-through 12th-Grade Students in the United States: 1996 and 1999 (Washington, DC: National Center for Education Statistics). (ERIC Document Reproduction Service No. ED 439086).

Kohn, A. (1991). "Caring Kids: The Role of the Schools," *Phi Delta Kappan*, 72(7), 496-506.

Kottler, J.A. (2001). *Learning Group Leadership: An Experiential Approach* (Boston: Allyn and Bacon).

Krumboltz, J.D. (1974). "An Accountability Model for Counselors," *Personnel and Guidance Journal*, 52, 639-646.

Kurpius, D. (Ed.) (1978a). "Special Issue: Consultation I," *Personnel and Guidance Journal*, 56(6),320-373.

Kurpius, D. (Ed.) (1978b). "Special Issue: Consultation LL," *Personnel and Guidance Journal*, 56(7), 394-448.

Kurpius, D. (1978a). "Consultation Theory and Process: An Integrated Model," *Personnel and Guidance Journal*, 56(6), 335-338.

Kurpius, D., & Brown, D. (Ed.). (1985). "Consultation" [Special Issue]. *The Counseling Psychologist*, 13, 333-476.

Kurpius, D.J., & Brown, D. (Eds). (1988). *Handbook of Consultation: An Intervention for Advocacy and Outreach* (Washington, DC: Association for Counselor Education and Supervision).

Kurpius, D., & Fuqua, D.R. (1993a). "Fundamental Issues in Defining Consultation," *Journal of Counseling and Development* , 71, 598-600.

Kurpius, D.J., & Fuqua, D.R. (Eds.) (1993b). "Special Issue:Consultation: A Paradigm for Helping, I," *Journal of Counseling & Development* , 71, 593-708.

Kurpius, D.J., & Fuqua, D.R. (Eds.) (1993c). "Special Issue:Consultation: A Paradigm for Helping, II," *Journal of Counseling & Development*, 72, 113-198.

Kurpius, D., & Robinson, S.E. (1978). "An Overview of Consultation,"

Personnel and Guidance Journal, 56, 320-323.

Lapan, R.T., Gysbers, N.C., & Petroski, G.F.(2001). "Helping Seventh Graders Be Safe and Successful: A Statewide Study of the Impact of Comprehensive Guidance and Counseling Programs," *Journal of Counseling & Development*, 79, 320-330.

Lee, C.C. (Ed.). (1995). *Counseling for Diversity: A Guide for School counselors and Related Professionals* (Boston: Allyn Bacon).

Lee, R.S. (1993). "Effects of Classroom Guidance on Student Achievement," *Elementary School Guidance and Counseling*, 27, 163-171.

Lewis, B. (1991). *The Kids' Guide go Social Action* (Minneapolis, MN: Free Spirit Publishing.

Lewis, M.W., & Lewis, A.C. (1996). "Peer Helping Programs: Helper Role, Supervisor Training, and Suicidal Behavior," *Journal of Counseling and Development*, 74, 307-314.

Locke, D.C., & Parker, L.D. (1994), "Improving the Multicultural Competence of Educators," In P. Pedersen & J.C. Carey (Eds.) *Multicultural Counseling in Schools: A Practical Handbook* (Boston: Allyn and Bacon).

Lombana, J.H. (1985). "Guidance Accountability: A New Look at an Old Problem." *The School Counselor*, 32, 340-346.

Lopez, F.G. (1985). "Brief Therapy: A Model for Early Counselor Training," *Counselor Education and Supervision*, 34, 307-316.

Lusky, M.B., & Hayes, R.L. (2001). "Collaborative Consultation and Program Evaluation," *Journal of Counseling and Development*, 79, 26-38.

Lyman, H.B. (1998). *Test Scores and What They Mean* (6th ed.) (Boston: Allyn and Bacon).

Mabe, A.R., & Rollin, S.A. (1986). "The Role of Code of Ethicalstandards in Counseling," *Journal of Counseling and Development*, 64, 294-297.

Manning, M.L., & Saddlemire, R. (1996). "Implementing Middle School concepts into High Schools,"*Clearinghouse*, 69, 339-343.

Marcon, R.A. (1998, July). *Predicting Parent Involvement and Its Influence on School Success: A Follow-up Study*. Presented at the national Head Start Research Conference, Washington, DC.

Martinson, R.A., & Smallenburg, H. (1958). *Guidance in the Elementary Schools* (Englewood Cliffs, NJ: Prentice-Hall).

Maslow, A. H. (1957). "A Philosophy of Psychology: The Need for a Mature Science of Human Nature," *Main Currents in Modern Thought*, 13, 27-32.

Maultsby, M.C. (1986). "Teaching Rational Self-Counseling to Middle-Graders," *The School Counselor*, 33, 207-219.

May, R. (ed.) (1966). *Existential Psychology* (New York: Random House).

McCarthy, M., & Sorenson, G. (1993). "School Counselors and Consultants: Legal Duties and Liabilities," *Journal of Counseling and Development*, 72, 159-168.

McKay, G.D., & Dinkmeyer, D.C. (1989). *Systematic Training for Effective Parenting*, Leaders, Manual, Revised Edition. (Circle Pines, MN: American Guidance Service).

McKellar, R. (1964). "A Study of Concepts, Functions, and Organizational Characteristics of Guidance in the Elementary School as Reported by Selected Elementary School Guidance Personnel" (Doctoral dissertation, Florida State University, 1963). *Dissertation Abstracts International*, 24, 4477 (University Microfilms No. 643601).

Meeks, A.R. (1968). *Guidance in Elementary Education* (New York: Ronald Press Co).

Michael, J. (1986). *Advisor-Advisee Programs* (Columbus, OH: National Middle School Association).

Miller, F.W. (1968). *Guidance: Principles and Services* (Columbus, OH: Merrill).

Miller, G. (1988). "Counselor Functions in Excellent Schools: Elementary through Secondary," *The School Counselor*, 36, 88-93.

Molnar-Stickels, L. (1985). "Effect of a Brief Instructional Unit in Death Education on the Death Attitudes of Prospective Elementary School Teachers," *Journal of School Health*, 55, 234-235.

Morrison, J. (1995). *DSM-IV Made Easy: The Clinician's Guide to Diagnosis* (New York: Guilford).

Morse, C. L., Bockoven, J., & Bettesworth, A. (1988). "Effects of DUSO-2-Revised on Children's Social Skills and Self-esteem," *Elementary School Guidance and Counseling*, 22, 199-205.

Morse, C.L., & Russell, T. (1988). "How Elementary Counselors See Their Role," *Elementary School Guidance and Counseling*, 23, 54-62.

Mostert, M.P. (1998). *Interprofessional Collaboration in Schools* (Boston: Allyn and Bacon).

Muro, J.J., & Kottman, T. (1995). *Guidance and Counseling in the Elementary and Middle Schools*. (Madison, WI: Brown and Benchmark).

Myrick, R.D. (1984), "Beyond the Issues of School Counselor Accountability," *Measurement and Evaluation in Guidance*, 16, 218-222.

Myrick, R.D. (1997). *Developmental Guidance and Counseling: A Practical Approach* (3rd ed.) (Minneapolis, MN: Educational Media Corporation).

Myrick, R.D., & Dixon, R.W. (1985). "Changing Student Attitudes and Behavior through Group Counseling," *The School Counselor*, 32, 325-330.

Myrick, R.D., Merhill, H., & Swanson, L. (1986). "Changing Student Attitudes through Classroom Guidance," *The School Counselor*, 33, 244-252.

Myrick, R.D., & Moni, L. (1976). "A Status Report of Elementary School Counseling," *Elementary School Guidance and Counseling*, 10, 156-164.

Myrick, R.D., & Myrick, L.S. (1990). *The Teacher-Advisor Program: An*

Innovative Approach to School Guidance (Ann Arbor, MI: ERIC/CAPS).

Natan, J., & Kielsmeier, J. (1991). "The Sleeping Giant of School Reform," *Phi Delta Kappan*, 72(10), 739-742.

Nicoll, W.G. (1984). "School Counselors as Family Counselors: A Rational and Training Model," *The School Counselor*, 31, 279-284.

Nugent, F.A. (2000). *Introduction to the Profession of Counseling* (3rd ed.) (Columbus, OH: Merrill).

Nystul, M.S. (1993). *The Art and Science of Counseling and Psychotherapy* (New York: Merrill).

Oakland, T. (1982). "Nonbiased Assessment in Counseling: Issues and Guidelines," *Measurement and Evaluation in Guidance*, 15, 107-116.

O'Hanlon, W., & Weiner-Davis, M. (1989). *In Search of Solutions: A New Direction in Psychotherapy* (New York: Norton).

Olson, D.H., & Claiborn, C.D. (1990). "Interpretation and Arousal in the Counseling Process," *Journal of Counseling Psychology*, 37, 131-137.

Olson, M.J., & Allen, D.N. (1993). "Principals' Perceptions of the Effectiveness of School Counselors With and Without Teaching Experience," *Counselor Education and Supervision*, 33, 10-21.

Omizo, M.M., Hershberge, J.M., & Omizo, S.A. (1988). "Teaching Children to Cope with Anger," *Elementary School Guidance and Counseling*, 22, 241-245.

Omizo, M.M., & Omizo, S.A. (1987). "Group Counseling with Children of Divorce: New Findings," *Elementary School Guidance and Counseling*, 22, 46-52.

Owen, D.J. (1999). "Computer Utilization by School Counselors," *Professional School Counseling*, 2, 179-183.

Pasiley, P.O., & Borders, L.D. (1995). "School Counseling: An Evolving Specialty," Journal of *Counseling and Development*, 74(2), 150-153.

Paisley, P.O., & Hubbard, G.T. (1989). "School Counseling: State Officials' Perceptions of Certification and Employment Trends,"

Counselor Education and Supervision, 29, 60-70.

Palmo, A.J., Lowry, L.A., Weldon, D.P., & Scioscia, T.M. (1984), "Schools and Family: Future Perspectives for School Counselors," *The School Counselor*, 31, 272-278.

Parloff, M.B. (1976). February 21). "Shopping for the Right Therapy," *Saturday Review*, 14-16

Parsons, F. (1909). *Choosing a Vocation* (Boston: Houghton Mifflin).

Passons, W.R. (1975). *Gestalt Approaches in Counseling* (New York: Holt, Rinehart, & Winston).

Patterson, C.H. (1962). *Counseling and Guidance in Schools* (New York: Harper and Brothers).

Pedersen, P.B. (1991). "Multiculturalism as a Generic Approach to Counseling," *Journal of Counseling and Development*, 70, 6-12.

Pedersen, P., & Carey, J.C. (Eds.). (1994). *Multicultural Counseling in Schools: A Practical Handbook*. (Boston: Allyn and Bacon).

Perry, N.S. (2000). "Reaching Out: Involving Parents and Community Members in the School Counseling Program." In J. Wittmer (Ed.), *Managing Your School Counseling Program: K-12 Developmental Strategies*, pp. 264-272. (Minneapolis, MN: Educational Media Corporation).

Pietrofesa, J.J., Hoffman, A., & Splete, H.H. (1984). *Counseling: An Introduction* (Boston: Houghton Mifflin).

Popkin, M.H. (1993). *Today: For Parents of 2 to 12 Year Olds* (Marietta, GA: Active Parenting, Inc.).

Population Reference Bureau. (2001). *2000 United States Population Data Sheet; Resident Population, 1999 & 2015*. Retrieved July 27, 2001 from the World Wide Web: *http://www.prb.org/pubs/usds2000/section1html.*

Post-Krammer, P. (1988). "Effectiveness of Parents Anonymous in Reducing Child Abuse," *The School Counselor*, 35, 337-342.

Potts, B. (Smmer, 1999). "National Board for Professional Teaching Standards," *The ASCA Counselor,* 36(5), p. 3.

Pryzwansky, W.B. (1977). "Collaboration or Consultation: Is There a Difference? *Journal of Special Education*, 11, 179-182.

Purkey, S.C., & Smith, M.S. (1983). "Effective Schools: A Review, " *The Elementary School Journal*, 83, 427-452.

Purkey, W.W. (2000). *What Students Say to Themselves: Internal Dialogue and School success* (Thousand Oaks, CA: Corwin Press)

Purkey, W.W., & Novak, J. (1996). *Inviting School Success* (3rd ed.) (Belmont, CA: Wadsworth).

Purkey, W.W., & Schmidt, J.J. (1987). *The Inviting Relationship* (Englewood Cliffs, NJ: Prentice Hall).

Purkey, W.W., & Schmidt, J.J. (1990). *Invitational Learning for Counseling and Development*. (Ann Arbor, MI: ERIC/CAPS).

Purkey, W.W., & Schmidt, J.J. (1996). *Invitational Counseling: A Self-Concept Approach to Professional* Practice (Pacific Grove, CA: Brooks/Cole).

Quarto, C.J. (1999). "Teachers' Perceptions of School Counselors with and without Teaching Experience," *Professional School Counseling*, 2, 378-383.

Randolph, D.L., & Masker, T. (1997). "Teacher Certification and the Counselor: A Follow-up Survey of School Counselor Certification Requirements," *ACES Spectrum*, 57(4), 6-8.

Remley, T., Jr. (1985). "The Law and Ethical Practice in Elementary and Middle Schools," *Elementary School Guidance and Counseling*, 19, 181-189.

Riddle, J., Bergin, J.J., & Douzenis, C. (1997). "*Effects of Group Counseling on the Self-Concept of Children of Alcoholics,*" *Elementary School Guidance and Counseling*, 31, 192-203.

Roberts, E.B., & Borders, L.D. (1994). "Supervision of School counselors:

Administrative, Program, and Counseling, " *The School Counselor*, 41, 149-157.

Roeber, E.C. (1963). *The School Counselor* (Washington, DC: The Center for Applied Research in Education).

Rogers, C.R. (1942). *Counseling and Psychotherapy: New Concepts in Practice* (Boston: Houghton Mifflin).

Rogers, C.R. (1951). *Client-Centered Therapy: Its Current Practice, Implications, and Theory* (Boston: Houghton Mifflin).

Rogers, C.R., Gendlin, E.T., Kiessler, D., & Truax, C.B. (1967). *The Therapeutic Relationship and Its Impact: A Study of Psychotherapy and Schizophrenics* (Madison: University of Wisconsin Press).

Rose, S.R. (1987). "Social Skill Training in Middle Childhood: A Structured Group Research," *Journal for Specialists in Group Work*, 12, 144-149.

Rust, E.B. (1995). "Applications of the International Computer Network for Elementary and Middle School Counseling," *Elementary School Guidance and Counseling*, 30, 16-26.

Ryan, K., & Cooper, J.M. (1988). Those Who Can Teach (5th ed.) (Boston: Houghton Mifflin).

Rychlak, J.F. (1985). "Eclecticism in Psychological Theorizing: Good and Bad," *Journal of Counseling and Development* 63, 351-353.

Sabella, R.A. (1996). "School Counselors and Computers: Specific Time-Saving Tips." Elementary School Guidance and Counseling, 31, 83-95.

Sacks, J.I. (1992). AACD to Become ACA. Guidepost, 34(12), 1, 10.

Salo, M.M., & Shumate, S.G. (1993). *Counseling Minor Clients*. (Alexandria, VA: American Counseling Association).

Sampson, J.P., Jr. (1990). "Ethical Use of Computer applications in counseling: Past, Present, and Future Perspectives," In B. Herlihy & L.B. Golden (Eds.), *Ethical Standards Casebook* (pp. 170-176). (Alexandria, VA: American Association for Counseling and Development).

Scarborough, J.L. (1997). "The SOS Club: A Practical Peer Helper Program," *Professional School Counseling*, 1(2), 25-29.

Schlossberg, S.M., Morris, J.D., & Lieberman, M.G. (2001). "The Effects of a Counselor-Led Guidance Intervention on Students' Behaviors and Attitudes," *Professional School Counseling*, 4, 156-164.

Schmidt, J.J. (1986). "Becoming an 'Able' Counselor," *Elementary School Guidance and Counseling*, 21, 16-22.

Schmidt, J.J. (1987). "Parental Objections to counseling Services: An Analysis," *The School counselor*, 34, 387-391.

Schmidt, J.J. (Ed.) (1989). "Counseling in the Middle School," *American Middle School Education*, 12(3), 1-72.

Schmidt, J.J. (1990). "Critical Issues for Counselor Performance Appraisal and Supervision," *The School Counselor*, 38, 86-94.

Schmidt, J.J. (1991). *A Survival Guide for the Elementary/Middle School counselor* (West Nyack, NY: The Center for Applied Research in Education).

Schmidt, J. J. (1992). *Counselors Credentialing and School Coinseling Employability in North Carolina*. (Ann Arbor, MI: ERIC/CAPS, University of Michigan) (ERIC Document No. ED 349 480)

Schmidt, J. J. (1993). *A Review of School Counseling Programs, K-12*. Unpublished manuscript, Chapel-Hill Carrboro City Schools, Chapel Hill, NC.

Schmidt, J. J., (1994a). *School Counseling Program Review*. Unpublished manuuscript, Washington County Schools, Plymouth, NC.

Schmidt, J. J., (1994b). *Living Intentionally and Making Life Happen* (rev. ed.) (Cary, NC: Brookcliff Publishers).

Schmidt, J. J., (1994c). "Substance Abuse Prevention: An Expanded Role for Counselors," *Journal of Counseling and Development*, 72, 514-519.

Schmidt, J. J (1995). *School Counseling Program Review*. Unpublished manscript. Pitt County Schools, Greenville, NC.

Schmidt, J. J (1996). "Assessing School Counseling Programs through External Reviews." *The School Counselor*, 43 (2), 114-123.

Schmidt, J. J (2000). "Counselor Accountability: Justifying Your Time and Measuring Your Worth." In J. Wittmer (ED.), *Managing Your*

School Counseliong Program: K-12 Developmental Strategies (2nd ed.) (pp.275-291)(Minneapolis, MN: Educational Media Corporation).

Schmidt, J. J (2002). *Intenional Hleping: A Philosophy for Proficient Caring Relationships* (Upper Saddle River, NJ: Merrill/Prentice Hall).

Schmidt, J. J., & Ciechalski, J. C.(2001). "School Counseling Standards: A Summary and Comparison with Other Student Services' Standards,." *Professional School Counseling*, 4, 328-333.

Schmidt, J. J., & Medl, W. A.(1983). "Six Magic Steps of Consulting,." *The School Counselor*, 30, 212-216.

Schmidt, J. J., & Osborne, W. L. (1981). "Counseling and Consulting: Separate Processes or the Same?" *Personnal and Guidance Journal*, 60, 168-171.

Schmidt, J. J., Weaver, F. S. & Aldredge, A. (2001). *Perceptions of School Counselor's Role and Satisfaction by Newly Hired Counselors and Principals in Eastern North Carolina*. Unpublished manuscript, School of Education, Ease Carolina University, Greenville, NC.

Sears, S. J. (1993). "The changing Scope of Practice of the Secondary School Counselor," *The School Counselor*, 40, 384-388.

Sexton, T. L. (1999). "Evidenced-Based Counseling: Implications for Counseling Practice, Preparation, and Professionalism," *ERIC Digest* (Greenboro, NC: ERIC Clearinghouse on Counseling and Student Services).

Sexton, T. L., & Whiston, S. C. (1991). "A Review of the Empirical for Counseling: Implicatons for Practice and Training,." *Counselor*

Education and Supervision, 30, 330-354.

Sheeley, V. L., 7 Herlihy, B. (1987). "Privileged Communication in School Counseling: Status Update," *The School Counselor*, 34, 268-272.

Shertzer, B., & Stone, S. C. (1966). *Fundamentals of Guidance* (Boston: Houghton Mifflin).

Shertzer, B., & Stone, S. C. (1981). *Fundamentals of Guidance* (4th ed.) (Boston: Houghton Mifflin).

Shilling, L. E. (1984). *Perspective on Counseling Theories* (Englewood Cliffs, NJ: Prentice Hall).

Sink, C. A., & Yillik-Downer, A. (2001). "School Counselors' Perceptions of Comprehensive Guidance and Counseling Programs: A National Survey," *Professional School Counseling*, 4, 278-288.

Sodowsky, G. R., & Johnson, P. (1994), "World Views: Culturally Learned Assumptions and Values." In P. Pedersen & J. C.

Carey

(Eds.), *Multicultural Counseling in Schools: A Practical Handbook* (Boston: Allyn and Bacon).

Solomon, Z. (1991). "California's Policy on Parent Involvement," *Phi Delta Kappan*, 75 (5), 359-362.

Stamm, M. L., & Nissman, B. S. (1979). *Improving Middle School Guidance* (Boston: Allyn and Bacon).

Stampfl, T. G. (1961). "Implosive Therapy: A Learing Theory Derived Psychodynamic Therapeutic Technique." In P. Lebarba & A. Dent (Eds.), *Critical Issues in Clinical Psychology* (New York: Academic Press).

Stefflre, B., & Grant, W. H. (1972). *Theories of Counseling* (2nd ed.) (New York: McGraw-Hill).

Stickel, S. A. (1990). "Using Multimodal Social-Skills Groups with Kindergarten Children," *Elementary School Guidance and Counseling*, 24, 281-288.

Stronge, J. H., & Helm, V. M. (1991). *Evaluation Professional Support Personnel in Education* (Newbury Park, CA: SAGE Publications).

Super, D. E., Savickas, M. L., & Super, C. M. (1996). A Life-Span, Life-Space Approach to Careers. In D. Brown, L. Brooks, & Associates (Eds.), *Career Choice and Development* (2nd ed.), pp. 121-178. (San Francisco, CA: Jossey-Bass).

Sussman, R. J. (2000). *Counseling over the Internet: Benefits and Challenges in the Use of New Technologies* (Greensboro, NC: The University of North Carolina at Greensboro, ERIC-CASS). Retrieved November 1, 2000 from the Wide Web: *http://www.cybercounsel.uncg.edu/manuscripts/internetcounseling.htm.*

Sutton, J. M., Jr., & Southworth, R. S. (1990). "The Effect of the Rural Setting on School Counselors," *The School Counselor*, 37, 173-178.

Sweeney, T. J. (1998). *Adlerian Counseling: A Practitioner's Approach* (4th ed.) (Philadelphia: Accelerated Development).

Tedder, S. L., Scherman, A., & Wantz, R. A. (1987). "Effectiveness of a Support Group for Children of Divorce," Elementary School Guidance and Counseling, 22, 102-109.

Tennyson, W. W., Miller, G. D., Sovholt, T. G., & Williams, R. D. (1989). "Secondary School Counselors: What Do They Do? What Is Important?" *The School Counselors*, 36, 253-259.

Thetford, W. N. (1952). "An Objective Measure of Frustration Toleration in Evaluating Psychotherapy." In W. Wolff (ed.), *Success in Psychotherapy*. (New York: Grune & Stratton).

Thompson, C. L., & Rudolph, L. B. (2000). *Counseling Children* (5th ed.) (Belmont, CA: Brooks/Cole).

Thornburg, H. D. (1979). *The Bubblegum Years: Sticking with Kids from 9 to 13* (Tucson, AR: HELP Books).

Thornburg, H. D. (1986). "The Counselor's Impact on Middle-Grade Students," *The School Counselor, 33, 170-177.*

Toseland, R. W., & Rivas, R. F. (2001). *An Introduction to Group Work Practice* (4th Ed.) (Boston: Allyn and Bacon).

Truax, C. B., & Carkhuff, R. R. (1967). Towards Effective Counseling and Psychotherapy (Chicago: Aldine).

Umansky, D. L., & Holloway, E. L. (1984), 〝The Counselors as Consultant: From Model to Practice,〞 *The School Counselor, 31, 329-338.*

U. S. Department of Labor. (2001). *Occupational Outlook Handbook.* Retrieved Auguet 2, 2001 from the World Wide Web: *http://www.bls.gov/oco/ocos067.htm.*

Vacc, N. A., Rhyne-Winkler, M. C., & Poidevant, J. M. (1993). 〝Evaluation and Accountability of Counseling Services: Possible Implications for a Midsize School District,〞 *The School Counselor, 40, 260-226.*

Vacc, N. A., & Loesch, L. C. (2000). *Counseling as a Profession* (3rd ed.) (Muncie, IN: Accelerated Development).

Van Hoose, W. H., & Vafakas, C. M. (1968). 〝Status of Guidance and Counseling in the Elementary School,〞 *Personnel and Guidance Journal, 46, 536-539.*

VanZandt, C. E. & Hayslip, J. B. (1994). *Your Comprehensive School Guidance and Counseling Program* (New York: Longman).

Veale, J. R., & Morley, R. E.(1997). SBYSP: School-Based Youth Services Program. 1996 Year-End Report. Executive Summary (DeMoines, IA: Iowa Department of Education). (ERIC Document Report. Executive Summary (DeMoines, IA: Iowa Department Reproduction Service No. ED 419 051)

Walker, H. M., (1962) *Walker Problem Behavior Identification Checklist* (Los Angeles: Western Psychological Services).

Walz, G. R.(1991a). 〝Nine Trends which Will Affect the Futue of the United States.〞 In G. R. Gazda, & B. Shertzer(Eds.),*Counseling*

Futures, pp. 61-69(Ann Arbor, MI: ERIC/CAPS).

Walz, G. R. (1991b). "Future Focused Generalizations on Counseling." In G. R. Walz, G. R. Walz, G. M. Gazda, & B. Shertzer(Wds.), *Counseling Futures*, pp. 71-78(Ann Arbor, MI:ERIC/CAPS).

Walz, G. R., Gazda, G. M. & Shertzer, B. (Eds.), (1991). *Counseling Futures* (Ann Arbor, MI: ERIC/CAPS).

Warren, C., & Fanscali, C. (1999, April). *A Service-Based Approach to Addressing Educational and Social Outcomes for Youth: Lessons from the Evaluation of New Jersey's School-Based Youth Services Program*. Paper presented at the Annual Meeting of the American Educational Research Association, Montreal, Quebec, Canada.

Weathers, L. R., & Liberman, R. P. (1975). "The Contingency Contracting Exercise," *Journal of Behavior Therapy and Experimental Psychiatry*, 6, 208-214.

Welch, I. D., & McCarroll, L. (1993). "The Future Role of School Counselors," *The School Counselor*, 41, 48-53.

Wheeler, P. T., & Loesch. (1981). "Program Evaluation and Counseling: Yesterday, Today and Tomorrow," Personnel and Guidance Journal, 59, 573-578 .

Wiggins, J. D. (1993). "A 10-Year Follow-up of Counselors Rated High, Average, or Low in Effectiveness," *The School Counselor*, 40, 380-383.

Williams, G. T., Robinson, F. F., & Smaby, M. H. (1988). "The School Counselors Using Group Counseling with Family-School Problems," *The School Counselor*, 35, 169-178.

Williams, R. E., Omizo, M. M., & Abrams, B. C. (1984). "Effects of STEP on Parental Attitudes and Locus of Control of their Learning Disabled Children," *The School Counselor*, 32, 126-133.

Williamson, E. G. (1939). *How to Counsel Students* (New York: McGraw-Hill).

Williamson, E. G. (1950). *Counseling Adolescents* (New York: McGraw-Hill).

Wittmer, J. (Ed.) (2000a). *Managing Your School Counseling Program: K-12 Developmental Strategies* (2nd ed.) (Minneapolis, MN: Educational Media Corporation).

Wittmer, J. (2000b). 〝Developmental School Guidance and Counseling: Its History and Reconceptualization.〞 In J. Wittmer (Ed.), *Managing Your School Counseling Program: K-12 Developmental Strategies, pp. 2-13* (Minneapolis, MN: Educational Media).

Wolpe, J. (1958). *Psychotherapy and Reciprocal Inhibition* (Stanford, CA: Stanford University Press).

Worzbyt, J. C., & Zook, T. (1992). 〝Counselors Who Make a Difference: Small Schools and Rural Settings,〞 *The School Counselor*, 39, 344-350.

Wrenn, C. G. (1962). *The Counselor in a Changing World* (Washington, DC: American Personnel and Guidance Association).

Wrenn, C. G. (1973). *The World of the Contemporary Counselor* (Boston: Houghton).

Zunker, V. G. (2002). *Career Counseling: Applied Concepts of Life Planning* (6th ed.) (Pacific Grove, CA: Brooks/Cole).

Zytowski, D. G. (1972). 〝Four Hundred Years before Parsons,〞 *Personnel and Guidance Journal*, 50, 443-50.

人名索引

S

索引

A

B

C

D

E

O

P

R

S

U

V

W

Y

學校輔導與諮商

Counseling in schools

Essential Services and Comprehensive Programs

譯　　者：王以仁、吳芝儀、林明傑、黃財尉、陳慧女
校　　閱：王以仁、吳芝儀
作　　者：*John J. Schmidt*
出 版 者：濤石文化事業有限公司
責任編輯：林思妤
封面設計：白金廣告設計　梁淑媛
地　　址：嘉義市台斗街57-11號3F-1
登 記 號：嘉市府建商登字第08900830
電　　話：（05）271-4478
傳　　真：（05）27-14479
户　　名：濤石文化事業有限公司
郵撥帳號：31442485
印　　刷：鼎易印刷事業股份有限公司
初版一刷：2004年3月
初版二刷：2005年11月
I S B N ：957-29085-4-5
總 經 銷：揚智文化事業股份有限公司
定　　價：600元
E-mail　：waterstone@giga.com.tw
http://home.kimo.com.tw/tw_waterstone

本書如有缺頁、破損、裝訂錯誤，請寄回更換
—版權所有　翻印必究 —

濤石文化

濤石文化